Klausurtraining Deskriptive und Induktive Statistik

Reinhold Kosfeld

Klausurtraining Deskriptive und Induktive Statistik

2. Auflage

Unter Mitarbeit von Martina Schüßler

 **Springer** Gabler

Reinhold Kosfeld
Universität Kassel
Kassel, Deutschland

ISBN 978-3-658-20454-9   ISBN 978-3-658-20455-6   (eBook)
https://doi.org/10.1007/978-3-658-20455-6

Die Deutsche Nationalbibliothek verzeichnet diese Publikation in der Deutschen Nationalbibliografie; detaillierte bibliografische Daten sind im Internet über http://dnb.d-nb.de abrufbar.

Springer Gabler
Die 1. Auflage erschien unter dem Titel „Klausurtraining Statistik"
© Springer Fachmedien Wiesbaden 2013, 2018

Gedruckt auf säurefreiem und chlorfrei gebleichtem Papier

Springer Gabler ist ein Imprint der eingetragenen Gesellschaft Springer Fachmedien Wiesbaden GmbH und ist ein Teil von Springer Nature
Die Anschrift der Gesellschaft ist: Abraham-Lincoln-Str. 46, 65189 Wiesbaden, Germany

Vorwort zur 2. Auflage

In dem neuen Titel „Klausurtraining Statistik - Deskriptive Statistik, Wahrscheinlich-keitsrechnung und Induktive Statistik" fallen die Inhalte des „Trainingsbuchs" direkt ins Auge. Das bewährte Konzept der Präsentation der Klausuraufgaben mit Musterlösung unter Voranstellung einer themenorientierten Übersicht wird gegen-über der 1. Auflage unverändert beibehalten.

Druckfehler sind korrigiert und Lösungen an einzelnen Stellen verbessert worden. Das „Trainingsbuch" erfährt eine Erweiterung durch die Aufnahme neuer Klausuraufgaben vor allem zu den Themen kombinatorische Bestimmung von Wahrscheinlichkeiten, bedingte Wahrscheinlichkeiten, zweidimensionale Wahr-scheinlichkeitsverteilungen und Zwei-Stichproben-Tests.

Ich danke insbesondere Herrn Dr. Andreas Gohs für wertvolle Hinweise und Verbes-serungsvorschläge. Mein Dank gilt zudem Frau Claudia Hasenbalg vom Springer Gabler Verlag für die umsichtige Betreuung.

Kassel, im Januar 2018   Reinhold Kosfeld

Vorwort zur 1. Auflage

Das Buch „Klausurtraining Statistik" bietet Studierenden wirtschafts- und sozial-wissenschaftlicher Bachelor-Studiengänge an Universitäten und Fachhochschulen die Möglichkeit, sich zielorientiert auf Klausuren im Fach Statistik vorzubereiten. Die Behandlung von Aufgaben in Tutorien oder im Selbststudium ist ein wichtiger Einstieg in die eigenständige Umsetzung des in der Vorlesung behandelten Stoffes. Doch herrscht hierbei im Allgemeinen Klarheit darüber, mit welcher Methode die Lösung zu erzielen ist. Die Auswahl der adäquaten Methode bleibt daher weitgehend außen vor. In der Klausur hat der Studierende jedoch genau diese Umsetzung zu meistern. Hiermit tun sich Studierende oft schwer. Immer wieder haben Studierende den Wunsch nach zusätzlichen Aufgaben geäußert, in denen diese Umsetzung eingeübt werden kann.

Der Wunsch der Studierenden hat dazu geführt, Klausuraufgaben aus meinen Lehr-veranstaltungen „Statistik I" (Deskriptive Statistik) und „Statistik II" (Wahrschein-lichkeitsrechnung und induktive Statistik) mit ausgearbeiteten Lösungen in einem „Trainingsbuch" herauszugeben. Es ist aus einer Sammlung von Klausuraufgaben entstanden, die in den Tutorien zu den statistischen Grundveranstaltungen im Bachelor-Studiengang Wirtschaftswissenschaften an der Universität Kassel zur Klau-survorbereitung verwendet worden sind. Das Buch ist sowohl in einer tutoriellen Gruppenarbeit als auch im Selbststudium als Klausurtraining geeignet.

Ich möchte Frau Dipl.-Hdl. Martina Schüßler herzlich danken, die an der Konzeption des „Klausurtrainings in Statistik" mitgearbeitet hat. Sie hat mich bei der Auswahl der Aufgaben unterstützt, Grafiken erstellt und die Lösungen kritisch durchgesehen. Frau Susanne Kramer und Frau Renate Schilling vom Gabler-Verlag danke ich für die gute Zusammenarbeit.

Kassel, im Juni 2013   Reinhold Kosfeld

Inhaltsverzeichnis

1. Einleitung

An der Universität Kassel werden in den wirtschaftswissenschaftlichen Bachelor-Studiengängen die Vorlesungen Statistik I (Deskriptive Statistik) und Statistik II (Wahrscheinlichkeitsrechnung und induktive Statistik) angeboten. Am Ende des Semesters wird zur Leistungsüberprüfung eine Klausur geschrieben.

Um eine optimale Klausurvorbereitung zu ermöglichen, wurde dieses Klausur-trainingsbuch auf der Basis von in einer Reihe von Semestern gestellten Klausuren konzipiert. Der Aufbau des Klausurtrainingsbuches orientiert sich dabei an den einzelnen Themengebieten der Vorlesungen und den dazugehörigen Lehrbüchern „Deskriptive Statistik"[1] und „Wahrscheinlichkeitsrechnung und induktive Statistik"[2]. Das Ziel des vorliegenden Buches besteht darin, neben einer strukturierten Trainingsmöglichkeit zu den einzelnen inhaltlichen Schwerpunkten auch eine frühestmögliche Klausurvorbereitung anzubieten.

Die bei den Lösungen verwendete Symbolik ist mit den in den beiden Lehrbüchern verwendeten Bezeichnungen abgestimmt. Sie lehnt sich auch eng mit den in den beiden unveröffentlichten Formelsammlungen zur deskriptiven und induktiven Statistik an.[3] Hinsichtlich der verwendeten Symbolik ist in der Statistik eine große Einheitlichkeit zu konstatieren.

Die Lösungen werden in der Regel auf drei oder vier Dezimalstellen gerundet. Bei relativen Häufigkeiten und anderen Anteilswerten der deskriptiven Statistik werden grundsätzlich drei Dezimalstellen angegeben. Wahrscheinlichkeiten werden dagegen mit vier Dezimalstellen berechnet. Um die Lösungen besser nachvollziehen zu können, werden häufig Zwischenergebnisse ausgewiesen, die mit der angegebenen Rundung weiterverarbeitet werden.

---

[1] Reinhold Kosfeld, Matthias Türck, Hans-Friedrich Eckey (2016): Deskriptive Statistik, Grundlagen – Methoden – Beispiele, 6. Aufl., Gabler Verlag, Wiesbaden.

[2] Hans-Friedrich Eckey, Reinhold Kosfeld, Matthias Türck (2011): Wahrscheinlichkeitsrechnung und induktive Statistik, Grundlagen – Methoden – Beispiele; 2. Aufl., Gabler Verlag; Wiesbaden.

[3] Reinhold Kosfeld (2016): Formelsammlung zur deskriptiven Statistik, Universität Kassel.
Reinhold Kosfeld (2016): Formelsammlung zur Wahrscheinlichkeitsrechnung und induktiven Statistik, Universität Kassel.

© Springer Fachmedien Wiesbaden 2018
R. Kosfeld, *Klausurtraining Deskriptive und Induktive Statistik*,
https://doi.org/10.1007/978-3-658-20455-6_1

2. Tipps und Tricks zur Klausurvorbereitung

Eine bestmögliche Vorbereitung auf die Statistikklausuren setzt bei einer kontinuierlichen Nacharbeit der in der Vorlesung behandelten Methoden an. Um die Inhalte zu vertiefen, sollten Sie vor allem die Erklärungen und Übungsaufgaben aus den Vorlesungen, Tutorien und Lehrbüchern mehrfach durchgehen. Beim Üben sollten Sie zudem beachten, dass Sie in der Klausur die Formelsammlung und einen nicht programmierbaren Taschenrechner als Hilfsmittel verwenden dürfen.

Das vorliegende Klausurtrainingsbuch soll Ihnen dabei helfen, dass Sie sich zunächst mit der Struktur von Klausuraufgaben vertraut machen können und einen Eindruck von dem gewinnen können, was in einer Klausur von Ihnen verlangt wird. Insbesondere sollten Sie sich die Struktur der Musterlösungen (z. B. Originalformel, Einsetzen der Ausgangswerte, Rechenweg mit Zwischenschritten, Endergebnis) anschauen, damit Sie später in der Klausur nicht unnötig Punkte verschenken.

Nachdem Sie sich mit der Struktur vertraut gemacht haben, empfiehlt es sich, die vorliegenden Klausuraufgaben immer wieder mit Hilfe der Formelsammlung durchzurechnen, die Zeichnungen anzufertigen und die Interpretationen aufzuschreiben. Mit dieser Vorgehensweise werden Sie nicht nur inhaltlich sicherer, sondern auch in der Bearbeitung der Klausuraufgaben und im Umgang mit der Formelsammlung schneller. Zudem geraten Sie dadurch in der Klausur nicht unnötig unter Zeitdruck. Im Hinblick auf die Bearbeitungszeit von 90 Minuten sollten Sie sich beim Üben z. B. einen Wecker stellen oder immer wieder auf die Uhr schauen, damit Sie ein zeitliches Gefühl für die Bearbeitung kommen. Außerdem sollten Sie darauf achten, dass Sie sich eine ruhige und angenehme Lernumgebung schaffen, in der Sie konzentriert arbeiten können. Verzweifeln Sie zu Beginn Ihrer Klausurvorbereitung nicht, wenn Sie drei ausgewählte Klausuraufgaben nicht in 90 Minuten schaffen. Üben Sie immer wieder mit Hilfe der Formelsammlung und des Taschenrechners. Mit der Zeit werden Sie erkennen, dass Sie dadurch immer sicherer und schneller werden.

Zudem empfehlen wir Ihnen, die angebotenen Tutorien aufzusuchen, da Sie hier vertieft üben können. Im Hinblick auf die Klausurvorbereitung sollten Sie auch darüber nachdenken, ob Sie mit anderen Personen eine Lerngemeinschaft bilden könnten.

© Springer Fachmedien Wiesbaden 2018
R. Kosfeld, *Klausurtraining Deskriptive und Induktive Statistik*,
https://doi.org/10.1007/978-3-658-20455-6_2

Hier noch einmal die wichtigsten Tipps und Tricks in der Übersicht:

1. Beginnen Sie so früh wie möglich mit der Klausurvorbereitung.
2. Gehen Sie immer wieder die Erklärungen, Übungs-, Klausuraufgaben durch.
3. Benutzen Sie bei Ihrer Vorbereitung als Hilfsmittel immer die Formelsammlung und einen nicht programmierbaren Taschenrechner.
4. Schauen Sie sich die Struktur der Musterlösungen genau an, damit Sie in der Klausur nicht unnötig Punkte verschenken.
5. Rechnen Sie die Klausuraufgaben immer wieder durch, erstellen Sie die dazugehörigen Zeichnungen und beantworten Sie die Verständnisfragen.
6. Üben Sie eine komplette Klausur, indem Sie drei Klausuraufgaben vollständig lösen. Achten Sie dabei auf die Zeit.
7. Suchen Sie die angebotenen Tutorien auf, um vertieft üben zu können.
8. Bilden Sie, wenn möglich, Lerngemeinschaften.

3. Deskriptive Statistik

3.1 Themenorientierte Übersicht

In diesem Kapitel finden Sie vorab eine themenorientierte Übersicht über die Klausuraufgaben, die an der Universität Kassel in der Vorlesung Statistik I gestellt worden sind. Die themenorientierte Übersicht erfolgt anhand der Vorlesung bzw. der dazugehörigen Bücher. Hinsichtlich des Klausurtrainings sollten Sie beachten, dass eine Klausur grundsätzlich aus vier Aufgaben besteht, von denen drei vollständig bearbeitet werden müssen. Die Klausuraufgaben beinhalten neben Rechnungen auch Verständnisfragen, Interpretationen und Zeichnungen. Zur vollständigen Lösung einer Rechenaufgabe müssen Originalformeln, Rechenwege, Zwischenergebnisse und Endergebnisse angegeben werden. Die Bearbeitungszeit für eine Klausur beträgt insgesamt 90 Minuten.

Übersicht Klausuraufgaben Deskriptive Statistik (Statistik I)

Thema	Klausuraufgaben
1. Gegenstand und Grundbegriffe der Statistik	
- Charakterisierung eines Merkmals	3a; 4b; 5a; 9a; 10a; 12a; 13a; 14b; 15a; 17b; 19a; 20b; 21b; 23a; 25a; 29a; 30a; 31a; 38a; 39a; 40a; 45a; 46a
- Abgrenzung statistische Masse	4a; 9a; 14a; 20a; 21a; 39a
2. Datengewinnung	
- Quotenverfahren	17f; 21c
3. Univariate Häufigkeitsverteilungen	
- Tabellarische Häufigkeitsverteilung	12b; 13b; 14c; 15b; 16a; 16b; 17a; 17c; 20c; 21d; 23b; 24a; 25b; 26a; 27a; 28b; 29b; 30b; 31b; 33a; 34a; 35a; 36a

- Grafische Häufigkeitsverteilung
  • Kreisdiagramm
  • Säulendiagramm
  • Histogramm
	15b; 16a; 17c; 20c; 23b
	12b; 13b; 21d
	24a; 25b; 26a; 27a; 28b; 29b; 30b; 33a; 34a; 35a; 36a

- kumulierte Häufigkeiten und empirische Verteilungsfunktion	13c; 14c; 24b; 26b; 27b; 29c; 30c; 31f; 32a; 32b; 33b; 34b; 34c; 35c; 36b; 45b
4. Lagemaße	
- Modus (Modalwert)	13d; 13e; 14d; 15c; 16a; 17d; 18c; 20d; 21e; 23c; 26c; 29d; 30d; 33d; 34d; 35b

© Springer Fachmedien Wiesbaden 2018
R. Kosfeld, *Klausurtraining Deskriptive und Induktive Statistik*,
https://doi.org/10.1007/978-3-658-20455-6_3

- Median	1a; 2f; 3b; 4c; 5c; 6b; 7b; 9d; 13d; 13e; 14d; 16b; 18c; 21e; 24e; 26d; 27c; 28c; 29d; 33c; 34d; 46b; 48a
- Arithmetisches Mittel	2c; 2e; 3b; 4d; 5b; 9b; 9c; 10b; 11a; 12c; 13d; 16b; 18a; 18b; 19b; 20e; 22a; 24c; 25c; 26d; 27c; 28d; 29d; 30d; 31d; 32c; 32d; 36d; 38b; 42c; 46b; 48a; 52b; 55a; 73d
- Geometrisches Mittel	2a; 6e; 7d; 13d; 17e; 23d; 40d; 60a; 61a; 63a; 63b; 65c; 66a; 66f; 67a; 70c; 73b
- Harmonisches Mittel	2b; 12e; 13d; 23e
- Quantile	1b; 13d; 14e; 19d; 32e
5. Streuung und Schiefe	
- Spannweite	1c; 6a; 7a; 8a; 16c; 18d
- Quartilsabstand	1c; 3c; 4c; 5c; 6a; 6b; 7a; 8a; 9d; 11c; 13f; 16c; 18d; 28c; 30e; 31c; 36c
- Boxplot	1d; 5c; 6c; 6d; 7b
- Mittlere absolute Abweichung	3d; 4e; 5b; 19c; 22b
- Variationskoeffizient	2e; 12d; 16d; 18e; 39d; 42c; 43c; 44c
- Varianz und Standardabweichung	2d; 2e; 3e; 5d; 7c; 8d; 9b; 10b; 10c; 11b; 12d; 16d; 18a; 22b; 24d; 25d; 25e; 26e; 27d; 28d; 29e; 31e; 35d; 38b; 42c; 73e
- Schiefe	6d; 8c; 10d
6. Konzentration	
- Konzentrationsraten	37b; 38c; 38e; 39b; 40b; 42a; 43a; 44a; 47b
- Konzentrationskurve	37b; 38d; 39b; 40b; 41c; 42a; 43a; 47b
- Dekonzentrationsfläche	37b; 37c; 37d; 41c; 41d
- Marktbeherrschende Stellung	37a; 38c; 47a
- Herfindahl-Index	37e; 39c; 39d; 40c; 42b; 42c; 43b; 44b; 44d; 47c
- Rosenbluth-Index	37c; 41c
- Lorenzkurve	41a; 42d; 42e; 45c; 45d; 46c; 48b; 48c
- Gini-Koeffizient	41b; 43d; 43e; 44e; 44f; 45e; 46d; 47d; 48d
7. Bivariate Häufigkeitsverteilungen	
- Gemeinsame Häufigkeiten und Randhäufigkeiten	15d; 49a; 50a; 51a; 52a; 53a; 54a; 54b
- Bedingte Häufigkeiten	15e; 49b; 50b; 51b; 52c; 53b; 54c; 54d
- Bei Unabhängigkeit zu erwartende Häufigkeiten	49c; 50c; 51c; 52d; 54e
- Phi-Koeffizient und mittlere quadratische Kontingenz	50e; 51d
- Kontingenzkoeffizient	49d; 49e; 50c; 50d; 51d; 51e; 52e

3.2 Klausuraufgaben

In diesem Abschnitt werden Aufgabenstellungen aus dem Bereich der deskriptiven Statistik (Statistik I) vorgestellt. Die Musterlösungen finden Sie im nachfolgenden Abschnitt. Sie enthalten zusätzlich Bearbeitungshinweise zu der jeweiligen Aufgabenstellung.

Aufgabe 1

In einer Preiserhebung über Computerzubehör sind in 12 Fachgeschäften einer Stadt für einen Laserpointer der Marke F folgende Preise festgestellt worden: 1 x 13 €, 2 x 13,50 €, 1 x 13,80 €, 2 x 14 €, 2 x 14,60 €, 2 x 14,90 €, 1 x 15,30 €, 1 x 16,90 €.

a) Bestimmen Sie den Median und interpretieren Sie ihn!

b) Geben Sie die Quintile der Preise an und unterteilen Sie hiermit die Merkmalsachse unter Angabe der zugehörigen Prozentzahlen! Welche Aussage über die Dichte der Preise in den fünf Bereichen lässt sich hieraus machen?

c) Welches Verhältnis von Quartilsabstand und Spannweite liegt hier vor? (mit Interpretation)

d) Zeichnen Sie ein Boxplot der Preisdaten!

Aufgabe 2

Ein Großhändler importiert an fünf aufeinander folgenden Monaten Orangen zu folgenden Preisen (in € je 10 kg):

Monat	1	2	3	4	5
Preis	8,00	7,60	8,80	8,20	7,40

a) Um wie viel Prozent haben sich die Orangenpreise im betrachteten Zeitraum im Mittel verändert?

b) Wie groß ist der Durchschnittspreis, wenn der Großhändler in jedem Monat denselben Gesamtbetrag ausgegeben hat?

c) Wie groß ist der Durchschnittspreis, wenn der Großhändler in jedem Monat dieselbe Menge importiert hat?

d) Geben Sie die untere und obere Grenze des 1,5s-Intervalls der Preise um $\bar{x}$ an! Hinweis: Verwenden Sie s mit 2 Dezimalstellen!

e) Angenommen, die Orangen werden aus den USA importiert. Der Wechselkurs beträgt 1,20 US-$ je €; zusätzlich hat der Großhändler einen Ausfuhrzoll in Höhe von 0,50 US-$ je 10 kg zu entrichten. Welche der Aussagen trifft zu?

1. Der Variationskoeffizient der Orangenpreise ist in den USA kleiner als in der EU.
2. Der Variationskoeffizient der Orangenpreise ist in den USA größer als in der EU.
3. Arithmetisches Mittel und Varianz der Orangenpreise sind in der EU um den Faktor 1,20 größer als in der USA.
4. Arithmetisches Mittel und Varianz der Orangenpreise sind in der EU um den Faktor 1,44 größer als in der USA.

f) Welche der Aussagen trifft zu? Der Median

1. ist auf einer Ordinalskala, nicht jedoch auf einer Nominalskala interpretierbar,
2. ist auf einer Ordinalskala, nicht jedoch auf einer metrischen Skala interpretierbar,
3. ist der Wert, der die Summe der Abweichungen von einer beliebigen reellen Zahl minimiert,
4. liegt in der Größenordnung stets zwischen dem Modus und dem arithmetischen Mittel.

Aufgabe 3

Ein mittelständisches Unternehmen hat in einem Zeitraum von sechs Wochen folgende Umsätze erzielt:

Woche	1	2	3	4	5	6
Umsatz (Tsd. €)	7	110	80	90	130	150

a) Von welcher Art ist das hier betrachtete Merkmal? Auf welchem Skalenniveau wird es gemessen?

b) Berechnen Sie den mittleren Umsatz anhand des arithmetischen Mittels und des Medians (mit Interpretation)!

c) Wie groß ist der Quartilsabstand?

d) Wie groß ist die mittlere absolute Abweichung um das arithmetische Mittel (mit Interpretation)?

e) Der Verkaufsleiter möchte wissen, wie hoch der Prozentsatz der Quartale ist, in dem der Umsatz innerhalb eines Intervalls von 1 Standardabweichung um $\bar{x}$ gelegen hat!

Aufgabe 4

In 6 Betrieben des nordhessischen Gastgewerbes sind in einem Monat die Übernachtungen und Umsätze registriert worden:

Betrieb	1	2	3	4	5	6
Übernachtungen	100	80	60	12	50	40
Umsatz (Tsd. €)	120	80	50	90	60	40

a) Grenzen Sie die statistische Masse ab!

b) Von welcher Art sind die hier betrachteten Merkmale? Auf welchem Skalenniveau werden sie gemessen?

c) Geben Sie den Median und den Quartilsabstand für die Übernachtungen an!

d) Berechnen Sie den durchschnittlichen Umsatz je Übernachtung!

e) Wie groß ist die durchschnittliche Abweichung des Merkmals Umsatz je Übernachtung?

Aufgabe 5

In einem Maschinenbauunternehmen sind in einem Zeitraum von 6 Wochen Bestellungen unterschiedlicher Größenordnung eingegangen:

Woche	1	2	3	4	5	6
Anzahl bestellter Maschinen	4	3	2	5	7	3

a) Charakterisieren Sie das betrachtete Merkmal!

b) Berechnen Sie das arithmetische Mittel und die mittlere absolute Abweichung der Bestellmengen um $\bar{x}$!

c) Lassen sich auf der Basis eines Boxplots potentielle Ausreißer bei den Bestellmengen identifizieren?

d) Wie viel Prozent der eingegangenen wöchentlichen Bestellungen befinden sich in dem Intervall $\bar{x} \pm s$?

Aufgabe 6

Die größten Welthandelsländer hatten im vergangenen Jahr mit Ausnahme der USA und Großbritanniens durchweg positive Außenbeiträge (= Exporte ./. Importe) zu verzeichnen (Mrd. Dollar): BRD 17,5; Japan 54,6; Frankreich 33,0; Italien 16,6; Kanada 13,5; Niederlande 21,8; Belgien/Lux. 16,8; China 23,7.

a) Geben Sie die Spannweite und den Quartilsabstand der Außenbeiträge an!

b) Charakterisieren Sie die Verteilung der Außenbeiträge in Form einer 5-Zahlen-Zusammenfassung!

c) Erstellen Sie ein Boxplot der Außenbeiträge!

d) Welche Aussage über die Gestalt der Verteilung der Außenbeiträge lässt sich anhand des in Teil c) erstellten Boxplots machen?

e) Der Devisenkurs des US-Dollars ist in einem Zeitraum von 12 Monaten von 1,081 Euro auf 0,908 Euro gefallen. Um wie viel Prozent hat sich der monatliche Dollar-Kurs im betrachteten Zeitraum im Mittel verändert?

Aufgabe 7

Der Goldpreis ist in einem 10-Jahreszeitraum unter erheblichen Schwankungen von 416 $ je Feinunze auf 259 $ je Feinunze gefallen:

Jahr	t_1	t_2	t_3	t_4	t_5	t_6	t_7	t_8	t_9	t_{10}
$ je Feinunze	416	389	358	391	374	378	392	349	294	259

a) Kennzeichnen Sie die Streubreite des Goldpreises durch Angabe der Spannweite und des Quartilsabstandes!

b) Zeichnen Sie ein Boxplot der Goldpreise!

c) Berechnen Sie die Varianz und die Standardabweichung des Goldpreises!

d) Um wie viel Prozent hat sich der Goldpreis im betrachteten 10-Jahreszeitraum jährlich im Mittel verringert?

Aufgabe 8

Die Ausgaben für Arbeitsmarktpolitik in Prozent des Bruttoinlandsprodukts (BIP) schwanken in den ausgewählten EU-Ländern beträchtlich:
A 1,8, B 4,2 D, 3,8, DK 6,6, E 2,8, F 3,1, GB 1,8, I 2,0, NL 4,8 P 2,1, S 4,5, SF 5,5.

a) Kennzeichnen Sie die Schwankungsbreite der prozentualen Ausgaben durch die Angabe der Spannweite und des Quartilsabstandes!

b) Geben Sie die Struktur des Datensatzes durch eine Fünf-Zahlen-Darstellung wieder!

c) Inwiefern lässt sich an Hand der Fünf-Zahlen-Darstellung eine Aussage über die Schiefe der Ausgabenverteilung machen?

d) Welchen Wert nimmt die Standardabweichung der prozentualen Ausgaben an? Wie lässt sich dieser Wert interpretieren?

Aufgabe 9

Im internationalen Vergleich des unternehmensrelevanten Standortfaktors „Besteuerung der einbehaltenen Gewinne" schneidet die Bundesrepublik Deutschland äußerst schlecht ab:

Industriestaat	USA	GB	NL	E	B	S	F	I	J	D
Besteuerung einbehaltener Gewinne in Prozent	45	33	35	35	39	30	45	53	59	62

a) Grenzen Sie die statistische Masse ab und charakterisieren Sie das betrachtete Merkmal!

b) Berechnen Sie das arithmetische Mittel und die Standardabweichung der Steuersätze!

c) Warum gibt der in Teil b) berechnete Mittelwert die durchschnittliche Gewinnsteuerquote nur approximativ wieder? Welche Informationen würden die Berechnung des exakten Mittels ermöglichen?

d) Bestimmen Sie den Median und den Quartilsabstand der Steuersätze! Erläutern Sie kurz den Begriff des Quartils!

Aufgabe 10

Aus der Auftragseingangsstatistik eines Industrieunternehmens gehen in einem Geschäftsjahr folgende monatliche Bestellmengen für eine Spezialwerkzeugmaschine hervor:

Monat	Jan.	Feb.	Mrz.	Apr.	Mai	Juni	Juli	Aug.	Sep.	Okt.	Nov.	Dez.
Bestellmenge	18	14	18	15	17	16	18	20	12	13	16	20

a) Grenzen Sie die statistische Masse ab und charakterisieren Sie das betrachtete Merkmal!

b) Berechnen Sie die durchschnittliche Bestellmenge und die Varianz der Bestellmenge pro Monat!

c) In welchen Monaten liegt die Bestellmenge außerhalb des 1s-Bereichs von dem Durchschnitt?

d) Beurteilen Sie die Schiefe der Bestellmengenverteilung auf der Grundlage der Fechnerschen Lageregel und des Schiefekoeffizienten!

Aufgabe 11

Das Telefonieren ist in Deutschland nicht gerade billig. Dennoch nehmen die bundesweiten Telefonkosten im internationalen Vergleich einen Mittelplatz ein. Dies liegt vor allem an den niedrigen Anschlussgebühren, die von allen westlichen Industrieländern überschritten werden. Ein Vergleich der Grundgebühren und der Gebühren für ein Fünf-Minuten-Gespräch nach den USA in ausgewählten EU-Ländern ergibt folgendes Bild:

Land	Grundgebühr	Gebühr für ein 5-Min.-Gespräch nach USA
Spanien	12,71	23,65
England	13,64	11,52
Italien	8,80	26,94
Niederlande	18,70	11,58
Frankreich	11,62	13,84
Deutschland	26,82	15,61

a) Berechnen Sie die durchschnittliche Grundgebühr für die ausgewählten EU-Länder!

b) Wie groß ist die Standardabweichung der Grundgebühren?

c) Bestimmen Sie den Quartilsabstand der Gebühren für ein 5-Minuten-Gespräch nach den USA!

d) Beurteilen Sie den Zusammenhang zwischen den beiden Gebührenarten anhand des Korrelationskoeffizienten!

Aufgabe 12

Die Anzahl der Ärzte und Einwohner verteilen sich in 8 Regionen wie folgt:

Region	1	2	3	4	5	6	7	8
Anzahl der Ärzte	18	14	24	10	20	33	35	20
Anzahl der Einwohner (in 1000)	180	140	320	80	160	440	280	200

a) Geben Sie die Ärztedichte je 1000 Einwohner in den 8 Regionen an und charakterisieren Sie dieses Merkmal!

b) Stellen Sie die Häufigkeitsverteilung der Ärztedichte grafisch dar!

c) Bestimmen Sie die durchschnittliche Ärztedichte aus der in Teil b) ermittelten Häufigkeitsverteilung!

d) Berechnen Sie den Variationskoeffizienten der Ärztedichte und interpretieren sie ihn!

e) In einer Region A beträgt die Ärztedichte 0,08 und in der Region B 0,11. Wie groß ist die durchschnittliche Ärztedichte, wenn bekannt ist, dass in beiden Regionen jeweils 20 Ärzte praktizieren?

Aufgabe 13

Aus 22 Einzelindikatoren über Forschungsaufwand, Starthilfen, Humankapital, Rahmenbedingungen und Umsetzung von Innovationen ist ein Innovationsindex, der die Werte 1, 2, ..., 10 annehmen kann, zur Messung der Innovationskraft gebildet worden:

Land	USA	J	D	UK	F	I	S	NL
Index	9	6	5	8	6	3	8	6

a) Das betrachtete Merkmal

□ Innovationsindex   □ Anzahl der Innovationen   □ Innovationskraft

ist

□ nominalskaliert   □ stetig   □ quantitativ
□ diskret   □ ordinalskaliert   □ häufbar
□ komparativ   □ metrisch skaliert   □ latent

b) Stellen Sie die Häufigkeitsverteilung tabellarisch und grafisch dar!

c) Geben Sie die kumulierten Häufigkeiten an und zeichnen Sie die empirische Verteilungsfunktion!

d) Welche Lagemaße lassen sich auf dem gegebenen Skalenniveau des Merkmals sinnvoll bestimmen?

□ Modus   □ Median   □ Arithmetisches Mittel
□ Geometrisches Mittel   □ Harmonisches Mittel   □ Quantile

e) Berechnen Sie zwei auf dem gegebenen Skalenniveau des Merkmals interpretierbare Mittelwerte!

f) Wie groß ist der Quartilsabstand?

Aufgabe 14

Bei einer Evaluation der Lehre des Dozenten K im Fach St1 an der UNIK ergab sich im WS 2004/05 folgende Verteilung der von den Studierenden gegebenen Gesamtnote:

Note	1	2	3	4	5
Anzahl	10	60	50	20	10

a) Grenzen Sie die statistische Masse ab! Um welche Art von Masse handelt es sich hierbei?

b) Benennen Sie das Merkmal und charakterisieren Sie es!

c) Geben Sie die um die die kumulierten Häufigkeiten erweiterte Häufigkeitstabelle an und zeichnen Sie die empirische Verteilungsfunktion!

d) Geben Sie die Mittelwerte an, die auf dem gegebenen Skalenniveau des Merkmals zulässig sind! Interpretieren Sie die berechneten Mittelwerte!

e) Welche Wert nehmen das 1. Dezil (= 10%-Quantil) und das 9. Dezil (90%-Quantil) der Häufigkeitsverteilung an?

Aufgabe 15

Die Merkmale Geschlecht (X) und Beteiligung am Erwerbsleben (Y) verteilen sich in der Bevölkerung im arbeitsfähigen Alter wie folgt (in Mio.):

Geschlecht	Beteiligung am Erwerbsleben (Y)		
	Erwerbstätige (ET)	Erwerbslose (EL)	Nichterwerbspersonen (NE)
Männlich (m)	15	2	12
Weiblich (w)	11	2	18

a) Charakterisieren Sie das Merkmal Beteiligung am Erwerbsleben! Auf welchem Skalenniveau wird es gemessen?

b) Stellen Sie die Häufigkeitsverteilung des Merkmals Beteiligung am Erwerbsleben tabellarisch und grafisch dar!

c) Geben Sie den Modalwert der Beteiligung am Erwerbsleben an und interpretieren Sie ihn!

d) Stellen Sie die gemeinsame relative Häufigkeitsverteilung und die Randverteilungen der Merkmale Geschlecht (X) und Beteiligung am Erwerbsleben (Y) dar!

e) Bestimmen Sie die Häufigkeitsverteilung des Merkmals Beteiligung am Erwerbsleben in der männlichen und weiblichen Bevölkerung!

Aufgabe 16

Das Institut der deutschen Wirtschaft (iwd) hat eine Unternehmensbefragung zum Thema „Traineeprogramm" durchgeführt, an dem sich 150 Unternehmen aus den wichtigsten Wirtschaftszweigen beteiligten. Über die Einstellung von Trainees aus unterschiedlichen Disziplinen haben die Unternehmen folgende Angaben gemacht:

Studium-abschluss	Wirtschaftswis-senschaften (W)	Ingenieurwis-senschaften (I)	Mathematik/In-formatik (M)	Naturwissen-schaften (N)	Rechtswis-senschaften (R)
Anzahl	360	270	180	180	210

a) Stellen Sie die Häufigkeitsverteilung des Studiumabschlusses der Trainees grafisch dar und geben Sie den Modalwert an!

b) Über die Verteilung der Trainees mit wirtschaftswissenschaftlichem Abschluss auf die Unternehmen besteht folgende Kenntnis:

Anzahl der Trainees je Unternehmen	1	2	3	4
Anzahl der Unternehmen	34	44	50	22

Berechnen Sie das arithmetische Mittel und den Median der Trainees pro Unternehmen aus der angegebenen Häufigkeitsverteilung!

c) Geben Sie die Spannweite und den Quartilsabstand für die in Teil b) angegebene Häufigkeitsverteilung an!

d) Wie groß ist der Variationskoeffizient der Häufigkeitsverteilung der Trainees je Unternehmen (Daten s. Teil b)? (mit Interpretation)

Aufgabe 17

In einer repräsentativen Umfrage unter 320 Citybesuchern gaben 135 Befragte an, den PKW zum Einkauf in die City zu benutzen. 97 der Befragten nannten Straßenbahn und Bus, 54 die Bahn und 34 erreichen die City zu Fuß oder mit anderen Verkehrsmitteln.

a) Welche statistischen Größen werden durch die angegebenen Zahlen wiedergegeben?

b) Geben Sie das betrachtete Merkmal mit den Merkmalsausprägungen an und charakterisieren Sie es!

c) Stellen Sie die Häufigkeitsverteilung tabellarisch und grafisch dar!

d) Geben Sie alle Lagemaße an, die sich hier sinnvoll anwenden lassen! (mit Interpretation)

e) Die Zahl der Citybesucher, die zum Einkauf in die City fahren, hat sich in einem 10-Jahres-Zeitraum von 4,967 Mill. auf 6,456 Mill. erhöht. Um wie viel Prozent ist die Zahl der Citybesucher
 - insgesamt,
 - im jährlichen Mittel gestiegen?

f) Angenommen, die repräsentative Umfrage ist auf der Basis des Quotenverfahrens durchgeführt worden. Wie wird mit diesem Verfahren die Repräsentativität hergestellt? Welche Quotenmerkmale könnten hierzu herangezogen werden?

Aufgabe 18

In einer Arbeitsstätte sind 16 Arbeiter beschäftigt, von denen 2 10€, 4 13€, 6 16€ und 4 18€ pro Stunde verdienen.

a) Berechnen Sie den durchschnittlichen Stundenlohn und die Standardabweichung der Löhne!

b) Zeigen Sie anhand der vorliegenden Lohndaten die Schwerpunkteigenschaft des arithmetischen Mittels auf!

c) Wie groß sind der Modus und der Median? (mit Interpretation)

d) Geben Sie die Spannweite und den Quartilsabstand an!

e) In einer zweiten Arbeitsstätte des Betriebs liegt die relative Streuung der Stundenlöhne bei 12,8%. Sind die Stundenlöhne in der hier betrachteten Arbeitsstätte homogener?

Aufgabe 19

Bei fünf großen Kreditinstituten sind für eine Rechnungsperiode Daten über den Jahresüberschuss (Mill. €) und die Beschäftigten (1000) ermittelt worden:

Kreditinstitut	DB	BHV	DRE	COM	WEST
Jahresüberschuss	167,0	967,0	186,0	157,0	196,3
Beschäftigte	94,8	69,5	50,0	38,5	11,5

Hinweis: Rechnen Sie stets mit zwei Dezimalstellen!

a) Das Merkmal Jahresüberschuss ist
   ☐ intervallskaliert,   ☐ stetig,   ☐ quantitativ,
   ☐ quasi-stetig,   ☐ häufbar,   ☐ manifest.

   Das Merkmal Beschäftigte ist
   ☐ quasi-stetig,   ☐ latent,   ☐ nicht-häufbar,
   ☐ metrisch skaliert,   ☐ qualitativ,   ☐ auf einer Absolutskala messbar.

b) Wie groß ist der durchschnittliche Jahresüberschuss je Beschäftigten?

c) Bestimmen Sie die durchschnittliche Abweichung $d_{\bar{x}}$ des Jahresüberschusses je Beschäftigten! (Interpretation)

d) Welche Werte nehmen das 1. und 3. Quartal beim Merkmal Jahresüberschuss je Beschäftigten an?

Aufgabe 20

Im Börsensegment „Neuer Markt" sind derzeit 120 wachstumsstarke Unternehmen zukunftsorientierter Branchen notiert:

Branche	Anzahl der Unternehmen	Börsenwert (Mrd. €)
Telekommunikation und Median (T&M)	23	21,731
Software und IT (S&IT)	62	21,615
Spezialmaschinenbau (SMB)	11	3,612
Biotechnologie und Gesund-heitsvorsorge (B&G)	11	3,031
Sonstige (So)	13	2,738

a) Grenzen Sie die betrachtete statistische Masse ab!

b) Welche beiden Merkmale sind hier ausgewiesen? Charakterisieren Sie sie und geben Sie ihr Skalenniveau an!

c) Stellen Sie die Häufigkeitsverteilung der zukunftsorientierten Branchen des Neuen Marktes grafisch dar!

d) Wie lässt sich die zentrale Tendenz der in Teil c) dargestellten Häufigkeitsverteilung kennzeichnen?

e) Welche Marktkapitalisierung ($\hat{=}$ Börsenwert) haben die Unternehmen des Neuen Marktes im Mittel?

Aufgabe 21

In einer Studie der Universität Konstanz ist das ökonomische Wissen bei jungen Erwachsenen als Fernsehzuschauer untersucht worden. Eine Befragung von 90 nach dem Quotenverfahren ausgewählten jungen Frauen und Männern ergab, dass ein großer Anteil der Befragten gängige Begriffe aus Wirtschaftsleben und -politik wie z.B. Standortfaktor, Aktienrendite, Lohnnebenkosten gar nicht oder nur unspezifiziert erläutern konnte.

a) Grenzen Sie die statistische Masse nach sachlichen Identifikationskriterien ab!

b) Benennen Sie beispielhaft ein in der Befragung erhobenes Merkmal und charakterisieren Sie es!

c) Unter den 90 nach dem Quotenverfahren ausgewählten Personen befanden sich 47 junge Frauen und 43 junge Männer. Außerdem setzte sich die Stichprobe aus 36 Studenten, 25 Oberschülern und 29 Auszubildenden zusammen. Erläutern Sie das Konzept des Quotenverfahrens unter Einbeziehung der hier konkret angegebenen Strukturdaten!

d) Hinsichtlich der Sprachkenntnisse in Englisch hat sich folgendes Bild ergeben:

Englischkenntnisse	keine (1)	gering (2)	mittel (3)	gut (4)	sehr gut (5)
Anzahl der Befragten	14	28	26	16	6

Stellen Sie die relative Häufigkeitsverteilung der Englischkenntnisse der jungen Erwachsenen grafisch dar!

e) Kennzeichnen Sie die zentrale Tendenz des in Teil d) betrachteten Merkmals!

Aufgabe 22

Aus den Mietwerten und Gewichten repräsentativer europäischer Städte ermittelt die Agentur Jones Lang Wootten einen Europa-Index für Büroimmobilien:

Stadt	Mietwert (Periode t)	Veränderung gegenüber Periode 0	Gewicht
Berlin	214	-6,0%	15%
London	248	14,4%	20%
Brüssel	270	3,0%	10%
Madrid	215	3,7%	15%
Mailand	138	0,0%	15%
Paris	258	7,1%	25%

a) Berechnen Sie den durchschnittlichen Mietwert in den repräsentativen europäischen Städten!

b) Wie groß sind die mittlere absolute Abweichung und die Standardabweichung der Mietwerte?

c) Bestimmen Sie für die Berichtsperiode einen Europa-Index für Büroimmobilien und interpretieren Sie ihn!

d) Der in Teil c) ermittelte Europa-Index

☐ ist ein Paasche-Preisindex, sofern sich die Gewichte zu Eins summieren,

☐ ist ein Wertindex, da Mietwerte keine Preise oder Mengen widerspiegeln können,

☐ ist ein Laspeyres-Mengenindex, sofern sich das Gewichtsschema auf die Basisperiode 0 bezieht,

☐ lässt sich als komplexe Preismesszahl interpretieren,

☐ entspricht dem Dutot-Preisindex, da er als Messzahl zweier Mietwertdurchschnitte konzipiert ist,

☐ ist ein Laspeyres-Preisindex, wenn die Gewichte aus der Basisperiode stammen.

Aufgabe 23

Die Anzahl der aufgestellten Automaten hat im Gegensatz zu früher nur leicht zugenommen. Der Verband der deutschen Automatenindustrie (VDAI) geht in einer Schätzung davon aus, dass im Bundesgebiet aktuell 1,665 Millionen Automaten in Betrieb sind:

Zigarettenautomaten (Z):	710.000
Getränkeautomaten (G):	280.000
Verpflegungsautomaten (V):	25.000
Süßwarenautomaten (S):	250.000
Spielautomaten mit Gewinn (M):	175.000
Spielautomaten ohne Gewinn (O):	225.000

a) Geben Sie das betrachtete Merkmal und die Merkmalsausprägungen an! Charakterisieren Sie das Merkmal und geben Sie das Skalenniveau an!

b) Stellen Sie die Häufigkeitsverteilung des Merkmals geeignet grafisch dar!

c) Geben sie ein Maß der zentralen Tendenz für das betrachtete Merkmal an!

d) Der Automatenumsatz hat sich in 5 Jahren von 11,2 auf 12,7 Mrd. € erhöht. Wie groß ist die durchschnittliche Umsatzsteigerung pro Jahr gewesen?

e) Während die Zigarettenautomaten einen Ertrag von 1 Mill. € in einer Woche erwirtschaften. benötigt man bei den Getränkeautomaten hierzu einen Zeitraum von 3 Wochen. Wie lange wird man dann mit beiden Automatenarten zusammen benötigen, um einen Ertrag von 1 Mill. € zu erzielen?

Aufgabe 24

Über das Vermögen (Mrd. $) der 100 reichsten Menschen der Welt liegen folgende Angaben vor:

Klassenintervall	$\bar{x}_k$	s_k^2	n_k
4 – 6	5,10	0,38	33
6 - 10	7,51	2,53	37
10 - 20	13,45	9,82	20
20 - 50	25,5	94,17	10

a) Stellen Sie die Häufigkeitsverteilung des Vermögens grafisch dar!

b) Welcher Anteil der 100 reichsten Menschen besitzt eine Vermögen
   - von maximal 12 Mrd. $,
   - von mehr als 9 Mrd. $?

c) Wie groß ist das durchschnittliche Vermögen der 100 reichsten Menschen?

d) Wie groß ist die interne Varianz des Vermögens?

e) Welcher Punkt trennt die untere Hälfte der 100 reichsten Vermögensmilliardäre von der oberen Hälfte?

Aufgabe 25

Bei einer Unternehmung des verarbeitenden Gewerbes schwankten die Auftragseingänge in den vergangenen zwölf Monaten zwischen 21 und 45: 28, 29, 33, 24, 34, 38, 42, 45, 39, 27, 21, 26.

a) Benennen Sie das betrachtete Merkmal und charakterisieren Sie es!

b) Klassieren Sie die Auftragseingänge unter Verwendung der Klassengrenzen 20, 30, 40 und 45, und stellen Sie die klassierte Häufigkeitsverteilung grafisch dar!

c) Bestimmen Sie das Gesamtmittel der klassierten Häufigkeitsverteilung unter Verwendung der Klassenmittelwerte!

d) Berechnen Sie die externe Varianz der klassierten Häufigkeitsverteilung!

e) Wie groß ist die Varianz der 2. Klasse?

Aufgabe 26

In einer Autovermietung liegt die Häufigkeitsverteilung der von den Mietern gefahrenen Kilometer vor:

Klasse	Intervall	Anzahl der Mieter	Durchschnittliche Kilometer
1	0-50	100	30
2	50-100	200	80
3	100-200	400	140
4	200-300	250	230
5	über 300	50	360

Die fünfte Klasse kann bei 500 km geschlossen werden.

a) Stellen Sie die Häufigkeitsverteilung der von den Automietern gefahrenen Kilometer graphisch dar!

b) Wie viel Prozent der Automieter sind
   - weniger als 250 km
   - mehr als 150 km mit dem gemieteten Wagen gefahren?

c) Wie lautet der Modus der Häufigkeitsverteilung?

d) Bestimmen Sie das arithmetische Mittel und den Median der gefahrenen Kilometer!

e) Berechnen Sie die externe Varianz der Häufigkeitsverteilung!

Aufgabe 27

Aus einer erwerbsstatistischen Erhebung geht eine gestiegene Mobilität der Berufstätigen hervor:

Weg zum Arbeitsplatz (in km)	unter 10	10 bis 25	25 bis 50	50 und mehr
Erwerbstätige (in %)	40	40	15	5

Die maximale Entfernung zum Arbeitsplatz liegt bei 100 km.

a) Stellen Sie die Häufigkeitsverteilung der Entfernung zum Arbeitsplatz grafisch dar!

b) Wie viel Prozent der Erwerbstätigen wohnen mehr als 30 km von ihrem Arbeitsplatz entfernt?

c) Berechnen Sie die durchschnittliche Entfernung vom Arbeitsplatz unter Verwendung des arithmetischen Mittels und des Medians!

d) Berechnen Sie die approximative Varianz der Entfernung vom Arbeitsplatz!

Aufgabe 28

In der gewerblichen Wirtschaft gab es in einem Jahr 1,62 Millionen Arbeitsunfälle, die sich auf die Wirtschaftszweige unterschiedlich stark verteilen (Angaben je 1000 Vollarbeiter): Elektronik 27, Gesundheitsdienst 28, Handel und Verwaltung 31, Chemie 32, Textil 38, Papier und Druck 47, Verkehr 59, Nahrung 70, Bergbau 77, Metall 80, Steine und Erden 85, Holz 121, Bau 124.

a) Das betrachtete Merkmal ist in Form einer

   ☐ Prozentzahl   ☐ Messzahl
   ☐ Gliederungszahl   ☐ Entsprechungszahl
   ☐ Ordnungszahl   ☐ Beziehungszahl

b) Klassieren Sie die Daten unter Verwendung der Klassengrenzen 25, 50, 75, 100, 150 und stellen Sie die klassierte Häufigkeitsverteilung grafisch dar!

c) Bestimmen Sie den Median und den Quartilsabstand!

d) Berechnen Sie das arithmetische Mittel und die Varianz der Unfälle je 1.000 Vollarbeiter!

Aufgabe 29

Um die Maßgenauigkeit einer Maschine zur Herstellung von Schrauben zu überprüfen, wird der Durchmesser von 200 Schrauben mit einem Mikrometer gemessen.
Die μm-Werte der Abweichungen der Schraubendurchmesser von 50 mm werden
nach einer Klassierung festgehalten:

Klasse	Durchmesser (Abweichungen in μm)	Anzahl
1	30 - 45	30
2	45 - 55	90
3	55 - 65	60
4	65 - 80	20

a) Charakterisieren Sie das betrachtete Merkmal!

b) Stellen Sie die Häufigkeitsverteilung der Abweichungen der Schraubendurchmesser grafisch dar!

c) Wie groß ist der Anteil der Schrauben mit einem Durchmesser von
   -   bis zu 50,62 mm,
   -   über 50,48 mm?

d) Geben Sie die zentrale Tendenz der Abweichungen durch drei Kenngrößen an und
interpretieren Sie sie!

e) Wie stark streuen die Abweichungen um das arithmetische Mittel?

Aufgabe 30

Für Laptops ist folgende Verteilung der Verwendungsdauer ermittelt worden:

Verwendungsdauer (in Jahren)	Anzahl der Laptops
bis 2	134
2 bis unter 3	116
3 bis unter 4	198
4 bis unter 6	208
6 bis unter 8	92

a) Das Merkmal Verwendungsdauer ist

□ nominalskaliert   □ stetig   □ quantitativ   □ latent
□ quasi-stetig   □ manifest   □ häufbar   □ diskret

b) Stellen Sie die Häufigkeitsverteilung der Verwendungsdauern grafisch dar!

c) Wie viel Prozent der Laptops
   - sind noch nach 3 Jahren und 9 Monaten in Gebrauch,
   - werden nach 4 Jahren und 3 Monaten ausgesondert?

d) Wie groß ist die
   - durchschnittliche Verwendungsdauer
   - typische Verwendungsdauer der Laptops?

e) Wie groß ist der Quartilsabstand der Verwendungsdauer?

Aufgabe 31

Bei einer Wohnungszählung ist in einem Viertel die Zahl der Wohnräume festgestellt worden:

Zahl der Wohnräume	1	2	3 - 4	5 – 8
Zahl der Wohnungen	28	45	72	55

a) Das hier betrachtete Merkmal heißt

    1. Zahl der Wohnräume,   2. Wohnraum,

    3. Wohnung,   4. Zahl der Wohnungen

    und es ist

    1. nominalskaliert,   2. intervallskaliert,

    3. diskret   4. häufbar,

    5. qualitativ,   6. quantitativ

    7. absolutskaliert   8. metrisch skaliert.

b) Geben Sie die Häufigkeitsdichten der beiden letzten Klassen an!

c) Wie groß ist der Quartilsabstand, wenn zusätzlich bekannt ist, dass 30 Wohnungen 6 und mehr Wohnräume haben?

d) Wie groß ist die durchschnittliche Zahl der Wohnräume?

e) Welchen Wert nimmt die Standardabweichung an?
   Hinweis: Rechnen Sie mit dem auf eine Dezimalstelle gerundeten arithm. Mittel!

f) Wie lauten die Koordinaten zur grafischen Darstellung der empirischen Verteilungsfunktion?

    1.   (0; 0), (1; 0,140), (2; 0,365); (4; 0,725), (8; 1)
    2.   (0; 0), (1,5; 0,140), (2,5; 0,365); (4,5; 0,725), (8,5; 1)
    3.   (0,5; 0), (1,5; 0,140), (2,5; 0,365); (4,5; 0,725), (8,5; 1)
    4.   (0,5; 0), (1,5; 0,140), (2,5; 0,365); (4,5; 0,725), (8; 1)

Aufgabe 32

Nach einer Projektionsrechnung werden sich die Erbschaften im 10-Jahres-Zeitraum 2001 – 2010 wie folgt verteilen (in €):

Erbschaft	0-25.000	25.000-150.000	150.000-300.000	300.000-500.000	über 500.000
1.000 Erbfälle	2.251	2.319	1.627	1.031	673

Die letzte Erbschaftsklasse ist bei 2.000.000 € zu schließen.

a) Ermitteln Sie die kumulierten Häufigkeiten und zeichnen Sie die empirische Verteilungsfunktion!

b) Bei wie viel Prozent der Erbschaften wird ein Vermögen von mehr als 100.000 € vererbt?

c) Welches Vermögen wird bei Erbschaften im Durchschnitt vererbt?

d) Inwiefern weist der in Teil c) berechnete Mittelwert die Ersatzwerteigenschaft auf?

e) Wie hoch ist das Vermögen, das mindestens bei den 10% der größten Erbschaften vererbt wird?

Aufgabe 33

Studenten gelten gemeinhin als minderbegüterte Zeitgenossen. Tatsächlich steht den Akademikern in spe monatlich gar nicht so wenig Geld zur Verfügung:

Monatliches Budget (€)	bis 400	400-600	600-800	800-1000	über 1000
Prozent	7	36	34	15	8

Budgets von mehr als 1500 € können statistisch vernachlässigt werden.

a) Stellen Sie die Verteilung des monatlichen Studentenbudgets grafisch dar!

b) Wie viel Prozent der Studenten steht ein monatliches Budget von mehr als 620 € zur Verfügung?

c) Wie groß ist der Median des monatlichen Studentenbudgets? (Interpretation) Hinweis: Geben Sie den Median auf volle Euro gerundet an!

d) Welchen Wert nimmt der Modus an? Warum ist der Modalwert hier wenig aussagefähig?

Aufgabe 34

In einem Handelspanel sind in einer Erhebungsperiode bei 80 Einzelhandelsunternehmen die Verkaufsflächen in m^2 ermittelt worden:

Verkaufsfläche	0 – 100	100 – 250	250 – 500	500 – 1000	1000 – 2000
Anzahl der UN	12	26	14	16	12

a) Stellen Sie die Häufigkeitsverteilung der Verkaufsfläche grafisch dar!

b) Zeichnen Sie die empirische Verteilungsfunktion!

c) Wie viel Prozent der Einzelhandelsunternehmen haben eine Verkaufsfläche von
   - weniger als 400 qm,
   - mehr als 200 qm?

d) Geben Sie den Modus und den Median an (mit Interpretation)!

Aufgabe 35

Die Auftragsbestände von 50 mittelständischen Unternehmen eines Kammerbezirks verteilen sich wie folgt:

Auftragsbestand (Mill. €)	Anzahl der Unternehmen
0 - 1	18
1 - 2,5	15
2,5 - 5	12
5 - 10	5

a) Stellen Sie die Häufigkeitsverteilung der Auftragsbestände grafisch dar!

b) Geben sie den Modus der Auftragsbestände an!

c) Wie viel Prozent der Unternehmen haben einen Auftragsbestand von mehr als 3 Mill. €?

d) Berechnen Sie die Standardabweichung der Auftragsbestände!

Aufgabe 36

Nach der Gebäude- und Wohnungszählung ergibt sich folgende Häufigkeitsverteilung der Wohnungsgrößen bei Mietwohnungen:

Größenklasse	Fläche von...bis unter...m²	Wohnungszahl (in 1000)
1	unter 40	1476
2	40 - 80	9362
3	80 - 100	2705
4	100 und mehr	1829

Die letzte Größenklasse kann bei 150 m² geschlossen werden.

a) Stellen Sie die Häufigkeitsverteilung der Wohnungsgröße geeignet grafisch dar!

b) Bestimmen Sie die relativen kumulierten Häufigkeiten und zeichnen Sie die empirische Verteilungsfunktion?

c) Bestimmen Sie den Quartilsabstand der Wohnungsgrößen!

d) Berechnen Sie einen Näherungswert für die Varianz der Wohnungsgrößen!

Aufgabe 37

In einem Jahr sind von den deutschen Maschinenbauunternehmen 80 Triebköpfe für ICEs gefertigt worden:

Unternehmen	A	B	C	D	E
Anzahl der gefertigten Triebköpfe	12	32	22	10	4

a) Ist auf dem Markt für Triebköpfe eine marktbeherrschende Stellung im Sinne des § 19 GWB zu vermuten?

b) Zeichnen Sie die Konzentrationskurve und schraffieren Sie die dem Rosenbluth-Index zugrunde liegende Dekonzentrationsfläche A!

c) Wie groß ist die Dekonzentrationsfläche A!

d) Skizzieren Sie die Dekonzentrationsfläche A im Falle einer minimalen und maximalen Konzentration auf dem Markt der Triebköpfe! Wie groß ist die Fläche A in den beiden Extremfällen?

e) Berechnen Sie den Herfindahl-Index und interpretieren Sie ihn!

Aufgabe 38

In Bezug auf die Umsätze in Mrd. € der 50 Unternehmen einer Branche sind für eine Periode folgende Summen bekannt:

$$\sum_{i=1}^{50} x_i = 46 \text{ und } \sum_{i=1}^{50} x_i^2 = 44870.$$

Außerdem kennt man die Einzelumsätze der fünf größten Unternehmen: 7 Mrd. €, 5 Mrd. €, 4 Mrd. €, 3 Mrd. €, 3 Mrd. €.

a) Wie lassen sich die angegebenen Summen interpretieren?

b) Berechnen Sie den durchschnittlichen Umsatz der Unternehmen in der Branche! Welche Werte nehmen hier die Varianz und die Standardabweichung an?

c) Bestimmen Sie die Konzentrationsraten für die fünf größten Unternehmen und prüfen Sie, ob die Konzentration im Sinne des §22 GWB als kritisch zu bewerten ist!

d) Zeichen Sie die Konzentrationskurve und kennzeichnen Sie hierin die Extremsituationen minimaler und maximaler Konzentration!

e) Die Konzentrationsraten sind

☐ Verhältniszahlen   ☐ absolute Konzentrationsmaße

☐ Streuungsmaße   ☐ Anteilswerte

☐ relative Konzentrationsmaße   ☐ Gliederungszahlen

Aufgabe 39

Die sechs größten Unternehmen im deutschen Lebensmittelhandel erzielten in einem Jahr folgende Umsätze (in Mrd. €):

Rewe 32,4   Metro 25,9   Edeka 22,7
Aldi 21,1   Tengelmann 16,9   Spar 14,4

Sie teilten 66,7% des Lebensmittelmarktes unter sich auf.

a) Grenzen Sie die statistische Masse ab und charakterisieren Sie das betrachtete Merkmal!

b) Bestimmen Sie die Konzentrationsraten und zeichnen Sie die Konzentrationskurve für den Lebensmittelmarkt!

c) Berechnen Sie den Herfindahl-Index für den Lebensmittelmarkt unter Verwendung der Umsatzanteile und interpretieren Sie ihn!

d) Interpretieren Sie die Darstellung $K_H = \dfrac{v^2 + 1}{n}$ des Herfindahl-Index!

Berechnen Sie hierzu den Variationskoeffizienten v!

Aufgabe 40

Die vier größten Warenhaus-Konzerne in der Bundesrepublik Deutschland erzielten in einem Jahr die folgenden Umsätze (in Mrd. €): Karstadt 20,59; Kaufhof 20,46; Hertie 6,89; Horten 2,92. Unterstellt wird, dass damit 80% des Umsatzes der Warenhäuser erfasst sind. Die restlichen 20% des Umsatzes teilen sich 16 mittelgroße Firmen untereinander auf.

a) Das Merkmal ist
    ☐ stetig   ☐ qualitativ   ☐ manifest
    ☐ komparativ   ☐ klassiert   ☐ quasi-stetig

b) Berechnen Sie die Konzentrationsraten und zeichnen Sie die Konzentrationskurve!

c) Bestimmen Sie den Herfindahl-Index und interpretieren Sie ihn!

d) Angenommen der Umsatz aller Warenhäuser ist in einem Zeitraum von 5 Jahren um ein Viertel gestiegen. Wie hoch ist dann die jährliche Zuwachsrate im Durchschnitt gewesen?

Aufgabe 41

Auf dem Markt für Baufahrzeuge stehen 8 Unternehmen miteinander im Wettbewerb. In einer betrachteten Periode weisen sie folgende Absatzzahlen vor:

Unternehmung	A	B	C	D	E	F	G	H
Absatz	30	100	60	30	60	130	60	30

a) Zeichnen Sie die Lorenzkurve!

b) Wie groß ist der Gini-Koeffizient der Unternehmenskonzentration?

c) Zeichnen Sie die dem Rosenbluth-Index zugrunde liegende Dekonzentrationsfläche A zusammen mit A_{min} und A_{max} in ein Diagramm ein!

d) Berechnen Sie die Dekonzentrationsfläche A und interpretieren Sie den Konzentrationsgrad durch einen Vergleich mit den Werten von A_{min} und A_{max}!

e) Die Unternehmung A weist in den Perioden 0 und t folgende Preise und Absatzmengen bei den Typen A, B und C der Baufahrzeuge auf:

	p_{j0}	p_{jt}	q_{j0}	q_{jt}
Typ A	6	8	20	18
Typ B	4	5	30	33
Typ C	10	9	5	6

Bestimmen Sie den Preisindex nach Paasche unter Verwendung der aktuellen Verbrauchsanteile und interpretieren Sie ihn!

Aufgabe 42

Bei einem Glücksspiel hatten 6 Spieler A, B, C, D. E und F ein Startkapital von jeweils 100 €. Am Ende des Spiels verteilte sich das zur Verfügung stehende Kapital wie folgt:

Spieler	A	B	C	D	E	F
Endkapital	0	220	120	80	0	180

a) Zeichnen Sie die Konzentrationskurve des Endkapitals mit den beiden Extremsituationen!

b) Bestimmen Sie den Herfindahl-Index und interpretieren Sie ihn!

c) Berechnen Sie den Variationskoeffizienten mit der Formel $v = s / \bar{x}$! Geben Sie an, wie die hier vorliegende relative Konzentration den Herfindahl-Index gegenüber dem Zustand der Gleichverteilung verändert!

d) Zeichnen Sie die Lorenzkurve der Konzentration des Endkapitals!

e) Wie verändert sich die Lorenzkurve, wenn anstelle der Einzelspieler die Spielgemeinschaften A/E, B/F und C/D unter Beibehaltung des Gesamtstartkapitals von 600 € angetreten wären?

Aufgabe 43

Für ein Semester liegen folgende Zahlen über Studienanfänger für ein Masterstudium vor:

Fach	Maschinenbau	BWL	Pädagogik	Recht
Anzahl der Studienanfänger	280	360	50	110

a) Zeichnen Sie die Konzentrationskurve zusammen mit den Extremzuständen für die Konzentration der Studienanfänger auf die Studienfächer!

b) Welchen Wert nimmt der Herfindahl-Index an (mit Interpretation)?

c) Angenommen, der Herfindahl-Index hätte für dieselben Studiengänge im vorangegangenen Semester den Wert 0,30 angenommen. Wie groß wäre dann die relative Streuung der Studienanfänger auf die Masterstudiengänge (mit Interpretation)?

d) Wie groß ist der Gini-Koeffizient?

e) Der Gini-Koeffizient ist ein Maß der relativen Konzentration, weil

☐ er nur Merkmalsanteile und relative Häufigkeiten berücksichtigt,

☐ er aus den Daten einer klassierte relativen Häufigkeitsverteilung und nicht aus Einzelwerten berechnet wird,

☐ er unabhängig von der Anzahl der statistischen Einheiten ist,

☐ er auf das Intervall [0; 1] normiert ist.

Aufgabe 44

In einer Region sind sechs Unternehmen ansässig, die in einem Jahr folgende Produktionswerte gemeldet haben:

Unternehmen	1	2	3	4	5	6
Produktionswert (in Mill. €)	10	8	14	2	6	10

a) Wie groß sind die Konzentrationsraten C_1, C_2 und C_3?

b) Welchen Wert nimmt der Herfindahl-Index an?

Er zeigt eine

1. mittelstarke   2. schwache   3. starke   4. zunehmende Konzentration an.

c) Angenommen, der Herfindahl-Index ist 10% größer als in Teil b). Welchen Wert nimmt dann der Variationskoeffizient Wert an?

d) Welche der Aussagen trifft zu?

Wenn zwei der sechs Unternehmen fusionieren,
1. erhöht sich der Herfindahl-Index,
2. verringert sich der Herfindahl-Index,

3. erhöht oder verringert sich der Herfindahl-Index, je nachdem, ob die beiden Unternehmen über- oder unterdurchschnittliche Produktionswerte haben,
4. erhöht sich der Herfindahl-Index auf jeden Fall, wenn die beiden Unternehmen unterdurchschnittliche Merkmalsanteile aufweisen.

e) Wie groß ist der Gini-Koeffizient?

f) Welche der Aussagen trifft zu?

Wenn zwei der sechs Unternehmen fusionieren,
1. erhöht sich der Gini-Koeffizient,
2. verringert sich der Gini-Koeffizient,
3. erhöht oder verringert sich der Gini-Koeffizient, je nachdem, ob die beiden Unternehmen über- oder unterdurchschnittliche Produktionswerte haben,
4. erhöht sich der Gini-Koeffizient auf jeden Fall, wenn die beiden Unternehmen unterdurchschnittliche Merkmalsanteile aufweisen.

Aufgabe 45

In den 9.180 Arbeitsstätten der Touristik-Branche sind 44.300 Mitarbeiter beschäftigt. In Abhängigkeit von der Betriebsgröße ergibt sich hierbei folgende Verteilung:

Betriebsgröße von ... bis zu ... Beschäftigte	Zahl der Betriebe	Gesamtzahl der Beschäftigten
1	2.163	2.163
2 – 4	4.685	12.657
5 – 9	1.496	9.474
10 und mehr	836	20.006

a) Welche statistischen Konzepte geben die in der Tabelle enthaltenen Größen wieder?

b) Wie hoch ist der Anteil der Betriebe mit höchstens 6 Beschäftigten?

c) Stellen Sie die relative Konzentration der Beschäftigten auf die Betriebe grafisch dar!

d) Geben Sie die Steigung der in Teil c) dargestellten Kurve an! Warum nimmt die Steigung der Kurve an keiner Stelle den Wert 1 an?

e) Berechnen Sie den Gini-Koeffizienten der Beschäftigungskonzentration und interpretieren Sie ihn!

Aufgabe 46

Für das Gesamtvermögen der privaten Haushalte ist folgende Verteilung ermittelt worden:

Gesamtvermögen (in Tsd. €)	Private Haushalte (in %)	Klassenmittelwerte
bis 100	46,0	40
100 - 250	24,7	150
250 - 500	20,3	300
500 - 1000	6,3	700
über 1000	2,7	3000

a) Das Merkmal Gesamtvermögen ist:

☐ diskret ☐ intervallskaliert ☐ häufbar
☐ latent ☐ quasi-stetig ☐ manifest
☐ metrisch skaliert ☐ qualitativ ☐ ordinal skaliert

b) Bestimmen Sie das arithmetische Mittel und den Median des Gesamtvermögens der privaten Haushalte!

c) Zeichnen Sie die Lorenzkurve der Vermögensverteilung!

d) Berechnen Sie den Gini-Koeffizienten und interpretieren Sie ihn!

Aufgabe 47

Auf dem Lebensmittelmarkt ist die Konzentration nicht nur im Handel fortgeschritten. Auch die größten Lieferanten konnten durchweg ihre Umsätze erhöhen. Bei den 10 größten Markenherstellern waren im betrachteten Jahr folgende Umsätze zu verzeichnen (in Mrd. €):

Henkel 14,0; Unilever 9,8; Philipp Morris 9,1; Reemstma 8,0; Nestlé 6,9; Coca Cola 6,8; Procter& Gamble 5,3; B.A.T. 5,2; Südzucker 5,2; Oetker 5,0.

Der Gesamtumsatz der kleineren 90 Lieferanten belief sich auf 44,7 Mrd. €.

a) Überprüfen Sie, ob auf dem Lebensmittelmarkt die Kriterien für die Vermutung einer marktbeherrschenden Stellung von einem oder mehreren Unternehmen nach § 22 GWB erfüllt sind!

b) Zeichnen Sie die Konzentrationskurve für den Lebensmittelmarkt!

c) Bestimmen Sie näherungsweise den Herfindahl-Index für den Lebensmittelmarkt und interpretieren Sie ihn!

d) Berechnen Sie den Gini-Koeffizienten unter Verwendung der Umsatzgrößenklassen 0 bis unter 5 Mrd. €, 5 bis unter 7,5 Mrd. €, 7,5 bis unter 10 Mrd. €, 10 Mrd. € und mehr!

Aufgabe 48

Aus der Vermögenssteuerstatistik geht hervor, dass 152.181 Steuerpflichtige Millionäre sind, deren steuerpflichtiges Vermögen sich wie folgt verteilt:

Steuerpflichtiges Vermögen	Anzahl der Steuerpflichtigen
1 bis 5 Mio. €	134.463
5 bis 50 Mio. €	16.863
über 50 Mio. €	855

Die letzte Vermögensklasse kann bei 250 Mio. € geschlossen werden.

a) Bestimmen Sie das arithmetische Mittel und den Median der Millionärsvermögen!

b) Zeichnen Sie die Lorenzkurve der Vermögensverteilung!

c) Zeigen Sie, dass die in Teil b) berechnete Lorenzkurve streng monoton steigend ist!

d) Wie groß ist der Gini-Koeffizient, und wie lässt er sich interpretieren?

Aufgabe 49

Eine Umfrage der Industrie- und Handelskammer hat einen Aufschluss über die Preiserwartungen (X) und Produktionspläne (Y) der Firmen des Verarbeitenden Gewerbes erbracht:

Produktionspläne (X)	Preiserwartungen (Y)		
	fallende Preise (y_1)	gleichbleibende Preise (y_2)	steigende Preise (y_3)
Produktrückgang (x_1)	10	5	5
unveränderte Produktion (x_2)	5	30	10
Produktionssteigerung (x_3)	5	10	20

a) Ermitteln Sie die relative gemeinsame Häufigkeitsverteilung sowie die Randverteilungen der beiden Merkmale Preiserwartungen und Produktionspläne!

b) Vergleichen Sie die Häufigkeitsverteilungen der Preiserwartungen für diejenigen Firmen miteinander, die einen Produktionsrückgang und eine Produktionssteigerung erwarten und interpretieren Sie sie!

c) Welche gemeinsame absolute Häufigkeitsverteilung der beiden betrachteten Merkmale würde sich im Falle einer statistischen Unabhängigkeit ergeben?

d) Bestimmen Sie den normierten Kontingenzkoeffizienten und interpretieren Sie ihn!

e) Wie würde sich bei unverändertem n und χ^2-Wert der normierte Kontingenzkoeffizient im Falle einer 4x5-Tabelle verändern?

Aufgabe 50

Die Bruttokaltmieten je qm Wohnfläche (X) differieren in den siedlungsstrukturellen Kreistypen (Y) merklich. Eine Stichprobe von Kreisen hat folgende Verteilung ergeben:

| Bruttokaltmiete (X) | Siedlungsstruktureller Kreistyp (Y) | | | Σ |
	Ländlicher Kreis	Verdichteter Umlandkreis	Kernstadt	
bis unter 4 € je qm	?	12	4	?
4 bis unter 6 €	66	?	?	98
6 € und mehr	?	?	24	52
Σ	174	?	42	

a) Vervollständigen Sie die zweidimensionale Häufigkeitstabelle unter Verwendung der Information, dass $h(x_3|y_1)$ gleich 0,092 und h_{22} gleich 0,070 ist!

b) Geben Sie die relativen Häufigkeitsverteilungen der Bruttokaltmieten in den ländlichen Kreisen und Kernstädten an und vergleichen Sie sie!

c) Die Teilsumme $\sum\limits_{j=1}^{2} \sum\limits_{k=1}^{3} \dfrac{(n_{jk} - \tilde{n}_{jk})^2}{\tilde{n}_{jk}}$ beträgt 17,855. Wie groß ist K*?

d) Welche Werte würde K* bei einem K-Wert wie in Teil c) bei
   - 4 Mietklassen und 4 Kreistypen,
   - 6 Mietklassen und 4 Kreistypen,
   - 6 Mietkassen und 6 Kreistypen annehmen?

e) Kreuzen Sie die richtige(n) Aussage(n) an!

   ☐ Der Phi-Koeffizient ist bei 0,1-Variablen gleich dem Pearsonschen Korrelationskoeffizienten!

   ☐ Der Phi-Koeffizient ist bei 2x2-Kontingenztabellen gleich den Kontingenzkoeffizienten!

   ☐ Der Phi-Koeffizient ist gleich der mittleren quadratischen Kontingenz!

   ☐ Alle vorgenannten Aussagen sind falsch.

Aufgabe 51

Bei einer Klausur im Fach VWL II sind die Kombinationen der Merkmale Geschlecht (X) und Klausurerfolg (Y) mit folgenden Häufigkeiten aufgetreten:

weiblich und bestanden: 80-mal, weiblich und nicht bestanden: 30-mal,
männlich und bestanden: 50-mal, männlich und nicht bestanden: 40-mal.

a) Geben Sie die gemeinsame relative Häufigkeitsverteilung der beiden Merkmale Geschlecht (X) und Klausurerfolg (Y) mit ihren Randverteilungen in einer Kontingenztabelle wieder!

b) Vergleichen Sie Häufigkeitsverteilungen des Klausurerfolgs in den beiden Teilgesamtheiten weiblicher und männlicher Studierender miteinander!

c) Welche Werte nehmen die bei Unabhängigkeit zu erwartenden gemeinsamen relativen Häufigkeiten $\tilde{h}_{11}$ und $\tilde{h}_{21}$ an? Interpretieren Sie sie im Hinblick auf die tatsächlich beobachteten gemeinsamen Häufigkeiten!

d) Wie groß ist die mittlere quadratische Kontingenz? Welcher Wert lässt sich hieraus für den Phi-Koeffizienten folgern?

e) Vergleichen Sie den unnormierten und normierten Kontingenzkoeffizienten miteinander! Wie lassen sie sich interpretieren?

Aufgabe 52

Für die beiden Merkmale Anzahl der Berufsjahr (X) und berufliche Stellung (Y) liegen für 40 Arbeitnehmer folgende Angaben vor:

Anzahl der Berufsjahre	1-3	1-3	4-6	4-6	4-6	7-9	7-9	7-9
Berufliche Stellung	niedrig	mittel	niedrig	mittel	hoch	niedrig	mittel	hoch
Anzahl der Arbeitnehmer	10	4	4	8	2	2	6	4

a) Stellen Sie die absolute zweidimensionale Häufigkeitsverteilung der beiden Merkmale tabellarisch auf!

b) Wie viel Jahre Berufserfahrung haben die Arbeitnehmer im Mittel?

c) Geben Sie die bedingten Verteilungen der beruflichen Stellung für die unterste und oberste Klasse der Berufsjahre an!

d) Welche absoluten gemeinsamen Häufigkeiten sind bei statistischer Unabhängigkeit der beiden Merkmale zu erwarten?

e) Wie groß ist der normierte Kontingenzkoeffizient?

Aufgabe 53

Ein Produkt kann mit den Produktionsverfahren A, B und C hergestellt werden. Aufgrund einer Qualitätskontrolle ist der bei der Herstellung anfallende Ausschuss ermittelt worden:

Produktionsverfahren (X)	Qualität (Y)	
	kein Ausschuss	Ausschuss
A	80	10
B	56	4
C	62	8

a) Geben Sie die gemeinsamen relativen Häufigkeiten und die Randverteilungen in einer zweidimensionalen Häufigkeitstabelle wieder!

b) Bestimmen Sie die Häufigkeitsverteilungen des Merkmals Qualität für die Produktionsverfahren A und B (Interpretation)!

c) Bei einer Regression der Produktionsmenge (Y) auf die Arbeitsstunden (X) ergeben sich die Kleinst-Quadrate-Schätzer $\hat{a} = 10$ und $\hat{b} = 100/25 = 4$. Wie hoch ist die Korrelation zwischen den Arbeitsstunden (X) und der Produktionsmenge (Y) bei einer Varianz der Produktionsmenge von 625?

d) An einem 8-Stunden-Tag sind 40 Stücke eines Produkts hergestellt worden. Wie groß ist die unter den in Teil c) gemachten Angaben zu erwartende Tagesproduktion? Welches Residuum ergibt sich für die vorliegende Beobachtung (Interpretation)?

Aufgabe 54

Aus den Ergebnissen einer Befragung über die Freizeitaktivitäten der erwerbstätigen Bevölkerung lässt sich eine zweidimensionale Häufigkeitstabelle der Merkmale „Stellung im Beruf" (X) und „Kulturelles Interesse" (Y) zusammenstellen:

X \ Y	kein Interesse (y_1)	geringes Interesse (y_2)	großes Interesse (y_3)
Arbeiter (x_1)	15	6	4
Angestellte (x_2)	6	10	15
Beamte (x_3)	2	4	8
Selbständige (x_4)	1	3	4

a) Geben Sie die relative gemeinsame Häufigkeitsverteilung mit den zugehörigen Randverteilungen in Form einer bivariaten Häufigkeitstabelle wieder!

b) Warum lässt sich allein aus einem Vergleich der relativen gemeinsamen Häufigkeiten noch keine Beurteilung einer Beziehung zwischen den Merkmalen vornehmen?

c) Beurteilen Sie etwaige Abhängigkeiten zwischen den beiden Merkmalen an Hand der bedingten Verteilungen des Merkmals „Kulturelles Interesse" in den Kategorien „Arbeiter" und „Beamte" des Merkmals „Stellung im Beruf"!

d) Geben Sie die bedingten Verteilungen von X gegebenen y_1 und y_2 an!

e) Bestimmen Sie für die beiden betrachteten Merkmale die bei statistischer Unabhängigkeit zu erwartenden absoluten Häufigkeiten für die Merkmalskombinationen (x_1, y_1), (x_1, y_2) und (x_2, y_2) und interpretieren Sie das Ergebnis!

Aufgabe 55

In einem Zeitraum von sechs Jahren konnte folgendes Zinsgefälle zwischen dem Geld- und Kapitalmarkt beobachtet werden:

Jahr	1	2	3	4	5	6
Geldmarktzins (r_G)	4,8	4,5	3,5	5,5	6,7	8,1
Kapitalmarktzins (r_K)	6,6	6,3	6,5	6,6	8,0	9,2

a) Kennzeichnen Sie das Renditegefälle durch Angabe der mittleren Zinsdifferenz!

b) Wie groß ist die Korrelation zwischen dem Geld- und dem Kapitalmarktzins?

c) Bestimmen Sie das Steigungsmaß einer Regression des Kapitalmarktzinses (r_K) auf den Geldmarktzins (r_G) unter Verwendung des in Teil b) ermittelten Ergebnisses und interpretieren Sie es!

d) Ermitteln Sie das absolute Glied der Regression von r_K auf r_G und interpretieren Sie es!

e) Geben Sie die prozentualen Fehler der Regression für die Jahre 3 und 6 an! Wie groß ist der nicht durch die Regression erklärte Teil der Streuung der abhängigen Variablen?

Aufgabe 56

Für sechs Fußballmannschaften sind die in den beiden Halbzeiten geschossenen Tore bekannt:

Mannschaft	1	2	3	4	5	6
Tore der 1. Halbzeit (X)	36	26	20	24	40	34
Tore der 2. Halbzeit (Y)	26	24	16	28	32	30

a) Zeichnen Sie in ein Streuungsdiagramm der Merkmale X und Y ein neues Koordinatensystem mit dem Ursprung $\bar{x}$ und $\bar{y}$ ein! Kennzeichnen Sie darin die Flächen, welche die Beiträge der Mannschaften 3, 4 und 5 zur Kovarianz widerspiegeln und geben Sie die zugehörigen Kreuzprodukte an!

b) Wie stark ist der Zusammenhang zwischen den in den beiden Halbzeiten geschossenen Tore?

c) Berechnen Sie die lineare Funktion, mit der die Tore der zweiten Halbzeit optimal durch die in der ersten Halbzeit geschossenen Tore prognostiziert werden können!

d) Welche prozentualen Fehleinschätzungen würden sich bei Anwendung der in Teil c) ermittelten Funktion für die Mannschaften 1 und 3 ergeben?

e) Zwischen zwei Merkmalen X und Y ist ein Korrelationskoeffizient r von –0,6 errechnet worden. Kreuzen Sie die richtige(n) Antwort(en) an!

☐ Hieraus folgt $s_{xy} < 0$ und $b < 0$.
☐ Hieraus folgt $s_{xy} < 0$ und $a < 0$.
☐ Die Streuung des Merkmals Y wird zu 36% durch die Streuung des Merkmals X erklärt.
☐ Aus $x_i < \bar{x}$ folgt, dass auch $y_i < \bar{y}$ sein muss.

Aufgabe 57

Über den Offenheitsgrad einer Volkswirtschaft (X) und der Anzahl der militärischen Konflikte (Y) liegen für einen Zeitraum von 50 Jahren folgende Angaben vor:

Staat	1	2	3	4	5
Offenheitsgrad (X)	5	15	25	35	45
Anzahl der militärischen Konflikte (Y)	8	7	5	3	2

a) Wie groß ist der Fechnersche Korrelationskoeffizient?

b) Berechnen Sie den Korrelationskoeffizienten nach Bravais und Pearson unter Verwendung von $s_x^2=200$!

c) Schätzen Sie die Regressionsgerade einer Regression von Y auf X mit der Methode der kleinsten Quadrate!

d) Wie groß ist der prozentuale Fehler der Regression für das Land 2?

e) In einer Regression von Y auf X seien folgende Größen gegeben:

$$s_{xy} = -32, \quad s_x^2 = 200, \quad s_y^2 = 5{,}2 \quad \text{und} \quad \hat{b} = -0{,}16.$$

Welchen Wert nimmt dann das Bestimmtheitsmaß an?

Aufgabe 58

Bei vier Arbeitern werden die benötigten Reparaturzeiten eine Woche (X) und vier Wochen (Y) nach ihrer Einarbeitung überprüft:

Arbeiter	1	2	3	4
Reparaturzeit nach 1 Woche (X)	4	6	5	7
Reparaturzeit nach 4 Wochen (Y)	3	6	4	5

a) Wie groß ist die Kovarianz?

b) Welche der Aussagen trifft zu?

      1. Das Kreuzprodukt des Arbeiters 3 ist positiv.
      2. Das Kreuzprodukt des Arbeiters 2 ist gleich 0.
      3. Das Kreuzprodukt des Arbeiters 1 ist negativ.
      4. Bei keinem Arbeiter liegt ein negatives Kreuzprodukt vor.

c) Welchen Wert nimmt der Korrelationskoeffizient nach Bravais und Pearson an?

d) Wie verändert sich der Korrelationskoeffizient bei unveränderten y-Werten für

$$\bar{x} = 4{,}5, \quad \overline{x^2} = 23 \quad \text{und} \quad \overline{xy} = 22 ?$$

e) Geben Sie das absolute Glied $\hat{a}$ einer Regression von Y auf X für die in Teil d) veränderten Kenngrößen an!

f) Welche der Aussagen trifft zu?

Angenommen, der Korrelationskoeffizient zwischen den beiden hier betrachteten Merkmalen beträgt 0,75. Das bedeutet, dass

1. die Regressionsgerade $\hat{y}$ eine Steigung von 0,75 hat,
2. die beobachteten y-Werte zu 75% durch die x-Werte erklärt werden können,
3. die beobachteten x-Werte zu 75% durch die y-Werte erklärt werden können,
4. mehr als 25% der beobachteten y-Werte nicht durch die x-Werte erklärt werden können.

Aufgabe 59

Aus der Städtestatistik gehen die Daten über die Bevölkerungsdichte (X) (in 1000 Einwohner je km²) und der Anzahl oberzentraler Behörden (Y) in fünf ausgewählten Städten hervor:

Stadt	A	B	C	D	E
x_i	1,4	2,6	2,8	3,2	2,0
y_i	2	6	4	6	2

Es ist $\bar{x} = 2,4$, $\bar{y} = 4$, $s_x^2 = 0,4$ und $s_y^2 = 3,2$.

a) Berechnen Sie die Korrelationskoeffizienten nach Fechner und Bravais/ Pearson unter Verwendung der Kreuzprodukte!

b) Welche Kleinst-Quadrate-Schätzer der Regressionskoeffizienten a und b erhält man aus einer Regression von Y auf X? Geben Sie die Regressionsgerade $\hat{y}$ an!

c) Zeichnen Sie Regressionsgerade in ein Streuungsdiagramm ein! Wählen Sie zur Bestimmung der Lage der Regressionsgeraden den kleinsten und größten beobachteten x-Wert!

d) Wie groß ist die Varianz der Residuen?

Aufgabe 60

In einer altindustriellen Region haben sich Zahl der offenen Stellen (in 10 Tsd.) und die Zahl der Arbeitslosen (in 10 Tsd.) in einem Zeitraum von vier Jahren wie folgt entwickelt:

Jahr	1	2	3	4
Zahl der offenen Stellen (X)	3,8	3,5	2,9	2,2
Zahl der Arbeitslosen (Y)	7,0	6,1	8,3	9,8
Standardisierte x-Werte	1,1	0,7	-0,3	-1,5

a) Um wie viel Prozent ist die Zahl der Arbeitslosen im Mittel jährlich gestiegen?

b) Berechnen Sie die Kovarianz der standardisierten Merkmale und interpretieren Sie sie! Hinweis: Verwenden Sie hierzu die standardisierten y-Werte ebenfalls mit einer Dezimalstelle!

c) Geben Sie den Beitrag der verbundenen Beobachtung des zweiten Jahres zur in Teil b) berechneten Kovarianz an und interpretieren Sie ihn!

d) Welchen Wert nimmt das Steigungsmaß einer Regression der Zahl der Arbeitslosen (Y) auf die Zahl der offenen Stellen (X) unter Verwendung der in Teil b) berechneten Kenngrößen für Y an?

e) Wie groß ist das absolute Glied der Regression der Zahl der Arbeitslosen (Y) auf die Zahl der offenen Stellen (X)?

Aufgabe 61

Während die gesamte Wirtschaft danieder liegt, boomt die Wellnessindustrie. In dem jüngsten 5-Jahres-Zeitraum haben die Fitness-Anlagen ihre Mitgliederzahl (Mill.) und ihren Umsatz kräftig steigern können:

Jahr	1	2	3	4	5
Mitgliederzahl	3,1	3,5	4,1	4,7	5,4
Umsatz	1,7	1,9	2,3	2,7	3,2

a) Um wie viel Prozent hat sich die Mitgliederzahl der Fitness-Anlagen jährlich im Durchschnitt erhöht?

b) Wie stark sind Mitgliederzahl und Umsatz der Fitness-Anlagen miteinander korreliert?

c) Schätzen Sie die Regressionsfunktion einer Regression des Umsatzes auf die Mitgliederzahl mit einer Methode der kleinsten Quadrate! Interpretieren Sie das ermittelte Steigungsmaß!

d) Die Fitness-Branche erwartet für das kommende Jahr einen Anstieg der Mitgliederzahl auf 6 Millionen Mit welchem Umsatz kann sie dann aufgrund der Regressionsbeziehung rechnen?

Aufgabe 62

Ein Vergleich der jährlichen Anlagerendite ausgewählter deutscher Rentenfonds ergibt in Abhängigkeit von der Anlagedauer folgendes Bild:

Rentenfonds	Rendite (%) (Anlagedauer 1 Jahr)	Rendite (%) (Anlagedauer 3 Jahre)
Hansazins	6,2	4,8
Rentensparfonds	10,0	4,6
LVM – Fonds	3,9	3,8
Inrenta	7,0	3,6
Adirenta	6,4	2,7
Fondilux	5,4	0,9

a) Wie stark sind die Renditen mit unterschiedlicher Anlagedauer korreliert?

b) Ein Korrelationskoeffizient zwischen den Merkmalen X und Y von 0,85 gibt an, dass

☐ X und Y stark korreliert sind   ☐ die Beobachtungspaare auf einer Geraden mit einer Steigung von 0,85 liegen

☐ X und Y interdependent sind   ☐ wegen r ≠ 1 eine Scheinkorrelation vorliegen könnte

c) Bestimmen Sie die Regressionskoeffizienten a und b einer Regression der Rendite mit dreijähriger Anlagedauer auf die Rendite bei einjähriger Anlagedauer!

d) Welches Residuum ergibt sich für den Rentenfonds „Inrenta"?

Aufgabe 63

In einem Computergeschäft konnte der Absatz von Druckern in einem Zeitraum von 6 Quartalen bei rückläufigen Preisen gesteigert werden:

Quartal	1	2	3	4	5	6
Druckerpreis (in Euro)	200	180	180	160	150	140
Druckerabsatz	40	40	50	60	80	90

a) Um wie viel Prozent konnte der Druckerabsatz je Quartal gesteigert werden?

b) Wie groß ist der Wachstumsfaktor der Druckerpreise im Gesamtzeitraum?

c) Wie stark sind die Druckerpreise und der Druckerabsatz korreliert?

d) Welche Absatzsteigerung ist bei einer Senkung des Druckerpreises um 10 Euro im betrachteten Zeitraum im Mittel eingetreten?

e) In welchem Punkt schneidet die Anpassungsgerade einer Regression des Druckerabsatzes auf den Druckerpreis die Ordinate?

Aufgabe 64

Nach dem Kaufkraftargument steigern kräftige Lohnsteigerungen den Konsum und heben damit das Beschäftigungsniveau. Tatsächlich haben sich die Arbeitskosten und die Beschäftigten im Zeitraum von sechs Jahren gegenläufig entwickelt:

Periode	1	2	3	4	5	6
Arbeitskosten je Beschäftigte	110,8	115,7	119,3	124,2	127,1	130,0
Beschäftigte	98,5	96,5	96,1	94,8	93,5	93,6

a) Wie hoch ist die Korrelation zwischen den Arbeitskosten und den Beschäftigten?

b) Formulieren Sie ein Regressionsmodell, das die in dem Kaufkraftargument vorzufindende Abhängigkeit zwischen den beiden Merkmalen widerspiegelt!

c) Schätzen Sie das in Teil b) formulierte Regressionsmodell mit der Methode der kleinsten Quadrate! Interpretieren Sie die ermittelten Regressionskoeffizienten!

d) Wie hoch ist die aufgrund der Kleinst-Quadrate-Schätzung des in Teil c) formulierten Regressionsmodells für die Periode 3 erwartete Beschäftigung? Wie groß ist der Prozentsatz der Beschäftigung, die in dieser Periode nicht durch das Regressionsmodell erklärt werden kann?

e) Wie hoch ist der Erklärungsgehalt des Regressionsmodels im betrachteten Zeitraum insgesamt?

Aufgabe 65

Die Auftragseingänge und Produktion haben 1998 in den Teilbereichen des Verarbeitenden Gewerbes folgende Indexstände (1995 = 100) erreicht:

	Auftragseingang	Produktion
Vorleistungsgüter	115,7	114,4
Investitionsgüter	114,4	113,8
Gebrauchsgüter	112,7	112,0
Verbrauchsgüter	110,8	111,0

a) Bestimmen Sie die Kovarianz zwischen den Auftragseingängen und der Produktion! Warum lässt sich aus dieser Kenngröße noch nicht auf die Stärke des Zusammenhangs zwischen den beiden Merkmalen schließen?

b) Wie hoch ist die Korrelation zwischen den Auftragseingängen und der Produktion?

c) Um wie viel Prozent hat sich die Produktion von Investitionsgütern im Zeitraum von 1995 bis 1998 im Mittel jährlich erhöht?

d) Angenommen, die Beziehung zwischen der Produktion und den um eine Periode (= Jahr) verzögerten Auftragseingängen im Investitionsgütergewerbe ließe sich durch eine Regressionsfunktion mit den Koeffizienten $\hat{a} = 32$ und $\hat{b} = 0,75$ beschreiben. Welcher Stand des Produktionsindex wäre dann für 1999 im Investitionsgütergewerbe zu erwarten?

Aufgabe 66

Aufgrund des Verdachts der Preistreiberei wird für die Strom- und Gaskonzerne eine schärfere Missbrauchsaufsicht gefordert. Für die verschiedenen Energiearten liegen folgende Angaben vor:

Energieart	Preismesszahl p_5/p_0	Ausgabenanteil im Basisjahr 0	Ausgabenanteil im Berichtsjahr 5
Strom	1,192	0,3	0,3
Gas	1,186	0,3	0,4
Öl	1,142	0,2	0,2
Kohle	1,124	0,2	0,1

Die Gesamtausgaben für Energie haben sich vom Basisjahr zum Berichtsjahr um 28 Prozent erhöht.

a) Wie groß ist die durchschnittliche Steigerung der gesamten Energieausgaben?

b) Berechnen Sie den Preisindex nach Laspeyres und interpretieren Sie ihn!

c) Welchen Wert nimmt der Preisindex nach Paasche an?

d) Geben Sie die Mengenindizes nach Laspeyres und Paasche an!

e) Welche Angabe über den durchschnittlichen Preisanstieg der Energiearten könnten Sie ohne Kenntnis der Ausgabenanteile machen?

f) Die Stromkonzerne haben ihre Preise ein Jahr später (Jahr 6) um 10% erhöht. Um wie viel Prozent sind die Strompreise im Durchschnitt vom Basisjahr 0 bis zum Jahr 6 gestiegen?

Aufgabe 67

In einem Preisindex für den Personenverkehr werden drei Verkehrsträger einbezogen:

	Preise		Mengen	
	0	t	0	t
Pkw	100	110	150	160
ÖPNV	60	63	100	110
Bahn	120	138	40	43

a) Um wie viel Prozent haben sich die Bahnpreise erhöht, wenn die Berichtsperiode $t = 3$ ist?

b) Bestimmen Sie einen Preisindex für den Personenverkehr

   - ohne Kenntnis der in Anspruch genommenen Verkehrsleistungen
   - unter Verwendung der in der Basisperiode in Anspruch genommenen Verkehrsleistungen!

c) Geben Sie an, von wie viel Prozent sich der Wert eines Euros in Bezug auf die Inanspruchnahme von Verkehrsleistungen vermindert hat!

d) Geben Sie die Verhältniszahl aus dem nominalen und realen Wert der Verkehrsleistung an und interpretieren Sie sie!

e) Um wie viel Prozent hat sich die Verkehrsleistung wertmäßig erhöht?

f) Lässt sich unter Verwendung Ihrer bisherigen Berechnungen eine Aussage über die Erhöhung des Verkehrsaufkommens („Verkehrsmenge") machen?

Aufgabe 68

Ein spezieller Verbraucherpreisindex setzt sich auf den Bereichen (= Güter) Mieten (M), Energie (E), Verkehr (V) und Nachrichtenübermittlung (N) zusammen:

Bereich (= Gut)	Miete (M)	Energie (E)	Verkehr (V)	Nachrichtenübermittlung (N)
Basispreis	440	22	31	12
Berichtspreis	410	26	35	14
Verbrauchsausgaben in Basisperiode (%)	44,2	27,5	15,6	12,7

Die Verbrauchsausgaben in der Basisperiode beliefen sich auf 904 GE.

a) Bilden Sie Preismesszahlen für die vier betrachteten Güter (mit Interpretation)!

b) Welchen Wert nimmt der spezielle Verbraucherpreisindex auf der Basis des Laspeyres-Konzepts an? (mit Interpretation)

c) Wie hoch ist der ungewichtete Verbraucherpreisindex? Warum ist er allgemein nicht anwendbar?

d) Berechnen Sie unter Verwendung der Verbrauchsmengen in der Berichtsperiode 1 (Miete), 12 (Energie), 4 (Verkehr), 9 (Nachrichtenübermittlung) das Aggregat Σ $p_{j0} \cdot q_{jt}$ und interpretieren Sie es auf zwei unterschiedliche Arten!

e) Wie groß ist unter Berücksichtigung der in Teil c) angegebenen Verbrauchsmengen der Preisindex nach Paasche?

f) Bestimmen Sie unter Berücksichtigung der in Teil c) angegebenen Verbrauchsmengen
   - den Wertindex und
   - den Mengenindex nach Laspeyres! (jeweils mit Interpretation)

Aufgabe 69

Die Preise und Mengen der vier Güter A, B, C und D sind für die Basisperiode 0 gegeben:

Gut	Preis	Menge
A	10	100
B	5	200
C	20	150
D	30	50

In der Berichtsperiode t sind die Preise der Güter A und C gegenüber der Basisperiode 0 um jeweils 10% gestiegen, während sich die Güter B und D um 5% bzw. 20% verteuert haben.

a) Bestimmen Sie den Preisindex nach Laspeyres und interpretieren Sie ihn!

b) Um wie viel Prozent hat sich die Kaufkraft in der Berichtsperiode gegenüber der Basisperiode verringert?

c) Welchen Wert nimmt der Preisindex nach Paasche an, wenn die aktuellen Verbrauchsanteile der vier Güter A, B, C und D durch $g_{At} = 0{,}15$, $g_{Bt} = 0{,}20$, $g_{Ct} = 0{,}50$ und $g_{Dt} = 0{,}15$ gegeben sind?

d) Der Preisindex nach Paasche:
   ☐ ist stets kleiner als der Preisindex nach Laspeyres.
   ☐ bietet eine Basis für einen „reinen" Preisvergleich.
   ☐ lässt sich als Deflator bei der Preisbereinigung nominaler Größen verwenden.
   ☐ lässt sich als gewogenes arithmetisches Mittel von Preismesszahlen unter Verwendung eines aktuellen Gewichtungsschemas interpretieren.
   ☐ ist der „Standardpreisindex" der amtlichen Statistik.
   ☐ erfasst das Substitutionsverhalten der Verbraucher adäquater als der Laspeyres-Preisindex.

e) Welchen Wert nimmt der Preisindex nach Dutot ($\triangleq$ Messzahl der ungewogenen Preisdurchschnitte) hier an? Wie würde sich der Index bei einer Preismessung auf Basis der doppelten Menge des Gutes A verändern?

Aufgabe 70

Der HWWA-Index der Weltmarktpreise für Rohstoffe besteht aus fünf Produktgruppen, für die in der Periode (Jahr) 9 nachfolgende Preismesszahlen (Basisperiode 0 = 100) und Basisgewichtungen zu verzeichnen waren:

	Nahrungs- und Genussmittel	Industrierohstoffe	Agrarische Rohstoffe	NE-Metalle	Energie-rohstoffe
Preismesszahlen	0,942	0,777	0,786	0,721	0,799
Gewicht (%)	20	24	12	14	30

a) Ermitteln Sie einen ungewogenen Weltmarktpreisindex für Rohstoffe! Welches Indexkonzept liegt Ihrer Berechnung zugrunde?

b) Bestimmen Sie einen gewogenen Weltmarktpreisindex für Rohstoffe und interpretieren Sie ihn!

c) Um wie viel Prozent haben sich die Weltmarktpreise für Rohstoffe im betrachteten Zeitraum 0 bis 9 im Mittel jährlich geändert?

d) Gegenüber dem Vorjahr sind die Weltmarktpreise für Nahrungs- und Genussmittel (-18,7%), für Industrierohstoffe (-2,2%) und für Agrarische Rohstoffe (-0,9%) gesunken. Verteuert haben sich auf dem Weltmarkt dagegen NE-Metalle (+1,0%) und Energierohstoffe (+30,1%). Berechnen Sie den Weltmarktpreisindex für Rohstoffe für die Periode 8! Um wie viel Prozent hat sich der Index in der aktuellen Periode 9 gegenüber der Vorperiode verändert?

e) Die Weltrohstoffproduktion ist im Zeitraum in der Periode 9 gegenüber der Basisperiode 0 nominal um 48% gestiegen. Geben Sie die mengenmäßige Produktionssteigerung an und erläutern Sie das dahinter stehende Indexkonzept!

Aufgabe 71

Über die Preise und Ausgabenanteile der Güter A, B und C liegen für die Basis- und Berichtsperiode folgende Angaben vor:

Gut	Preise		Ausgabenanteile	
	0	t	0	t
A	20	25	0,40	0,30
B	50	60	0,30	0,30
C	30	33	0,30	0,40

Die Ausgaben für das Güterbündel haben sich von 10.000 € in der Basisperiode auf 12.000 € in der Berichtsperiode erhöht.

a) Berechnen Sie den Preisindex nach Laspeyres und interpretieren Sie ihn!

b) Wie lautet der Preisindex nach Paasche? Erläutern Sie die Art der Mittelung, die hierbei zur Anwendung kommt!

c) Geben Sie den Wertindex und die Ausgaben der Güter A, B und C im Berichtszeitraum an! Inwiefern stellt der Wertindex eine Messzahl dar?

d) Bestimmen Sie die Mengenindizes nach Laspeyres und Paasche! Wie hoch sind die realen Ausgaben für das Güterbündel in der Berichtsperiode gewesen?

e) Erläutern Sie kurz die Problematik des "reinen" Preisvergleichs bei der Verwendung von Preisindizes!

Aufgabe 72

Die Preise und Mengen der drei Kraftstoffe Normalbenzin, Superkraftstoff und Diesel sind wie folgt gegeben:

Kraftstoff	Preise		Mengen	
	0	t	0	t
Normalbenzin	1,50	1,56	100	112
Superkraftstoff	1,60	1,72	80	82
Diesel	1,20	1,23	40	48

a) Bestimmen Sie einen Preisindex für Kraftstoffe in Form eines ungewogenen Durchschnitts der Preismesszahlen! Warum wird die durchschnittliche Preissteigerung durch diesen Index unzulänglich abgebildet?

b) Berechnen Sie den Preisindex nach Paasche und interpretieren Sie ihn!

c) Nominal sind für die Kraftstoffe in der Berichtsperiode 374,8 Geldeinheiten umgesetzt worden. Ermitteln Sie den realen Umsatz durch Deflationierung!

d) Zeigen Sie unter Verwendung des in Teil b) ermittelten Preisindex die Gültigkeit der Zerlegung des Wertindex in eine Preis- und eine Mengenkomponente auf!

Aufgabe 73

Die Lohnstückkosten (LSK) im Verarbeitenden Gewerbe sind als Quotient aus der Lohnsumme (L) und der realen Produktion (P) in den EU-Staaten im Verarbeitenden Gewerbe von 1989 bis 1995 im Schnitt jährlich um 2,2% gestiegen:

SF -0,6%, NL 0,8%, A 1,0%, B 1,0%, F 1,1%, S 1,8%, DK 1,9%, E 2,2%, I 2,6%, D 2,8%, GB 3,2%, P 7,3%.

a) Um welche Art von Verhältniszahl handelt es sich bei den Lohnstückkosten? Warum spiegeln die Lohnstückkosten stets das Verhältnis aus dem Lohnsatz (l) und der Arbeitsproduktivität (π) wider?

b) Der Lohnstückkostenindex (1980=100) hatte 1995 in den EU-Staaten einen Wert von 159,9 und in den USA einen Wert von 125,7 erreicht. Mit welchen durchschnittlichen Raten haben sich die Lohnstückkosten in den beiden Wirtschaftsräumen im Zeitraum von 1980 bis 1995 verändert

c) Wie lassen sich die in Teil a) angegebenen Indexwerte der Lohnstückkosten interpretieren?

d) Der angegebene Durchschnitt des Lohnstückkostenzuwachses um 2,2% im Zeitraum 1989 bis 1995 ergibt sich als gewogenes arithmetisches Mittel der mittleren Veränderungsraten der einzelnen EU-Staaten. Bestimmen Sie das ungewogene arithmetische Mittel und nennen Sie die Gründe für eine Abweichung ihres Ergebnisses vom angegebenen Durchschnittswert!

e) Welche Staaten liegen innerhalb eines Intervalls von einer Standardabweichung um den ungewogenen EU-Durchschnitt der Veränderungsraten?

Aufgabe 74

Die Absätze an TV-Geräten und DVD-Playern haben sich im Zeitraum von 2000 bis 2008 wie folgt entwickelt (Angaben in Mill.):

Jahr	2000	2002	2004	2006	2008
Absatz von TV-Geräten	3,4	4,0	5,8	5,7	5,5
Absatz von DVD-Playern	1,8	2,4	3,3	3,2	3,1

a) Bilden Sie die Messzahlenreihen (2000 = 100) für die Absatzzahlen und interpretieren Sie sie!

b) Basieren die in Teil a) gebildeten Messzahlenreihen auf das neue Basisjahr 2004 um!

c) Begründen Sie, warum die Umbasierung bei Messzahlen exakt durchführbar ist, während sie bei Indexzahlen im Allgemeinen nur approximativ gilt!

d) Welchen Wert nimmt die Kovarianz zwischen den beiden betrachteten Merkmalen hier konkret an?

e) Inwiefern lässt sich die Kovarianz als Kennzahl der Verbundstreuung interpretieren?

Aufgabe 75

Die Preise und Mengen der drei Güter A, B und C haben sich in der Berichtsperiode t gegenüber der Basisperiode o wie folgt verändert:

Gut	Preisveränderung	Mengenveränderung
A	+ 3%	+ 2%
B	+ 4%	+ 1%
C	+ 7%	- 4%

Die Ausgabenanteile in der Basisperiode betragen 50% (Gut A), 30% (Gut B) und 20% (Gut C).

a) Geben Sie die Preis- und Mengenmesszahlen für die drei Güter an! Inwiefern lassen sich hier Substitutionen erkennen?

b) Berechnen Sie den Preisindex nach Laspeyres und interpretieren Sie ihn!

c) Welchen Wert erhält man für den Preisindex nach Paasche?

d) Angenommen, die Kaufkraft des Euros ist in einem Zeitraum von 5 Jahren um 12 Prozent gesunken. Mit welcher Rate sind die Preise dann im Mittel jährlich gestiegen?

Aufgabe 76

Die Preise und Mengen chemischer Erzeugnisse haben sich in einem Zeitraum von 5 Jahren wie folgt entwickelt:

Erzeugnis	Preis		Menge	
	0	4	0	4
Erzeugnis 1	100	150	2000	2900
Erzeugnis 2	200	250	1000	1200
Erzeugnis 3	400	500	1500	1800

a) Geben Sie die Preis- und Mengenmesszahlen der drei chemischen Erzeugnisse für das Berichtsjahr 4 an!

b) Berechnen Sie einen Preisindex vom Typ Laspeyres für die chemischen Erzeugnisse!

c) Ermitteln Sie einen Paasche-Preisindex unter Verwendung der aktuellen Ausgabenanteile als Gewichte!

d) Berechnen Sie einen Mengenindex von Typ Paasche und bestimmen Sie unter Verwendung der Ergebnisse von b) den Wertindex!

3.3 Musterlösungen

In diesem Abschnitt finden Sie die Musterlösungen zu den Aufgabenstellungen aus dem Bereich der deskriptiven Statistik (Statistik I).

Aufgabe 1

a) Median: $\tilde{x} = \begin{cases} x_{((n+1)/2)} & \text{falls n ungerade} \\ \frac{1}{2} \cdot \left(x_{(n/2)} + x_{(n/2+1)}\right) & \text{falls n gerade} \end{cases}$ \quad n = 12 (gerade)

Geordnete Reihe: $x_{(1)}, x_{(2)}, \cdots, x_{(n)}$ mit $x_{(1)} \leq x_{(2)}, \cdots, \leq x_{(n)}$

$$x_{(1)} = 13, \; x_{(2)} = 13,50, \; x_{(3)} = 13,50, \; x_{(4)} = 13,80,$$

$$x_{(5)} = 14, \; x_{(6)} = 14, \; x_{(7)} = 14,60, \; x_{(8)} = 14,60,$$

$$x_{(9)} = 14,90, \; x_{(10)} = 14,90, \; x_{(11)} = 15,30, \; x_{(12)} = 16,90$$

$$\tilde{x} = \frac{1}{2} \cdot \left(x_{(12/2)} + x_{(12/2+1)}\right) = \frac{1}{2} \cdot \left(x_{(6)} + x_{(7)}\right) = \frac{1}{2} \cdot (14 + 14,60) = \underline{14,30}$$

Jeweils 50% der Preise liegen unterhalb und oberhalb des Medians von 14,30€.

Robustheit: Extreme Werte gehen mit einem Gewicht von 1/n in das arithmetische Mittel ein. Beim Median haben sie dagegen ein Gewicht von 0, da er durch einen oder zwei mittlere Werte festgelegt ist.

b) $\tilde{x}_{0,20}, \tilde{x}_{0,40}, \tilde{x}_{0,60}, \tilde{x}_{0,80}$ mit $\tilde{x}_p = \begin{cases} x_{(g+1)}, & \text{falls } n \cdot p \text{ nicht ganzzahlig} \\ \frac{1}{2} \cdot \left(x_{(g)} + x_{(g+1)}\right), & \text{falls } n \cdot p \text{ ganzzahlig} \end{cases}$

1. Quintil (p = 0,20): $n \cdot p = 12 \cdot 0,20 = 2,4 \rightarrow g = 2$
$$\tilde{x}_{0,20} = x_{(g+1)} = x_{(3)} = \underline{13,50}$$

2. Quintil (p = 0,40): $n \cdot p = 12 \cdot 0,40 = 4,8 \rightarrow g = 4$
$$\tilde{x}_{0,40} = x_{(g+1)} = x_{(5)} = \underline{14}$$

3. Quintil (p = 0,60): $n \cdot p = 12 \cdot 0,60 = 7,2 \rightarrow g = 7$
$$\tilde{x}_{0,60} = x_{(g+1)} = x_{(8)} = \underline{14,60}$$

4. Quintil (p = 0,80): $n \cdot p = 12 \cdot 0,80 = 9,6 \rightarrow g = 9$
$$\tilde{x}_{0,80} = x_{(g+1)} = x_{(10)} = \underline{14,90}$$

Dichte: $d_k = \dfrac{h_k}{b_k}$

Dichtester Quintilbereich: Bereich zwischen dem 3. und 4. Quintil

Dünnster Quintilbereich: Bereich zwischen dem 4. Quintil und dem Maximalwert
Die ersten drei Quintilsbereiche sind gleich dicht besetzt.

$d_1 = 0{,}20/0{,}50$ $=0{,}40$	$d_2 = 0{,}20/0{,}50$ $=0{,}40$	$d_3 = 0{,}20/0{,}50$ $=0{,}40$	$d_4 =$ $0{,}20/$ $0{,}30$ $=0{,}667$	$d_5 = 0{,}20/0{,}20$ $=0{,}10$
20%	20%	20%	20%	20%

$x_{(1)} = 13$ $\tilde{x}_{0,20} = 13{,}50$ $\tilde{x}_{0,40} = 14$ $\tilde{x}_{0,60} = 14{,}60$ $\tilde{x}_{0,80} = 14{,}90$ $x_{(12)} = 16{,}90$

c) Spannweite: $R = x_{(n)} - x_{(1)} = x_{(12)} - x_{(1)} = 16{,}90 - 13 = 3{,}90$

Quartilsabstand: $Q = \tilde{x}_{0,75} - \tilde{x}_{0,25} = 14{,}90 - 13{,}65 = 1{,}25$

1. Quartil (p = 0,25): $n \cdot p = 12 \cdot 0{,}25 = 3$ (ganzzahlig, g = 3)

$$\tilde{x}_{0,25} = \frac{1}{2} \cdot \left(x_{(g)} + x_{(g+1)} \right) = \frac{1}{2} \cdot \left(x_{(3)} + x_{(4)} \right) = \frac{1}{2} \cdot \left(13{,}50 + 13{,}80 \right) = 13{,}65$$

3. Quartil (p = 0,75): $n \cdot p = 12 \cdot 0{,}75 = 9$ (ganzzahlig, g = 9)

$$\tilde{x}_{0,75} = \frac{1}{2} \cdot \left(x_{(9)} + x_{(10)} \right) = \frac{1}{2} \cdot \left(14{,}90 + 14{,}90 \right) = 14{,}90$$

Relation von Q und R: $\dfrac{Q}{R} = \dfrac{1{,}25}{3{,}90} = 0{,}321$

Die mittleren 50% der Preise verteilen sich auf 32,1% der Spannweite, d. h. sie liegen dichter als 50% der äußeren Preise.

d)

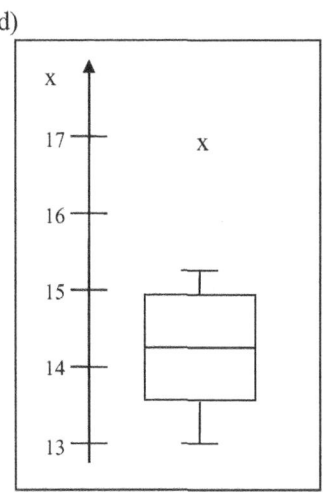

$$x_u = \widetilde{x}_{0,25} - 1,5 \cdot Q = 13,65 - 1,5 \cdot 1,25 = 13,65 - 1,875 = 11,775$$

$\rightarrow$ unterer adjacent value : $x_{(1)} = 13$

$$x_0 = \widetilde{x}_{0,75} + 1,5 \cdot Q = 14,90 + 1,5 \cdot 1,25 = 14,90 + 1,875 = 16,775$$

$\rightarrow$ oberer adjacent value : $x_{(11)} = 15,30$

Median : $\widetilde{x} = 14,30$ [siehe Teil a)]

1.Quartil : $\widetilde{x}_{0,25} = 13,65$ [siehe Teil c)]

3.Quartil : $\widetilde{x}_{0,75} = 14,90$ [siehe Teil c)]

Aufgabe 2

a) Geom. M.: $w = \sqrt[n-1]{\dfrac{x_{(n)}}{x_{(1)}}} - 1 = \sqrt[4]{\dfrac{7,40}{8,00}} - 1 = \sqrt[4]{0,925} - 1 = 0,981 - 1 = \underline{-0,019(\equiv -1,9\%)}$

b) Harmonisches Mittel: $H = \dfrac{n}{\displaystyle\sum_{i=1}^{n} \dfrac{1}{x_i}}$

$$H = \frac{5}{\dfrac{1}{8} + \dfrac{1}{7,6} + \dfrac{1}{8,8} + \dfrac{1}{8,2} + \dfrac{1}{7,4}} = \frac{5}{0,125 + 0,1316 + 0,1136 + 0,1220 + 0,1351}$$

$$= \frac{5}{0,6273} = \underline{7,97}$$

c) Arithmetisches Mittel: $\overline{x} = \dfrac{1}{n}\displaystyle\sum_{i=1}^{n} x_i = \dfrac{1}{5}(8 + 7,6 + 8,8 + 8,2 + 7,4) = \dfrac{1}{5} 40 = \underline{8,00}$

d) $1,5s$ – Intervall: $[\overline{x} - 1,5s; \overline{x} + 1,5s]$

$$s^2 = \frac{1}{n}\sum_{i=1}^{n} x_i^2 - \overline{x}^2 = \frac{1}{5} \cdot (8^2 + 7,6^2 + 8,8^2 + 8,2^2 + 7,4^2) - 8^2$$

$$= \frac{1}{5}(64 + 57,76 + 77,44 + 67,24 + 54,76) - 64 = \frac{1}{5} 321,2 - 64 = 0,24$$

$$s = \sqrt{s^2} = \sqrt{0,24} = 0,49$$

1,5s – Intervall: $\left[\overline{x} - 1{,}5 \cdot s; \overline{x} + 1{,}5 \cdot s\right] = [8 - 1{,}5 \cdot 0{,}49; 8 + 1{,}5 \cdot 0{,}49] = [7{,}26; 8{,}74]$

e) Der Variationskoeffizient der Orangenpreise ist in den USA größer als in der EU.

f) 1. ist auf einer Ordinalskala, nicht jedoch auf einer Nominalskala interpretierbar.

Aufgabe 3

a) Merkmal: Umsatz
Art des Merkmals: quantitativ, quasi-stetig, manifest, nicht-häufbar
Skalenniveau: metrische Skala (Verhältnisskala)

b) • Arithm. Mittel: $\overline{x} = \dfrac{1}{n}\sum\limits_{i=1}^{n} x_i = \dfrac{1}{6} \cdot (70 + 110 + 80 + 90 + 130 + 150) = \dfrac{1}{6} \cdot 630 = \underline{105}$

Interpretation: Der Durchschnittswert von 105 [Tsd. €] gibt denjenigen Wert wieder, der eine gleichmäßige Aufteilung des Gesamtumsatzes auf die Monate garantiert.

• Median: $\tilde{x} = \begin{cases} x_{((n+1)/2)} & \text{falls n ungerade} \\ \dfrac{1}{2} \cdot \left(x_{(n/2)} + x_{(n/2+1)}\right) & \text{falls n gerade} \end{cases}$ n = 6 (gerade)

Geordnete Reihe: $x_{(1)}, x_{(2)}, \cdots, x_{(n)}$ mit $x_{(1)} \le x_{(2)}, \cdots, \le x_{(n)}$

$$x_{(1)} = 70, \ x_{(2)} = 80, \ x_{(3)} = 90, x_{(4)} = 110, \ x_{(5)} = 130, \ x_{(6)} = 150$$

$$\tilde{x} = \frac{1}{2} \cdot \left(x_{(6/2)} + x_{(6/2+1)}\right) = \frac{1}{2} \cdot \left(x_{(3)} + x_{(4)}\right) = \frac{1}{2} \cdot (90 + 110) = \underline{100}$$

Interpretation: In einer Hälfte der Wochen lag der Umsatz des Unternehmens unterhalb des Medianumsatzes von 100 [Tsd. €], in der anderen Hälfte lag er darüber.

c) $Q = \tilde{x}_{0{,}75} - \tilde{x}_{0{,}25}$ mit $\tilde{x}_p = \begin{cases} x_{(g+1)}, & \text{falls } n \cdot p \text{ nicht ganzzahlig} \\ \dfrac{1}{2} \cdot \left(x_{(g)} + x_{(g+1)}\right), & \text{falls } n \cdot p \text{ ganzzahlig} \end{cases}$

1. Quartil: $p = 0{,}25; \ n \cdot p = 6 \cdot 0{,}25 = 1{,}5 \rightarrow g = 1$
$$\tilde{x}_{0{,}25} = x_{(1+1)} = x_{(2)} = 80$$

3. Quartil: $p = 0{,}75; \ n \cdot p = 6 \cdot 0{,}75 = 4{,}5 \rightarrow g = 4$
$$\tilde{x}_{0{,}75} = x_{(4+1)} = x_{(5)} = 130$$

$Q = 130 - 80 = 50$

d) $d_{\overline{x}} = \dfrac{1}{n} \sum\limits_{i=1}^{n} \left| x_i - \overline{x} \right|$ mit $\overline{x} = 105$

$d_{\overline{x}} = \dfrac{1}{6} \cdot \left(\left|70 - 105\right| + \left|110 - 105\right| + \left|80 - 105\right| + \left|90 - 105\right| + \left|130 - 105\right| + \left|150 - 105\right| \right)$

$\qquad = \dfrac{1}{6} \cdot \left(35 + 5 + 25 + 15 + 25 + 45 \right) = \dfrac{1}{6} \cdot 150 = \underline{25}$

Interpretation: Die Wochenumsätze des Unternehmens weichen im Mittel um 25 [Tsd. €] von ihrem Durchschnitt von 105 [Tsd. €] ab.

e) $1s$ – Intervall: $\left[\overline{x} - s; \overline{x} + s \right] = [105 - 28{,}14; \, 105 + 28{,}14] = [76{,}86; \, 133{,}14]$

$s^2 = \dfrac{1}{n} \sum\limits_{i=1}^{n} x_i^2 - \overline{x}^2 = \dfrac{1}{6} \cdot \left(70^2 + 110^2 + 80^2 + 90^2 + 130^2 + 150^2 \right) - 105^2$

$\qquad\qquad = \dfrac{1}{6} \left(4900 + 12100 + 6400 + 8100 + 16900 + 22500 \right) - 11025$

$\qquad\qquad = \dfrac{1}{6} 70900 - 11025 = 791{,}67$

$s = \sqrt{s^2} = \sqrt{791{,}67} = 28{,}14 \, [\text{Tsd. €}]$

In das Intervall fallen die Umsätze von 4 (Quartale 2 – 5) der 6 Quartale hinein, was einem Prozentsatz von $(4 / 6) \cdot 100\% = 66{,}7\%$ entspricht.

Aufgabe 4

a) sachlich: Betriebe des Gastgewerbes; räumlich: Nordhessen; zeitlich: Monat

b) Anzahl der Übernachtungen: quantitativ, diskret, manifest, nicht-häufbar, metrische Skala (Absolutskala)

   Umsatz: quantitativ, quasi-stetig, manifest, nicht-häufbar, metrische Skala (Verhältnisskala)

c) • Median: $\widetilde{x} = \begin{cases} x_{((n+1)/2)} & \text{falls } n \text{ ungerade} \\ \dfrac{1}{2} \cdot \left(x_{(n/2)} + x_{(n/2+1)} \right) & \text{falls } n \text{ gerade} \end{cases}$ $n = 6$ (gerade)

Geordnete Reihe: $x_{(1)}, x_{(2)}, \cdots, x_{(n)}$ mit $x_{(1)} \leq x_{(2)}, \cdots, \leq x_{(n)}$

$\qquad\qquad x_{(1)} = 12, \ x_{(2)} = 40, \ x_{(3)} = 50, \ x_{(4)} = 60, \ x_{(5)} = 80, \ x_{(6)} = 100$

$\widetilde{x} = \dfrac{1}{2} \cdot \left(x_{(6/2)} + x_{(6/2+1)} \right) = \dfrac{1}{2} \cdot \left(x_{(3)} + x_{(4)} \right) = \dfrac{1}{2} \cdot (50 + 60) = \underline{55}$

• Quartilsabstand: $Q = \tilde{x}_{0,75} - \tilde{x}_{0,25}$ mit

$$\tilde{x}_p = \begin{cases} x_{(g+1)}, & \text{falls } n \cdot p \text{ nicht ganzzahlig} \\ \dfrac{1}{2} \cdot \left(x_{(g)} + x_{(g+1)}\right), & \text{falls } n \cdot p \text{ ganzzahlig} \end{cases}$$

1. Quartil: $p = 0{,}25$; $n \cdot p = 6 \cdot 0{,}25 = 1{,}5 \rightarrow g = 1$
$$\tilde{x}_{0,25} = x_{(1+1)} = x_{(2)} = 40$$

3. Quartil: $p = 0{,}75$; $n \cdot p = 6 \cdot 0{,}75 = 4{,}5 \rightarrow g = 4$
$$\tilde{x}_{0,75} = x_{(4+1)} = x_{(5)} = 80$$

$Q = 80 - 40 = 40$

d) $\displaystyle \bar{x} = \frac{1}{n}\sum_{i=1}^{n} x_i = \frac{1}{6}\cdot\left(\frac{120}{100}+\frac{80}{80}+\frac{50}{60}+\frac{90}{12}+\frac{60}{50}+\frac{40}{40}\right)$

$$= \frac{1}{6}\cdot(1{,}2+1+0{,}833+7{,}5+1{,}2+1) = \frac{1}{6}\cdot 12{,}733 = \underline{2{,}122}$$

e) $\displaystyle d_{\bar{x}} = \frac{1}{n}\sum_{i=1}^{n}\left|x_i - \bar{x}\right|$ mit $\bar{x} = 2{,}122$

$$d_{\bar{x}} = \frac{1}{6}\cdot\left(\begin{array}{l}\left|1{,}2-2{,}122\right|+\left|1-2{,}122\right|+\left|0{,}833-2{,}122\right|+\left|7{,}5-2{,}122\right|\\+\left|1{,}2-2{,}122\right|+\left|1-2{,}122\right|\end{array}\right)$$

$$= \frac{1}{6}\cdot(0{,}922+1{,}122+1{,}289+5{,}378+0{,}922+1{,}122) = \frac{1}{6}\cdot 10{,}755 = \underline{1{,}793}$$

Aufgabe 5

a) Merkmal: Anzahl der bestellten Maschinen pro Woche
Charakterisierung: quantitativ, diskret, manifest, nicht-häufbar, metrisch skaliert (Absolutskala)

b) Arithmetisches Mittel: $\displaystyle \bar{x} = \frac{1}{n}\sum_{i=1}^{n} x_i = \frac{1}{6}\cdot(4+3+2+5+7+3) = \frac{1}{6}\cdot 24 = \underline{4}$

Mittlere abs. Abweich. um $\bar{x}$ $\displaystyle d_{\bar{x}} = \frac{1}{6}\cdot\left(\left|4-4\right|+\left|3-4\right|+\left|2-4\right|+\left|5-4\right|+\left|7-4\right|+\left|3-4\right|\right)$

$$= \frac{1}{6}\cdot(0+1+2+1+3+1) = \frac{1}{6}\cdot 8 = \underline{1{,}333}$$

c) • Median: $\tilde{x} = \begin{cases} x_{((n+1)/2)} & \text{falls n ungerade} \\ \dfrac{1}{2}\cdot\left(x_{(n/2)} + x_{(n/2+1)}\right) & \text{falls n gerade} \end{cases}$ $\quad n = 6$ (gerade)

Geordnete Reihe: $x_{(1)}, x_{(2)}, \cdots, x_{(n)}$ mit $x_{(1)} \leq x_{(2)}, \cdots, \leq x_{(n)}$

$$x_{(1)} = 2, \ x_{(2)} = 3, \ x_{(3)} = 3, x_{(4)} = 4, \ x_{(5)} = 5, \ x_{(6)} = 7$$

$$\tilde{x} = \frac{1}{2} \cdot \left(x_{(n/2)} + x_{(n/2+1)} \right) = \frac{1}{2} \cdot \left(x_{(6/2)} + x_{(6/2+1)} \right) = \frac{1}{2} \cdot \left(x_{(3)} + x_{(4)} \right) = \frac{1}{2} \cdot (3 + 4) = \underline{3{,}5}$$

• Quartilsabstand: $Q = \tilde{x}_{0,75} - \tilde{x}_{0,25} = 5 - 3 = 2$

$$\tilde{x}_p = \begin{cases} x_{(g+1)}, & \text{falls } n \cdot p \text{ nicht ganzzahlig} \\ \frac{1}{2} \cdot \left(x_{(g)} + x_{(g+1)} \right), & \text{falls } n \cdot p \text{ ganzzahlig} \end{cases}$$

1. Quartil: $\tilde{x}_{0,25} = x_{(1+1)} = x_{(2)} = 3$ mit $p = 0{,}25$; $n \cdot p = 6 \cdot 0{,}25 = 1{,}5 \rightarrow g = 1$

3. Quartil: $\tilde{x}_{0,75} = x_{(4+1)} = x_{(5)} = 5$ mit $p = 0{,}75$; $n \cdot p = 6 \cdot 0{,}75 = 4{,}5 \rightarrow g = 4$

• Boxplot:

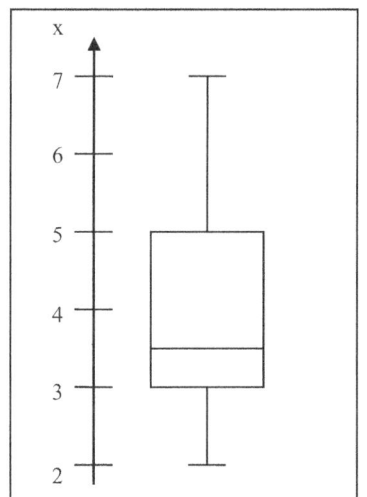

Adjacent values:

$$w_u = \tilde{x}_{0,25} - 1{,}5 \cdot Q = 3 - 1{,}5 \cdot 2 = 0$$
$\rightarrow$ unterer adjacent value : $x_{(1)} = 2$

$$w_0 = \tilde{x}_{0,75} + 1{,}5 \cdot Q = 5 + 1{,}5 \cdot 2 = 8$$
$\rightarrow$ oberer adjacent value : $x_{(6)} = 7$

Ergebnis:
Keine potentiellen Ausreißer anhand des Boxplots feststellbar.

d) $1s$ – Intervall um $\overline{x}$: $\left[\overline{x} - s; \overline{x} + s \right] = [4 - 1{,}6; 4 + 1{,}6] = [2{,}4; 5{,}6]$

$$s^2 = \frac{1}{n} \sum_{i=1}^{n} x_i^2 - \overline{x}^2 = \frac{1}{6} \cdot \left(4^2 + 3^2 + 2^2 + 5^2 + 7^2 + 3^2 \right) - 4^2$$

$$= \frac{1}{6} (16 + 9 + 4 + 25 + 49 + 9) - 16 = \frac{1}{6} 112 - 16 = 2\frac{2}{3}$$

$$s = \sqrt{s^2} = \sqrt{2\frac{2}{3}} = 1{,}6$$

In das Intervall fallen die Beobachtungen 4, 3, 5, 3, $\rightarrow$ d. h. $4/6 \cdot 100\% = 66{,}7\%$.

Aufgabe 6

a) Geordnete Reihe: $x_{(1)}, x_{(2)}, \cdots, x_{(n)}$ mit $x_{(1)} \leq x_{(2)}, \cdots, \leq x_{(n)}$

$$x_{(1)} = 13,5; \quad x_{(2)} = 16,6; \quad x_{(3)} = 16,8; \quad x_{(4)} = 17,5;$$

$$x_{(5)} = 21,8; \quad x_{(6)} = 23,7 \quad x_{(7)} = 33,0; \quad x_{(8)} = 54,6$$

• Spannweite: $R = x_{(n)} - x_{(1)} = x_{(8)} - x_{(1)} = 54,6 - 13,5 = 41,1$

• Quartilsabstand: $Q = \tilde{x}_{0,75} - \tilde{x}_{0,25} \quad \tilde{x}_p = \begin{cases} x_{(g+1)}, \text{ falls } n \cdot p \text{ nicht ganzzahlig} \\ \frac{1}{2} \cdot \left(x_{(g)} + x_{(g+1)} \right), \text{ falls } n \cdot p \text{ ganzzahlig} \end{cases}$

1. Quartil ($p = 0,25$): $n \cdot p = 8 \cdot 0,25 = 2 \rightarrow g = 2$

$$\tilde{x}_{0,25} = \frac{1}{2} \cdot \left(x_{(g)} + x_{(g+1)} \right) = \frac{1}{2} \cdot \left(x_{(2)} + x_{(3)} \right) = \frac{1}{2} \cdot (16,6 + 16,8) = 16,7$$

3. Quartil ($p = 0,75$): $n \cdot p = 8 \cdot 0,75 = 6 \rightarrow g = 6$

$$\tilde{x}_{0,75} = \frac{1}{2} \cdot \left(x_{(6)} + x_{(7)} \right) = \frac{1}{2} \cdot (23,7 + 33,0) = 28,35$$

$Q = 28,35 - 16,7 = 11,65$

b) Median: $\tilde{x} = \begin{cases} x_{((n+1)/2)} & \text{falls } n \text{ ungerade} \\ \frac{1}{2} \cdot \left(x_{(n/2)} + x_{(n/2+1)} \right) & \text{falls } n \text{ gerade} \end{cases}$ $n = 8$ (gerade)

$$\tilde{x} = \frac{1}{2} \cdot \left(x_{(8/2)} + x_{(8/2+1)} \right) = \frac{1}{2} \cdot \left(x_{(4)} + x_{(5)} \right) = \frac{1}{2} \cdot (17,5 + 21,8) = \underline{19,65}$$

	n	
M	$\tilde{x}$	
Q	$\tilde{x}_{0,25}$	$\tilde{x}_{0,75}$
	$x_{(1)}$	$x_{(n)}$

$\Rightarrow$

	8	
M	19,65	
Q	16,7	28,35
	13,5	54,6

c)

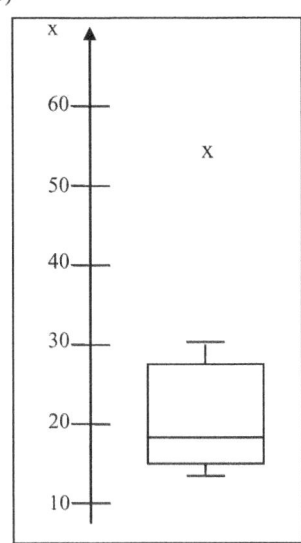

Adjacent values:

$$w_u = \tilde{x}_{0,25} - 1,5 \cdot Q = 16,7 - 1,5 \cdot 11,65 = -0,775$$

$\rightarrow$ unterer adjacent value : $x_{(1)} = 13,5$

$$w_0 = \tilde{x}_{0,75} + 1,5 \cdot Q = 28,35 + 1,5 \cdot 11,65 = 45,825$$

$\rightarrow$ oberer adjacent value : $x_{(7)} = 30$

d) Innerhalb der Box verteilen sich die 25% der Daten unterhalb des Medians auf einen kleineren Wertebereich als die 25% der Daten oberhalb des Medians. Die kleineren Merkmalswerte liegen damit dichter beieinander als die größeren Merkmalswerte außerhalb der Box. Gleiches gilt für die Merkmalswerte außerhalb der Box. Die Verteilung der Außenbeiträge ist somit linkssteil oder rechtsschief.

e) $w = \sqrt[n-1]{\dfrac{x_{(n)}}{x_{(1)}}} - 1 = \sqrt[11]{\dfrac{0,98}{1,081}} - 1 = \sqrt[4]{0,840} - 1 = 0,984 - 1 = \underline{-0,016} (\equiv -1,6\%)$

Interpretation: Der monatliche Dollarkurs ist im Mittel um 1,6% gesunken.

Aufgabe 7

a) Geordnete Reihe: $x_{(1)}, x_{(2)}, \cdots, x_{(n)}$ mit $x_{(1)} \leq x_{(2)}, \cdots, \leq x_{(n)}$

$x_{(1)} = 259, \quad x_{(2)} = 294, \quad x_{(3)} = 349, \quad x_{(4)} = 358, \quad x_{(5)} = 374,$

$x_{(6)} = 378, \quad x_{(7)} = 389, \quad x_{(8)} = 391, \quad x_{(9)} = 394, \quad x_{(10)} = 416$

• Spannweite: $R = x_{(n)} - x_{(1)} = x_{(10)} - x_{(1)} = 416 - 259 = \underline{157}$

• Quartilsabstand: $Q = \tilde{x}_{0,75} - \tilde{x}_{0,25} \quad \tilde{x}_p = \begin{cases} x_{(g+1)}, \text{falls } n \cdot p \text{ nicht ganzzahlig} \\ \dfrac{1}{2} \cdot \left(x_{(g)} + x_{(g+1)} \right), \text{falls } n \cdot p \text{ ganzzahlig} \end{cases}$

1. Quartil:
$$n \cdot p = 10 \cdot \frac{1}{4} = 2,5 \rightarrow g = 2$$
$$\tilde{x}_{0,25} = x_{(g+1)} = x_{(3)} = 349$$

3. Quartil:
$$n \cdot p = 10 \cdot \frac{3}{4} = 7,5 \rightarrow g = 7$$
$$\tilde{x}_{0,75} = x_{(g+1)} = x_{(8)} = 391$$

$$Q = \tilde{x}_{0,75} - \tilde{x}_{0,25} = 391 - 349 = \underline{42}$$

b) Median: $\tilde{x} = \begin{cases} x_{((n+1)/2)} & \text{falls n ungerade} \\ \frac{1}{2} \cdot \left(x_{(n/2)} + x_{(n/2+1)}\right) & \text{falls n gerade} \end{cases}$ $n = 10$

$$\tilde{x} = \frac{1}{2}\left(x_{(5)} + x_{(6)}\right) = \frac{1}{2}(374 + 378) = 376$$

- Boxplot:

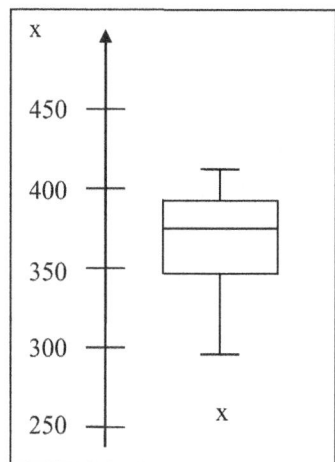

Adjacent values:

$$x_u = \tilde{x}_{0,25} - 1,5 \cdot Q = 349 - 1,5 \cdot 42 = 286$$

unterer adjacent value : $x_{(2)} = 294$

$$x_o = \tilde{x}_{0,75} + 1,5 \cdot Q = 391 + 1,5 \cdot 42 = 454$$

oberer adjacent value : $x_{(10)} = 416$

c) • Varianz:

$$s^2 = \frac{1}{10} \sum_{i=1}^{10} (x_i - \bar{x})^2 \quad \text{mit } \bar{x} = \frac{1}{10} \sum_{i=1}^{10} x_i = 360$$

$$= \frac{1}{10} \left[\begin{array}{l} (416 - 360)^2 + (389 - 360)^2 + (358 - 360)^2 + (391 - 360)^2 + (374 - 360)^2 \\ + (378 - 360)^2 + (392 - 360)^2 + (349 - 360)^2 + (294 - 360)^2 + (259 - 360)^2 \end{array} \right]$$

$$= \frac{1}{10} \left(56^2 + 29^2 + 2^2 + 31^2 + 14^2 + 18^2 + 32^2 + 11^2 + 66^2 + 101^2 \right)$$

$$= \frac{1}{10} \left(3136 + 841 + 4 + 961 + 196 + 324 + 1024 + 121 + 4356 + 10201 \right)$$

$$= \frac{1}{10} \cdot 21164 = \underline{2116,4}$$

• Standardabweichung: $s = \sqrt{s^2} = \sqrt{2116,4} = \underline{46,0}$

d) $w = \sqrt[9]{\dfrac{x_{t10}}{x_{t1}}} - 1 = \sqrt[9]{\dfrac{259}{416}} - 1 = \sqrt[9]{0,6226} - 1 = 0,949 - 1 = -0,051 \left(\hat{=} -5,1\% \right)$

Aufgabe 8

a) Geordnete Reihe: $x_{(1)}, x_{(2)}, \cdots, x_{(n)}$ mit $x_{(1)} \leq x_{(2)}, \cdots, \leq x_{(n)}$

$x_{(1)} = 1,8, \quad x_{(2)} = 1,8, \quad x_{(3)} = 2,0, \quad x_{(4)} = 2,1, \quad x_{(5)} = 2,8 \quad x_{(6)} = 3,1,$

$x_{(7)} = 3,8 \quad x_{(8)} = 4,2, \quad x_{(9)} = 4,5, \quad x_{(10)} = 4,8, \quad x_{(11)} = 5,5, \quad x_{(12)} = 6,6$

• Spannweite: $R = x_{(n)} - x_{(1)} = x_{(12)} - x_{(1)} = 6,6 - 1,8 = \underline{4,8}$

• Quartilsabstand: $Q = \tilde{x}_{0,75} - \tilde{x}_{0,25}$ $\quad \tilde{x}_p = \begin{cases} x_{(g+1)}, \text{ falls } n \cdot p \text{ nicht ganzzahlig} \\ \dfrac{1}{2} \cdot \left(x_{(g)} + x_{(g+1)} \right), \text{ falls } n \cdot p \text{ ganzzahlig} \end{cases}$

1. Quartil: $\tilde{x}_{0,25} = \dfrac{1}{2} \left(x_{(3)} + x_{(4)} \right) = \dfrac{1}{2} (2,0 + 2,1) = 2,05$ mit $n \cdot p = 12 \cdot \dfrac{1}{4} = 3 \rightarrow g = 3$

3. Quartil: $\tilde{x}_{0,75} = \dfrac{1}{2} \left(x_{(9)} + x_{(10)} \right) = \dfrac{1}{2} (4,5 + 4,8) = 4,65$ mit $n \cdot p = 12 \cdot \dfrac{3}{4} = 9 \rightarrow g = 9$

$Q = \tilde{x}_{0,75} - \tilde{x}_{0,25} = 4,65 - 2,05 = \underline{2,6}$

b) Median: $\tilde{x} = \begin{cases} x_{((n+1)/2)} & \text{falls } n \text{ ungerade} \\ \dfrac{1}{2} \cdot (x_{(n/2)} + x_{(n/2+1)}) & \text{falls } n \text{ gerade} \end{cases}$ $\quad n = 12$ (gerade)

$$\tilde{x} = \frac{1}{2} \cdot \left(x_{(12/2)} + x_{(12/2+1)}\right) = \frac{1}{2} \cdot \left(x_{(6)} + x_{(7)}\right) = \frac{1}{2} \cdot (3,1 + 3,8) = 3,45$$

$$
\begin{array}{c|cc}
 & n & \\
M & \tilde{x} & \\
Q & \tilde{x}_{0,25} & \tilde{x}_{0,75} \\
 & x_{(1)} & x_{(n)}
\end{array}
\quad \Rightarrow \quad
\begin{array}{c|cc}
 & 12 & \\
M & 3,45 & \\
Q & 2,05 & 4,65 \\
 & 1,8 & 6,6
\end{array}
$$

c) Die Verteilung der Ausgaben ist linkssteil (= rechtsschief), da sich 25% der kleinsten Werte auf einen Bereich von 2,05 – 1,8 = 0,25 Prozentpunkten verteilen, während sich 25% der größten Werte in einem Bereich von 6,6 – 4,65 = 1,95 Prozentpunkten befinden. Die Daten liegen am linken Rand der Verteilung erheblich dichter als am rechten Rand.

d) Arithmetisches Mittel: $\bar{x} = 3,583$

$$s^2 = \frac{1}{n} \sum_{i=1}^{n} x_i^2 - \bar{x}^2$$

$$= \frac{1}{12}\left(\begin{array}{l} 1,8^2 + 4,2^2 + 3,8^2 + 6,6^2 + 2,8^2 + 3,1^2 + 1,8^2 + 4,2^2 + 3,8^2 + 6,6^2 \\ + 2,8^2 + 3,1^2 \end{array}\right) - 3,583^2$$

$$= \frac{1}{12} \cdot 181,52 - 12,840 = 15,127 - 12,840 = 2,287$$

$$s = \sqrt{s^2} = \sqrt{2,287} = \underline{1,51}$$

Interpretation: Die Standardabweichung kann als durchschnittliche Abweichung vom Durchschnittswert interpretiert werden. Im Mittel weichen die prozentualen Ausgaben der EU-Länder somit um 1,5 Prozentpunkte vom mittleren Wert von 3,583% ab.

Aufgabe 9

a)   Statistische Masse: sachlich = Industriestaaten
                                             zeitlich = keine genaue Angabe
                                             räumlich = international
     Merkmal: Besteuerung der einbehaltenen Gewinne
                                               quantitativ, stetig, manifest, nicht-häufbar, metrische Skala (Verhältnisskala)

b) • Arithmetisches Mittel:

$$\bar{x} = \frac{1}{10} \sum_{i=1}^{10} x_i = \frac{1}{10}(30 + 33 + 35 + 35 + 39 + 45 + 45 + 53 + 59 + 62) = \underline{43,6}$$

• Standardabweichung:

$$s^2 = \frac{1}{10} \sum_{i=1}^{10} x_i^2 - 43,6^2$$

$$= \frac{1}{10}(30^2 + 33^2 + 35^2 + 35^2 + 39^2 + 45^2 + 45^2 + 53^2 + 59^2 + 62^2) - 43,6^2$$

$$= 113,04$$

$$s = \sqrt{s^2} = \sqrt{113,04} = \underline{10,6}$$

c) Der in Teil b) berechnete Mittelwert gibt die durchschnittliche Gewinnsteuerquote nur approximativ an, da die Industriestaaten gleichgewichtet worden sind, obwohl die Gewinnsumme von Land zu Land beträchtlich differiert. Die Berechnung des exakten Mittels würde die Kenntnis der zu versteuernden Gewinne voraussetzen.

d) • Median: $\tilde{x} = \begin{cases} x_{((n+1)/2)} & \text{falls n ungerade} \\ \frac{1}{2} \cdot \left(x_{(n/2)} + x_{(n/2+1)}\right) & \text{falls n gerade} \end{cases}$ n = 10 (gerade)

Geordnete Reihe: $x_{(1)}, x_{(2)}, \cdots, x_{(n)}$ mit $x_{(1)} \leq x_{(2)}, \cdots, \leq x_{(n)}$

$$x_{(1)} = 30, \ x_{(2)} = 33, \ x_{(3)} = 35, x_{(4)} = 35, \ x_{(5)} = 39,$$

$$x_{(6)} = 45, \ x_{(7)} = 45, \ x_{(8)} = 53, \ x_{(9)} = 59, \ x_{(10)} = 62$$

$$\tilde{x} = \frac{1}{2} \cdot \left(x_{(n/2)} + x_{(n/2+1)}\right) = \frac{1}{2} \cdot \left(x_{(5)} + x_{(6)}\right) = \frac{1}{2} \cdot (39 + 45) = \underline{42}$$

• Quartilsabstand: $Q = \tilde{x}_{0,75} - \tilde{x}_{0,25}$

1. Quartil (p = 0,25): $n \cdot p = 10 \cdot 0,25 = 2,5$ (nicht ganzzahlig, g = 2)
$\tilde{x}_{0,25} = x_{(g+1)} = x_{(3)} = 35$

3. Quartil (p = 0,75): $n \cdot p = 10 \cdot 0,75 = 7,5$ (nicht ganzzahlig, g = 7)
$\tilde{x}_{0,75} = x_{(g+1)} = x_{(8)} = 53$

$$Q = 53 - 35 = 18$$

Begriff Quartil: Quartile unterteilen den gesamten Datensatz in gleich große Hälften. Ein Viertel der Beobachtungswerte sind kleiner oder gleich dem 1. Quartil und ein

Viertel sind größer oder gleich dem 3. Quartil. Das 2. Quartil entspricht dem Median, der die Trennlinie zwischen 50% der kleineren und 50% der größeren Beobachtungswerte darstellt.

Aufgabe 10

a) Statistische Masse: monatliche Bestellungen (Auftragseingänge) eines Industrieunternehmens in einem Geschäftsjahr

Merkmal:　　　　monatliche Bestellmengen für eine Spezialwerkzeugmaschine quantitativ, diskret, nicht-häufbar, manifest

b)

$$\overline{x} = \frac{1}{12} \sum_{i=1}^{12} x_i = \frac{1}{12} \cdot (18 + 14 + 18 + 15 + 17 + 16 + 18 + 20 + 12 + 13 + 16 + 20)$$

$$= \frac{197}{12} = \underline{16,4}$$

$$s^2 = \frac{1}{12} \sum_{i=1}^{12} x_i^2 - \overline{x}^2$$

$$= \frac{1}{12} \left[18^2 + 14^2 + 18^2 + 15^2 + 17^2 + 16^2 + 18^2 + 20^2 + 12^2 + 13^2 + 16^2 + 20^2 \right] - 16,4^2$$

$$= \frac{3307}{12} - 16,4^2 = 275,6 - 269,5 = \underline{6,1}$$

c) $s = \sqrt{s^2} = \sqrt{6,1} = 2,5$

1s-Intervall um $\overline{x}$: $\left[\overline{x} - s; \overline{x} + s \right] = [16,4 - 2,5; 16,4 + 2,5] = [13,9; 18,9]$

außerhalb des 1s-Bereichs: August, September, Oktober, Dezember.

d) • Fechnersche Lageregel:

$\overline{x} = 16$

$\widetilde{x} = 16,5$

$D = 18$

$\overline{x} = 16 < \widetilde{x} = 16,5 < D = 18$

→ Tendenz zu einer rechtssteilen Verteilung

• Schiefekoeffizient

$$g = \frac{m_3(\overline{x})}{s^3} = \frac{-2,9473}{6,0764 \cdot \sqrt{6,0764}} = -0,1968$$

$$m_3(\overline{x}) = \frac{1}{12} \sum_{i=1}^{12} (x_i - \overline{x})^3$$

$$= \frac{1}{12} \left[\begin{array}{l} (18-16,4)^3 + (14-16,4)^3 + (18-16,4)^3 + (15-16,4)^3 \\ + (17-16,4)^3 + (16-16,4)^3 + (18-16,4)^3 + (20-16,4)^3 \\ + (12-16,4)^3 + (13-16,4)^3 + (16-16,4)^3 + (20-16,4)^3 \end{array} \right]$$

$$= \frac{-35,368}{12} = -2,9473$$

$\rightarrow$ Tendenz zu einer rechtssteilen Verteilung

Aufgabe 11

a) $\overline{x} = \frac{1}{n} \sum_{i=1}^{n} x_i = \frac{1}{6}(12,71 + 13,64 + 8,80 + 18,70 + 11,62 + 26,82) = \frac{1}{6} 92,29 = \underline{15,38}$

b)

$$s^2 = \frac{1}{n} \sum_{i=1}^{n} x_i^2 - \overline{x}^2 = \frac{1}{6} \cdot \left(12,71^2 + 13,64^2 + 8,80^2 + 18,70^2 + 11,62^2 + 26,82^2\right) - 15,38^2$$

$$= \frac{1}{6} 1629,0605 - 236,5444 = 34,9657$$

$$s = \sqrt{s^2} = \sqrt{34,9657} = \underline{5,91}$$

c) Geordnete Reihe: $x_{(1)}, x_{(2)}, \cdots, x_{(n)}$ mit $x_{(1)} \leq x_{(2)}, \cdots, \leq x_{(n)}$

$x_{(1)} = 11,52; \quad x_{(2)} = 11,58; \quad x_{(3)} = 13,84; \quad x_{(4)} = 15,61; \quad x_{(5)} = 23,65; \quad x_{(6)} = 26,94$

Quartilsabstand: $Q = \widetilde{x}_{0,75} - \widetilde{x}_{0,25}$

$$\text{mit } \widetilde{x}_p = \begin{cases} x_{(g+1)}, & \text{falls } n \cdot p \text{ nicht ganzzahlig} \\ \frac{1}{2} \cdot \left(x_{(g)} + x_{(g+1)}\right), & \text{falls } n \cdot p \text{ ganzzahlig} \end{cases}$$

1. Quartil: $p = 0,25; \; n \cdot p = 6 \cdot 0,25 = 1,5 \rightarrow g = 1$
$$\widetilde{x}_{0,25} = x_{(1+1)} = x_{(2)} = 11,58$$

3. Quartil: $p = 0,75$; $n \cdot p = 6 \cdot 0,75 = 4,5 \to g = 4$

$$\widetilde{x}_{0,75} = x(4+1) = x(5) = 23,65$$

$Q = 23,65 - 11,58 = 12,07$

d) $r = \dfrac{n\sum x_i \cdot y_i - \sum x_i \cdot \sum y_i}{\sqrt{\left[n\sum x_i^2 - (\sum x_1)^2\right] \cdot \left[n\sum y_i^2 - (\sum y_i)^2\right]}}$

i	x_i	y_i	$x_i \cdot y_i$	x_i^2	y_i^2
1	12,71	23,65	300,59	161,54	559,32
2	13,64	11,52	157,13	186,05	132,71
3	8,80	26,94	237,07	77,44	725,76
4	18,70	11,58	216,55	349,69	134,10
5	11,62	13,84	160,82	135,02	191,55
6	26,82	15,61	418,66	719,31	243,67
$\sum$	92,29	103,14	1490,82	1629,05	1987,11

$$r = \frac{6 \cdot 1490,82 - 92,29 \cdot 103,14}{\sqrt{(6 \cdot 1629,05 - 92,29^2) \cdot (6 \cdot 1987,11 - 103,14^2)}} = \frac{-573,87}{\sqrt{1256,86 \cdot 1284,80}}$$

$$= \frac{-573,87}{1270,75} = \underline{-0,452}$$

Es liegt ein mittelstarker negativer Zusammenhang zwischen den beiden Gebühren-arten vor.

Aufgabe 12

a) Merkmal: $\text{Ärztedichte} = \dfrac{\text{Anzahl der Ärzte}}{1000 \text{ Einwohner}}$

quantitativ, stetig, nicht-häufbar, manifest, metrische Skala (Verhältnisskala)

Region	1	2	3	4	5	6	7	8
Ärztedichte	0,1	0,1	0,075	0,125	0,125	0,075	0,125	0,1

z. B. Region 1: $18/180 = 0,1$

b)

j	x_j^*	n_j	h_j
1	0,075	2	0,25
2	0,1	3	0,375
3	0,125	3	0,375
$\sum$		n = 8	1

z. B. $h_j = \dfrac{n_j}{n}$; $\quad h_1 = \dfrac{n_1}{n} = \dfrac{2}{8} = 0,25$

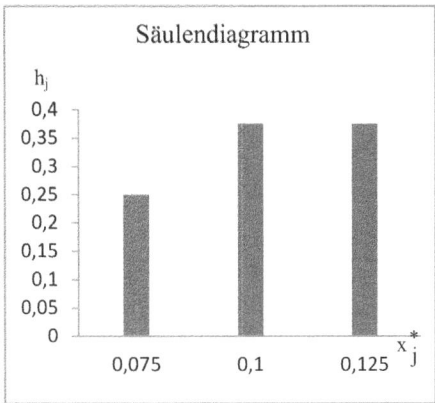

c)

$$\overline{x} = \sum_{j=1}^{m} x_j^* \cdot h_j = 0,075 \cdot 0,25 + 0,1 \cdot 0,375 + 0,125 \cdot 0,375$$

$$= 0,01875 + 0,0375 + 0,046875$$

$$= \underline{0,103}$$

d)

$$s^2 = \sum_{j=1}^{3} \left(x_j^*\right)^2 \cdot h_j - \overline{x}^2 = 0,075^2 \cdot 0,25 + 0,1^2 \cdot 0,375 + 0,125^2 \cdot 0,375 - 0,103^2$$

$$= 0,005625 \cdot 0,25 + 0,01 \cdot 0,375 + 0,015625 \cdot 0,375 - 0,010609$$

$$= 0,00140625 + 0,00375 + 0,005859375 - 0,010609$$

$$= 0,011015625 - 0,010609 = 0,000406625$$

$$\rightarrow s = \sqrt{s^2} = \sqrt{0,000406625} = 0,020$$

$$v = \frac{s}{\overline{x}} = \frac{0,020}{0,103} = \underline{0,194}$$

Interpretation: Die relative Streuung der Ärztedichte beträgt 0,194. Dies bedeutet, dass die Werte der Ärztedichte in den Regionen im Durchschnitt um 19,4% vom arithmetischen Mittel abweichen.

e) $H = \dfrac{n}{\sum\limits_{i=1}^{n} \dfrac{1}{x_i}} = \dfrac{2}{\dfrac{1}{x_1} + \dfrac{1}{x_2}} = \dfrac{2}{\dfrac{1}{0,08} + \dfrac{1}{0,11}} = \dfrac{2}{12,5 + 9,0909} = \dfrac{2}{21,5909} = \underline{0,093}$

Aufgabe 13

a) Das betrachtete Merkmal

    ☒ Innovationskraft
    ☒ diskret   ☒ ordinalskaliert   ☒ komparativ   ☒ latent

b)

j	x_j^*	n_j	h_j
1	3	1	0,125
2	5	1	0,125
3	6	3	0,375
4	8	2	0,250
5	9	1	0,125
$\sum$		$n = 8$	1

$$h_j = \frac{n_j}{n};$$

z. B.

$$h_1 = \frac{n_1}{n} = \frac{1}{8} = 0,125$$

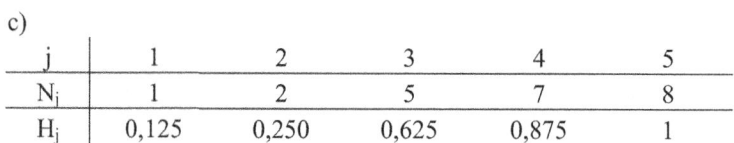

Säulendiagramm

c)

j	1	2	3	4	5
N_j	1	2	5	7	8
H_j	0,125	0,250	0,625	0,875	1

mit $N_j = N_{j-1} + n_j$ und $H_j = H_{j-1} + h_j$
Empirische Verteilungsfunktion:

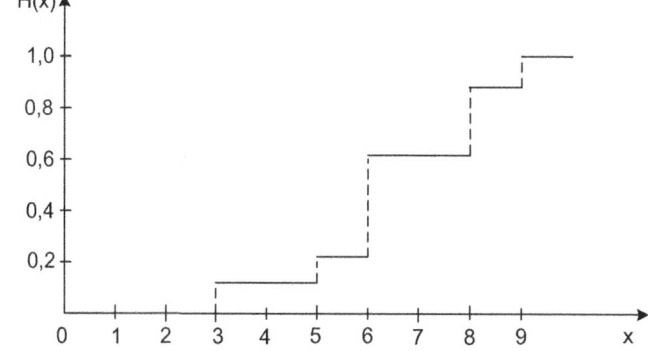

d)
☒ Modus   ☒ Median   ☐ Arithmetisches Mittel
☐ Geometrisches Mittel   ☐ Harmonisches Mittel   ☒ Quantile

e) • Modus: $D = x_\ell^*$ mit $h_{\ell*} = \max\limits_{j} \{h_j\}$ $D = x_3^* = \underline{6}$ mit $h_\ell^* = \max\{h_3\}$

• Median: $\tilde{x} = \begin{cases} x_{j*}^*, & \text{falls } H_{j*-1} < 0,5 \text{ und } H_{j*} > 0,5 \\ \dfrac{1}{2}(x_{j*}^* + x_{j*+1}^*), & \text{falls } H_{j*} = 0,5 \end{cases}$

$\tilde{x} = x_{j*}^* = x_3^* = \underline{6}$, da $H_2 = 0,250 < 0,5$ und $H_3 = 0,625 > 0,5 \rightarrow j^* = 3$

f) $Q = \tilde{x}_{0,75} - \tilde{x}_{0,25} = 8 - 5,5 = 2,5$ mit $\tilde{x}_p = \begin{cases} x_{j*}^*, & \text{falls } H_{j*-1} < p \text{ und } H_{j*} > p \\ \dfrac{1}{2}(x_{j*}^* + x_{j*+1}^*), & \text{falls } H_{j*} = p \end{cases}$

1. Quartil: $\tilde{x}_{0,25} = \dfrac{1}{2}(x_2^* + x_3^*) = \dfrac{1}{2}(5 + 6) = 5,5$ mit $j^* = 2$, da $H_2 = 0,250$

3. Quartil: $\tilde{x}_{0,75} = x_4^* = 8$ mit $j^* = 4$, da $H_3 = 0,625 < 0,75$ und $H_4 = 0,875 > 0,75$

Aufgabe 14

a) sachlich: Studierende im Fach St1
    räumlich: Universität Kassel
    zeitlich: WS 2004/05

Art von Masse: Teilmasse, Bewegungsmasse, reale Masse

b) Merkmal: Note
            diskret, komparativ, nicht-häufbar, manifest, Ordinalskala

c)

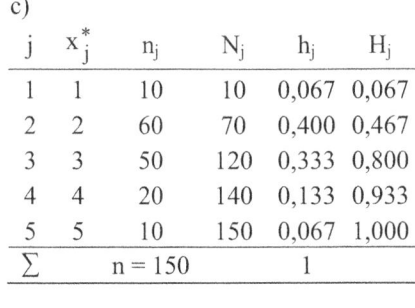

j	x_j^*	n_j	N_j	h_j	H_j
1	1	10	10	0,067	0,067
2	2	60	70	0,400	0,467
3	3	50	120	0,333	0,800
4	4	20	140	0,133	0,933
5	5	10	150	0,067	1,000
$\sum$		n = 150		1	

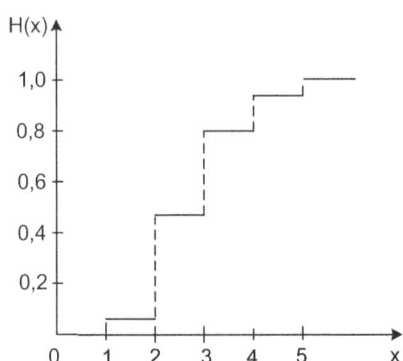

z. B. $h_j = \dfrac{n_j}{n}$; $h_1 = \dfrac{n_1}{n} = \dfrac{10}{150} = 0,067$

z. B. $N_j = N_{j-1} + n_j$; $N_2 = N_1 + n_2 = 10 + 60 = 70$

z. B. $H_j = H_{j-1} + h_j$; $H_2 = H_1 + h_2 = 0,067 + 0,400 = 0,467$

d) • Modus: $D = x_\ell^*$ mit $h_{\ell *} = \max\limits_j \{h_j\}$

$$D = x_2^* = \underline{2} \text{ mit } h_\ell^* = \max\{h_2\}$$

Interpretation: Typisch ist die Note 2.

• Median

$$\tilde{x} = \begin{cases} x_{j*}^*, & \text{falls } H_{j*-1} < 0,5 \text{ und } H_{j*} > 0,5 \\ \dfrac{1}{2}(x_{j*}^* + x_{j*+1}^*), & \text{falls } H_{j*} = 0,5 \end{cases}$$

$\tilde{x} = x_{j*}^* = x_3^* = \underline{3}$, da $H_2 = 0,467 < 0,5$ und $H_3 = 0,800 > 0,5 \rightarrow j^* = 3$

Interpretation:
50% der Studenten erzielen die Note 3 oder schlechter und mindestens 50% der Studenten erzielen die Note 3 oder besser.

e) Quantile: $\tilde{x}_p = \begin{cases} x_{j*}^*, & \text{falls } H_{j*-1} < p \text{ und } H_{j*} > p \\ \dfrac{1}{2}(x_{j*}^* + x_{j*+1}^*), & \text{falls } H_{j*} = p \end{cases}$

1. Dezil (= 10%-Quantil): $p = 0,10$

$\tilde{x}_{0,10} = x_{2*}^* = \underline{2}$,   da $H_1 = 0,067 < 0,10$ und $H_2 = 0,467 > 0,10$

9. Dezil (= 90%-Qantil): $p = 0,90$

$\tilde{x}_{0,90} = x_{4*}^* = \underline{4}$,   da $H_3 = 0,800 < 0,90$ und $H_4 = 0,933 > 0,90$

Aufgabe 15

a) Qualitativ, diskret, manifest, nicht-häufbar, Nominalskala

b)

j	x_j^*	n_j	h_j	α_j
1	ET	26	0,433	155,9
2	EL	4	0,067	24,1
3	NE	30	0,500	180,0
Σ		n = 60	1	360,0

z. B.:

$h_j = \dfrac{n_j}{n}$; $h_1 = \dfrac{n_1}{n} = \dfrac{26}{60} = 0,433$;

$\alpha_j = h_j \cdot 360°$;

$\alpha_1 = h_1 \cdot 360° = 0,433 \cdot 360° = 155,9°$

Kreisdiagramm

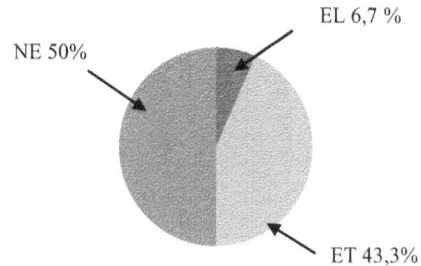

NE 50%

EL 6,7 %

ET 43,3%

c) $D = x_\ell^*$ mit $h_{\ell*} = \max_j \{h_j\}$ $D = x_3^* = \underline{\text{Nichterwerbspersonen}}$ mit $h_\ell^* = \max\{h_3\}$

Interpretation: Typisch sind Nichterwerbspersonen.

d) Bivariate Häufigkeitstabelle:

Geschlecht	Beteiligung am Erwerbsleben			h_j
	ET	EL	NE	
M	0,250	0,033	0,200	0,483
W	0,183	0,033	0,300	0,516
$h_{\bullet k}$	0,433	0,066	0,500	1,00

z.B. $h_{jk} = \dfrac{n_{jk}}{n}$, $h_{11} = \dfrac{n_{11}}{n} = \dfrac{15}{60} = 0,250$,

$h_{\bullet k} = \sum\limits_{j=1}^{r} h_{jk}$ $h_{\bullet 1} = h_{11} + h_{21} = 0,250 + 0,183 = 0,433$

e) Bedingte Verteilung von Y gegeben X: $h(y_k \mid x_j) = \dfrac{h_{jk}}{h_{j\bullet}}$

Bedingung	Erwerbsleben	Σ
x_1 (männlich)	$h(y_1 \mid x_1) = \dfrac{n_{11}}{n_{1\bullet}} = \dfrac{15}{29} = \underline{0,517}$ $h(y_2 \mid x_1) = \dfrac{n_{12}}{n_{1\bullet}} = \dfrac{2}{29} = \underline{0,069}$ $h(y_3 \mid x_1) = \dfrac{n_{13}}{n_{1\bullet}} = \dfrac{12}{29} = \underline{0,414}$	1
x_2 (weiblich)	$h(y_1 \mid x_2) = \dfrac{n_{21}}{n_{2\bullet}} = \dfrac{11}{31} = \underline{0,354}$ $h(y_2 \mid x_2) = \dfrac{n_{22}}{n_{2\bullet}} = \dfrac{2}{31} = \underline{0,065}$ $h(y_3 \mid x_2) = \dfrac{n_{23}}{n_{2\bullet}} = \dfrac{18}{31} = \underline{0,581}$	1

Aufgabe 16

a)

j	x_j^*	n_j	h_j	α_j^o
1	W	360	0,300	108,0
2	I	270	0,225	81,0
3	M	180	0,150	54,0
4	N	180	0,150	54,0
5	R	210	0,175	63,0
Σ		n=1200	1,000	360,0

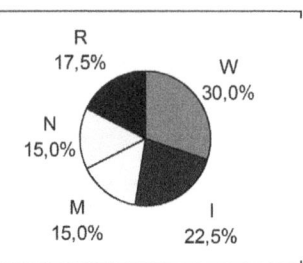

z.B.: $h_1 = \dfrac{n_1}{n} = \dfrac{360}{1200} = 0,300$; $\alpha_j = h_j \cdot 360^o$ $\alpha_1 = h_1 \cdot 360^o = 0,300 \cdot 360^o = 108^o$

- Modus (Modalwert): $D = x_\ell^*$ mit $h_{\ell *} = \max\limits_{j} \{h_j\}$ $D = x_1^* = \underline{W}$ mit $h_\ell^* = \max\{h_1\}$

b)

j	x_j^*	n_j	h_j	H_j
1	1	34	0,227	0,227
2	2	44	0,293	0,520
3	3	50	0,333	0,853
4	4	22	0,147	1,000

z.B. $h_1 = \dfrac{n_1}{n} = \dfrac{34}{150} = 0,227$

- Median: $\tilde{x} = \begin{cases} x_{j*}^*, & \text{falls } H_{j*-1} < 0,5 \text{ und } H_{j*} > 0,5 \\ \dfrac{1}{2}(x_{j*}^* + x_{j*+1}^*), & \text{falls } H_{j*} = 0,5 \end{cases}$

$\tilde{x} = x_{j*}^* = x_2^* = \underline{2}$, da $H_1 = 0,227 < 0,5$ und $H_2 = 0,520 > 0,5 \rightarrow j^* = 2$ $\tilde{x} = x_2^* = \underline{2}$

- Arithmetisches Mittel:

$\bar{x} = \dfrac{1}{150} \sum\limits_{j=1}^{4} x_j^* \cdot n_j = \dfrac{1}{150} \cdot (1 \cdot 34 + 2 \cdot 44 + 3 \cdot 50 + 4 \cdot 22) \doteq \dfrac{1}{150} \cdot 360 = \underline{2,4}$

c) • Spannweite: $R = x_m^* - x_1^* = x_4^* - x_1^* = 4 - 1 = \underline{3}$

- Quartilsabstand: $Q = \tilde{x}_{0,75} - \tilde{x}_{0,25}$ mit $\tilde{x}_p = \begin{cases} x_{j*}^*, & \text{falls } H_{j*-1} < p \text{ und } H_{j*} > p \\ \dfrac{1}{2}(x_{j*}^* + x_{j*+1}^*), & \text{falls } H_{j*} = p \end{cases}$

1. Quartil: $\tilde{x}_{0,25} = x_2^* = 2$ mit $j^* = 2$, da $H_1 = 0,227 < 0,25$ und $H_2 = 0,520 > 0,25$

3. Quartil: $\tilde{x}_{0,75} = x_3^* = 3$ mit $j^* = 3$, da $H_2 = 0,520 < 0,75$ und $H_3 = 0,853 > 0,75$

$Q = \tilde{x}_{0,75} - \tilde{x}_{0,25} = 3 - 2 = \underline{1}$

d) $v = \dfrac{s}{\overline{x}} = \dfrac{0,993}{2,4} = \underline{0,414}$ $(\hat{=} 41,4\%)$ $\overline{x} = 2,4$ [s. Teil b)]

$$s^2 = \frac{1}{150} \sum_{j=1}^{4} \left(x_j^* - 2,4\right)^2 \cdot n_j$$

$$s^2 = \frac{1}{150} \cdot \left[(1 - 2,4)^2 \cdot 34 + (2 - 2,4)^2 \cdot 44 + (3 - 2,4)^2 \cdot 50 + (4 - 2,4)^2 \cdot 22\right]$$

$$= \frac{1}{150} \cdot (1,96 \cdot 34 + 0,16 \cdot 44 + 0,36 \cdot 50 + 2,56 \cdot 22) = \frac{1}{150} \cdot 148 = 0,987$$

$$s = \sqrt{s^2} = \sqrt{0,987} = 0,993$$

Die Häufigkeitsverteilung der Anzahl der Trainees je Unternehmen hat eine relative Streuung von 41,4%, d.h. im Mittel weichen die Traineezahlen je Unternehmen um 41,4% von ihrem Durchschnitt ab.

Aufgabe 17

a) Absolute Häufigkeiten: $n_1 = 135$, $n_2 = 97$, $n_3 = 54$, $n_4 = 34$

   Umfang der statistischen Masse: $n = 320$

b) Merkmal: Verkehrsmittel zum Einkauf in der City

   Merkmalsausprägungen: PKW, Straßenbahn und Bus, Bahn, zu Fuß oder andere Verkehrsmittel

   Charakterisierung: qualitativ (Nominalskala), diskret, manifest, häufbar

c)

j	x_j^*	n_j	h_j	α_j
1	PKW	135	0,422	151,9
2	Bus	97	0,303	109,1
3	Bahn	54	0,169	60,8
4	Sonst.	34	0,106	38,2
Σ		$n = 60$	1,000	360

z.B.

$$h_j = \frac{n_j}{n}; \quad h_1 = \frac{n_1}{n} = \frac{135}{320} = 0,422;$$

$$\alpha_j = h_j \cdot 360°;$$

$$\alpha_1 = h_1 \cdot 360° = 0,422 \cdot 360° = 151,9°$$

Kreisdiagramm

■ PKW

▓ Bus

▒ Bahn

■ Sonst.

d) Nur der Modus lässt sich hier sinnvoll anwenden, da das Merkmal „Verkehrsmittel zum Einkauf in der City" nominalskaliert ist.

$$D = x_\ell^* \text{ mit } h_{\ell^*} = \max_j \{h_j\} \quad D = x_1^* = \underline{PKW} \text{ mit } h_\ell^* = \max\{h_1\}$$

Interpretation: Der typische Citybesucher, der zum Einkauf in die City fährt, benutzt
hierzu als Verkehrsmittel den PKW.

e) - insgesamt ($\to$ Gesamtwachstumsfaktor minus 1):

$$\frac{6{,}456}{4{,}967} - 1 = 1{,}300 - 1 = \underline{0{,}300} \triangleq 30{,}0\%$$

- im jährlichen Mittel ($\to$ geometrisches Mittel):

$$w = \sqrt[n-1]{\frac{x(n)}{x(1)}} - 1 = \sqrt[9]{\frac{6{,}456}{4{,}967}} - 1 = \sqrt[9]{1{,}2997785} - 1 = 1{,}0296 - 1 = \underline{0{,}0296} (\equiv 2{,}96\%)$$

f) Repräsentativität: Die Auswahl der statistischen Einheiten erfolgt in der Form,
dass Stichprobe und Grundgesamtheit hinsichtlich sogenannter Quotenmerkmale
strukturgleich sind. Strukturgleichheit bedeutet hierbei, dass sich die Anteile der
statistischen Einheiten (= relative Häufigkeiten) in Bezug auf die Quotenmerkmale in der Grundgesamtheit und Stichprobe entsprechen.

Quotenmerkmale: Als Quotenmerkmale kommen bevölkerungs- und erwerbs-
statistische Merkmale aus der amtlichen Statistik wie z.B. Geschlecht, Alter,
Beruf in Betracht.

Aufgabe 18

a) • Arithm. Mittel: $\overline{x} = \dfrac{1}{n} \sum\limits_{j=1}^{4} x_j^* \cdot n_j = \dfrac{1}{16}(10 \cdot 2 + 13 \cdot 4 + 16 \cdot 6 + 18 \cdot 4)$

$$= \frac{1}{16}(20 + 52 + 96 + 72) = \frac{1}{16}240 = \underline{15}\,[\text{€}]$$

• Standardabw.: $s^2 = \dfrac{1}{n} \sum\limits_{j=1}^{4} \left(x_j^* - \overline{x}\right)^2 n_j$

$$= \frac{1}{16}\left[(10-15)^2 \cdot 2 + (13-15)^2 \cdot 4 + (16-15)^2 \cdot 6 + (18-15)^2 \cdot 4\right]$$

$$= \frac{1}{16}(25 \cdot 2 + 4 \cdot 4 + 1 \cdot 6 + 9 \cdot 4) = \frac{1}{16}108 = 6{,}75[\text{€}]^2$$

$$s = \sqrt{6{,}75} = 2{,}60\,[\text{€}]$$

b) Schwerpunkteigenschaft: $\sum\limits_{j=1}^{n}(x_j^* - \overline{x}) \cdot n_j = S_- + S_+ = 0$

neg. Abweichungssumme: $S_- = (10\text{-}15)\cdot 2 + (13\text{-}15)\cdot 4 = (-5)\cdot 2 + (-2)\cdot 4 = -10 - 8 = -18$
pos. Abweichungssumme: $S_+ = (16\text{-}15)\cdot 6 + (18\text{–}15)\cdot 4 = 1 \cdot 6 + 3 \cdot 4 = 6 + 12 = 18$

$\left(|S_-| = |-16| = 16\right) = (S_+ = 16)$, so dass die Summe der mit den Häufigkeiten gewichteten Abweichungen gleich null ist.

c)

j	x_j^*	n_j	h_j	H_j
1	10	2	0,125	0,125
2	13	4	0,250	0,375
3	16	6	0,375	0,750
4	18	4	0,250	1,000
Σ		n = 16	1	

z.B.

$$h_j = \frac{n_j}{n}; \quad h_1 = \frac{n_1}{n} = \frac{2}{16} = 0{,}125$$

• Modus: $D = x_\ell^*$ mit $h_{\ell^*} = \max\limits_{j}\{h_j\}$

$$D = x_3^* = \underline{16} \text{ mit } h_\ell^* = \max\{h_3\}$$

Der Stundenlohn von 16€ kommt in der Arbeitsstätte am häufigsten vor und ist damit der typische Lohn.

$$\bullet \text{ Median: } \widetilde{x} = \begin{cases} x_{j*}^*, & \text{falls } H_{j*-1} < 0,5 \text{ und } H_{j*} > 0,5 \\ \dfrac{1}{2}(x_{j*}^* + x_{j*+1}^*), & \text{falls } H_{j*} = 0,5 \end{cases}$$

$$\widetilde{x} = x_{j*}^* = x_3^* = \underline{16}, \text{ da } H_2 = 0,375 < 0,5 \text{ und } H_3 = 0,750 > 0,5 \rightarrow j^* = 3$$

Der Stundenlohn von 16 € ist die Trennlinie, die die Arbeiter der Arbeitsstätte nach der Höhe ihrer Löhne in eine untere und obere Hälfte aufteilt.

d) • Spannweite: $R = x_m^* - x_1^* = x_5^* - x_1^* = 18 - 10 = \underline{8}$

$$\bullet \text{ Quartilsabstand: } Q = \widetilde{x}_{0,75} - \widetilde{x}_{0,25} \text{ mit } \widetilde{x}_p = \begin{cases} x_{j*}^*, & \text{falls } H_{j*-1} < p \text{ und } H_{j*} > p \\ \dfrac{1}{2}(x_{j*}^* + x_{j*+1}^*), & \text{falls } H_{j*} = p \end{cases}$$

1. Quartil: $\widetilde{x}_{0,25} = x_2^* = 13 \text{ mit } j^* = 2, \text{ da } H_1 = 0,125 < 0,25 \text{ und } H_2 = 0,375 > 0,25$

3. Quartil: $\widetilde{x}_{0,75} = \dfrac{1}{2}(x_3^* + x_4^*) = \dfrac{1}{2}(16 + 18) = 17 \text{ mit } j^* = 3, \text{ da } H_3 = 0,750$

$Q = 17 - 13 = 4$

e) $v_1 = \dfrac{s_1}{\overline{x}_1} = \dfrac{2,60}{15} = 0,173$

Die relative Streuung der Stundenlöhne in der hier betrachteten Arbeitsstätte beträgt 17,3%. Da $(v_1 = 0,73) > (v_2 = 0,128)$, d.h. der Variationskoeffizient der Stundenlöhne in der hier betrachteten Arbeitsstätte größer ist als derjenige in der zweiten Arbeitsstätte, sind die Stundenlöhne hier heterogener.

Aufgabe 19

a) Das Merkmal Jahresüberschuss ist

☐ intervallskaliert,   ☐ stetig,   ☒ quantitativ,
☒ quasi-stetig,   ☐ häufbar,   ☒ manifest.

   Das Merkmal Beschäftigte ist

☐ quasi-stetig,   ☐ latent,   ☒ nicht-häufbar,
☒ metrisch skaliert,   ☐ qualitativ,   ☒ auf einer Absolutskala messbar.

b) Arithmetisches Mittel:

1. Möglichkeit:

$$\bar{x} = \frac{\sum Jahresumsatz}{\sum Beschäftigte} = \frac{167,0 + 967,0 + 186,0 + 157,0 + 196,3}{94,8 + 69,5 + 50,0 + 38,5 + 11,5} = \frac{1673,3}{264,3} = \underline{6,33}$$

2. Möglichkeit:

Merkmalsausprägungen (Jahresüberschuss je Beschäftigten):

$$x_1^* = 167,0/94,8 = 1,76, \qquad x_4^* = 967,0/69,5 = 13,91, \qquad x_2^* = 186,0/50,0 = 3,72,$$

$$x_3^* = 157,0/38,5 = 4,08, \qquad x_5^* = 196,3/11,5 = 17,07$$

Absolute Häufigkeiten (Beschäftigte):

$$n_1 = 94,8; \; n_2 = 50,0; \; n_3 = 38,5; \; n_4 = 69,5; \; n_5 = 11,5 \qquad\qquad n = 264,3$$

$$\bar{x} = \frac{1}{n}\sum_{j=1}^{5} x_j^* \cdot n_j$$

$$= \frac{1}{264,3}\left(1,76 \cdot 94,8 + 3,72 \cdot 50,0 + 4,08 \cdot 38,5 + 13,91 \cdot 69,5 + 17,07 \cdot 11,5\right)$$

$$= \frac{1}{264,3}\left(166,848 + 186 + 157,08 + 966,745 + 196,305\right) = \frac{1}{264,3} \cdot 1672,978 = \underline{6,33}$$

c) $d_{\bar{x}} = \dfrac{1}{n}\sum\limits_{j=1}^{5}\left| x_j^x - \bar{x} \right| \cdot n_j$

$$d_{\bar{x}} = \frac{1}{264,3}\left(\begin{array}{l}\left|1,76 - 6,33\right| \cdot 94,8 + \left|3,72 - 6,33\right| \cdot 50,0 + \left|4,08 - 6,33\right| \cdot 38,5 \\ + \left|13,91 - 6,33\right| \cdot 69,5 + \left|17,07 - 6,33\right| \cdot 11,5\end{array}\right)$$

$$= \frac{1}{264,3}\left(4,57 \cdot 94,8 + 2,61 \cdot 50,0 + 2,25 \cdot 38,5 + 7,58 \cdot 69,5 + 10,74 \cdot 11,5\right)$$

$$= \frac{1}{264,3}1300,681 = \underline{4,92}$$

Interpretation: Im Mittel weist der Jahresüberschuss je Beschäftigten bei den fünf großen Kreditinstituten in 4,92 [Mill. €] vom Durchschnittswert 6,33 [Mill. €] ab.

d) Relative Häufigkeiten:

$$h_1 = \frac{94,8}{264,3} = 0,358; \; h_2 = 0,189; \; h_3 = 0,146; \; h_4 = 0,263; \; h_5 = 0,044$$

Kumulierte Häufigkeiten: $H_1 = 0,358$, $H_2 = 0,547$, $H_3 = 0,693$, $H_4 = 0,956$, $H_5 = 1$

$$\tilde{x}_p = \begin{cases} x^*_{j*}, & \text{falls } H_{j*-1} < p \text{ und } H_{j*} > p \\ \dfrac{1}{2}(x^*_{j*} + x^*_{j*+1}), & \text{falls } H_{j*} = p \end{cases}$$

- 1. Quartil: $\tilde{x}_{0,25} = x^*_1 = 1,76$ mit $j^* = 1$, da $H_0 = 0 < 0,25$ und $H_1 = 0,227 > 0,25$

- 3. Quartil: $\tilde{x}_{0,75} = x^*_4 = 13,91$ mit $j^* = 4$, da $H_3 = 0,693 < 0,75$ u. $H_4 = 0,956 > 0,75$

Aufgabe 20

a) sachlich: wachstumsstarke Unternehmen des „Neuen Marktes"
   zeitlich: derzeit, d.h. Jahr 1999
   räumlich: keine räumliche Restriktion angegeben

b) Merkmal Branche: qualitativ, diskret, nicht-häufbar, manifest, Nominalskala

Merkmal Börsenwert: quantitativ, quasi-stetig, nicht-häufbar, manifest, metrische
                    Skala (Verhältnisskala)

c)

j	x^*_j	n_j	h_j	α_j
1	T&M	23	0,192	69,1
2	S&IT	62	0,517	186,1
3	SMB	11	0,092	33,1
4	B&G	11	0,092	33,1
5	So	13	0,108	38,9
Σ		$n = 120$	1,000	$360°$

z.B. $h_1 = \dfrac{n_1}{n} = \dfrac{23}{120} = 0,192$ und $\alpha_1 = h_1 \cdot 360° = 0,192 \cdot 360° = 69,1$

Kreisdiagramm

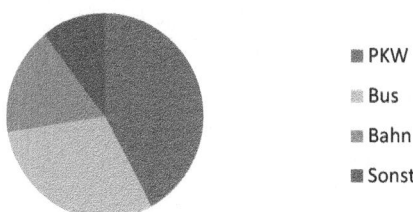

- PKW
- Bus
- Bahn
- Sonst.

d)

$$D = x_{\ell}^* \quad \text{mit } h_{\ell^*} = \max_j \{h_j\}$$

$$D = x_2^* = \underline{S\ \&\ IT} \text{ mit } h_{\ell}^* = \max\{h_2\}$$

e)

$$\bar{x} = \frac{1}{120} \sum_{i=1}^{120} x_i = \frac{1}{120} \cdot (21{,}731 + 21{,}615 + 3{,}612 + 3{,}031 + 2{,}738) = \frac{1}{120} \cdot 52{,}727 = \underline{0{,}439}$$

Aufgabe 21

a) Sachlich: Junge Erwachsene als Fernsehzuschauer

b) Merkmal: z. B. Kenntnis der Bedeutung des Begriffs Standortfaktor
qualitativ, nominalskaliert, diskret, manifest, nicht häufbar

c) Das Quotenverfahren zielt darauf ab, eine Strukturgleichheit von Grundgesamtheit und Stichprobe bezüglich bestimmter Merkmale herzustellen. Diese Merkmale, die als Quotenmerkmale bezeichnet werden, sind hier durch das Geschlecht und den Ausbildungsstatus vorgegeben. Da 47 junge Frauen und 43 junge Männer befragt worden sind, müssten in der Grundgesamtheit 52,2% der jungen Erwachsenen weiblich und 47,8% männlich sein. Entsprechend sind die nach dem Ausbildungsstatus befragten Personen aus den Prozentsätzen in der Grundgesamtheit bestimmt worden (40% Studenten, 27,8% Oberschüler, 32,2% Auszubildende). Auf diese Weise erhält man den dem Interview vorgegebenen Quotenplan. Die Einhaltung der dort vorgegebenen Quoten bedeutet allerdings nicht, dass die Stichprobe auch hinsichtlich der Merkmalskombinationen mit der Grundgesamtheit strukturgleich ist.

d)

j	x_j^*	n_j	h_j
1	keine	14	0,156
2	gering	28	0,311
3	mittel	26	0,289
4	gut	16	0,178
5	sehr gut	6	0,067
		$n = 90$	1

z. B. $h_1 = \dfrac{n_1}{n} = \dfrac{14}{90} = 0{,}156$

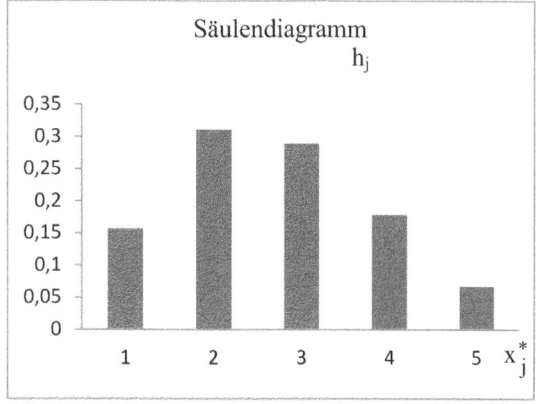

87

e) • Modus: $D = x_\ell^*$ mit $h_{\ell*} = \max_j \{h_j\}$

$$D = x_2^* = \underline{\text{gering}} \text{ mit } h_\ell^* = \max\{h_2\}$$

• Median: $\tilde{x} = \begin{cases} x_{j*}^*, & \text{falls } H_{j*-1} < 0,5 \text{ und } H_{j*} > 0,5 \\ \dfrac{1}{2}(x_{j*}^* + x_{j*+1}^*), & \text{falls } H_{j*} = 0,5 \end{cases}$

$$\tilde{x} = x_{j*}^* = x_3^* = \underline{\text{mittel}}, \text{ da } H_2 = 0,467 < 0,5 \text{ und } H_3 = 0,756 > 0,5 \rightarrow j^* = 3$$

Aufgabe 22

a)

$$\bar{x} = \sum_{j=1}^{6} x_j^* \cdot g_j = 214 \cdot 0,15 + 248 \cdot 0,20 + 270 \cdot 0,10 + 215 \cdot 0,15 + 138 \cdot 0,15 + 258 \cdot 0,25$$

$$= \underline{226,15}$$

b) • mittlere absolute Abweichung: $d_{\bar{x}} = \sum_{j=1}^{6} \left| x_j^* - \bar{x} \right| \cdot g_j$

$$d_{\bar{x}} = \left| 214 - 226,15 \right| \cdot 0,15 + \left| 248 - 226,15 \right| \cdot 0,20 + \left| 270 - 226,15 \right| \cdot 0,10$$

$$+ \left| 215 - 226,15 \right| \cdot 0,15 + \left| 138 - 226,15 \right| \cdot 0,15 + \left| 258 - 226,15 \right| \cdot 0,25$$

$$= 1,8225 + 4,37 + 4,385 + 1,6725 + 13,2225 + 7,9625 = \underline{33,435}$$

• Standardabweichung: $s = \sqrt{\sum_{j=1}^{6} x_j^{*2} \cdot g_j - \bar{x}^2}$

$$s = \sqrt{\begin{array}{l} (214^2 \cdot 0,15 + 248^2 \cdot 0,20 + 270^2 \cdot 0,10 + 215^2 \cdot 0,15 + 138^2 \cdot 0,15 + 258^2 \cdot 0,25) \\ - 226,15^2 \end{array}}$$

$$= \sqrt{52891,55 - 51143,8225} = \sqrt{1747,7275} = \underline{41,81}$$

c)

$$P_{0t}^L = \sum \frac{p_{jt}}{p_{jo}} \cdot \frac{p_{jo} \cdot q_j}{\sum p_{jo} \cdot q_{io}}$$

$$P_{0t}^L = 0,940 \cdot 0,15 + 1,144 \cdot 0,20 + 1,030 \cdot 0,10 + 1,037 \cdot 0,15 + 1,00 \cdot 0,15 + 1,071 \cdot 0,25$$

$$= \underline{1,046}$$

d)

☒ lässt sich als komplexe Preismesszahl interpretieren,

☒ ist ein Laspeyres-Preisindex, wenn die Gewichte aus der Basisperiode stammen.

Aufgabe 23

a) Merkmal: Automatenart
    Merkmalsausprägungen: Zigarettenautomat, Getränkeautomat etc.
    Charakterisierung: qualitativ, diskret, manifest, nicht-häufbar
    Skalenniveau: Nominalskala

b)

j	x_j^*	n_j	h_j	α_j
1	Z	710.000	0,426	153,4
2	G	280.000	0,168	60,5
3	V	25.000	0,015	5,4
4	S	250.000	0,150	54,0
5	M	175.000	0,105	37,8
6	O	225.000	0,135	48,6
Σ		n = 1.665.000	1	360°

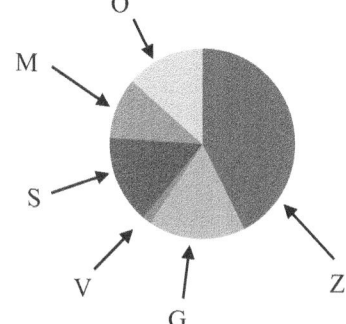

$$h_1 = \frac{n_1}{n} = \frac{710.000}{1.665.000} = 0,426 \qquad \alpha_1 = h_1 \cdot 360^\circ = 0,426 \cdot 360^\circ = 153,4$$

c) Modus: $D = x_\ell^*$ mit $h_{\ell^*} = \max_j \{h_j\}$

$$D = x_1^* = \underline{\text{Zigarettenautomaten}} \text{ mit } h_\ell^* = \max\{h_1\}$$

d) Geometrisches Mittel: $w = {}^{n-1}\!\sqrt{\dfrac{x(n)}{x(1)}} - 1 = \sqrt[4]{\dfrac{12,7}{11,2}} - 1 = 1,032 - 1 = \underline{0,032 (\equiv 3,2\%)}$

e) $H = \dfrac{n}{\sum\limits_{i=1}^{n} \dfrac{1}{x_i}} = \dfrac{2}{\dfrac{1}{1} + \dfrac{1}{3}} = 1,5$ Wochen je Automat im Durchschnitt für 1 Mill.

$\rightarrow 1,5 : 2 = 0,75$ d. h. man benötigt eine ¾ Woche zusammen.

Aufgabe 24

a)

k	x'_{k-1}, x'_k	n_k	h_k	b_k	d_k	H_k
1	4 – 6	33	0,33	2	0,165	0,33
2	6 – 10	37	0,37	4	0,093	0,70
3	10 – 20	20	0,20	10	0,020	0,90
4	20 – 50	10	0,10	30	0,003	1,00
$\sum$		n = 100	1			

z. B. $h_k = \dfrac{n_k}{n}$, $h_1 = \dfrac{n_1}{n} = \dfrac{33}{100} = 0,33$ und $d_k = \dfrac{h_k}{b_k}$, $d_1 = \dfrac{h_1}{b_1} = \dfrac{0,33}{2} = 0,165$

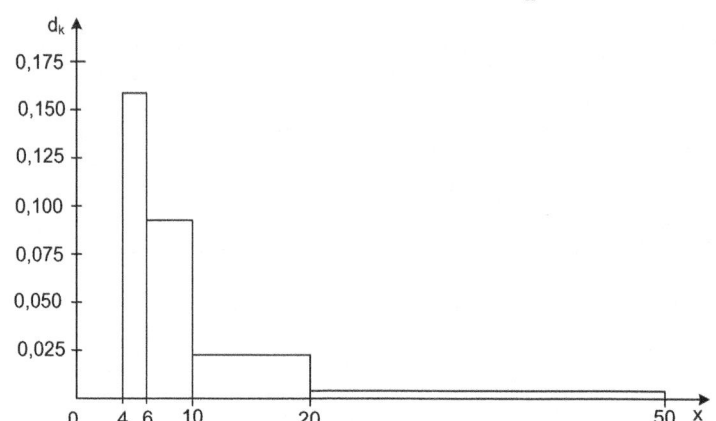

b) • $H(x) = H_{k-1} + \dfrac{x - x'_{k-1}}{b_k} h_k$ mit x = 12 fällt in die 3. Klasse (k = 3)

$$H(12) = H_2 + \frac{12 - x'_2}{b_3} \cdot h_3 = 0,70 + \frac{12 - 10}{10} \cdot 0,20 = 0,70 + 0,2 \cdot 0,2 = \underline{0,74}$$

• $R(x) = 1 - H(x)$ mit x = 9 fällt in die 2. Klasse (k = 2)

$$R(9) = 1 - H(9) = 1 - 0,608 = \underline{0,392}$$

$$H(9) = H_1 + \frac{9 - x'_1}{b_2} \cdot h_2 = 0,33 + \frac{9 - 6}{4} \cdot 0,37 = 0,33 + 0,75 \cdot 0,37 = 0,608$$

c)

$$\overline{x} = \frac{1}{n} \cdot \sum_{k=1}^{p} \overline{x}_k \cdot n_k = \frac{1}{100} \cdot (5,10 \cdot 33 + 7,51 \cdot 37 + 13,45 \cdot 20 + 25,5 \cdot 10)$$

$$= \frac{1}{100} \cdot (168,3 + 277,87 + 269 + 255) = \frac{1}{100} \cdot 970,17 = \underline{9,702} \, [\text{Mrd.€}]$$

d) $s_{int}^2 = \frac{1}{n} \sum\limits_{k=1}^{4} s_k^2$ mit $s_k^2 = \frac{1}{n_k} \sum\limits_{i=1}^{n_k} (x_{ki} - \bar{x}_k)^2$

$s_{int}^2 = \frac{1}{100} \cdot (0,38 \cdot 33 + 2,53 \cdot 37 + 9,82 \cdot 20 + 94,17 \cdot 10)$

$\qquad = \frac{1}{100} \cdot (12,54 + 93,61 + 196,4 + 941,7 = \frac{1}{100} \cdot 1244,25 = \underline{12,4425}$

e) $\tilde{x} = x'_{k*-1} + \dfrac{0,5 - H_{k*-1}}{h_{k*}} \cdot b_{k*}$ mit $k^* = 2$, da 50%-Marke von H_k in 2. Klasse

$\tilde{x} = x'_1 + \dfrac{0,5 - H_1}{h_2} \cdot b_2 = 6 + \dfrac{0,5 - 0,33}{0,37} \cdot 4 = 6 + 0,459459 \cdot 4 = \underline{7,838}$ [Mrd. €]

Aufgabe 25

a) Merkmal: Auftragseingänge
    Charakterisierung: quantitativ, diskret, nicht-häufbar, manifest, metrische
                            Skala (Absolutskala)

b)

k	Intervall	n_k	h_k	b_k	d_k
1	20-30	6	0,500	10	0,0500
2	30-40	4	0,333	10	0,0333
3	40-45	2	0,167	5	0,0333
Σ		n=12	1,000		

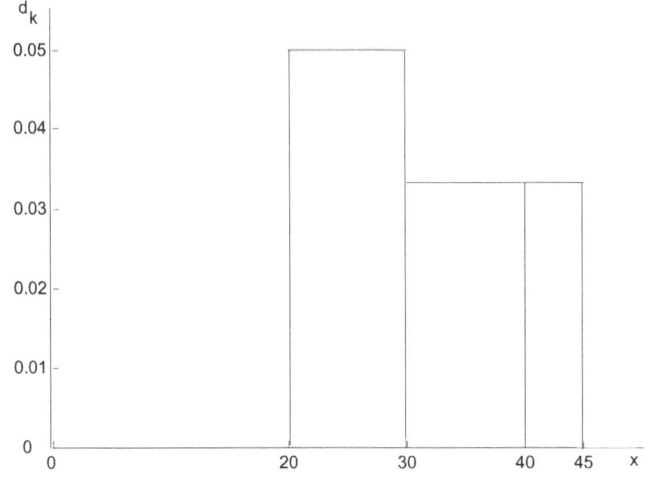

c)

$$\bar{x}_1 = \frac{1}{6}\cdot(28+29+24+27+21+26) = \frac{1}{6}\cdot 155 = 25{,}83$$

$$\bar{x}_2 = \frac{1}{4}\cdot(33+34+38+39) = \frac{1}{4}\cdot 144 = 36{,}0$$

$$\bar{x}_3 = \frac{1}{2}\cdot(42+45) = \frac{1}{2}\cdot 87 = 43{,}5$$

$$\bar{x} = \sum_{k=1}^{3}\bar{x}_k \cdot h_k = 25{,}83\cdot 0{,}5 + 36{,}0\cdot\frac{1}{3} + 43{,}5\cdot\frac{1}{6} = 12{,}92 + 12{,}0 + 7{,}25 = \underline{\underline{32{,}17}}$$

d)

$$s^2_{ext} = \sum_{k=1}^{3}(\bar{x}_k - \bar{x})^2 \cdot h_k$$

$$= (25{,}83 - 32{,}17)^2 \cdot 0{,}5 + (36{,}0 - 32{,}17)^2 \cdot\frac{1}{3} + (43{,}5 - 32{,}17)^2 \cdot\frac{1}{6}$$

$$= (-6{,}34)^2 \cdot 0{,}5 + 3{,}83^2 \cdot\frac{1}{3} + 11{,}33^2 \cdot\frac{1}{6} = 20{,}098 + 4{,}890 + 21{,}395 = \underline{\underline{46{,}38}}$$

e)

$$s^2_2 = \frac{1}{4}\cdot\left[(33-36{,}0)^2 + (34-36{,}0)^2 + (38-36{,}0)^2 + (39-36{,}0)^2\right]$$

$$= \frac{1}{4}\cdot\left[(-3)^2 + (-2)^2 + 2^2 + 3^2\right] = \frac{1}{4}\cdot(9+4+4+9) = \frac{1}{4}\cdot 26 = \underline{\underline{6{,}5}}$$

Aufgabe 26

a)

k	x'_{k-1}, x'_k	n_k	$\bar{x}_k$	h_k	b_k	$\dfrac{d_k}{\left(\frac{1}{100}\right)}$	H_k	
1	0 - 50	100	30	0,10	50	0,200	0,10	z. B.
2	50 - 100	200	80	0,20	50	0,400	0,30	
3	100 - 200	400	140	0,40	100	0,400	0,70	
4	200 - 300	250	230	0,25	100	0,250	0,95	
5	300 - 500	50	360	0,05	200	0,025	1,00	
Σ		n = 1000		1,00				

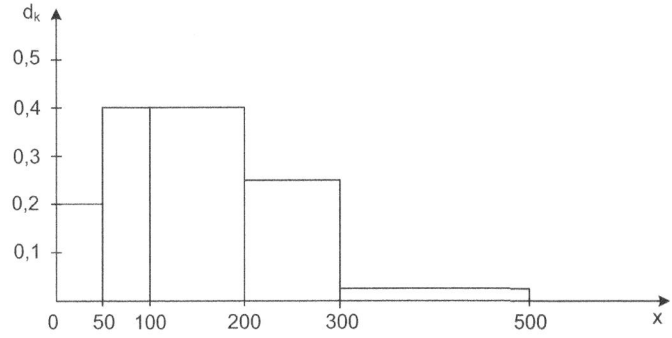

Histogramm

b) • $H(x) = H_{k-1} + \dfrac{x - x'_{k-1}}{b_k} h_k$ mit x = 250 fällt in die 4. Klasse (k = 4)

$$H(250) = H_3 + \frac{250 - x'_3}{b_4} \cdot h_4 = 0{,}70 + \frac{250 - 200}{100} \cdot 0{,}25 = 0{,}70 + 0{,}125 = \underline{0{,}825} (\equiv 82{,}5\%)$$

• $R(x) = 1 - H(x)$ mit x = 150 fällt in die 3. Klasse (k = 3)

$$H(150) = H_2 + \frac{150 - x'_2}{b_3} \cdot h_3 = 0{,}30 + \frac{150 - 100}{100} \cdot 0{,}40 = 0{,}30 + 0{,}5 \cdot 0{,}40 = 0{,}500 (\equiv 50\%)$$

$R(150) = 1 - H(150) = 1 - 0{,}500 = 0{,}500 (\equiv 50\%)$

c) Hier haben die Klassen 2 und 3 mit $d_2 = 0{,}400$ und $d_3 = 0{,}400$ die maximale Häufigkeitsdichte, so dass eine bimodale Verteilung vorliegt. Die Modalwerte der bimodalen Verteilung lauten:

$D = m_{k*}$ mit $d_{k*} = \max_k \{d_k\}$ und $m_k = \dfrac{1}{2}(x'_{k-1} + x'_k)$, k=1,2,...,p

$k^* = 2$ und 3, da $d_{k*} = \max_k \{d_k\} = d_2 = 0{,}400$ und $d_3 = 0{,}400$

$$D = m_2 = \frac{1}{2}(x'_1 + x'_2) = \frac{1}{2}(50 + 100) = \underline{75}$$

$$D = m_3 = \frac{1}{2}(x'_2 + x'_3) = \frac{1}{2}(100 + 200) = \underline{150}$$

d) • Arithmetisches Mittel:

$$\overline{x} = \sum_{k=1}^{5} \overline{x}_k \cdot h_k = 30 \cdot 0{,}10 + 80 \cdot 0{,}20 + 140 \cdot 0{,}40 + 230 \cdot 0{,}25 + 360 \cdot 0{,}05$$
$$= 3{,}0 + 16{,}0 + 56{,}0 + 57{,}5 + 18{,}0 = \underline{150{,}5}$$

• Median: $\widetilde{x} = x'_{k*-1} + \dfrac{0{,}5 - H_{k*-1}}{h_{k*}} \cdot b_{k*}$ k =3, hier 50%-Marke von H_k durchlaufen

$$\widetilde{x} = x_2' + \frac{0.5 - H_2}{h_3} b_3 = 100 + \frac{0.5 - 0.3}{0.4} \cdot 100 = 100 + 0.5 \cdot 100 = \underline{150}$$

e) $s_{ext}^2 = \sum_{k=1}^{5} (\overline{x}_k - \overline{x})^2 \cdot h_k$

$$= (30 - 150.5)^2 \cdot 0.1 + (80 - 1505,)^2 \cdot 0.2 + (140 - 150.5)^2 \cdot 0.40$$
$$+ (230 - 150.5)^2 \cdot 0.25 + (360 - 150.5)^2 \cdot 0.05$$

$$= 1452.025 + 994.05 + 44.1 + 1580.0625 + 2194.5125 = \underline{6264.75}$$

Aufgabe 27

a)

k	x_{k-1}', x_k'	h_k	b_k	d_k	H_k
1	0 – 10	0,40	10	0,040	0,40
2	10 – 25	0,40	15	0,027	0,80
3	25 – 50	0,15	25	0,006	0,95
4	50 – 100	0,05	50	0,001	1,00
$\sum$		1			

z. B. $d_k = \frac{h_k}{b_k}$, $d_1 = \frac{h_1}{b_1} = \frac{0.40}{10} = 0.040$

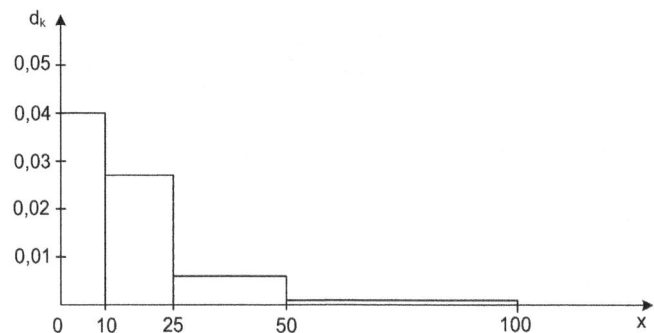

Histogramm

b) $H(x) = H_{k-1} + \frac{x - x_{k-1}'}{b_k} h_k$ mit x = 30 fällt in die 3. Klasse (k = 3)

$$H(30) = H_2 + \frac{30 - x_2'}{b_3} \cdot h_3 = 0.80 + \frac{30 - 25}{25} \cdot 0.15 = 0.80 + 0.2 \cdot 0.15 = 0.83$$

R(30) = 1 – H(30) = 1 – 0,83 = 0,17

94

c) • Arithmetisches Mittel: $\bar{x}_m = \sum_{k=1}^{p} m_k \cdot h_k$ mit $m_k = \frac{1}{2}\left(x'_{k-1} + x'_k\right)$

$$\bar{x}_m = \sum_{k=1}^{4} m_k \cdot h_k = 5 \cdot 0,40 + 17,5 \cdot 0,40 + 37,5 \cdot 0,15 + 75 \cdot 0,05 = \underline{18,375}$$

• Median: $\tilde{x} = x'_{k*-1} + \dfrac{0,5 - H_{k*-1}}{h_{k*}} \cdot b_{k*}$

$k^* = 2$, da die 50%-Marke von H_k in der 2. Klasse durchlaufen wird

$$\tilde{x} = x'_1 + \frac{0,5 - H_1}{h_2} \cdot b_2 = 10 + \frac{0,5 - 0,40}{0,40} \cdot 15 = 10 + 0,25 \cdot 15 = \underline{13,75}$$

d) $s_m^2 = \sum_{k=1}^{p}\left(m_k - \bar{x}_m\right)^2 \cdot h_k$

$$= (5 - 18,375)^2 \cdot 0,40 + (17,5 - 18,375)^2 \cdot 0,40 + (37,5 - 18,375)^2 \cdot 0,15$$

$$+ (75 - 18,375)^2 \cdot 0,05$$

$$= 178,8906 \cdot 0,40 + 0,7656 \cdot 0,40 + 365,7656 \cdot 0,15 + 3206,3906 \cdot 0,05$$

$$= \underline{287,05}$$

Aufgabe 28

a) Das betrachtete Merkmal ist in Form einer

      ☒ Entsprechungszahl   ☒ Beziehungszahl

b)

k	x'_{k-1}, x'_k	n_k	h_k	b_k	d_k
1	25 – 50	6	0,462	25	0,018
2	50 – 75	2	0,154	25	0,006
3	75 - 100	3	0,231	25	0,009
4	100 - 150	2	0,154	50	0,003
Σ		$n = 13$	1,000		

z. B.

$$d_1 = \frac{h_1}{b_1} = \frac{0,462}{25} = 0,018$$

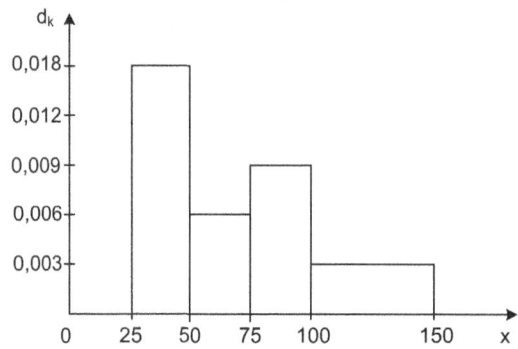

Histogramm

c) • Median: $\tilde{x} = x_{((n+1)/2)}$ mit $n = 13$ (ungerade)

$\tilde{x} = x_{((13+1)/2)} = x_{(7)} = 59$

• Quartilsabstand: $Q = \tilde{x}_{0,75} - \tilde{x}_{0,25} = 80 - 32 = 48$ mit $\tilde{x}_p = x_{(g+1)}$

1. Quartil: $\tilde{x}_{0,25} = x_{(3+1)} = x_{(4)} = 32$ mit $n \cdot p = 13 \cdot 0,25 = 3,25 \rightarrow g = 3$

3. Quartil: $\tilde{x}_{0,75} = x_{(9+1)} = x_{(10)} = 80$ mit $n \cdot p = 13 \cdot 0,75 = 9,75 \rightarrow g = 9$

d) • Arithmetisches Mittel: $\bar{x} = \dfrac{1}{n} \sum\limits_{i=1}^{n} x_i = \dfrac{819}{13} = \underline{63,0}$

• Varianz: $s^2 = \dfrac{1}{n} \sum\limits_{i=1}^{n} x_i^2 - \bar{x}^2 = \dfrac{65103}{13} - 63,0^2 = 5007,9 - 3969 = \underline{1038,9}$

Aufgabe 29

a) Merkmal: Schraubendurchmesser
 quantitativ, stetig, manifest, nicht-häufbar, metrische Skala
 (Verhältnisskala)

b)

k	x'_{k-1}, x'_k	n_k	h_k	b_k	d_k	H_k
1	30 – 45	30	0,15	15	0,1	0,15
2	45 – 55	90	0,45	10	0,45	0,60
3	55 – 65	60	0,3	10	0,3	0,90
4	65 – 80	20	0,1	15	0,067	1,00
$\sum$		$n = 200$	1			

z. B. $h_k = \dfrac{n_k}{n}, k = 1,2,...,p$, $h_1 = \dfrac{n_1}{n} = \dfrac{30}{200} = 0,15$

z. B. $d_k = \dfrac{h_k}{b_k}$, $d_1 = \dfrac{h_1}{b_1} = \dfrac{0,15}{15} = 0,10$

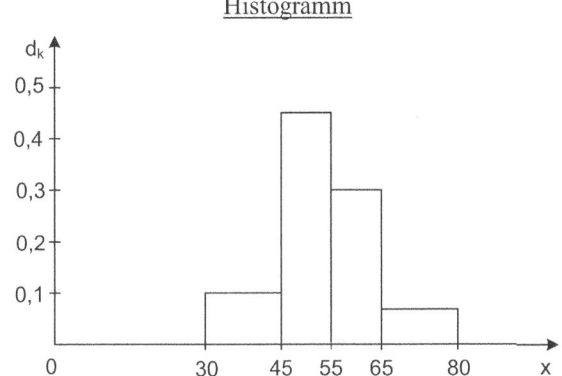

Histogramm

c) • bis zu 50,62mm: $H(x) = H_{k-1} + \dfrac{x - x'_{k-1}}{b_k} h_k$ x = 50,62 fällt in 3. Klasse (k = 3)

$$H(50,62) = H_2 + \frac{50,62 - x'_2}{b_3} \cdot h_3 = 0,60 + \frac{50,62 - 50,55}{0,10} \cdot 0,30 = 0,60 + 0,7 \cdot 0,3 = \underline{0,81}$$

• über 50,48mm: R(x) = 1 – H(x) mit x = 50,48 fällt in die 2. Klasse (k = 2)

$$R(50,48) = 1 - H(50,48) = 1 - 0,285 = \underline{0,715}$$

$$H(50,48) = H_1 + \frac{50,48 - x'_1}{b_2} \cdot h_2 = 0,15 + \frac{50,48 - 50,45}{0,10} \cdot 0,45 = 0,15 + 0,3 \cdot 0,45 = 0,285$$

d) • Modus: $D = m_{k*}$ mit $d_{k*} = \max\limits_{k} \{d_k\}$ und $m_k = \dfrac{1}{2}(x'_{k-1} + x'_k)$, k=1,2,…,p

$$D = m_2 = \frac{1}{2}(x'_1 + x'_2) = \frac{1}{2}(45 + 55) = \underline{50} \text{ mit } d_{k*} = \max\limits_{k} \{d_k\} = d_2 = 0,45$$

Die häufigste Abweichung der Schraubendurchmesser von 50mm beträgt 50µm.

• Median: $\widetilde{x} = x'_{k*-1} + \dfrac{0,5 - H_{k*-1}}{h_{k*}} \cdot b_{k*}$

$k^* = 2$, da hier die 50%-Marke von H_k in der 2. Klasse durchlaufen wird

$$\widetilde{x} = x'_1 + \frac{0,5 - H_1}{h_2} \cdot b_2 = 45 + \frac{0,5 - 0,15}{0,45} \cdot 10 = 45 + 0,7778 \cdot 10 = 45 + 7,778 = \underline{52,778}$$

50% der Schrauben haben eine Abweichung des Schraubendurchmessers von 50mm, die kleiner als 52,78µm ist und 50% eine Abweichung, die größer als 52,78µm ist.

• Arithmetisches Mittel: $\overline{x}_m = \sum_{k=1}^{p} m_k \cdot h_k$ mit $m_k = \frac{1}{2}\left(x'_{k-1} + x'_k\right)$

$\overline{x}_m = 37{,}5 \cdot 0{,}15 + 50 \cdot 0{,}45 + 60 \cdot 0{,}30 + 72{,}5 \cdot 0{,}10 = 5{,}625 + 22{,}5 + 18 + 7{,}25 = \underline{53{,}375}$

Mittelt man alle Abweichungen des Schraubendurchmessers von 50mm, so erhält man eine Abweichung von 53,375μm.

e) $s_m^2 = \sum_{k=1}^{p}\left(m_k - \overline{x}_m\right)^2 \cdot h_k$

$= (37{,}5 - 53{,}375)^2 \cdot 0{,}15 + (50 - 53{,}375)^2 \cdot 0{,}45 + (60 - 53{,}375)^2 \cdot 0{,}30$

$\quad + (72{,}5 - 53{,}375)^2 \cdot 0{,}10$

$= 252{,}0156 \cdot 0{,}15 + 11{,}3906 \cdot 0{,}45 + 43{,}8906 \cdot 0{,}30 + 365{,}7656 \cdot 0{,}10 = 92{,}67185$

$s_m = \sqrt{s_m^2} = \sqrt{92{,}67185} = \underline{9{,}627}\,[\mu m]$

Aufgabe 30

a) Das Merkmal Verwendungsdauer ist

☒ stetig   ☒ quantitativ   ☒ manifest

b)

k	x'_{k-1}, x'_k	n_k	h_k	b_k	d_k	H_k
1	0 - 2	134	0,179	2	0,090	0,179
2	2 - 3	116	0,155	1	0,155	0,334
3	3 - 4	198	0,265	1	0,265	0,599
4	4 - 6	208	0,278	2	0,139	0,877
5	6 - 8	92	0,123	2	0,062	1,000
$\sum$		n = 748	1			

z. B.

$h_1 = \dfrac{n_1}{n} = \dfrac{134}{748} = 0{,}179$

$d_1 = \dfrac{h_1}{b_1} = \dfrac{0{,}179}{2} = 0{,}090$

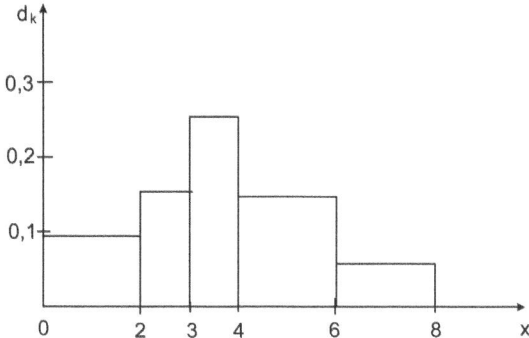

Histogramm

c) • nach 3 Jahren und 9 Monaten (= 3,75 Jahre) in Gebrauch

$$H(x)= H_{k-1} + \frac{x - x'_{k-1}}{b_k} h_k \text{ mit } x = 3,75 \rightarrow \text{ in 3. Klasse } (k = 3)$$

$$H(3,75) = H_2 + \frac{3,75 - x'_2}{b_3} \cdot h_3 = 0,334 + \frac{3,75 - 3}{1} \cdot 0,265 = 0,334 + 0,199 = 0,533$$

$R(x) = 1 - H(x) \Rightarrow R(3,75) = 1 - H(3,75) = 1 - 0,533 = 0,467$

• nach 4 Jahren und 3 Monaten (= 4,25 Jahre) ausgesondert:

$x = 4,25 \rightarrow$ in 4. Klasse (k = 4)

$$H(4,25) = H_3 + \frac{4,25 - x'_3}{b_4} \cdot h_4 = 0,599 + \frac{4,25 - 4}{2} \cdot 0,278 = 0,599 + 0,035 = \underline{0,634}$$

d) • durchschnittliche Verwendungsdauer (approximatives Gesamtmittel)

$$\overline{x}_m = \sum_{k=1}^{p} m_k \cdot h_k \text{ mit } m_k = \frac{1}{2}\left(x'_{k-1} + x'_k\right)$$

$\overline{x}_m = 1 \cdot 0,179 + 2,5 \cdot 0,155 + 3,5 \cdot 0,265 + 5 \cdot 0,278 + 7 \cdot 0,123$

$\quad = 0,179 + 0,3875 + 0,9275 + 1,39 + 0,861 = 3,745$ [Jahre]

• typische Verweildauer (Modus)

$D = m_{k*}$ mit $d_{k*} = \max_{k} \{d_k\}$ und $m_k = \frac{1}{2}\left(x'_{k-1} + x'_k\right)$, k=1,2,...,p

$k^* = 3$, da $d_{k*} = \max_{k} \{d_k\} = d_3 = 0,265$

$D = m_3 = \frac{1}{2}\left(x'_2 + x'_3\right) = \frac{1}{2}(3 + 4) = \underline{3,5}$ [Jahre]

e) $Q = \tilde{x}_{0,75} - \tilde{x}_{0,25} = 5{,}086 - 2{,}458 = 2{,}628$ mit $\tilde{x}_p = \left\{ x'_{k*-1} + \dfrac{p - H_{k*-1}}{h_{k*}} \cdot b_{k*} \right.$

1. Quartil: $p = 0{,}25 \rightarrow$ fällt in die 2. Klasse ($k^* = 2$)

$$\tilde{x}_{0,25} = x'_1 + \frac{0{,}25 - H_1}{h_2} \cdot b_2 = 2 + \frac{0{,}25 - 0{,}179}{0{,}155} \cdot 1 = 2 + 0{,}458 = 2{,}458$$

3. Quartil: $p = 0{,}75 \rightarrow$ fällt in die 4. Klasse ($k^* = 4$)

$$\tilde{x}_{0,75} = x'_3 + \frac{0{,}75 - H_3}{h_4} \cdot b_4 = 4 + \frac{0{,}75 - 0{,}599}{0{,}278} \cdot 2 = 4 + 1{,}086 = 5{,}086$$

Aufgabe 31

a) Das hier betrachtete Merkmal heißt

  x 1. Zahl der Wohnräume,

  und es ist

  x 3. diskret x 6. quantitativ

  x 7. absolutskaliert x 8. metrisch skaliert.

b) Rel. Häufigkeiten: $h_k = \dfrac{n_k}{n}$, $\quad h_3 = \dfrac{n_3}{n} = \dfrac{72}{200} = \underline{0{,}36}$; $h_4 = \dfrac{n_4}{n} = \dfrac{55}{200} = \underline{0{,}275}$

Häufigkeitsdichte: $d_k = \dfrac{h_k}{b_k}$, $\quad d_3 = \dfrac{h_3}{b_3} = \dfrac{0{,}36}{2} = \underline{0{,}180}$; $d_4 = \dfrac{h_4}{b_4} = \dfrac{0{,}275}{4} = \underline{0{,}069}$

c) $Q = \tilde{x}_{0,75} - \tilde{x}_{0,25}$ mit $\tilde{x}_p = \begin{cases} x_{(g+1)}, & \text{falls } n \cdot p \text{ nicht ganzzahlig} \\ \dfrac{1}{2} \cdot \left(x_{(g)} + x_{(g+1)} \right), & \text{falls } n \cdot p \text{ ganzzahlig} \end{cases}$

[1 – 4 Wohnräume: 28 + 45 + 72 = 145]
[6 – 8 Wohnräume: 30 → 5 Wohnräume: 25, d.h. 170 Wohnungen mit 1 – 5 Wohnr.]

1. Quartil: $\tilde{x}_{0,25} = \dfrac{1}{2} \cdot \left(x_{(50)} + x_{(51)} \right) = \dfrac{1}{2} \cdot (2 + 2) = 2$; $n \cdot p = 200 \cdot 0{,}25 = 50 \rightarrow g = 50$

3. Quartil: $\tilde{x}_{0,75} = \dfrac{1}{2} \cdot \left(x_{(150)} + x_{(151)} \right) = \dfrac{1}{2} \cdot (5 + 5) = 5$; $n \cdot p = 200 \cdot 0{,}75 = 150 \rightarrow g = 150$

$Q = 5 - 2 = 3$

d) arithmetisches Mittel: $\overline{x}_m = \dfrac{1}{n} \sum_{k=1}^{p} m_k \cdot n_k$ mit $m_k = \dfrac{1}{2} \left(x'_{k-1} + x'_k \right)$

$$\overline{x}_m = \frac{1}{200} \cdot (1 \cdot 28 + 2 \cdot 45 + 3,5 \cdot 72 + 6,5 \cdot 5,5) = \frac{1}{200} \cdot (28 + 900 + 252 + 357,5)$$

$$= \frac{1}{200} \cdot 727,5 = \underline{3,6375}$$

e) approximative Varianz: $s_m^2 = \frac{1}{n} \sum\limits_{k=1}^{p} \left(m_k - \overline{x}_m\right)^2 \cdot n_k$

$$s_m^2 = \frac{1}{200} \cdot \left[(1-3,6)^2 \cdot 28 + (2-3,6)^2 \cdot 45 + (3,5-3,6)^2 \cdot 72 + (6,5-3,6)^2 \cdot 5,5 \right]$$

$$= \frac{1}{200} (6,76 \cdot 28 + 2,56 \cdot 45 + 0,01 \cdot 72 + 8,41 \cdot 55)$$

$$= \frac{1}{200} (189,28 + 115,2 + 0,72 + 462,55) = \frac{1}{200} 767,75 = 3,83875$$

Standardabweichung : $s_m = \sqrt{s_m^2} = \sqrt{3,83875} = \underline{1,96}$

f)   x 1. (0; 0), (1; 0,140), (2; 0,365); (4; 0,725), (8; 1)
               x 3. (0,5; 0), (1,5; 0,140), (2,5; 0,365); (4,5; 0,725), (8,5; 1)

$H_1 = 0,14$; $H_2 = 0,365$; $H_3 = 0,725$; $H_4 = 1$

Aufgabe 32

a)

k	1	2	3	4	5
N_k	2.251	4.750	6.197	7.228	7.901
H_k	0,285	0,578	0,784	0,915	1,000

mit $N_k = N_{k-1} + n_k$ und $H_k = H_{k-1} + h_k$

Empirische Verteilungsfunktion:

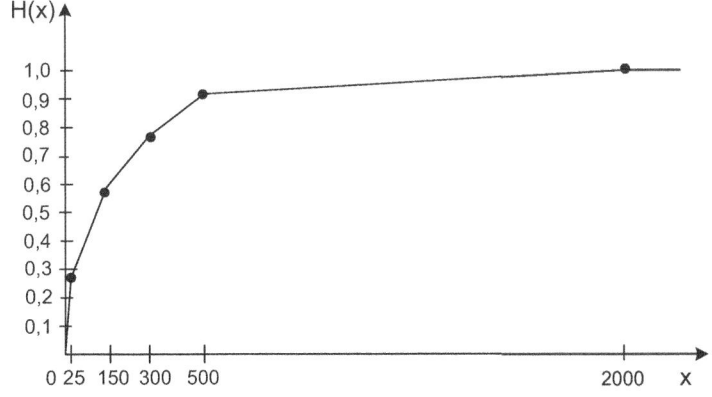

b) $R(x) = 1 - H(x)$ mit $H(x) = H_{k-1} + \dfrac{x - x'_{k-1}}{b_k} h_k$

$x = 100.000$ fällt in die 2. Klasse $(k = 2)$

$$H(100000) = H_1 + \frac{100000 - x'_1}{b_2} \cdot h_2 = 0{,}285 + \frac{100000 - 25000}{125000} \cdot 0{,}294$$

$$= 0{,}285 + 0{,}6 \cdot 0{,}294 = 0{,}461$$

$R(100000) = 1 - H(100000) = 1 - 0{,}461 = \underline{0{,}539}$

c) Arithmetisches Mittel: $\overline{x}_m = \displaystyle\sum_{k=1}^{p} m_k \cdot h_k$ mit $m_k = \dfrac{1}{2}\left(x'_{k-1} + x'_k\right)$

$\overline{x}_m = 12500 \cdot 0{,}285 + 87500 \cdot 0{,}294 + 225000 \cdot 0{,}206 + 400000 \cdot 0{,}130$

$\qquad + 1250000 \cdot 0{,}085 = 234.270 \; [\text{€}]$

d) Ersatzwerteigenschaft: Gleichmäßige Aufteilung der gesamten Erbschaftssumme S, $S = n \cdot \overline{x} = 7.901 \cdot 234.270 = 1.850.967.270$ (in 1.000 €), auf die 7.901 (in 1.000) Erbschaftsfälle erfolgt über das arithmetische Mittel $\overline{x} = 234.270$ (in €).

e) 90% - Quantil der Erbschaften: $\tilde{x}_{0,90}$ liegt in der 4. Klasse, da $H_4 > 0{,}90$ $(k = 4)$

$$\tilde{x}_p = \left\{ x'_{k^*-1} + \frac{p - H_{k^*-1}}{h_{k^*}} \cdot b_{k^*} \right.$$

$$\tilde{x}_{0,90} = x'_3 + \frac{0{,}90 - H_3}{h_4} \cdot b_4 = 300000 + \frac{0{,}90 - 0{,}785}{0{,}130} \cdot 200000$$

$$= 300000 + 176920 = \underline{476920}$$

Aufgabe 33

a)

k	x'_{k-1}, x'_k	h_k	b_k	$d_k\left(\dfrac{1}{100}\right)$	H_k
1	0 - 400	0,07	400	0,018	0,07
2	400 - 600	0,36	200	0,180	0,43
3	600 - 800	0,34	200	0,170	0,77
4	800 - 1000	0,15	200	0,075	0,92
5	1000 - 1500	0,08	500	0,016	1,00
Σ		1,00			

z. B.

$d_k = \dfrac{h_k}{b_k},$

$d_1 = \dfrac{h_1}{b_1} = \dfrac{0{,}07}{400} = 0{,}00018$

102

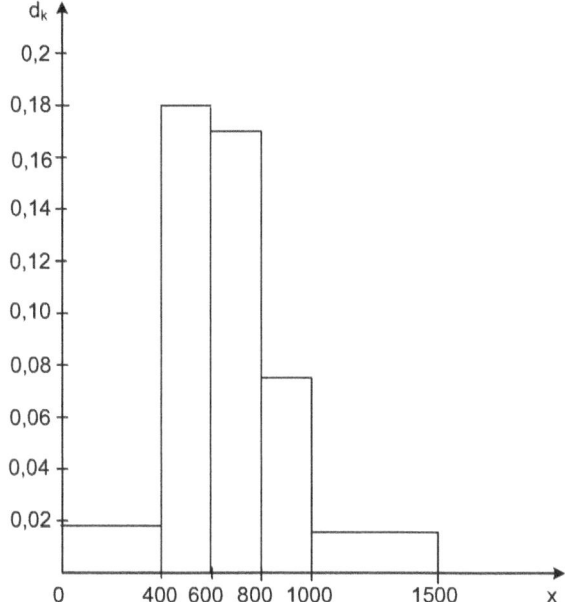

Histogramm

b) $R(x) = 1 - H(x)$ mit $H(x) = H_{k-1} + \dfrac{x - x'_{k-1}}{b_k} h_k$

$x = 620$ fällt in die 3. Klasse $(k = 3)$

$$H(620) = H_2 + \frac{620 - x'_2}{b_3} \cdot h_3 = 0{,}43 + \frac{620 - 600}{200} \cdot 0{,}34 = 0{,}43 + 0{,}1 \cdot 0{,}34 = 0{,}464$$

$R(620) = 1 - H(620) = 1 - 0{,}464 = 0{,}536$

c) $\widetilde{x} = x'_{k^*-1} + \dfrac{0{,}5 - H_{k^*-1}}{h_{k^*}} \cdot b_{k^*}$, $k^* = 3$, da 50%-Marke von H_k in 3. Klasse
durchlaufen

$$\widetilde{x} = x'_2 + \frac{0{,}5 - H_2}{h_3} b_3 = 600 + \frac{0{,}5 - 0{,}43}{0{,}34} \cdot 200 = 600 + \frac{0{,}07}{0{,}34} \cdot 200 = 600 + 41 = \underline{\underline{641}}$$

Der Median von 641 € gibt an, dass das monatliche Budget der Hälfte der Studenten 641 € und weniger und der anderen Hälfte 641 € und mehr beträgt.

d) $D = m_{k^*}$ mit $d_{k^*} = \max_k \{d_k\}$ und $m_k = \frac{1}{2}(x'_{k-1} + x'_k)$, $k=1,2,\ldots,p$

$k^* = 2$, da $d_{k^*} = \max_k \{d_k\} = d_2 = 0{,}180$

$$D = m_2 = \frac{1}{2}(x'_1 + x'_2) = \frac{1}{2}(400 + 600) = \underline{500}$$

Der Modalwert nimmt hier als Mitte der Klasse mit der maximalen Häufigkeitsdichte (2. Klasse) den Wert 500 € an. Die Häufigkeitsdichte der dritten Klasse liegt mit 0,170 jedoch nur knapp unter derjenigen der zweiten Klasse ($d_3 = 0{,}180$), so dass der Wert 500 € nicht unbedingt als typischer Wert interpretiert werden kann.

Aufgabe 34

a)

k	x'_{k-1}, x'_k	n_k	h_k	b_k	$d_k\left(\frac{1}{100}\right)$	
1	0 – 100	12	0,150	100	0,150	z. B.
2	100 – 250	26	0,325	150	0,217	
3	250 – 500	14	0,175	250	0,070	$h_1 = \dfrac{n_1}{n} = \dfrac{12}{80} = 0{,}150$
4	500 – 1000	16	0,200	500	0,040	
5	1000 – 2000	12	0,150	1000	0,015	$d_1 = \dfrac{h_1}{b_1} = \dfrac{0{,}150}{100} = 0{,}0015$
$\sum$		n = 80	1			

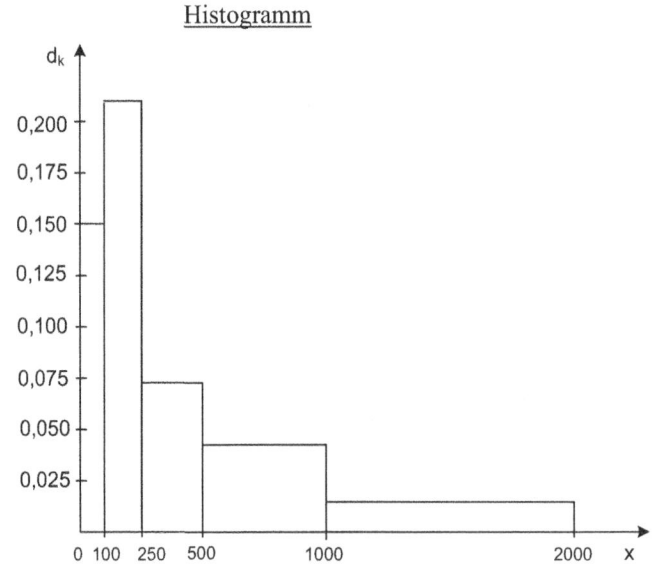

Histogramm

b)

k	1	2	3	4	5
H_k	0,150	0,475	0,650	0,850	1,000

mit $H_k = H_{k-1} + h_k$

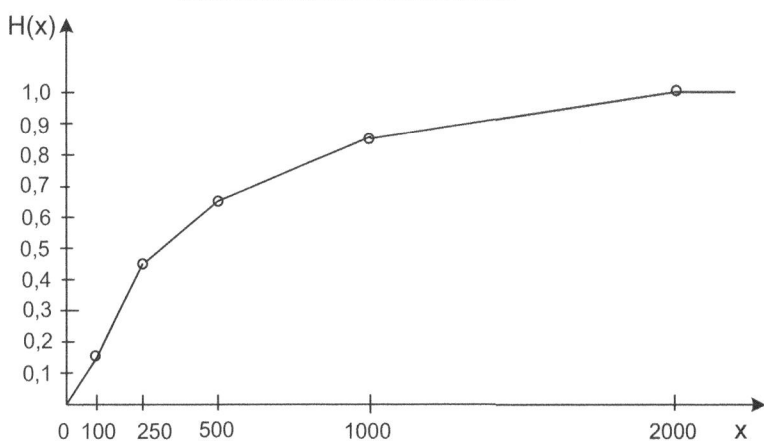

Empirische Verteilungsfunktion

c) • x = 400 fällt in die 3. Klasse (k = 3) mit $H(x) = H_{k-1} + \dfrac{x - x'_{k-1}}{b_k} h_k$

$$H(400) = H_2 + \frac{400 - x'_2}{b_3} \cdot h_3 = 0,475 + \frac{400 - 250}{250} \cdot 0,175 = \underline{0,58} \, (\equiv 58\%)$$

• x = 200 fällt in die 2. Klasse (k = 2) mit R(x) = 1 − H(x)

$$H(200) = H_1 + \frac{200 - x'_1}{b_2} \cdot h_2 = 0,150 + \frac{200 - 100}{150} \cdot 0,325 = 0,150 + 0,217 = 0,367$$

$$R(200) = 1 - H(200) = 1 - 0,367 = \underline{0,633} \, (\equiv 63,3\%)$$

d) • Modus: $D = m_{k*}$ mit $d_{k*} = \max_k \{d_k\}$ und $m_k = \dfrac{1}{2}\left(x'_{k-1} + x'_k\right)$

$k^* = 2$, da $d_{k*} = \max_k \{d_k\} = d_2 = 0,217$

$$D = m_2 = \frac{1}{2}\left(x'_1 + x'_2\right) = \frac{1}{2}(100 + 250) = \underline{175} \text{ [qm]}$$

Die typische Verkaufsfläche der Einzelhandelsunternehmen liegt bei 175 [qm].

• Median: $\tilde{x} = x'_{k*-1} + \dfrac{0,5 - H_{k*-1}}{h_{k*}} \cdot b_{k*}$

$k^* = 3$, da die 50%-Marke von H_k in der 3. Klasse durchlaufen wird

$$\tilde{x} = x'_2 + \frac{0,5 - H_2}{h_3} b_3 = 150 + \frac{0,5 - 0,475}{0,175} \cdot 250 = 250 + \frac{0,025}{0,175} \cdot 250 = \underline{285,7}$$

Die Verkaufsfläche von jeweils rund 50% der Einzelhandelsunternehmen ist kleiner bzw. größer als 285,7 [qm].

Aufgabe 35

a)

k	x'_{k-1}, x'_k	n_k	h_k	b_k	d_k
1	0 – 1	18	0,36	1	0,360
2	1 – 2,50	15	0,30	1,5	0,200
3	2,5 – 5	12	0,24	2,5	0,096
4	5 – 10	5	0,10	5	0,020
$\sum$		n = 50	1,00		

z. B. $h_k = \dfrac{n_k}{n}$, $h_1 = \dfrac{n_1}{n} = \dfrac{18}{50} = 0,36$

$d_k = \dfrac{h_k}{b_k}$, $d_1 = \dfrac{h_1}{b_1} = \dfrac{0,36}{1} = \underline{0,36}$

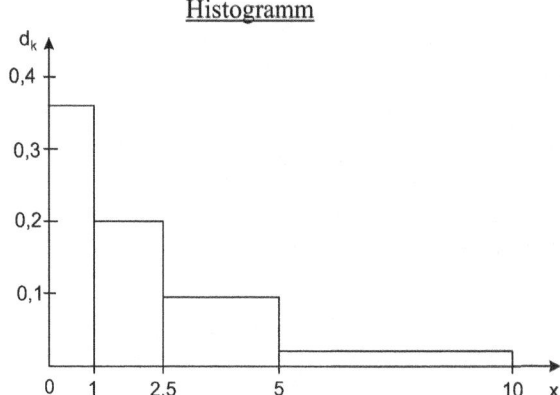

Histogramm

b) $D = m_{k*}$ mit $d_{k*} = \max_k \{d_k\}$ und $m_k = \dfrac{1}{2}\left(x'_{k-1} + x'_k\right)$, k=1,2,…,p

$k^* = 1$, da $d_{k*} = \max_k \{d_k\} = d_1 = 0,36$

$D = m_2 = \dfrac{1}{2}\left(x'_0 + x'_1\right) = \dfrac{1}{2}(0 + 1) = \underline{0,5}$

c) $R(x) = 1 - H(x)$ mit $H(x) = H_{k-1} + \dfrac{x - x'_{k-1}}{b_k} h_k$, $x = 3$ fällt in die 3. Klasse $(k = 3)$

$$H(3) = H_2 + \frac{3 - x'_2}{b_3} \cdot h_3 = 0,66 + \frac{3 - 2,5}{2,5} \cdot 0,24 = 0,66 + 0,2 \cdot 0,24 = 0,708$$

$R(3) = 1 - H(3) = 1 - 0,708 = 0,292$ $(\equiv 29,2\%)$

d) $\displaystyle \overline{x}_m = \sum_{k=1}^{p} m_k \cdot h_k$ mit $m_k = \frac{1}{2}\left(x'_{k-1} + x'_k\right)$

$\overline{x}_m = 0,5 \cdot 0,36 + 1,75 \cdot 0,30 + 3,75 \cdot 0,24 + 7,5 \cdot 0,10 = 2,355$

$$s_m^2 = \sum_{k=1}^{p}\left(m_k - \overline{x}_m\right)^2 \cdot h_k$$

$\qquad = (0,5 - 2,355)^2 \cdot 0,36 + (1,75 - 2,355)^2 \cdot 0,30$

$\qquad + (3,75 - 2,355)^2 \cdot 0,24 + (7,5 - 2,355)^2 \cdot 0,10$

$\qquad = 3,441025 \cdot 0,36 + 0,366025 \cdot 0,30 + 1,946025 \cdot 0,24 + 26,471025 \cdot 0,10$

$\qquad = 4,462725$

$s_m = \sqrt{s_m^2} = \sqrt{4,462725} = \underline{2,113}$

Aufgabe 36

a)

k	x'_{k-1}, x'_k	n_k	h_k	b_k	d_k
1	0 – 40	1476	0,096	40	0,0024
2	40 – 80	9362	0,609	40	0,0152
3	80 – 100	2705	0,176	20	0,0088
4	100 – 150	1829	0,119	50	0,0024
Σ		n = 15372	1		

z.B. $h_k = \dfrac{n_k}{n}$, $h_1 = \dfrac{n_1}{n} = \dfrac{1476}{15372} = 0,096$ und $d_k = \dfrac{h_k}{b_k}$, $d_1 = \dfrac{h_1}{b_1} = \dfrac{0,096}{40} = 0,0024$

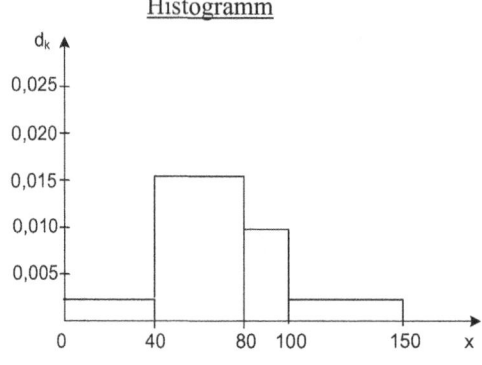

Histogramm

b)

k	1	2	3	4
H_k	0,096	0,705	0,881	1,00

Empirische Verteilungsfunktion:

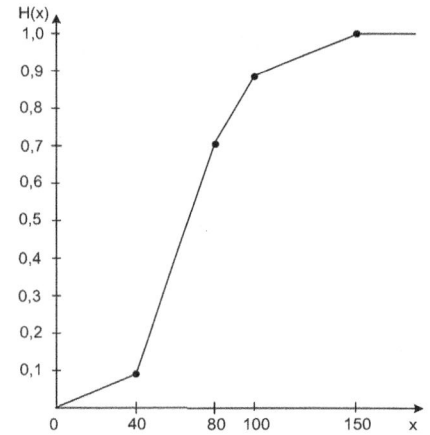

c) $Q = \tilde{x}_{0,75} - \tilde{x}_{0,25} = 85{,}1 - 50{,}1 = 35{,}0$ 　　　 mit $\tilde{x}_p = \left\{ x'_{k^*-1} + \dfrac{p - H_{k^*-1}}{h_{k^*}} \cdot b_{k^*} \right.$

1. Quartil: $p = 0{,}25 \rightarrow$ fällt in die 2. Klasse ($k^* = 2$)

$\tilde{x}_{0,25} = x'_1 + \dfrac{0{,}25 - H_1}{h_2} \cdot b_2 = 40 + \dfrac{0{,}25 - 0{,}096}{0{,}609} \cdot 40 = 40 + 0{,}253 \cdot 40 = 50{,}1$

3. Quartil: $p = 0{,}75 \rightarrow$ fällt in die 3. Klasse ($k^* = 3$)

$\tilde{x}_{0,75} = x'_2 + \dfrac{0{,}75 - H_2}{h_3} \cdot b_3 = 80 + \dfrac{0{,}75 - 0{,}705}{0{,}176} \cdot 20 = 80 + 0{,}256 \cdot 20 = 85{,}1$

d) $\overline{x}_m = \sum_{k=1}^{p} m_k \cdot h_k$ mit $m_k = \frac{1}{2}\left(x'_{k-1} + x'_k\right)$

$\overline{x}_m = 20 \cdot 0{,}096 + 60 \cdot 0{,}609 + 90 \cdot 0{,}176 + 125 \cdot 0{,}119 = 69{,}175$

$s_m^2 = \sum_{k=1}^{p}\left(m_k - \overline{x}_m\right)^2 \cdot h_k = (20 - 69{,}175)^2 \cdot 0{,}096 + (60 - 69{,}175)^2 \cdot 0{,}609$

$$+ (90 - 69{,}175)^2 \cdot 0{,}176 + (125 - 69{,}175)^2 \cdot 0{,}119$$

$$= \underline{730{,}594}$$

Aufgabe 37

a)

Merkmalssumme: $S = \sum_{i=1}^{5} x_i = 12 + 32 + 22 + 10 + 4 = 80$

geordnete Reihe (absteigender Reihenfolge):

$x^{(1)} = 32,\ x^{(2)} = 22,\ x^{(3)} = 12,\ x^{(4)} = 10,\ x^{(5)} = 4$

Berechung der Konzentrationsraten C_1, C_3 und C_5

$C_1 = \dfrac{x^{(1)}}{S} = \dfrac{32}{80} = 0{,}4 > \dfrac{1}{3}$

$C_3 = \dfrac{x^{(1)} + x^{(2)} + x^{(3)}}{S} = \dfrac{32 + 22 + 12}{80} = \dfrac{66}{80} = 0{,}825 > 0{,}5$

$C_5 = 1 > \dfrac{2}{3}$

$\rightarrow$ Vermutung einer marktbeherrschenden Stellung gegeben.

b) Konzentrationsraten: $C_1 = 0{,}4$; $C_2 = 0{,}675$; $C_3 = 0{,}825$; $C_4 = 0{,}95$; $C_5 = 1$

Konzentrationskurve und Dekonzentrationsfläche A:

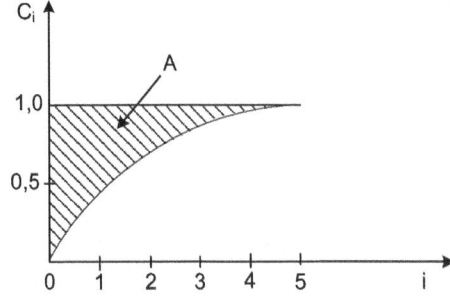

c) Merkmalsanteile:

$$c_1 = \frac{32}{80} = 0,4; \, c_2 = \frac{22}{80} = 0,275; \, c_3 = \frac{12}{80} = 0,15; \, c_4 = \frac{10}{80} = 0,125; \, c_5 = \frac{4}{80} = 0,05$$

1. Möglichkeit: Direkte Berechnung (Summe der Trapeze)

$$\sum_{i=1}^{n=5} c_i \cdot \frac{(i-1)+i}{2} = c_1 \cdot \frac{0+1}{2} + c_2 \cdot \frac{1+2}{2} + c_3 \cdot \frac{2+3}{2} + c_4 \cdot \frac{3+4}{2} + c_5 \cdot \frac{4+5}{2}$$

$$= 0,4 \cdot \frac{1}{2} + 0,275 \cdot \frac{3}{2} + 0,15 \cdot \frac{5}{2} + 0,125 \cdot \frac{7}{2} + 0,05 \cdot \frac{9}{2}$$

$$= 0,2 + 0,4125 + 0,375 + 0,4375 + 0,225 = \underline{1,65}$$

2. Möglichkeit: Indirekte Berechnung (über K_R)

i	c_i	$i \cdot c_i$
1	0,4	0,4
2	0,275	0,55
3	0,15	0,45
4	0,125	0,5
5	0,05	0,25
$\sum$		2,15

$$K_R = \frac{1}{2 \sum\limits_{i=1}^{n=5} i \cdot c_i - 1} = \frac{1}{2 \cdot 2,15 - 1} = \frac{1}{3,30} = 0,303$$

$$A = \frac{1}{2 \cdot K_R} = \frac{1}{2 \cdot 0,303} = \frac{1}{0,606} = \underline{1,65}$$

d)

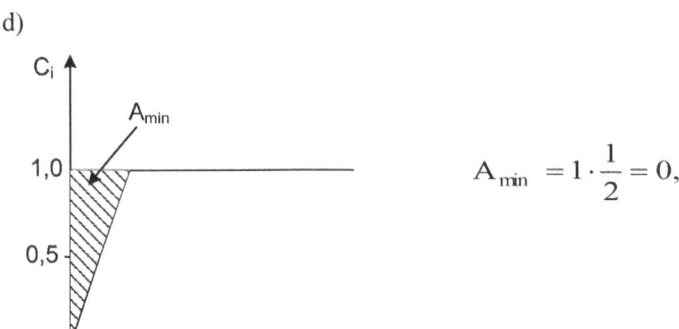

$$A_{min} = 1 \cdot \frac{1}{2} = 0,5$$

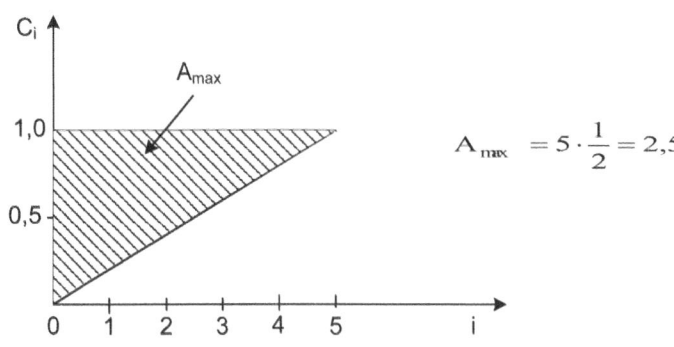

$$A_{max} = 5 \cdot \frac{1}{2} = 2,5$$

e)

$$K_H = \sum_{i=1}^{n=5} c_i^2 = 0,4^2 + 0,275^2 + 0,15^2 + 0,125^2 + 0,05^2$$

$$= 0,16 + 0,0756 + 0,0225 + 0,0144 + 0,0025 = \underline{0,275}$$

Interpretation: $K_H = 0,275 > 0,18 \rightarrow$ Markt der Triebköpfe ist hoch konzentriert.

Aufgabe 38

a) $\sum_{i=1}^{50} x_i = 46:$ Der Gesamtumsatz der Branche beträgt 46 Mrd. €

$\sum_{i=1}^{50} x_i^2 = 64:$ Die Summe der quadrierten Umsätze beläuft sich auf 64 Mrd. €

b) • Durchschnittlicher Umsatz: $\bar{x} = \dfrac{S}{n} = \dfrac{1}{50} \sum\limits_{i=1}^{50} x_i = \dfrac{1}{50} \cdot 46 = \underline{0,92}$

• Varianz (Verschiebungssatz): $s^2 = \dfrac{1}{n} \sum\limits_{i=1}^{n} x_i^2 - \bar{x}^2 = \dfrac{1}{50} \cdot 64 - 0,92^2 = \underline{0,4336}$

• Standardabweichung: $s = \sqrt{s^2} = \sqrt{0,4336} = \underline{0,66}$

c) Merkmalssumme: $S = 46$

geordnete Reihe (absteigend): $x^{(1)} = 7,\ x^{(2)} = 5,\ x^{(3)} = 4,\ x^{(4)} = 3,\ x^{(5)} = 3$

Konzentrationsraten: $C_i = \dfrac{x_i}{S}$

$C_1 = \dfrac{x_1}{S} = \dfrac{7}{46} = \underline{0,152}\ ;\ C_2 = 0,261;\ C_3 = 0,348;\ C_4 = 0,413;\ C_5 = 0,478$

Marktbeherrschende Stellung: $C_1 = 0,152 < 1/3 \quad C_3 = 0,348 < \tfrac{1}{2} \quad C_5 = 0,478 < 2/3$

Somit liegt keine marktbeherrschende Stellung vor.

d)

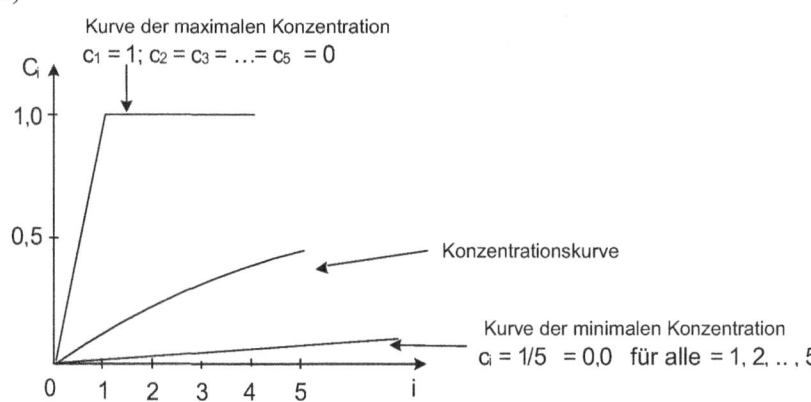

e) Die Konzentrationsraten sind

☒ Verhältniszahlen   ☒ absolute Konzentrationsmaße

☒ Anteilswerte   ☒ Gliederungszahlen

Aufgabe 39

a) Statistische Masse: Unternehmen im deutschen Lebensmittelhandel im
betrachteten Jahr

Merkmal: Umsatz
quantitativ, quasi-stetig, manifest, nicht-häufbar,

b) • Merkmalssumme: $S_6 = 32,4 + 25,9 + 22,7 + 21,1 + 16,9 + 14,4 = 133,4$

• Gesamte Merkmalssumme: $S = 133,4 \cdot \dfrac{100}{66,7} = 200$

• Konzentrationsraten: $C_i = \sum\limits_{j=1}^{i} c_j, \quad i = 1,2,3,\ldots$

$C_1 = \dfrac{32,4}{200} = 0,162; \quad C_2 = \dfrac{32,4 + 25,9}{200} = 0,292; \quad C_3 = 0,405; \quad C_4 = 0,511;$

$C_5 = 0,595; \quad C_6 = 0,667$

<u>Konzentrationskurve</u>

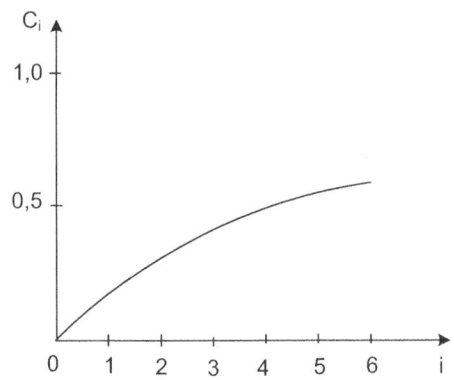

c) $K_H = \sum\limits_{i=1}^{n=6} c_i^2 = 0,162^2 + 0,1295^2 + 0,1135^2 + 0,1055^2 + 0,0845^2 + 0,0720^2 = \underline{0,079}$

Interpretation:
Da $K_H < 0,1$ ist, liegt eine schwache Konzentration auf dem Lebensmittelmarkt vor.

d) $\overline{x} = \dfrac{1}{6} \cdot S_6 = \dfrac{133,4}{6} = 22,233$

$$s^2 = \frac{1}{6}\sum_{i=1}^{6} x_i^2 - \overline{x}^2$$

$$= \frac{1}{6}(32{,}4^2 + 25{,}9^2 + 22{,}7^2 + 21{,}1^2 + 16{,}9^2 + 14{,}4^2) - 22{,}233^2 = 34{,}686$$

$$s = \sqrt{s^2} = \sqrt{34{,}686} = 5{,}889$$

$$v = \frac{s}{\overline{x}} = \frac{5{,}889}{22{,}233} = \underline{0{,}265}$$

Aufgabe 40

a) Das Merkmal ist

$\boxtimes$ manifest $\qquad$ $\boxtimes$ quasi-stetig

b) Gesamtumsatz = Umsatz 4 größte Warenhaus-Konzerne + Umsatz restliche WH
$63{,}575 = 20{,}59 + 20{,}46 + 6{,}89 + 2{,}92 = 50{,}86 + 50{,}86 \cdot 20/80 = 12{,}715$

Konzentrationsraten:

$$C_1 = \frac{x^{(1)}}{S} = \frac{20{,}59}{63{,}575} = 0{,}324; \qquad C_2 = 0{,}646; \qquad C_3 = 0{,}754; \qquad C_4 = 0{,}800$$

<u>Konzentrationskurve</u>

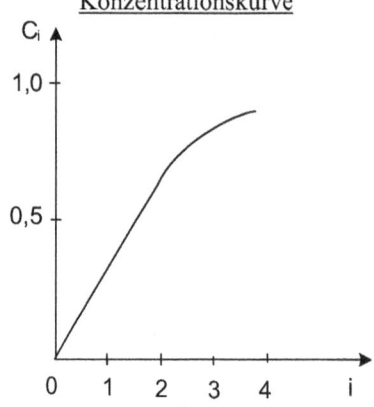

c) $K_H = \sum\limits_{i=1}^{n=4} c_i^2 = 0{,}324^2 + 0{,}322^2 + 0{,}108^2 + 0{,}046^2 = \underline{0{,}223}$

Interpretation:
$K_H = 0{,}223 > 0{,}18$ zeigt eine starke Konzentration bei den Warenhauskonzernen an.

d) Geometrisches Mittel: $w = \sqrt[4]{1{,}25} - 1 = 1{,}057 - 1 = \underline{0{,}057 (\equiv 5{,}7\%)}$

Aufgabe 41

a) Berechnungen für die Koordinaten der Lorenzkurve (H_k und Q_k)

k	Unternehmen	n_k	h_k	H_k	S_k	q_k	Q_k
1	A, D, H	3	0,375	0,375	$3 \cdot 30 = 90$	$90 / 500 = 0{,}18$	0,18
2	C, E, G	3	0,375	0,750	$3 \cdot 60 = 180$	$180 / 500 = 0{,}36$	0,54
3	B	1	0,125	0,875	100	$100 / 500 = 0{,}20$	0,74
4	F	1	0,125	1,000	130	$130 / 500 = 0{,}26$	1
$\sum$		$n = 8$	1		$S = 500$	1	

$$\text{mit } h_k = \frac{n_k}{n}; \ H_k = \sum_{j=1}^{k} h_j; \ S_k = \overline{x}_k \cdot n_k; \ S = \sum_{k=1}^{p} S_k; \ q_k = \frac{S_k}{S}; \ Q_k = \sum_{j=1}^{k} q_j$$

Lorenzkurve:

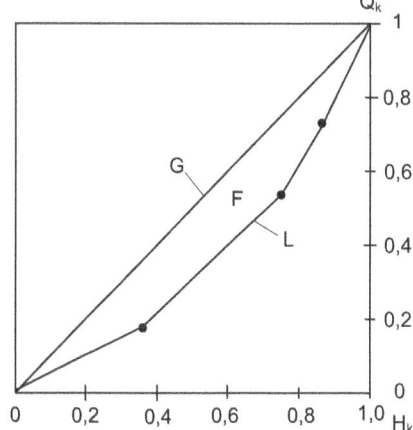

b) $R = 1 - \sum\limits_{k=1}^{4} h_k \cdot (Q_{k-1} + Q_k)$ mit $Q_0 = 0$

$R = 1 - [0{,}18 \cdot 0{,}375 + (0{,}18 + 0{,}54) \cdot 0{,}375 + (0{,}54 + 0{,}74) \cdot 0{,}125 + 1{,}74 \cdot 0{,}125]$

$= 1 - (0{,}0675 + 0{,}27 + 0{,}16 + 0{,}2175) = 1 - 0{,}715 = 0{,}285$

c) Konzentrationsraten:

$C_1 = c_1 = 0{,}26;$
$C_2 = C_1 + c_2 = 0{,}26 + 0{,}20 = 0{,}46;$
$C_3 = C_2 + c_3 = 0{,}46 + 0{,}12 = 0{,}58;$
$C_4 = C_3 + c_4 = 0{,}58 + 0{,}12 = 0{,}70;$
$C_5 = C_4 + c_5 = 0{,}70 + 0{,}12 = 0{,}82;$
$C_6 = C_5 + c_6 = 0{,}82 + 0{,}06 = 0{,}88;$
$C_7 = C_6 + c_7 = 0{,}88 + 0{,}06 = 0{,}94;$
$C_8 = 1$

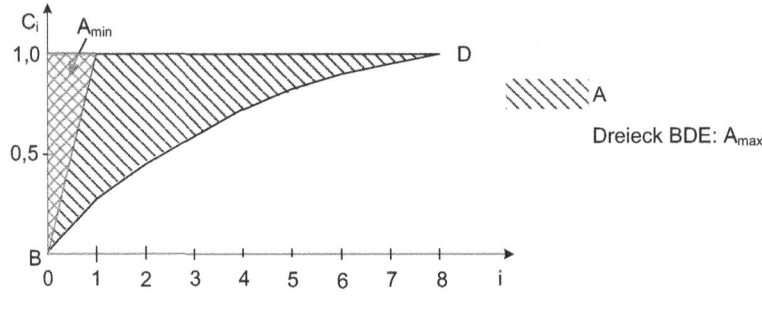

Dreieck BDE: A_{max}

e) $K_R = (2 \cdot A)^{-1} \rightarrow A = \dfrac{1}{2 \cdot K_R}$

$A_{min} = \dfrac{1}{2} \cdot 1 = 0{,}5; \quad A_{max} = \dfrac{1}{2} \cdot n = \dfrac{1}{2} \cdot 8 = 4$

i	c_i	$i \cdot c_i$
1	130/500 = 0,26	1 · 0,26 = 0,26
2	100/500 = 0,20	2 · 0,20 = 0,40
3	60/500 = 0,12	3 · 0,12 = 0,36
4	60/500 = 0,12	4 · 0,12 = 0,48
5	60/500 = 0,12	5 · 0,12 = 0,60
6	30/500 = 0,06	6 · 0,06 = 0,36
7	30/500 = 0,06	7 · 0,06 = 0,42
8	30/500 = 0,06	8 · 0,06 = 0,48
$\sum$	1	3,36

$$K_R = \dfrac{1}{2 \sum\limits_{i=1}^{8} i \cdot c_i - 1} = \dfrac{1}{2 \cdot 3{,}36 - 1} = \dfrac{1}{5{,}72} = 0{,}174825$$

$$A = \dfrac{1}{2 \cdot K_R} = \dfrac{1}{2 \cdot 0{,}174825} = \dfrac{1}{0{,}34965} = \underline{2{,}86}$$

Bei gleichmäßiger Aufteilung der Flächen [(4 – 0,5)/3 = 3,5/3 = 1,17] erhält man folgende Bereiche:

0,5   1,67   2,84   4

hohe Konz.   mittl. Konz.   niedr. Konz

Die Fläche A fällt in den Bereich der niedrigen Konzentration.

e) Preisindex nach Paasche: $P_{0t}^P = \dfrac{1}{\sum \dfrac{1}{p_{jt}/p_{j0}} \cdot g_{jt}}$ mit $g_{jt} = \dfrac{p_{jt} \cdot q_{jt}}{\sum p_{it} \cdot q_{it}}$

Ausgabensumme in der Berichtsperiode:

$\sum p_{jt} \cdot q_{jt} = 8 \cdot 18 + 5 \cdot 33 + 9 \cdot 6 = 144 + 165 + 54 = 363$

Gewichte:

$g_{1t} = 144/363 = 0{,}397;$ $g_{2t} = 165/363 = 0{,}455;$ $g_{3t} = 54/363 = 0{,}159$

$$P_{0t}^P = \frac{1}{\dfrac{6}{8} \cdot 0{,}397 + \dfrac{4}{5} \cdot 0{,}455 + \dfrac{10}{9} \cdot 0{,}149} = \frac{1}{0{,}29775 + 0{,}364 + 0{,}16556} = \frac{1}{0{,}82731} = \underline{1{,}209}$$

Bei der Verwendung der aktuellen Verbrauchsausgabenanteile haben sich die Preise der Baufahrzeuge in der Berichtsperiode t gegenüber der Basisperiode 0 um 20,9% verteuert.

Aufgabe 42

a) Merkmalssumme: $S = \sum\limits_{i=1}^{n=6} x_i = 0 + 220 + 120 + 80 + 0 + 180 = 600$

Geordnete Reihe: $x^{(1)} \geq x^{(2)} \geq \cdots \geq x^{(n)}$

$x^{(1)} = 220; x^{(2)} = 180; x^{(3)} = 120; x^{(4)} = 80; x^{(5)} = 0; x^{(6)} = 0$

Merkmalsanteile: $c_i = \dfrac{x^{(i)}}{S}$

$c_1 = \dfrac{x^{(1)}}{S} = \dfrac{220}{600} = 0{,}367; c_2 = \dfrac{x^{(2)}}{S} = \dfrac{180}{600} = 0{,}3; c_3 = \dfrac{x^{(3)}}{S} = \dfrac{120}{600} = 0{,}2;$

$c_4 = \dfrac{x^{(4)}}{S} = \dfrac{80}{600} = 0{,}133; c_5 = 0; c_6 = 0$

Konzentrationsraten: $C_i = \sum\limits_{j=1}^{i} c_j, \quad i = 1,2,3,\ldots$

$C_1 = c_1 = 0{,}367; \quad C_2 = 0{,}367 + 0{,}3 = 0{,}667; \quad C_3 = 0{,}867; \quad C_4 = 1; \quad C_5 = 1; \quad C_6 = 1$

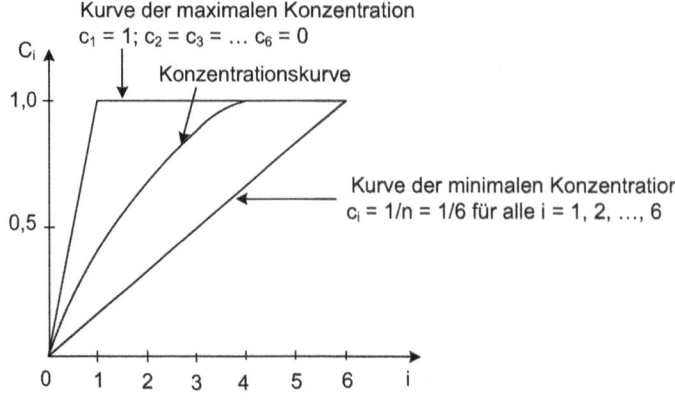

Kurve der maximalen Konzentration
$c_1 = 1; c_2 = c_3 = \dots c_6 = 0$

C_i

Konzentrationskurve

1,0

Kurve der minimalen Konzentration
$c_i = 1/n = 1/6$ für alle $i = 1, 2, \dots, 6$

0,5

0 1 2 3 4 5 6 i

b) $K_H = \sum\limits_{i=1}^{n=6} c_i^2 = 0{,}367^2 + 0{,}3^2 + 0{,}2^2 + 0{,}133^2 + 0^2 + 0^2$

$$= 0{,}1347 + 0{,}09 + 0{,}04 + 0{,}0177 + 0 + 0 = \underline{0{,}282}$$

Interpretation: $K_H = 0{,}282 > 0{,}18$ bedeutet eine hohe Konzentration des Endkapitals.

c) $\bar{x} = \dfrac{1}{6} \sum\limits_{i=1}^{6} x_i = \dfrac{1}{6} S = \dfrac{1}{6} 600 = 100$

$s^2 = \dfrac{1}{6} \sum\limits_{i=1}^{6} \left(x_i - \bar{x}\right)^2$

$= \dfrac{1}{6} \left[\begin{array}{l} (0-100)^2 + (220-100)^2 + (120-100)^2 + (80-100)^2 + (0-100)^2 \\ + (180-100)^2 \end{array} \right]$

$= \dfrac{1}{6} (10000 + 14400 + 400 + 400 + 10000 + 6400) = \dfrac{1}{6} 41600 = 6933{,}33$

$\rightarrow s = \sqrt{s^2} = \sqrt{6933{,}33} = 83{,}27$

$v = \dfrac{s}{\bar{x}} = \dfrac{83{,}27}{100} = \underline{0{,}833}$

Gleichverteilung
$v = 0, n = 6$

vorliegende Verteilung
$v = 0{,}833, n = 6$

$K_{Hl} = \dfrac{v^2 + 1}{n} = \dfrac{0^2 + 1}{6} = 0{,}167$

$K_{H2} = \dfrac{v^2 + 1}{n} = \dfrac{0{,}833^2 + 1}{6} = 0{,}282$

$K_{H2} / K_{Hl} = 0{,}282 / 0{,}167 = 1{,}689$

Im Vergleich zur Gleichverteilung erhöht sich der Herfindahl-Index um 68,9%.

118

d)

k	h_k	H_k	S_k	q_k	Q_k
1	2/6 = 1/3	2/6 = 1/3	0	0	0
2	1/6	0,5	80	80/600 = 0,133	0,133
3	1/6	2/3	120	120/600 = 0,200	0,333
4	1/6	5/6	180	180/600 = 0,300	0,667
5	1/6	1	220	220/600 = 0,367	1
$\sum$	1		S = 600	1	

mit $h_k = \dfrac{n_k}{n}$; $H_k = \sum\limits_{j=1}^{k} h_j$; $S_k = \overline{x}_k \cdot n_k$; $S = \sum\limits_{k=1}^{p} S_k$; $q_k = \dfrac{S_k}{S}$; $Q_k = \sum\limits_{j=1}^{k} q_j$

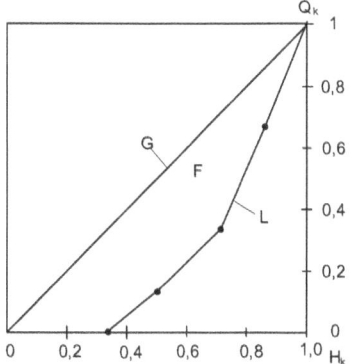

e)

k	h_k	H_k	S_k	q_k	Q_k
1	1/3	1/3	0	0	0
2	1/3	2/3	200	200/600 = 0,333	0,333
3	1/3	1	400	400/600 = 0,667	1
$\sum$	1		S = 600	1	

mit $h_k = \dfrac{n_k}{n}$; $H_k = \sum\limits_{j=1}^{k} h_j$; $S_k = \overline{x}_k \cdot n_k$; $S = \sum\limits_{k=1}^{p} S_k$; $q_k = \dfrac{S_k}{S}$; $Q_k = \sum\limits_{j=1}^{k} q_j$

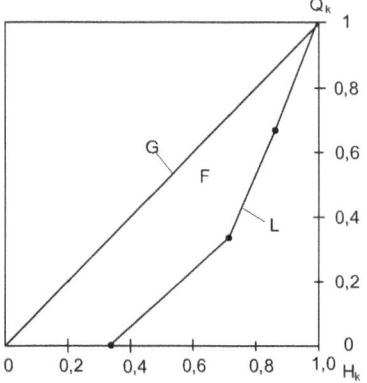

119

Aufgabe 43

a) Merkmalssumme: $S = \sum_{i=1}^{n=4} x_i = 280 + 360 + 50 + 110 = 800$

Geordnete Reihe: $x^{(1)} \geq x^{(2)} \geq \cdots \geq x^{(n)}$

$$x^{(1)} = 360;\ x^{(2)} = 280;\ x^{(3)} = 110;\ x^{(4)} = 50;$$

Merkmalsanteile: $c_i = \dfrac{x^{(i)}}{S}$ $\qquad c_1 = \dfrac{x^{(1)}}{S} = \dfrac{360}{800} = 0{,}45;\ c_2 = \dfrac{x^{(2)}}{S} = \dfrac{280}{800} = 0{,}35;$

$$c_3 = \dfrac{x^{(3)}}{S} = \dfrac{110}{800} = 0{,}1375;\ c_4 = \dfrac{x^{(4)}}{S} = \dfrac{50}{800} = 0{,}0625$$

Konzentrationsraten: $C_i = \sum_{j=1}^{i} c_j, \quad i = 1,2,3,\ldots$

$C_1 = c_1 = 0{,}45;\qquad C_2 = C_1 + c_2 = 0{,}45 + 0{,}35 = 0{,}80;\qquad C_3 = 0{,}9375;\qquad C_4 = 1;$

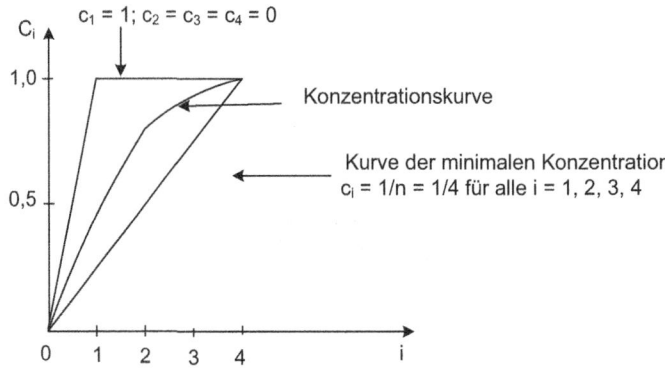

b)

$$K_H = \sum_{i=1}^{n=4} c_i^2$$

$$= 0{,}45^2 + 0{,}35^2 + 0{,}1375^2 + 0{,}0625^2 = 0{,}2025 + 0{,}1225 + 0{,}0189 + 0{,}0039 = \underline{0{,}3478}$$

Interpretation: $K_H = 0{,}3478 > 0{,}18$ bedeutet eine hohe Konzentration der Studienanfänger auf Masterstudiengänge.

c) $K_H = \dfrac{v^2 + 1}{n} \Rightarrow v^2 = n \cdot K_H - 1 \Rightarrow v = \sqrt{n \cdot K_H - 1} = \sqrt{4 \cdot 0{,}30 - 1} = \underline{0{,}447}$

Eine relative Streuung von 0,447 bedeutet, dass die Standardabweichung 44,7% des arithmetischen Mittels beträgt.

d)

k	n_k	h_k	H_k	S_k	q_k	Q_k
1	1	0,25	0,25	50	50 / 800 = 0,0625	0,0625
2	1	0,25	0,50	110	110 / 800 = 0,1375	0,2000
3	1	0,25	0,75	280	280 / 800 = 0,3500	0,5500
4	1	0,25	1,00	360	360 / 800 = 0,4500	1,0000
$\sum$	n = 4	1		S = 800		1

$$\text{mit } h_k = \frac{n_k}{n}; \quad H_k = \sum_{j=1}^{k} h_j; \quad q_k = \frac{S_k}{S}; \quad Q_k = \sum_{j=1}^{k} q_j$$

$$\text{Gini-Koeffizient: } R = 1 - \sum_{k=1}^{4} h_k \cdot (Q_{k-1} + Q_k) \quad \text{mit } Q_0 = 0$$

$$R = 1 - [0,0625 \cdot 0,25 + (0,0625 + 0,2) \cdot 0,25 + (0,2 + 0,55) \cdot 0,25 + 1,55 \cdot 0,25]$$
$$= 1 - (0,015625 + 0,065625 + 0,1875 + 0,3875) = 1 - 0,65625 = 0,344$$

e) Der Gini-Koeffizient ist ein Maß der relativen Konzentration, weil
   ☒ er nur Merkmalsanteile und relative Häufigkeiten berücksichtigt,
   ☒ er unabhängig von der Anzahl der statistischen Einheiten ist,

Aufgabe 44

a) Merkmalssumme: $S = \sum_{i=1}^{n=6} x_i = 10 + 8 + 14 + 2 + 6 + 10 = 50$

Geordnete Reihe: $x^{(1)} \geq x^{(2)} \geq \cdots \geq x^{(n)}$ $x^{(1)} = 14; \quad x^{(2)} = 10; \quad x^{(3)} = 10$

Merkmalsanteile: $c_i = \frac{x^{(i)}}{S}$ $c_1 = \frac{x^{(1)}}{S} = \frac{14}{50} = 0,28; \quad c_2 = \frac{10}{50} = 0,2; \quad c_3 = \frac{10}{50} = 0,2;$

Konzentrationsraten: $C_i = \sum_{j=1}^{i} c_j,$

$C_1 = c_1 = 0,28; \quad\quad C_2 = C_1 + c_2 = 0,28 + 0,2 = 0,48; \quad\quad C_3 = 0,68;$

b)

$$K_H = \sum_{i=1}^{n=6} c_i^2 = 0,28^2 + 0,2^2 + 0,2^2 + 0,16^2 + 0,12^2 + 0,04^2$$
$$= 0,0784 + 0,04 + 0,04 + 0,0256 + 0,0144 + 0,0016 = \underline{0,20}$$

Er zeigt eine   x 3. starke   Konzentration an.

c) $K_H^{alt} \cdot 1,1 = 0,20 \cdot 1,1 = 0,22$

$$K_H = \frac{v^2 + 1}{n} \Rightarrow v^2 = n \cdot K_H - 1 \Rightarrow v = \sqrt{n \cdot K_H - 1} = \sqrt{6 \cdot 0,22 - 1} = \underline{0,566}$$

d) x 1. erhöht sich der Herfindahl-Index,
    x 4. erhöht sich der Herfindahl-Index auf jeden Fall, wenn die beiden
        Unternehmen unterdurchschnittliche Merkmalsanteile aufweisen.

e)

k	n_k	h_k	H_k	S_k	q_k	Q_k
1	1	1/6	1/6	2	2 / 50 = 0,04	0,04
2	1	1/6	1/3	6	6 / 50 = 0,12	0,16
3	1	1/6	½	8	8 / 50 = 0,16	0,32
4	2	1/3	5/6	20	20 / 50 = 0,40	0,72
5	1	1/6	1	14	14 / 50 = 0,28	1,00
$\sum$	n = 6	1		S = 50	1	

$$\text{mit } h_k = \frac{n_k}{n}; \quad H_k = \sum_{j=1}^{k} h_j; \quad q_k = \frac{S_k}{S}; \quad Q_k = \sum_{j=1}^{k} q_j$$

Gini-Koeffizient: $R = 1 - \sum_{k=1}^{5} h_k \cdot (Q_{k-1} + Q_k)$ mit $Q_0 = 0$

$R = 1 - [0,04 \cdot 1/6 + (0,04+0,16) \cdot 1/6 + (0,16+0,32) \cdot 1/6 + (0,32+0,72) \cdot 1/3 + 1,72 \cdot 1/6]$
$\quad = 1 - (0,0067 + 0,0333 + 0,08 + 0,3467 + 0,2867) = 1 - 0,7534 = 0,247$

f) Welche der Aussagen trifft zu?
    Wenn zwei der sechs Unternehmen fusionieren,

    x 3. erhöht oder verringert sich der Gini-Koeffizient, je nachdem, ob die
        beiden Unternehmen über- oder unterdurchschnittliche Produk-
        tionswerte haben,

Aufgabe 45

a) Betriebsgröße von ... bis zu ...   Beschäftigte: (Betriebsgrößen-)Klassen

    Zahl der Betriebe: absolute Häufigkeiten

    Gesamtzahl der Beschäftigten: Merkmalssumme der Klassen

b)

k	1	2	3	4
h_k	0,236	0,510	0,163	0,091
H_k	0,236	0,746	0,909	1,000

• x = 6 fällt in die 3. Klasse (k = 3)

$$H(x) = H_{k-1} + \frac{x - x'_{k-1}}{b_k} h_k$$

$$H(6) = H_2 + \frac{6 - x'_2}{b_3} \cdot h_3 = 0,746 + \frac{6 - 4,5}{5} \cdot 0,163 = 0,746 + 0,0489 = \underline{0,795} \ (\equiv 79,5\%)$$

c)

k	h_k	H_k	S_k	q_k	Q_k
1	0,236	0,236	2.163	2.163 / 44.300 = 0,049	0,049
2	0,510	0,746	12.657	12.657 / 44.300 = 0,286	0,335
3	0,163	0,909	9.474	9.474 / 44.300 = 0,214	0,549
4	0,091	1,000	20.006	20.006 / 44.300 = 0,452	1,000
$\sum$	1		S = 44.300		1

$$\text{mit } h_k = \frac{n_k}{n}; \ H_k = \sum_{j=1}^{k} h_j; \ S = \sum_{k=1}^{p} S_k; \ q_k = \frac{S_k}{S}; \ Q_k = \sum_{j=1}^{k} q_j$$

Lorenzkurve:

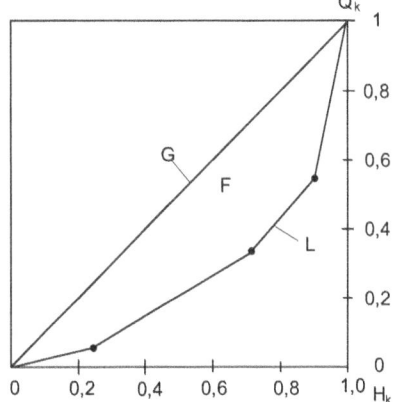

d) Steigung der Lorenzkurve: $\dfrac{q_k}{h_k}$

$$\frac{q_1}{h_1} = \frac{0,049}{0,236} = 0,208; \ \frac{q_2}{h_2} = 0,561; \ \frac{q_3}{h_3} = 0,1,313; \ \frac{q_4}{h_4} = 4,967$$

Die Steigung der Lorenzkurve könnte wegen $q_k / h_k = \overline{x}_k / \overline{x}$ in einer Klasse k nur dann den Wert 1 annehmen, wenn der Klassenmittelwert $\overline{x}_k$ mit dem Gesamtmittelwert $\overline{x}$ übereinstimmt, was hier somit nicht gegeben sein kann.

e) $R = 1 - \sum_{k=1}^{4} h_k \cdot (Q_{k-1} + Q_k)$ mit $Q_0 = 0$

$$R = 1 - [0,049 \cdot 0,236 + (0,049 + 0,335) \cdot 0,510 + (0,335 + 0,549) \cdot 0,163 + 1,549 \cdot 0,091]$$
$$= 1 - (0,012 + 0,196 + 0,144 + 0,141) = 1 - 0,493 = 0,507$$

Interpretation: Der Gini-Koeffizient liegt im mittleren Bereich [0,3; 0,7], so dass die Beschäftigtenkonzentration in der Touristik-Branche mittelstark ausgeprägt ist.

Aufgabe 46

a) Das Merkmal Gesamtvermögen ist:

☒ quasi-stetig   ☒ manifest   ☒ metrisch skaliert

b) • Arithmetisches Mittel:

$$\overline{x} = \sum_{k=1}^{5} \overline{x}_k \cdot h_k = 40 \cdot 0,46 + 150 \cdot 0,247 + 300 \cdot 0,203 + 700 \cdot 0,063 + 3000 \cdot 0,027$$

$$= 18,4 + 37,05 + 60,9 + 44,1 + 81,0 = \underline{241,45}$$

• Median:

$$\widetilde{x} = x'_{k^*-1} + \frac{0,5 - H_{k^*-1}}{h_{k^*}} \cdot b_{k^*} \quad k^* = 2, \text{ da die 50\%-Marke von } H_k \text{ in der 2. Klasse}$$

durchlaufen wird

$$H_1 = 0,460; \qquad H_2 = 0,707; \quad H_3 = 0,910; \quad H_4 = 0,973; \quad H_5 = 1$$

$$\widetilde{x} = x'_1 + \frac{0,5 - H_1}{h_2} b_2 = 100 + \frac{0,5 - 0,460}{0,247} \cdot 150 = 100 + 0,16194 \cdot 150 = \underline{124,29}$$

c)

k	h_k	H_k	$\overline{x}_k \cdot h_k$	q_k	Q_k
1	0,460	0,460	18,4	0,076	0,076
2	0,247	0,707	37,05	0,153	0,229
3	0,203	0,910	60,9	0,252	0,481
4	0,063	0,973	44,1	0,183	0,664
5	0,027	1,000	81,0	0,335	1,000
$\sum$	1,000		$\overline{x} = 241,45$	1,000	

$$\text{mit } H_k = \sum_{j=1}^{k} h_j \, ; \; q_k = \frac{\overline{x}_k \cdot h_k}{\overline{x}} \, ; \; Q_k = \sum_{j=1}^{k} q_j$$

Lorenzkurve:

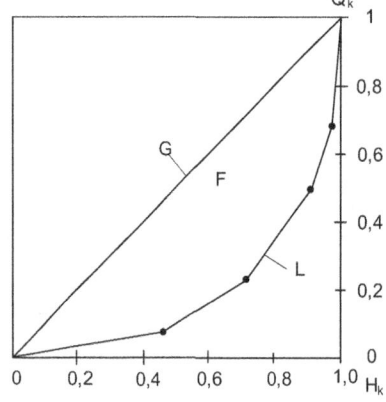

d) $R = 1 - \sum_{k=1}^{5} h_k \cdot (Q_{k-1} + Q_k)$ mit $Q_0 = 0$

$R = 1 - [0{,}076 \cdot 0{,}46 + (0{,}076 + 0{,}229) \cdot 0{,}247 + (0{,}229 + 0{,}481) \cdot 0{,}203 +$
$\qquad (0{,}481 + 0{,}664) \cdot 0{,}063 + 1{,}664 \cdot 0{,}027]$
$\quad = 1 - (0{,}00350 + 0{,}0753 + 0{,}1441 + 0{,}0721 + 0{,}0449) = 1 - 0{,}3714 = 0{,}629$

Interpretation: Der Gini-Koeffizient liegt im mittleren Bereich [0,3; 0,7], so dass die Konzentration des Gesamtvermögens mittelstark ausgeprägt ist.

Aufgabe 47

a) Merkmalssumme: $S = 120$

geord. Reihe (absteig.): $x^{(1)} = 14{,}0$, $x^{(2)} = 9{,}8$, $x^{(3)} = 9{,}1$, $x^{(4)} = 8{,}0$, $x^{(5)} = 6{,}9$

Konzentrationsraten:

$$C_1 = \frac{x^{(1)}}{S} = \frac{14{,}0}{120} = \underline{0{,}117} < \frac{1}{3}$$

$$C_3 = \frac{x^{(1)} + x^{(2)} + x^{(3)}}{S} = \frac{14{,}0 + 9{,}8 + 9{,}1}{120} = \frac{32{,}9}{120} = \underline{0{,}274} < 0{,}5$$

$$C_5 = \frac{32{,}9 + 8{,}0 + 6{,}9}{120} = \frac{47{,}8}{120} = \underline{0{,}398} < \frac{2}{3}$$

Die Vermutung eines oder mehrerer marktbeherrschender Unternehmen i. S. d. § 22 GWB trifft nicht zu, da die Konzentrationsraten unter den kritischen Werten liegen.

b) Konzentrationsraten:

$C_1 = 0{,}117$; $\quad C_2 = 0{,}198$; $\quad C_3 = 0{,}274$; $\quad C_4 = 0{,}341$; $\quad C_5 = 0{,}398$; $\quad C_6 = 0{,}455$;
$C_7 = 0{,}499$; $\quad C_8 = 0{,}543$; $\quad C_9 = 0{,}568$; $\quad C_{10} = 0{,}628$

Konzentrationskurve:

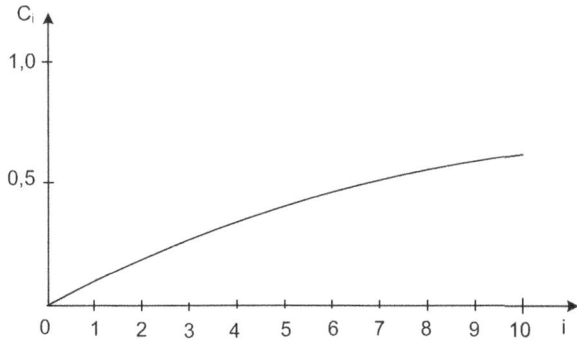

c)

$$K_H = \sum_{i=1}^{n=10} c_i^2 = 0,117^2 + 0,082^2 + 0,076^2 + 0,067^2 + 0,058^2 + 0,057^2$$
$$+ 0,044^2 + 0,043^2 + 0,043^2 + 0,042^2 = \underline{0,045}$$

$K_H = 0,045 < 0,10$ zeigt eine schwache Konzentration auf dem Lebensmittelmarkt.

d)

k	Int.	n_k	h_k	H_k	S_k	q_k	Q_k
1	0 – 5	90	0,90	0,90	44,7	0,373	0,373
2	5 – 7,5	6	0,06	0,96	34,4	0,287	0,660
3	7,5 – 10	3	0,03	0,99	26,9	0,224	0,884
4	10 und mehr	1	0,01	1,00	14,0	0,117	1,000
$\sum$		n = 100	1,00		S = 120	1,000	

mit $h_k = \dfrac{n_k}{n}$; $H_k = \sum\limits_{j=1}^{k} h_j$; $S_k = \bar{x}_k \cdot n_k$; $S = \sum\limits_{k=1}^{p} S_k$; $q_k = \dfrac{S_k}{S}$; $Q_k = \sum\limits_{j=1}^{k} q_j$

Gini-Koeffizient: $R = 1 - \sum\limits_{k=1}^{4} h_k \cdot (Q_{k\text{-}1} + Q_k)$ mit $Q_0 = 0$

$R = 1 - [0,373 \cdot 0,90 + (0,373 + 0,660) \cdot 0,06 + (0,660 + 0,884) \cdot 0,03 + 1,884 \cdot 0,01]$
$\quad = 1 - (0,336 + 0,062 + 0,046 + 0,019) = 1 - 0,463 = \underline{0,537}$

Aufgabe 48

a) • Arithmetisches Mittel: $\bar{x}_m = \dfrac{1}{n} \sum\limits_{k=1}^{3} m_k \cdot n_k$

$$= \frac{1}{152181} (3 \cdot 134463 + 27,5 \cdot 16863 + 150 \cdot 855) = \frac{1}{152181} \cdot 995371,5 = \underline{6,541}$$

• Median: $\widetilde{x} = x'_{k^*\text{-}1} + \dfrac{0,5 - H_{k^*\text{-}1}}{h_{k^*}} \cdot b_{k^*}$

$k^* = 1$, da die 50%-Marke von H_k in der 1. Klasse durchlaufen wird ($H_1 = 0,8836$)

$\widetilde{x} = x'_0 + \dfrac{0,5 - H_0}{h_1} \cdot b_1 = 1 + \dfrac{0,5 - 0}{0,8836} \cdot 4 = 1 + 2,263 = \underline{3,263}$

b)

k	h_k	H_k	$m_k \cdot n_k$	q_k	Q_k
1	0,8836	0,8836	403389	0,4053	0,4053
2	0,1108	0,9944	463732,5	0,4659	0,8712
3	0,0056	1,000	128250	0,1288	1,0000
$\sum$	1,0000		995371,5	1,0000	

mit $h_k = \dfrac{n_k}{n}$; $H_k = \sum\limits_{j=1}^{k} h_j$; $q_k = \dfrac{m_k \cdot n_k}{\sum m_j \cdot n_j} = \dfrac{m_k \cdot h_k}{\overline{x}_m}$; $Q_k = \sum\limits_{j=1}^{k} q_j$

Lorenzkurve:

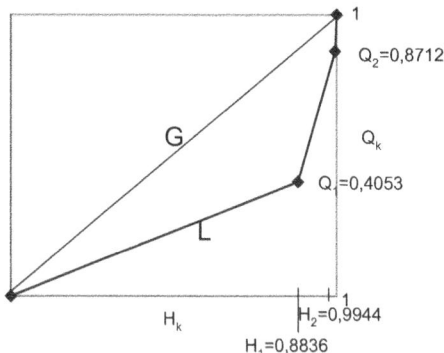

c) Steigung der Lorenzkurve: $\dfrac{Q_k - Q_{k-1}}{H_k - H_{k-1}} = \dfrac{q_k}{h_k}$

1. Klasse: $\quad \dfrac{q_1}{h_1} = \dfrac{0,4053}{0,8836} = 0,4587$ $\qquad$ 2. Klasse: $\quad \dfrac{q_2}{h_2} = \dfrac{0,4659}{0,1108} = 4,2049$

3. Klasse: $\quad \dfrac{q_3}{h_3} = \dfrac{0,1288}{0,0056} = 23,0000$

d) $R = 1 - \sum\limits_{k=1}^{3}\left(Q_{k-1} + Q_1\right)h_k$

$\quad = 1 - \left[0,4053 \cdot 0,8836 + \left(0,4053 + 0,8712\right) \cdot 0,1108 + 1,8712 \cdot 0,0056\right]$

$\quad = 1 - \left(0,3581 + 0,1414 + 0,0105\right) = 1 - 0,510 = \underline{0,490}$

Interpretation: Da R im Intervall [0,3; 0,7] liegt, ist die Konzentration der Millionärs-vermögen als mittelhoch einzustufen.

Aufgabe 49

a)

X \ Y	Preiserwartungen			$h_{j\bullet}$
	y_1	y_2	y_3	
Produktionspläne x_1	$h_{11} = 0{,}10$	$h_{12} = 0{,}05$	$h_{13} = 0{,}05$	$h_{1\bullet} = 0{,}20$
x_2	$h_{21} = 0{,}05$	$h_{22} = 0{,}30$	$h_{23} = 0{,}10$	$h_{2\bullet} = 0{,}45$
x_3	$h_{31} = 0{,}05$	$h_{32} = 0{,}10$	$h_{33} = 0{,}20$	$h_{3\bullet} = 0{,}35$
$h_{\bullet k}$	$h_{\bullet 1} = 0{,}20$	$h_{\bullet 2} = 0{,}45$	$h_{\bullet 3} = 0{,}35$	1

z. B. $h_{jk} = \dfrac{n_{jk}}{n}$, $h_{11} = \dfrac{n_{11}}{n} = \dfrac{10}{100} = 0{,}10$

z. B. $h_{j\bullet} = \sum\limits_{k=1}^{c} h_{jk}$, $h_{1\bullet} = h_{11} + h_{12} + h_{13} = 0{,}10 + 0{,}05 + 0{,}05 = 0{,}20$

z. B. $h_{\bullet k} = \sum\limits_{j=1}^{r} h_{jk}$ $h_{\bullet 1} = h_{11} + h_{21} + h_{31} = 0{,}10 + 0{,}05 + 0{,}05 = 0{,}20$

b) Bedingte Verteilungen der Preiserwartungen Y gegeben x_1 (Produktionsrückgang) und x_3 (Produktionssteigerung):

$$h(y_k \mid x_j) = \frac{h_{jk}}{h_{j\bullet}}$$

Bed.	Preiserwartungen		
	y_1	y_2	y_3
x_1	$h(y_1 \mid x_1) = \dfrac{h_{11}}{h_{1\bullet}} = \dfrac{0{,}10}{0{,}20}$ $= 0{,}500$	$h(y_2 \mid x_1) = \dfrac{h_{12}}{h_{1\bullet}} = \dfrac{0{,}05}{0{,}20}$ $= 0{,}25$	$h(y_3 \mid x_1) = \dfrac{h_{13}}{h_{1\bullet}} = \dfrac{0{,}05}{0{,}20}$ $= 0{,}25$
x_3	$h(y_1 \mid x_3) = \dfrac{h_{31}}{h_{3\bullet}} = \dfrac{0{,}05}{0{,}35}$ $= 0{,}143$	$h(y_2 \mid x_3) = \dfrac{h_{32}}{h_{3\bullet}} = \dfrac{0{,}10}{0{,}35}$ $= 0{,}286$	$h(y_3 \mid x_3) = \dfrac{h_{33}}{h_{3\bullet}} = \dfrac{0{,}20}{0{,}35}$ $= 0{,}571$

Keine statistische Unabhängigkeit zwischen den Produktionsplänen (X) und den Preiserwartungen (Y), da der Anteil der Firmen, die höhere Preise (gleich bleibender Preis, geringere Preise) erwarten, davon abhängt, ob die Firmen einen Produktionsrückgang oder eine Produktionssteigerung planen.

c) bei Unabhängigkeit zu erwartende Häufigkeit: $\widetilde{n}_{jk} = \dfrac{n_{j\bullet} \cdot n_{\bullet k}}{n}$

Y / X	Preiserwartungen			$n_{j\bullet}$
	y_1	y_2	y_3	
Prod.pläne				
x_1	$\widetilde{n}_{11} = 4$	$\widetilde{n}_{12} = 9$	$\widetilde{n}_{13} = 7$	$n_{1\bullet} = 20$
x_2	$\widetilde{n}_{21} = 9$	$\widetilde{n}_{22} = 20{,}25$	$\widetilde{n}_{23} = 15{,}75$	$n_{2\bullet} = 45$
x_3	$\widetilde{n}_{31} = 7$	$\widetilde{n}_{32} = 15{,}75$	$\widetilde{n}_{33} = 12{,}25$	$n_{3\bullet} = 35$
$n_{\bullet k}$	$n_{\bullet 1} = 20$	$n_{\bullet 2} = 45$	$n_{\bullet 3} = 35$	$n = 100$

z. B. $\widetilde{n}_{11} = \dfrac{n_{1\bullet} \cdot n_{\bullet 1}}{n} = \dfrac{20 \cdot 20}{100} = \dfrac{400}{100} = 4$ und $\widetilde{n}_{12} = \dfrac{n_{1\bullet} \cdot n_{\bullet 2}}{n} = \dfrac{20 \cdot 45}{100} = \dfrac{900}{100} = 9$

d) Kontingenzkoeffizient: $\chi^2 = \sum\limits_{k=1}^{c} \sum\limits_{j=1}^{r} \dfrac{(n_{jk} - \widetilde{n}_{jk})^2}{\widetilde{n}_{jk}}$ mit $\widetilde{n}_{jk} = \dfrac{n_{j\bullet} \cdot n_{\bullet k}}{n}$

Unnormierter Kontingenzkoeffizient: $K = \sqrt{\chi^2 / (n + \chi^2)}$

Normierter Kontingenzkoeffizient: $K^* = \dfrac{K}{K_{max}}$; $K_{max} = \sqrt{(s-1)/s}$ mit $s = \min(r, c)$

$$\chi^2 = \frac{(10-4)^2}{4} + \frac{(5-9)^2}{9} + \frac{(5-7)^2}{7} + \frac{(5-9)^2}{9} + \frac{(30-20{,}25)^2}{20{,}25} +$$

$$\frac{(10-15{,}75)^2}{15{,}75} + \frac{(5-7)^2}{7} + \frac{(10-15{,}75)^2}{15{,}75} + \frac{(20-12{,}25)^2}{12{,}25}$$

$$= 9 + 1{,}778 + 0{,}571 + 1{,}778 + 4{,}694 + 2{,}099 + 0{,}571 + 2{,}099 + 4{,}903$$

$$= 27{,}493$$

$K = \sqrt{27{,}493/(100 + 27{,}493)} = \sqrt{0{,}2156} = 0{,}464$

$K_{max} = \sqrt{2/3} = 0{,}816$ mit $s = \min(r = 3, c = 3)$

$K^* = \dfrac{0{,}464}{0{,}816} = 0{,}569$

Da K^* zwischen 0,3 und 0,7 liegt, besteht zwischen den beiden Merkmalen Produktionspläne und Preiserwartungen ein mittelstarker Zusammenhang.

e)

$$K_{max} = \sqrt{(s-1)/s} \quad \text{mit } s = \min(r = 4, c = 5) = 4$$

$$K_{max} = \sqrt{3/4} = 0{,}866$$

$$K^* = \frac{K}{K_{max}} = \frac{0{,}464}{0{,}866} = 0{,}536$$

Der normierte Kontingenzkoeffizient K^* würde von 0,569 auf 0,536 sinken, d. h. er würde sich um 0,033 verringern.

Aufgabe 50

a)

1. $h(x_3|y_1) = \dfrac{n_{31}}{(n_{\bullet 1} = 174)} = 0{,}092 \Rightarrow n_{31} = 174 \cdot 0{,}092 = 16$

2. $n_{11} + (n_{21} = 66) + (n_{31} = 16) = (n_{\bullet 1} = 174) \Rightarrow n_{11} = 174 - 66 - 16 = 92$

3. $(n_{11} = 92) + (n_{12} = 12) + (n_{13} = 4) = n_{1\bullet} = 108$

4. $(n_{1\bullet} = 108) + (n_{2\bullet} = 98) + (n_{3\bullet} = 52) = n = 258$

5. $h_{22} = \dfrac{n_{22}}{(n = 258)} = 0{,}070 \Rightarrow n_{22} = 258 \cdot 0{,}070 = 18$

6. $(n_{\bullet 1} = 174) + n_{\bullet 2} + (n_{\bullet 3} = 42) = (n = 258) \Rightarrow n_{\bullet 2} = 258 - 174 - 42 = 42$

7. $(n_{12} = 12) + (n_{22} = 18) + n_{32} = (n_{\bullet 2} = 42) \Rightarrow n_{32} = 42 - 12 - 18 = 12$

8. $(n_{21} = 66) + (n_{22} = 18) + n_{23} = (n_{2\bullet} = 98) \Rightarrow n_{23} = 98 - 66 - 18 = 14$

b) Verteilung der Bruttokaltmieten (x) gegeben y_1 (= ländlicher Kreis):

$$h(x_1|y_1) = \frac{n_{11}}{n_{\bullet 1}} = \frac{92}{174} = \underline{0{,}529} \qquad h(x_2|y_1) = \frac{n_{21}}{n_{\bullet 1}} = \frac{66}{174} = \underline{0{,}379}$$

$$h(x_3|y_1) = \frac{n_{31}}{n_{\bullet 1}} = \frac{16}{174} = \underline{0{,}092}$$

Verteilung der Bruttokaltmieten (x) gegeben y_3 (= Kernstadt):

$$h(x_1|y_3) = \frac{n_{13}}{n_{\bullet 3}} = \frac{4}{42} = \underline{0{,}095} \qquad h(x_2|y_3) = \frac{n_{23}}{n_{\bullet 3}} = \frac{14}{42} = \underline{0{,}333}$$

$$h(x_3|y_3) = \frac{n_{33}}{n_{\bullet 3}} = \frac{24}{42} = \underline{0{,}571}$$

Die bedingte Häufigkeit niedriger Mieten (x_1) ist in den ländlichen Kreisen (y_1) um den Faktor 5,6 größer als in den Kernstädten (y_3). Umgekehrt ist die bedingte Häufigkeit hoher Mieten (x_3) in den Kernstädten (y_3) um den Faktor 6,2 größer als in den ländlichen Kreisen (y_1). Diese Unterschiede drücken die fehlende Unabhängigkeit der beiden Merkmale aus.

c) Multiplikationsregel: $\tilde{n}_{jk} = \dfrac{n_{j\bullet} \cdot n_{\bullet k}}{n}$

für j = 3: $\tilde{n}_{31} = \dfrac{n_{3\bullet} \cdot n_{\bullet 1}}{n} = \dfrac{52 \cdot 174}{258} = 35{,}1 \quad \tilde{n}_{32} = \dfrac{n_{3\bullet} \cdot n_{\bullet 2}}{n} = \dfrac{52 \cdot 42}{258} = 8{,}5$

$$\tilde{n}_{33} = \dfrac{n_{3\bullet} \cdot n_{\bullet 3}}{n} = \dfrac{52 \cdot 42}{258} = 8{,}5$$

Kontingenzkoeffizient:

$$\chi^2 = \sum_{k=1}^{c} \sum_{j=1}^{r} \dfrac{(n_{jk} - \tilde{n}_{jk})^2}{\tilde{n}_{jk}} = 17{,}855 + \dfrac{(16 - 35{,}1)^2}{35{,}1} + \dfrac{(12 - 8{,}5)^2}{8{,}5} + \dfrac{(24 - 8{,}5)^2}{8{,}5}$$

$$= 17{,}855 + 10{,}393 + 1{,}441 + 28{,}265 = 57{,}954$$

unnormierter Kontingenzkoeffizient: $K = \sqrt{\chi^2/(n + \chi^2)} = \sqrt{57{,}954/(258 + 57{,}954)}$

$$= \sqrt{0{,}183425} = 0{,}428$$

$$K_{max} = \sqrt{(s-1)/s} \text{ mit } s = \min(r,c)$$

normierter K.: $K^* = \dfrac{K}{K_{max}} = \dfrac{0{,}428}{0{,}816} = \underline{0{,}525}$ mit $K_{max} = \sqrt{(3-1)/3} = 0{,}816$

$$\text{mit } s = \min(3,3) = 3$$

d) - s = min (4, 4) = 4; $K^* = \dfrac{0{,}428}{\sqrt{3/4}} = \dfrac{0{,}428}{0{,}866} = \underline{0{,}494}$

- s = min (6, 4) = 4; $K^* = 0{,}494$

- s = min (6, 6) = 6; $K^* = \dfrac{0{,}428}{\sqrt{5/6}} = \dfrac{0{,}428}{0{,}913} = \underline{0{,}469}$

e)

☒ Der Phi-Koeffizient ist bei 0,1-Variablen gleich dem Pearsonschen Korrelations-koeffizienten!

Aufgabe 51

a)

X ╲ Y	Klausurerfolg y_1 (best.) y_2 (nicht b.)	$h_{j\bullet}$
Geschlecht x_1 (weiblich)	$h_{11} = 0,40$ $h_{12} = 0,15$	$h_{1\bullet} = 0,55$
x_2 (männlich)	$h_{21} = 0,25$ $h_{22} = 0,20$	$h_{2\bullet} = 0,45$
$h_{\bullet k}$	$h_{\bullet 1} = 0,65$ $h_{\bullet 2} = 0,35$	1

z. B. $h_{jk} = \dfrac{n_{jk}}{n}$, $h_{11} = \dfrac{n_{11}}{n} = \dfrac{80}{200} = 0,40$

z. B. $h_{j\bullet} = \sum\limits_{k=1}^{c} h_{jk}$, $h_{1\bullet} = h_{11} + h_{12} = 0,40 + 0,15 = 0,55$

z. B. $h_{\bullet k} = \sum\limits_{j=1}^{r} h_{jk}$ $h_{\bullet 1} = h_{11} + h_{21} = 0,40 + 0,25 = 0,65$

b) Bedingte Häufigkeitsverteilung des Klausurerfolgs (y) gegeben x_1 (weiblich) und x_2 (männlich): $h(y_k \mid x_j) = \dfrac{h_{jk}}{h_{j\bullet}}$

Bedin-gung	Klausurerfolg		Σ
	y_1	y_2	
x_1 (weibl.)	$h(y_1 \mid x_1) = \dfrac{n_{11}}{n_{1\bullet}} = \dfrac{80}{110} = 0,727$	$h(y_2 \mid x_1) = \dfrac{n_{12}}{n_{1\bullet}} = \dfrac{30}{110} = 0,273$	1
x_2 (männl.)	$h(y_1 \mid x_2) = \dfrac{n_{21}}{n_{2\bullet}} = \dfrac{50}{90} = 0,556$	$h(y_2 \mid x_2) = \dfrac{n_{22}}{n_{2\bullet}} = \dfrac{40}{90} = 0,444$	1

c) Multiplikationsregel: $\tilde{h}_{jk} = h_{j\bullet} \cdot h_{\bullet k}$

$\tilde{h}_{11} = h_{1\bullet} \cdot h_{\bullet 1} = 0,55 \cdot 0,65 = 0,358 \rightarrow v = \dfrac{h_{11}}{\tilde{h}_{11}} = \dfrac{0,40}{0,358} = 1,117$

Die beobachtete Häufigkeit der Teilnehmer, die weiblich sind und die Klausur bestanden haben, übersteigen die bei Unabhängigkeit zu erwartende Häufigkeit um 11,7%.

$\tilde{h}_{21} = h_{2\bullet} \cdot h_{\bullet 1} = 0,45 \cdot 0,65 = 0,293 \rightarrow v = \dfrac{h_{21}}{\tilde{h}_{21}} = \dfrac{0,25}{0,293} = 0,853$

Die beobachtete Häufigkeit der Teilnehmer, die männlich sind und die Klausur bestanden haben, ist um 14,7% niedriger als bei Unabhängigkeit zu erwarten wäre.

d) Kontingenzkoeffizient: $\chi^2 = \sum\limits_{k=1}^{c} \sum\limits_{j=1}^{r} \dfrac{(n_{jk} - \tilde{n}_{jk})^2}{\tilde{n}_{jk}}$ mit $\tilde{n}_{jk} = \dfrac{n_{j\bullet} \cdot n_{\bullet k}}{n}$

$$\tilde{n}_{11} = \frac{n_{1\bullet} \cdot n_{\bullet 1}}{n} = \frac{110 \cdot 130}{200} = 71{,}5; \quad \tilde{n}_{12} = \frac{n_{1\bullet} \cdot n_{\bullet 2}}{n} = \frac{110 \cdot 70}{200} = 38{,}5$$

$$\tilde{n}_{21} = \frac{n_{2\bullet} \cdot n_{\bullet 1}}{n} = \frac{90 \cdot 130}{200} = 58{,}5; \quad \tilde{n}_{22} = \frac{n_{1\bullet} \cdot n_{\bullet 1}}{n} = \frac{90 \cdot 70}{200} = 31{,}5$$

$$\chi^2 = \frac{(80 - 71{,}5)^2}{71{,}5} + \frac{(30 - 38{,}5)^2}{38{,}5} + \frac{(50 - 58{,}5)^2}{58{,}5} + \frac{(40 - 31{,}5)^2}{31{,}5}$$

$$= 1{,}0105 + 1{,}8766 + 1{,}2350 + 2{,}2937 = 6{,}4158$$

mittlere quadratische Kontingenz u. Phi-Koeffizient:
$\chi^2/n = 6{,}4158/200 = \underline{0{,}0321} = \varphi^2$

$\rightarrow |\varphi| = \sqrt{0{,}0321} = \underline{0{,}179}$

e)
Unnormierter Kontingenzkoeffizient: $\quad K = \sqrt{\chi^2/(n + \chi^2)} = \sqrt{6{,}4158/(200 + 6{,}4158)}$

$$= \sqrt{0{,}0311} = \underline{0{,}176}$$

Normierter Kontingenzk.: $K^* = \dfrac{K}{K_{max}}$ mit $K_{max} = \sqrt{(s-1)/s}$ mit $s = \min(r,c)$

$$K^* = \frac{0{,}176}{0{,}707} = \underline{0{,}248} \text{ mit} \quad \begin{array}{l} K_{max} = \sqrt{(2-1)/2} = 0{,}707 \\[4pt] \text{mit } s = \min(2,2) = 2 \end{array}$$

Beide Kontingenzkoeffizienten nehmen niedrige Werte ($< 0{,}3$) an. Der bestehende Zusammenhang zwischen Klausurerfolg und Geschlecht ist daher nur schwach ausgeprägt.

Aufgabe 52

a)

X ╲ Y	Berufliche Stellung			$n_{j\bullet}$
	y_1 (nied.)	y_2 (mitt.)	y_3 (hoch)	
Anzahl Berufsjahre x_1 (1-3)	$n_{11} = 10$	$n_{12} = 4$	$n_{13} = 0$	$n_{1\bullet} = 14$
x_2 (4-6)	$n_{21} = 4$	$n_{22} = 8$	$n_{23} = 2$	$n_{2\bullet} = 14$
x_3 (7-9)	$n_{31} = 2$	$n_{32} = 6$	$n_{33} = 34$	$n_{3\bullet} = 12$
$n_{\bullet k}$	$n_{\bullet 1} = 16$	$n_{\bullet 2} = 18$	$n_{\bullet 3} = 6$	$n = 40$

mit $n_{j\bullet} = \sum\limits_{k=1}^{c} n_{jk}$, z. B. $n_{1\bullet} = n_{11} + n_{12} + n_{13} = 10 + 4 + 0 = 14$

und $n_{\bullet k} = \sum\limits_{j=1}^{r} n_{jk}$, z. B. $n_{\bullet 1} = n_{11} + n_{21} + n_{31} = 10 + 4 + 2 = 16$

b)

$$\overline{x}_m = \frac{1}{n} \sum\limits_{k=1}^{p} m_k \cdot n_k = \frac{1}{40} \cdot (2 \cdot 14 + 5 \cdot 14 + 8 \cdot 12) = \frac{1}{40} \cdot (28 + 70 + 96) = \frac{1}{40} \cdot 194 = \underline{4{,}85}$$

c) Bed. Verteilungen der beruflichen Stellung Y geg. x_1 und x_3: $h(y_k \mid x_j) = \dfrac{h_{jk}}{h_{j\bullet}}$

Bedin-gung	Berufliche Stellung			Σ
	y_1	y_2	y_3	
x_1 (1-3)	$h(y_1 \mid x_1) = \dfrac{n_{11}}{n_{1\bullet}} = \dfrac{10}{14}$ $= \underline{0{,}714}$	$h(y_2 \mid x_1) = \dfrac{n_{12}}{n_{1\bullet}} = \dfrac{4}{14}$ $= \underline{0{,}286}$	$h(y_3 \mid x_1) = \dfrac{n_{13}}{n_{1\bullet}} = \dfrac{0}{14}$ $= \underline{0}$	1
x_3 (7-9)	$h(y_1 \mid x_3) = \dfrac{n_{31}}{n_{3\bullet}} = \dfrac{2}{12}$ $= \underline{0{,}167}$ $h(y_3 \mid x_3) = \dfrac{n_{33}}{n_{3\bullet}} = \dfrac{4}{12}$ $= \underline{0{,}333}$	$h(y_2 \mid x_3) = \dfrac{n_{32}}{n_{3\bullet}} = \dfrac{6}{12}$ $= \underline{0{,}500}$		1

d) bei Unabhängigkeit zu erwartende Häufigkeit: $\tilde{n}_{jk} = \dfrac{n_{j\bullet} \cdot n_{\bullet k}}{n}$

Y \ X	Berufliche Stellung			$n_{j\bullet}$
	y_1	y_2	y_3	
Anzahl Berufsjahre x_1	$\tilde{n}_{11} = 5,6$	$\tilde{n}_{12} = 6,3$	$\tilde{n}_{13} = 2,1$	$n_{1\bullet} = 14$
x_2	$\tilde{n}_{21} = 5,6$	$\tilde{n}_{22} = 6,3$	$\tilde{n}_{23} = 2,1$	$n_{2\bullet} = 14$
x_3	$\tilde{n}_{31} = 4,8$	$\tilde{n}_{32} = 5,4$	$\tilde{n}_{33} = 1,8$	$n_{3\bullet} = 12$
$n_{\bullet k}$	$n_{\bullet 1} = 16$	$n_{\bullet 2} = 18$	$n_{\bullet 3} = 6$	$n = 40$

z. B. $\tilde{n}_{11} = \dfrac{n_{1\bullet} \cdot n_{\bullet 1}}{n} = \dfrac{14 \cdot 16}{400} = 5,6$ und $\tilde{n}_{12} = \dfrac{n_{1\bullet} \cdot n_{\bullet 2}}{n} = \dfrac{14 \cdot 18}{40} = 6,3$

e) Kontingenzkoeffizient: $\chi^2 = \sum\limits_{k=1}^{c} \sum\limits_{j=1}^{r} \dfrac{(n_{jk} - \tilde{n}_{jk})^2}{\tilde{n}_{jk}}$ mit $\tilde{n}_{jk} = \dfrac{n_{j\bullet} \cdot n_{\bullet k}}{n}$

Unnormierter Kontingenzkoeffizient: $K = \sqrt{\chi^2 / (n + \chi^2)}$

Normierter Kontingenzk.: $K^* = \dfrac{K}{K_{max}}$ mit $K_{max} = \sqrt{(s-1)/s}$ mit $s = \min(r,c)$

$$\chi^2 = \frac{(10 - 5,6)^2}{5,6} + \frac{(4 - 6,3)^2}{6,3} + \frac{(0 - 2,1)^2}{2,1} + \frac{(4 - 5,6)^2}{5,6} + \frac{(8 - 6,3)^2}{6,3} +$$

$$\frac{(2 - 2,1)^2}{2,1} + \frac{(2 - 4,8)^2}{4,8} + \frac{(6 - 5,4)^2}{5,4} + \frac{(4 - 1,8)^2}{1,8}$$

$$= 3,4571 + 0,8397 + 2,1 + 0,4571 + 0,4587 + 0,0048 + 1,6333 + 0,0667 + 2,6889$$

$$= 11,7063$$

$$K = \sqrt{11,7063/(40 + 11,7063)} = \sqrt{0,2264} = 0,476$$

$$K_{max} = \sqrt{2/3} = 0,816 \text{ mit } s = \min(r = 3, c = 3)$$

$$K^* = \frac{0,476}{0,816} = 0,583$$

Aufgabe 53

a)

X \ Y	y_1 $\quad$ y_2	$h_{j\bullet}$
x_1	$h_{11} = 0{,}364$ $\quad$ $h_{12} = 0{,}045$	$h_{1\bullet} = 0{,}409$
x_2	$h_{21} = 0{,}255$ $\quad$ $h_{22} = 0{,}018$	$h_{2\bullet} = 0{,}273$
x_3	$h_{31} = 0{,}282$ $\quad$ $h_{32} = 0{,}036$	$h_{3\bullet} = 0{,}316$
$h_{\bullet k}$	$h_{\bullet 1} = 0{,}901$ $\quad$ $h_{\bullet 2} = 0{,}099$	1

z. B. $h_{jk} = \dfrac{n_{jk}}{n}$, $h_{11} = \dfrac{n_{11}}{n} = \dfrac{80}{220} = 0{,}364$

z. B. $h_{j\bullet} = \sum\limits_{k=1}^{c} h_{jk}$, $h_{1\bullet} = h_{11} + h_{12} = 0{,}364 + 0{,}045 = 0{,}409$

z. B. $h_{\bullet k} = \sum\limits_{j=1}^{r} h_{jk}$ $h_{\bullet 1} = h_{11} + h_{21} + h_{31} = 0{,}364 + 0{,}255 + 0{,}282 = 0{,}901$

b) $h(y_k \mid x_j) = \dfrac{h_{jk}}{h_{j\bullet}}$

Bedingte Verteilung der Qualität (Y) gegeben Produktionsverfahren A (x_1):

$h(y_1 \mid x_1) = \dfrac{h_{11}}{h_{1\bullet}} = \dfrac{0{,}364}{0{,}409} = 0{,}889$ $\qquad$ $h(y_2 \mid x_1) = \dfrac{h_{12}}{h_{1\bullet}} = \dfrac{0{,}045}{0{,}409} = 0{,}111$

Bedingte Verteilung der Qualität (Y) gegeben Produktionsverfahren B(x_2):

$h(y_1 \mid x_2) = \dfrac{h_{21}}{h_{2\bullet}} = \dfrac{0{,}255}{0{,}273} = 0{,}933$ $\qquad$ $h(y_2 \mid x_2) = \dfrac{h_{22}}{h_{2\bullet}} = \dfrac{0{,}018}{0{,}273} = 0{,}067$

Es handelt sich hierbei um die bedingten Verteilungen von Y (Qualität) gegeben x_1 (Produktionsverfahren A) und x_2 (Produktionsverfahren B). Die Unterschiede zwischen den beiden bedingten Häufigkeitsverteilungen zeigen, dass die beiden Merkmale Produktionsverfahren und Qualität nicht voneinander unabhängig sind. Dies geht insbesondere daraus hervor, dass der Ausschussanteil beim Produktionsverfahren A erheblich größer ist als beim Produktionsverfahren B.

c) $s_{xy} = 100$; $s_x^2 = 25$; $s_y^2 = 625$

$r = \dfrac{s_{xy}}{s_x \cdot s_y} = \dfrac{100}{\sqrt{25} \cdot \sqrt{625}} = \dfrac{100}{5 \cdot 25} = \underline{0{,}800}$

d) Erwartete Tagesproduktion: $\hat{y} = 10 + 4 \cdot 8 = \underline{42}$

Residuum: $\hat{u} = y - \hat{y} = 40 - 42 = \underline{-2}$

Interpretation: Die tatsächliche Produktion beträgt 40 Stück, während hingegen die erwartete Tagesproduktion bei 42 Stück liegt, d. h. es sind 2 Stück weniger produziert worden, als erwartet worden sind.

Aufgabe 54

a)

(X)	(Y)			$h_{j\bullet}$
	y_1	y_2	y_3	
x_1	$h_{11} = 0{,}192$	$h_{12} = 0{,}077$	$h_{13} = 0{,}051$	$h_{1\bullet} = 0{,}320$
x_2	$h_{21} = 0{,}077$	$h_{22} = 0{,}128$	$h_{23} = 0{,}192$	$h_{2\bullet} = 0{,}397$
x_3	$h_{31} = 0{,}026$	$h_{32} = 0{,}051$	$h_{33} = 0{,}103$	$h_{3\bullet} = 0{,}180$
x_4	$h_{41} = 0{,}013$	$h_{42} = 0{,}038$	$h_{43} = 0{,}051$	$h_{4\bullet} = 0{,}102$
$h_{\bullet k}$	$h_{\bullet 1} = 0{,}308$	$h_{\bullet 2} = 0{,}294$	$h_{\bullet 3} = 0{,}397$	$1{,}000$

z. B.: $h_{11} = \dfrac{n_{11}}{n} = \dfrac{15}{78} = 0{,}192$, $\quad h_{12} = \dfrac{n_{12}}{n} = \dfrac{6}{78} \approx 0{,}077$

z. B.: $h_{1\bullet} = \sum\limits_{k=1}^{3} h_{1k} = h_{11} + h_{12} + h_{13} = 0{,}192 + 0{,}077 + 0{,}051 = 0{,}320$

z. B.: $h_{\bullet 2} = \sum\limits_{j=1}^{3} h_{j2} = h_{12} + h_{22} + h_{32} = 0{,}077 + 0{,}128 + 0{,}051 + 0{,}038 = 0{,}294$

b) Da sich die gemeinsamen Häufigkeiten einer Zeile und Spalte zu den entsprechenden Randhäufigkeiten summieren müssen, hängt ihre Größenordnung mit von den Randverteilungen ab. Gleiche Werte der gemeinsamen relativen Häufigkeiten sind daher hinsichtlich einer Beurteilung der Unabhängigkeit nicht notwendig als gleichwertig zu betrachten, sondern sie müssten unter Berücksichtigung der zugehörigen Randhäufigkeiten bewertet werden.

c) Bedingte Verteilung von Y gegeben x_1 und x_3: $h(y_k \mid x_j) = \dfrac{h_{jk}}{h_{j\bullet}}$

Bd.	Kulturelles Interesse		
	y_1	y_2	y_3
x_1	$h(y_1 \mid x_1) = \dfrac{h_{11}}{h_{1\bullet}} = \dfrac{0{,}192}{0{,}320}$	$h(y_2 \mid x_1) = \dfrac{h_{12}}{h_{1\bullet}} = \dfrac{0{,}077}{0{,}320}$	$h(y_3 \mid x_1) = \dfrac{h_{13}}{h_{1\bullet}} = \dfrac{0{,}051}{0{,}320}$
	$= \underline{0{,}600}$	$= \underline{0{,}241}$	$= \underline{0{,}159}$
x_3	$h(y_1 \mid x_3) = \dfrac{h_{31}}{h_{3\bullet}} = \dfrac{0{,}026}{0{,}180}$	$h(y_2 \mid x_3) = \dfrac{h_{32}}{h_{3\bullet}} = \dfrac{0{,}051}{0{,}180}$	$h(y_3 \mid x_3) = \dfrac{h_{33}}{h_{3\bullet}} = \dfrac{0{,}103}{0{,}180}$
	$= \underline{0{,}144}$	$= \underline{0{,}283}$	$= \underline{0{,}572}$

Bei statistischer Unabhängigkeit müssten beide bedingten Verteilungen identisch sein. Große Differenzen ergeben sich für y_1 und y_3, was auf statistische Abhängigkeit bei den Merkmalen hindeutet.

d) Bedingte Verteilung von X gegeben y_1 und y_2: $h(x_j \mid y_k) = \dfrac{h_{jk}}{h_{\bullet k}}$

Bed.	Stellung im Beruf			
y_1	$h(x_1\vert y_1)=\dfrac{h_{11}}{h_{\bullet 1}}=\dfrac{0{,}192}{0{,}308}=\underline{0{,}623}$	$h(x_2\vert y_1)=\dfrac{h_{21}}{h_{\bullet 1}}=\dfrac{0{,}077}{0{,}308}=\underline{0{,}250}$		
	$h(x_3\vert y_1)=\dfrac{h_{31}}{h_{\bullet 1}}=\dfrac{0{,}026}{0{,}308}=\underline{0{,}084}$	$h(x_4\vert y_1)=\dfrac{h_{41}}{h_{\bullet 1}}=\dfrac{0{,}013}{0{,}308}=\underline{0{,}042}$		
Bed.	Stellung im Beruf			
y_2	$h(x_1\vert y_2)=\dfrac{h_{12}}{h_{\bullet 2}}=\dfrac{0{,}077}{0{,}294}=\underline{0{,}262}$	$h(x_2\vert y_2)=\dfrac{h_{22}}{h_{\bullet 2}}=\dfrac{0{,}128}{0{,}294}=\underline{0{,}435}$		
	$h(x_3\vert y_2)=\dfrac{h_{32}}{h_{\bullet 2}}=\dfrac{0{,}051}{0{,}294}=\underline{0{,}173}$	$h(x_4\vert y_2)=\dfrac{h_{42}}{h_{\bullet 2}}=\dfrac{0{,}038}{0{,}294}=\underline{0{,}129}$		

e) bei Unabhängigkeit zu erwartende Häufigkeit: $\tilde{n}_{jk} = \dfrac{n_{j\bullet}\cdot n_{\bullet k}}{n}$

Merkmalskombination (x_1, y_1) : $\tilde{n}_{11} = \dfrac{n_{1\bullet}\cdot n_{\bullet 1}}{n} = \dfrac{25\cdot 24}{78} = 7{,}7$

Merkmalskombination (x_1, y_2) : $\tilde{n}_{12} = \dfrac{n_{1\bullet}\cdot n_{\bullet 2}}{n} = \dfrac{25\cdot 23}{78} = 7{,}4$

Merkmalskombination (x_2, y_2) : $\tilde{n}_{22} = \dfrac{n_{2\bullet}\cdot n_{\bullet 2}}{n} = \dfrac{31\cdot 23}{78} = 9{,}1$

Zwischen den beobachteten und den bei Unabhängigkeit zu erwartenden gemeinsamen Häufigkeiten bestehen bei den meisten Merkmalskombinationen gerundet Abweichungen von 2 und mehr Einheiten. Beträchtliche Abweichungen sind vor allem für (x_1, y_1) zu konstatieren. Dies sind Hinweise darauf, dass die beiden Merkmale nicht unabhängig voneinander variieren.

Aufgabe 55

a) Mittlere Zinsdifferenz (arithmetisches Mittel):

$$\overline{r_K - r_G} = \frac{1}{6}\cdot\left[(6{,}6-4{,}8)+(6{,}3-4{,}5)+(6{,}5-3{,}5)+(6{,}6-5{,}5)+(8{,}0-6{,}7)+(9{,}2-8{,}1)\right]$$

$$= \frac{1}{6}\cdot(1{,}8+1{,}8+3{,}0+1{,}1+1{,}3+1{,}1) = \frac{1}{6}\cdot 10{,}1 = \underline{1{,}68}$$

b) Korrelationskoeffizient nach Bravais & Pearson:

$$r = \frac{n \cdot \sum x_i \cdot y_i - \sum x_i \cdot \sum y_i}{\sqrt{[n \cdot \sum x_i{}^2 - (\sum x_i)^2] \cdot [n \cdot \sum y_i{}^2 - (\sum y_i)^2]}} \qquad X \equiv r_G \text{ und } Y \equiv r_K$$

i	x_i	y_i	$x_i \cdot y_i$	x_i^2	y_i^2
1	4,8	6,6	31,68	23,04	43,56
2	4,5	6,3	28,35	20,25	39,69
3	3,5	6,5	22,75	12,25	42,25
4	5,5	6,6	36,30	30,25	43,56
5	6,7	8	53,60	44,89	64,00
6	8,1	9,2	74,52	65,61	84,64
$\sum$	33,1	43,2	247,20	196,29	317,70

$$r = \frac{6 \cdot 247,20 - 33,1 \cdot 43,2}{\sqrt{[6 \cdot 196,29 - 33,1^2] \cdot [6 \cdot 317,70 - 43,2^2]}} = \frac{53,28}{\sqrt{82,13 \cdot 39,96}} = \frac{53,28}{57,288} = \underline{0,930}$$

c) Regression von X auf Y   Kleinst-Quadrate-Schätzer [Summen siehe Teil b)]

$$s_x^2 = \frac{1}{n} \sum_{i=1}^{n} x_i^2 - \overline{x}^2 = \frac{1}{6} \cdot 196,29 - \left(\frac{33,1}{6}\right)^2 = 32,715 - 5,517^2 = 32,715 - 30,434$$
$$= 2,281$$

$$s_y^2 = \frac{1}{n} \sum_{i=1}^{n} y_i^2 - \overline{y}^2 = \frac{1}{6} \cdot 317,70 - \left(\frac{43,3}{6}\right)^2 = 52,95 - 7,2^2 = 52,95 - 51,84 = 1,11$$

Steigungsmaß: $\hat{b} = r \cdot \frac{s_y}{s_x} = 0,930 \cdot \sqrt{\frac{1,11}{2,281}} = 0,930 \cdot 0,6976 = \underline{0,649}$

Das Steigungsmaß gibt an, dass sich er Kapitalmarktzinssatz im Mittel um 0,649 Prozentpunkte erhöht (sinkt), wenn der Geldmarktzinssatz um 1 Prozentpunkt steigt (sinkt).

d) Abs. Glied: $\hat{a} = \frac{\sum y_i}{n} - \hat{b} \cdot \sum \frac{x_i}{n} = \frac{43,2}{6} - 0,649 \cdot \frac{33,1}{6} = 7,2 - 0,649 \cdot 5,517 = \underline{3,619}$

Das absolute Glied von 3,619 [%] gibt an, dass dieser fixe Wert auf den variablen, vom Geldmarktzinssatz abhängigen Wert aufgeschlagen werden muss, um einen Prädiktionswert des Kapitalmarktzinssatzes bei gegebenem Geldmarktzinssatz im Stützbereich $3,5\% \leq r_G \leq 8,1\%$ zu erhalten.

e) $\hat{u}_i = y_i - \hat{y}_i$ und $\hat{y} = a + b \cdot x$

• Residuum für das Jahr 3:

$$\hat{r}_{K3} = 3{,}619 + 0{,}649 \cdot r_3 = 3{,}619 + 0{,}649 \cdot 3{,}5 = 5{,}9$$

$$\hat{u}_3 = r_{K3} - \hat{r}_{K3} = 6{,}5 - 5{,}9 = 0{,}6$$

Prozentualer Fehler: $\left|\dfrac{\hat{u}_3}{r_{K3}}\right| \cdot 100\% = \dfrac{0{,}6}{6{,}5} \cdot 100\% = 0{,}092 \cdot 100\% = \underline{9{,}2\%}$

• Residuum für das Jahr 6:

$$\hat{r}_{K6} = 3{,}619 + 0{,}649 \cdot r_6 = 3{,}619 + 0{,}649 \cdot 8{,}1 = 8{,}9$$

$$\hat{u}_6 = r_{K6} - \hat{r}_{K6} = 9{,}2 - 8{,}9 = 0{,}3$$

Prozentualer Fehler: $\left|\dfrac{\hat{u}_6}{r_{K6}}\right| \cdot 100\% = \dfrac{0{,}3}{9{,}2} \cdot 100\% = 0{,}033 \cdot 100\% = \underline{3{,}3\%}$

• Nicht durch die Regression erklärter Teil der abhängigen Variablen:

$$R^2 = r^2 = 0{,}930^2 = 0{,}865$$

$$\frac{\sum \hat{u}_i^2}{\sum (y_i - \bar{y})^2} = 1 - R^2 = 1 - 0{,}865 = \underline{0{,}135} \left(\equiv 13{,}5\%\right)$$

Aufgabe 56

a)

$$\bar{x} = \frac{1}{6} \sum_{i=1}^{6} x_i = \frac{1}{6}(36 + 26 + 20 + 24 + 40 + 34) = \frac{1}{6} 180 = 30$$

$$\bar{y} = \frac{1}{6} \sum_{i=1}^{6} y_i = \frac{1}{6}(26 + 24 + 16 + 28 + 32 + 30) = \frac{1}{6} 156 = 26$$

Streuungsdiagramm:

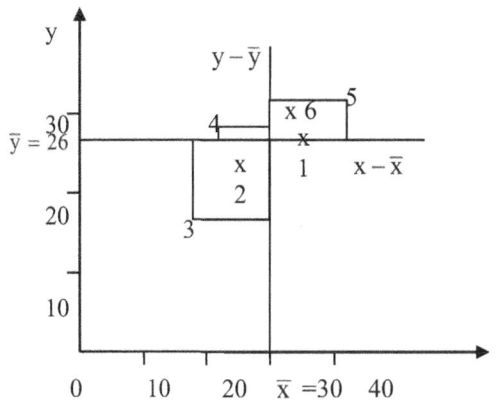

Kreuzprodukte:

Mannschaft 3: $(x_3 - \bar{x}) \cdot (y_3 - \bar{y}) = (20 - 30) \cdot (16 - 26) = (-10) \cdot (-10) = 100$

Mannschaft 4: $(x_4 - \bar{x}) \cdot (y_4 - \bar{y}) = (24 - 30) \cdot (28 - 26) = (-6) \cdot 2 = -12$

Mannschaft 5: $(x_5 - \bar{x}) \cdot (y_5 - \bar{y}) = (40 - 30) \cdot (32 - 26) = 10 \cdot 6 = 60$

b) Korrelationskoeffizient nach Bravais & Pearson:

$$r = \frac{n \cdot \sum x_i \cdot y_i - \sum x_i \cdot \sum y_i}{\sqrt{\left[n \cdot \sum x_i{}^2 - (\sum x_i)^2\right] \cdot \left[n \cdot \sum y_i{}^2 - (\sum y_i)^2\right]}}$$

i	x_i	y_i	$x_i \cdot y_i$	x_i^2	y_i^2
1	36	26	936	1296	676
2	26	24	624	676	576
3	20	16	320	400	256
4	24	28	672	576	784
5	40	32	1280	1600	1024
6	34	30	1020	1156	900
$\sum$	180	156	4852	5704	4216

$$r = \frac{6 \cdot 4852 - 180 \cdot 156}{\sqrt{\left[6 \cdot 5704 - 180^2\right] \cdot \left[6 \cdot 4216 - 156^2\right]}} = \frac{1032}{\sqrt{1824 \cdot 960}} = \frac{1032}{1323{,}2687} = \underline{0{,}780}$$

c) Regression von X auf Y

Kleinst-Quadrate-Schätzer [Summen siehe Teil b)]

$$\hat{b} = \frac{n \cdot \sum x_i \cdot y_i - \sum x_i \cdot \sum y_i}{n \cdot \sum x_i{}^2 - (\sum x_i)^2} = \frac{6 \cdot 4852 - 180 \cdot 156}{6 \cdot 5704 - 180^2} = \frac{1032}{1824} = 0{,}566$$

$$\hat{a} = \frac{\sum y_i}{n} - \hat{b} \cdot \sum \frac{x_i}{n} = \frac{156}{6} - 0{,}566 \cdot \frac{180}{6} = 26 - 16{,}980 = 9{,}020$$

Regressionsfunktion: $\hat{y} = 9{,}020 + 0{,}566 \cdot x$

d) $\hat{u}_i = y_i - \hat{y}_i$ und $\hat{y} = a + b \cdot x$

• Mannschaft 1:

Regressionswert: $\hat{y}_1 = 9{,}020 + 0{,}566 \cdot (x_1 = 36) = 29{,}396$

Residuum: $\hat{u}_1 = y_1 - \hat{y}_1 = 26 - 29{,}396 = -3{,}396$

Prozentualer Fehler: $\dfrac{u_1}{y_1} \cdot 100\% = \dfrac{-3{,}396}{26} \cdot 100\% = \underline{-13{,}1\%}$ (Überschätzung)

• Mannschaft 3:

Regressionswert: $\hat{y}_3 = 9{,}020 + 0{,}566 \cdot (x_3 = 20) = 20{,}340$

Residuum: $\hat{u}_3 = y_3 - \hat{y}_3 = 16 - 20{,}340 = -4{,}340$

Prozentualer Fehler: $\dfrac{u_3}{y_3} \cdot 100\% = \dfrac{-4{,}340}{16} \cdot 100\% = \underline{-27{,}1\%}$ (Überschätzung)

e)

☒ Hieraus folgt $s_{xy} < 0$ und $b < 0$.

☒ Die Streuung des Merkmals Y wird zu 36% durch die Streuung des Merkmals X erklärt.

Aufgabe 57

a)

i	x_i	y_i	$x_i - \overline{x}$	$y_i - \overline{y}$	$(x_i - \overline{x})(y_i - \overline{y})$	$\text{sgn}\,[(x_i - \overline{x})(y_i - \overline{y})]$
1	5	8	-20	3	-60	-1
2	15	7	-10	2	-20	-1
3	25	5	0	0	0	0
4	35	3	10	-2	-20	-1
5	45	2	20	-3	-60	-1
Σ	125	25			-160	-4

$\overline{x} = 1/5 \cdot 125 = 25, \qquad \overline{y} = 1/5 \cdot 25 = 5$

Korrelationskoeffizient n. Fechner: $r_F = \dfrac{1}{n} \sum_{i=1}^{n} \text{sgn}[(x_i - \overline{x})(y_i - \overline{y})] = \dfrac{1}{5}(-4) = \underline{-0{,}8}$

b) Korrelationskoeffizient nach Bravais und Pearson: $\qquad r = \dfrac{s_{xy}}{s_x \cdot s_y}$

$$s_x^2 = \frac{1}{n} \sum_{i=1}^{n} \left(x_i - \overline{x}\right)^2 = \frac{1}{5}\left[(5-25)^2 + (15-25)^2 + (25-25)^2 + (35-25)^2 + (45-25)^2\right]$$

$$= \frac{1}{5}\left[(-20)^2 + (-10)^2 + 0^2 + 10^2 + 20^2\right] = \frac{1}{5} 1000 = 200$$

$$s_{\bar{y}}^2 = \frac{1}{n}\sum_{i=1}^{n}\left(y_i - \bar{y}\right)^2 = \frac{1}{5}\left[(8-5)^2 + (7-5)^2 + (5-5)^2 + (3-5)^2 + (2-5)^2\right]$$

$$= \frac{1}{5}\left[3^2 + 2^2 + 0^2 + (-2)^2 + (-3)^2\right] = \frac{1}{5}26 = 5,2$$

$$s_{xy} = \frac{1}{n}\sum_{i=1}^{n}(x_i - \bar{x})\cdot(y_i - \bar{y}) = \frac{1}{5}(-160) = -32 \text{ [siehe Teil a)]}$$

$$r = \frac{-32}{\sqrt{200\cdot 5,2}} = \frac{-32}{\sqrt{1040}} = \underline{-0,992}$$

c)

i	x_i	y_i	x_i^2	$x_i \cdot y_i$
1	5	8	25	40
2	15	7	225	105
3	25	5	625	125
4	35	3	1225	105
5	45	2	2025	90
Σ	125	25	4125	465

Kleinst-Quadrate-Schätzer

$$\hat{b} = \frac{n\cdot\sum x_i\cdot y_i - \sum x_i\cdot\sum y_i}{n\cdot\sum x_i^2 - (\sum x_i)^2} = \frac{5\cdot 465 - 125\cdot 25}{5\cdot 4125 - 125^2} = \frac{-800}{5000} = -0,16$$

$$\hat{a} = \frac{\sum y_i}{n} - \hat{b}\cdot\sum\frac{x_i}{n} = \frac{25}{5} - (-0,16)\cdot\frac{125}{5} = 5 + 0,16\cdot 25 = 9$$

Regressionsgerade: $\hat{y} = 9 - 0,16\cdot x$

d) $\hat{u}_i = y_i - \hat{y}_i$ und $\hat{y} = a + b\cdot x$

Regressionswert: $\hat{y}_2 = 9 - 0,16\cdot\left(x_2 = 15\right) = 6,6$

Residuum: $\hat{u}_2 = y_2 - \hat{y}_2 = 7 - 6,6 = 0,4$

Prozentualer Fehler: $\frac{u_2}{y_2}\cdot 100\% = \frac{0,4}{7}\cdot 100\% = \underline{5,7\%}$

e) $r = \frac{s_{xy}}{s_x\cdot s_y}$ und $\hat{b} = \frac{s_{xy}}{s_x^2} \Rightarrow r = \hat{b}\frac{s_x}{s_y}$

$$r = -0,16 \cdot \sqrt{\frac{200}{5,7}} = -0,16 \cdot \sqrt{38,4615} = -0,992$$

Bestimmtheitsmaß: $R^2 = r^2 = (-0,992)^2 = 0,984$

Aufgabe 58

a)

i	x_i	y_i	$x_i \cdot y_i$	x_i^2	y_i^2
1	4	3	12	16	9
2	6	6	36	36	36
3	5	4	20	25	16
4	7	5	35	49	25
$\sum$	22	18	103	126	86

Kovarianz: $s_{xy} = \dfrac{1}{n}\sum_{i=1}^{n} x_i \cdot y_i - \overline{x} \cdot \overline{y} = \dfrac{1}{4}103 - \dfrac{22}{4} \cdot \dfrac{18}{4} = 25,75 - 24,75 = \underline{1}$

b) x 1. Das Kreuzprodukt des Arbeiters 3 ist positiv.

$(x_1 - \overline{x}) \cdot (y_1 - \overline{y}) = (4 - 5,5) \cdot (3 - 4,5) = (-1,5) \cdot (-1,5) = 2,25$

$(x_2 - \overline{x}) \cdot (y_2 - \overline{y}) = (6 - 5,5) \cdot (6 - 4,5) = 0,5 \cdot 1,5 = 0,75$

$(x_3 - \overline{x}) \cdot (y_3 - \overline{y}) = (5 - 5,5) \cdot (4 - 4,5) = (-0,5) \cdot (-0,5) = 0,25$

$(x_4 - \overline{x}) \cdot (y_4 - \overline{y}) = (7 - 5,5) \cdot (5 - 4,5) = 1,5 \cdot 0,5 = 0,75$

c) $r = \dfrac{\overline{xy} - \overline{x} \cdot \overline{y}}{\sqrt{\left(\overline{x^2} - \overline{x}^2\right)\left(\overline{y^2} - \overline{y}^2\right)}}$ mit $\overline{xy} = \dfrac{1}{n}\sum_{i=1}^{n} x_i \cdot y_i$

$r = \dfrac{25,75 - 5,5 \cdot 4,5}{\sqrt{\left(\dfrac{126}{4} - 5,5^2\right) \cdot \left(\dfrac{86}{4} - 4,5^2\right)}} = \dfrac{25,75 - 24,75}{\sqrt{(31,5 - 30,25) \cdot (21,5 - 20,25)}}$

$= \dfrac{1}{\sqrt{1,25 \cdot 1,25}} = \dfrac{1}{1,25} = \underline{0,8}$

d) $r = \dfrac{22 - 4,5 \cdot 4,5}{\sqrt{(23 - 4,5^2) \cdot 1,25}} = \dfrac{1,75}{\sqrt{2,75 \cdot 1,25}} = \dfrac{1,75}{1,8540} = 0,944$

Veränderung von r: $0,944 - 0,8 = 0,144$

e) $\hat{b} = \dfrac{\overline{xy} - \overline{x} \cdot \overline{y}}{\overline{x^2} - \overline{x}^2} = \dfrac{1,75}{2,75} = 0,636$

$\hat{a} = \overline{y} - \hat{b} \cdot \overline{x} = 4,5 - 0,636 \cdot 4,5 = 4,5 - 2,862 = \underline{1,638}$

f) x 4. mehr als 25% der beobachteten y-Werte nicht durch die x-Werte erklärt werden können.

Aufgabe 59

a)

i	x_i	y_i	$x_i - \overline{x}$	$y_i - \overline{y}$	$(x_i - \overline{x})(y_i - \overline{y})$	sgn $[(x_i - \overline{x})(y_i - \overline{y})]$
1	1,4	2	-1,0	-2	2,0	1
2	2,6	6	0,2	2	0,4	1
3	2,8	4	0,4	0	0	0
4	3,2	6	0,8	2	1,6	1
5	2,0	2	-0,4	-2	0,8	1
$\sum$	12,0	20			4,8	4

Korrelationskoeffizient nach Fechner: $r_F = \dfrac{1}{n} \sum\limits_{i=1}^{n} \mathrm{sgn}[(x_i - \overline{x})(y_i - \overline{y})] = \dfrac{1}{5} \cdot 4 = \underline{0,8}$

Korrelationskoeffizient nach B&P: $r = \dfrac{s_{xy}}{s_x \cdot s_y} = \dfrac{\frac{1}{5} \cdot 4,8}{\sqrt{0,4 \cdot 3,2}} = \dfrac{0,96}{1,13137} = \underline{0,8485}$

b) Steigungsmaß: $\hat{b} = \dfrac{s_{xy}}{s_x^2} = \dfrac{0,96}{0,4} = \underline{2,4}$

Absolutes Glied: $\hat{a} = \overline{y} - \hat{b} \cdot \overline{x} = 4 - 2,4 \cdot 2,4 = 4 - 5,76 = \underline{-1,76}$

Regressionsgerade: $\hat{y} = a + b \cdot x = -1,76 + 2,4 \cdot x$

c) kleinster x-Wert: $x_1 = 1,4 \rightarrow \hat{y}_1(x_1 = 1,4) = -1,76 + 2,4 \cdot 1,4 = 1,6$

größter x-Wert: $x_4 = 3,2 \rightarrow \hat{y}_4(x_4 = 3,2) = -1,76 + 2,4 \cdot 3,2 = 5,92$

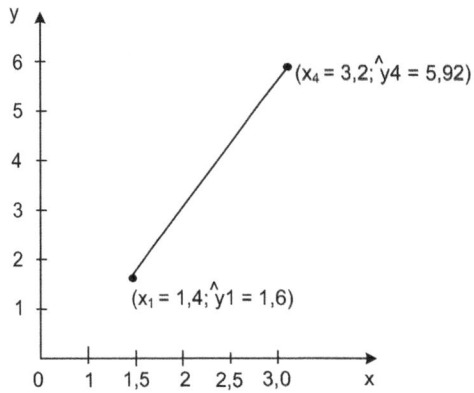

d) 1. Möglichkeit:

$$\hat{y}_1(x_1 = 1,4) = -1,76 + 2,4 \cdot 1,4 = 1,6$$

$$\hat{y}_2(x_2 = 2,6) = -1,76 + 2,4 \cdot 2,6 = 4,48$$

$$\hat{y}_3(x_3 = 2,8) = -1,76 + 2,4 \cdot 2,8 = 4,96$$

$$\hat{y}_4(x_4 = 3,2) = -1,76 + 2,4 \cdot 3,2 = 5,92$$

$$\hat{y}_5(x_5 = 2,0) = -1,76 + 2,4 \cdot 3,2 = 3,04$$

i	y_i	$\hat{y}_i$	$\hat{u}_i = y_i - \hat{y}_i$	$\hat{u}_i^2$
1	2	1,6	0,4	0,16
2	6	4,48	1,52	2,3104
3	4	4,96	-0,96	0,9216
4	6	5,92	0,08	0,0064
5	2	3,04	-1,04	1,0816
$\sum$	20	20	0	4,48

$$s_{\hat{u}}^2 = \frac{1}{5} \sum_{i=1}^{5} \hat{u}_i^2 = \frac{1}{5} 4,48 = \underline{0,896}$$

2. Möglichkeit:

$$R^2 = 1 - \frac{s_{\hat{u}}^2}{s_{\hat{y}}^2} \Rightarrow s_{\hat{u}}^2 = (1 - R^2) \cdot s_{\hat{y}}^2$$

$$R^2 = r^2 = 0,8485^2 = 0,7200$$

$$s_{\hat{u}}^2 = (1 - 0,7200) \cdot 3,2 = 0,2800 \cdot 3,2 = \underline{0,896}$$

146

Aufgabe 60

a) $w = n-1\sqrt{\dfrac{x(n)}{x(1)}} - 1 = 3\sqrt[3]{\dfrac{9,8}{7,0}} - 1 = \sqrt[3]{1,4} - 1 = 1,119 - 1 = \underline{0,119 (\equiv 11,9\%)}$

b) Kovarianz der standardisierten Merkmale: $s_{\widetilde{x}\widetilde{y}} = \dfrac{1}{n}\sum_{i=1}^{n}\widetilde{x}_i \cdot \widetilde{y}_i$

• Standardisierung der Zahl der Arbeitslosen (Y): $\widetilde{y}_i = \dfrac{y_i - \overline{y}}{s_y}$

$\overline{y} = \dfrac{1}{4} \cdot (7,0 + 6,1 + 8,3 + 9,8) = \dfrac{1}{4} \cdot 31,2 = 7,8$

$s_y^2 = \dfrac{1}{4}(7^2 + 6,1^2 + 8,3^2 + 9,8^2) - 7,8^2 = \dfrac{1}{4}251,14 - 60,84 = 62,785 - 60,84 = 1,945$

$s_y = \sqrt{s_y^2} = \sqrt{1,945} = 1,395$

Jahr i	1	2	3	4
$\widetilde{y}_i$	-0,6	-1,2	0,4	0,4

z. B.: $\widetilde{y}_1 = \dfrac{y_1 - \overline{y}}{s_y} = \dfrac{7,0 - 7,8}{1,395} = -0,6$

• Standardisierung der Zahl der offenen Stellen (X): $\widetilde{x}_i = \dfrac{x_i - \overline{x}}{s_x}$

$\overline{x} = \dfrac{1}{4} \cdot (3,8 + 3,5 + 2,9 + 2,2) = \dfrac{1}{4} \cdot 12,4 = 3,1$

$s_x^2 = \dfrac{1}{4}(3,8^2 + 3,5^2 + 2,9^2 + 2,2^2) - 3,1^2 = \dfrac{1}{4}39,94 - 9,61 = 9,985 - 9,61 = 0,375$

$s_x = \sqrt{s_x^2} = \sqrt{0,375} = 0,612$

Jahr i	1	2	3	4
$\widetilde{x}_i$	1,1	0,7	-0,3	-1,5

z. B.: $\widetilde{x}_1 = \dfrac{x_1 - \overline{x}}{s_x} = \dfrac{3,8 - 3,1}{0,612} = 1,1$

$s_{\widetilde{x}\widetilde{y}} = \dfrac{1}{4}[(-0,6) \cdot 1,1 + (-1,2) \cdot 0,7 + 0,4 \cdot (-0,3) + 1,4 \cdot (-1,5)]$

$= \dfrac{1}{4}(-0,66 - 0,84 - 0,12 - 2,1) = \underline{-0,93}$

Interpretation: Die Kovarianz der standardisierten Merkmale gibt die Korrelation zwischen der Zahl der offenen Stellen und der Zahl der Arbeitslosen wieder. Der negative Wert der Kovarianz spiegelt eine inverse Beziehung zwischen den beiden Merkmalen wider, die wegen I r I > 0,8 stark ausgeprägt ist.

c) Der Beitrag des zweiten Jahres zur Korrelation zwischen der Zahl der offenen Stellen (X) und der Zahl der Arbeitslosen (Y) beträgt ein Viertel des Produktes der beiden standardisierten Merkmalswerte $\tilde{x}_2$ und $\tilde{y}_2$:

$$\frac{1}{4}\tilde{x}_2 \cdot \tilde{y}_2 = \frac{1}{4}\left[(-1,2)\cdot 0,7\right] = \underline{-0,21}$$

Der Beitrag ist negativ, weil der x-Wert unterdurchschnittlich und der y-Wert überdurchschnittlich ist. Gemessen am durchschnittlichen Beitrag aller Beobachtungspaare zur Korrelation von -0,93 (= $s_{\tilde{x}\tilde{y}}$) ist der betrachtete Einzelbeitrag leicht unterdurchschnittlich ausgeprägt.

d) $\hat{b} = r \cdot \dfrac{s_y}{s_x}$

$\hat{b} = (-0,93) \cdot \dfrac{1,395}{0,612} = \underline{-2,12}$

e) $\hat{a} = \bar{y} - \hat{b}\cdot\bar{x}$

$\hat{a} = 7,8 - (-2,120)\cdot 3,1 = 7,8 + 6,572 = \underline{14,37}$

Aufgabe 61

a) $w = n-1\sqrt{\dfrac{x(n)}{x(1)}} - 1 = 4\sqrt{\dfrac{5,4}{3,1}} - 1 = \sqrt[4]{1,7419} - 1 = 1,149 - 1 = \underline{0,149(\equiv 14,9\%)}$

b) Korrelationskoeffizient nach Bravais & Pearson:

$$r = \frac{n\sum x_i \cdot y_i - \sum x_i \cdot \sum y_i}{\sqrt{\left[n\sum x_i^2 - (\sum x_1)^2\right]\cdot\left[n\sum y_i^2 - (\sum y_i)^2\right]}} \qquad \text{Mitgliederzahl (X), Umsatz (Y)}$$

i	x_i	y_i	$x_i \cdot y_i$	x_i^2	y_i^2
1	3,1	1,7	5,27	9,61	2,89
2	3,5	1,9	6,65	12,25	3,61
3	4,1	2,3	9,43	16,81	5,29
4	4,7	2,7	12,69	22,09	7,29
5	5,4	3,2	17,28	29,16	10,24
$\sum$	20,8	11,8	51,32	89,92	29,32

$$r = \frac{5\cdot 51,32 - 20,8\cdot 11,8}{\sqrt{(5\cdot 89,92 - 20,8^2)\cdot(5\cdot 29,32 - 11,8^2)}} = \frac{11,16}{\sqrt{16,96\cdot 7,36}} = \frac{11,16}{11,1725} = \underline{0,990}$$

c)

$$\hat{b} = \frac{n\sum x_i \cdot y_i - \sum x_i \cdot \sum y_i}{n\sum x_i^2 - (\sum x_i)^2} = \frac{11,16}{16,96} = \underline{0,658}$$

$$\hat{a} = \frac{\sum y_i}{n} - \hat{b} \cdot \frac{\sum x_i}{n} = \frac{11,8}{5} - 0,658 \cdot \frac{20,8}{5} = 2,36 - 0,658 \cdot 4,16 = \underline{-0,377}$$

Regressionsfunktion: $\hat{y} = -0,377 + 0,658 \cdot x$

Das Steigungsmaß von 0,658 gibt an, das im betrachteten 5-Jahres-Zeitraum im Mittel ein Anstieg der Mitgliederzahl um 1 Million mit einem Anstieg des Umsatzes um 658 Millionen € einhergegangen ist.

d) $x = 6$: $\hat{y}(x = 6) = -0,377 + 0,658 \cdot 6 = -0,377 + 3,948 = \underline{3,571}$ [Mill.€]

Aufgabe 62

a) $r = \dfrac{n\sum x_i \cdot y_i - \sum x_i \cdot \sum y_i}{\sqrt{\left[n\sum x_i^2 - (\sum x_1)^2\right] \cdot \left[n\sum y_i^2 - (\sum y_i)^2\right]}}$

i	x_i	y_i	$x_i \cdot y_i$	x_i^2	y_i^2
1	6,2	4,8	29,76	38,44	23,04
2	10,0	4,6	46,00	100,00	21,16
3	3,9	3,8	14,82	15,21	14,44
4	7,0	3,6	25,20	49,00	12,96
5	6,4	2,7	17,28	40,96	7,29
6	5,4	0,9	4,86	29,16	0,81
$\sum$	38,9	20,4	137,92	272,77	79,70

$$r = \frac{6 \cdot 137,92 - 38,9 \cdot 20,4}{\sqrt{(6 \cdot 272,77 - 38,9^2) \cdot (6 \cdot 79,70 - 20,4^2)}} = \frac{33,96}{\sqrt{123,41 \cdot 62,04}} = \frac{33,96}{87,501} = \underline{0,388}$$

b) ☒ X und Y stark korreliert sind

c)

$$\hat{b} = \frac{n\sum x_i \cdot y_i - \sum x_i \cdot \sum y_i}{n\sum x_i^2 - (\sum x_i)^2} = \frac{33,96}{123,41} = \underline{0,275}$$

$$\hat{a} = \frac{\sum y_i}{n} - \hat{b} \cdot \frac{\sum x_i}{n} = \frac{20,4}{6} - 0,275 \cdot \frac{38,9}{6} = 3,4 - 0,275 \cdot 6,483 = \underline{1,617}$$

d) $\hat{u}_i = y_i - \hat{y}_i$ und $\hat{y} = a + b \cdot x$

Regressionswert: $\hat{y}_4 = 1,617 + 0,275 \cdot (x_4 = 7,0) = 3,542$

Residuum: $\hat{u}_4 = y_4 - \hat{y}_4 = 3{,}6 - 3{,}542 = \underline{0{,}058}$

Die Rendite von 3,5% des Rentenfonds „Inrenta" bei einer Anlagedauer von 3 Jahren liegt um 0,058 Prozentpunkte über dem aufgrund der Regression zu erwartenden Wert (= Regressionswert).

Aufgabe 63

a) $w = n-1\sqrt{\dfrac{x(n)}{x(1)}} - 1 = \sqrt[5]{\dfrac{90}{40}} - 1 = \sqrt[5]{2{,}25} - 1 = 1{,}176 - 1 = \underline{0{,}176 (\equiv 17{,}6\%)}$

b) $f = \dfrac{x_6}{x_1} = \dfrac{140}{200} = \underline{0{,}7}$. Somit liegt ein Rückgang der Druckerpreise um 30% vor.

c) $r = \dfrac{n \sum x_i \cdot y_i - \sum x_i \cdot \sum y_i}{\sqrt{\left[n \sum x_i^2 - (\sum x_1)^2 \right] \cdot \left[n \sum y_i^2 - (\sum y_i)^2 \right]}}$

i	x_i	y_i	$x_i \cdot y_i$	x_i^2	y_i^2
1	200	40	8000	40000	1600
2	180	40	7200	32400	1600
3	180	50	9000	32400	2500
4	160	60	9600	25600	3600
5	150	80	12000	22500	6400
6	140	90	12600	19600	8100
$\sum$	1010	360	58400	172500	23800

$r = \dfrac{6 \cdot 58400 - 1010 \cdot 360}{\sqrt{(6 \cdot 172500 - 1010^2) \cdot (6 \cdot 23800 - 360^2)}} = \dfrac{-13200}{\sqrt{14900 \cdot 13200}} = \dfrac{-13200}{14024{,}26} = \underline{-0{,}941}$

d) Steigungsmaß der Anpassungsgeraden einer Regression des Druckerabsatzes (Y) auf den Druckerpreis (X).

$\hat{b} = \dfrac{n \sum x_i \cdot y_i - \sum x_i \cdot \sum y_i}{n \sum x_i^2 - (\sum x_i)^2} = \dfrac{6 \cdot 58400 - 1010 \cdot 360}{6 \cdot 172500 - 1010^2} = \dfrac{-13200}{14900} = -0{,}8859$

Senkung des Druckerpreises um 10€:

$\triangle x = -10 \rightarrow$ Absatzsteigerung: $\triangle y = \hat{b} \cdot \triangle x = -0{,}8859 \cdot (-10) = 8{,}859$, d. h. Absatzsteigerung = 9 Einheiten

e) $\hat{a} = \dfrac{\sum y_i}{n} - \hat{b} \cdot \dfrac{\sum x_i}{n} = \dfrac{360}{6} - (-0{,}8859) \cdot \dfrac{1010}{6} = 60 + 0{,}8859 \cdot 168{,}3333 = \underline{209{,}13}$

Aufgabe 64

a) Korrelationskoeffizient nach Bravais & Pearson:

$$r = \frac{n\sum x_i \cdot y_i - \sum x_i \cdot \sum y_i}{\sqrt{\left[n\sum x_i^2 - (\sum x_1)^2\right] \cdot \left[n\sum y_i^2 - (\sum y_i)^2\right]}}$$

i	x_i	y_i	$x_i \cdot y_i$	x_i^2	y_i^2
1	110,8	98,5	10913,80	12276,64	9702,25
2	115,7	96,5	11165,05	13386,49	9312,25
3	119,3	96,1	11464,73	14232,49	9235,21
4	124,2	94,8	11774,16	15425,64	8987,04
5	127,1	93,5	11883,85	16154,41	8742,25
6	130,0	93,6	12168,00	16900,00	8760,96
$\sum$	727,1	573	69369,59	88375,67	54739,96

$$r = \frac{6 \cdot 69369,59 - 727,1 \cdot 573,0}{\sqrt{(6 \cdot 88375,67 - 727,1^2) \cdot (6 \cdot 54739,96 - 573,0^2)}} = \frac{-410,76}{\sqrt{1579,1 \cdot 110,76}} = \frac{-410,76}{418,2118}$$

$$= \underline{-0,982}$$

b) Kausalkette: Arbeitskosten je Beschäftigte (X) $\rightarrow$ Beschäftigte (Y)

Regressionsmodell: Beschäftigte = f (Arbeitskosten je Beschäftigte)
(Regressionsfunktion)

bei linearer Beziehung: Beschäftigte = a + b $\cdot$ Arbeitskosten je Beschäftigte
(lineare Regressionsfunktion)

c) $\hat{b} = \dfrac{n\sum x_i \cdot y_i - \sum x_i \cdot \sum y_i}{n\sum x_i^2 - (\sum x_i)^2} = \dfrac{-410,76}{1579,1} = \underline{-0,260}$

$\hat{a} = \dfrac{\sum y_i}{n} - \hat{b} \cdot \dfrac{\sum x_i}{n} = \dfrac{573,0}{6} - (-0,260) \cdot \dfrac{727,1}{6} = 95,5 + 0,260 \cdot 121,183 = \underline{127,0}$

$\hat{y} = a + b \cdot x = 127,0 - 0,260 \cdot x$

d) Erwartete Beschäftigung (Reg.wert): $\hat{y}_3 = 127,0 - 0,260 \cdot (x_3 = 119,3) = \underline{96,0}$

Residuum: $\hat{u}_3 = y_3 - \hat{y}_3 = 96,1 - 96,0 = 0,1$

Prozentualer Fehler: $\dfrac{u_3}{y_3} \cdot 100\% = \dfrac{0,1}{96,1} \cdot 100\% = \underline{0,1\%}$

e) Bestimmtheitsmaß: $R^2 = r^2 = (-0,982)^2 = 0,964$

96,4% der Beschäftigtenvarianz werden durch das Regressionsmodell erklärt.

Aufgabe 65

a) x = Auftragseingang   y = Produktion

$$s_{xy} = \frac{1}{4}\sum_{i=1}^{4} x_i \cdot y_i - \overline{x}\cdot\overline{y} \text{ mit } \overline{x} = 113{,}4 \text{ und } \overline{y} = 112{,}8$$

$$s_{xy} = \frac{1}{4}(115{,}7\cdot114{,}4 + 114{,}4\cdot113{,}8 + 112{,}7\cdot112{,}0 + 110{,}8\cdot111{,}0) - 113{,}4\cdot112{,}8$$

$$= \frac{1}{4}\cdot 51176{,}0 - 12791{,}52 = \underline{2{,}48}$$

Die Größenordnung der Kovarianz ist abhängig von der Maßeinheit, so dass ihr Wertebereich nicht allgemein angegeben werden kann. Ein Wert der Kovarianz von z. B. 2,48 kann daher je nach Maßeinheit einen starken oder schwachen positiven Zusammenhang implizieren, was erst durch eine Normierung ermittelt werden kann.

b) Korrelationskoeffizient nach Bravais und Pearson: $r = \dfrac{s_{xy}}{s_x \cdot s_y}$

$$s_{\overline{x}}^2 = \frac{1}{n}\sum_{i=1}^{n} x_i^2 - \overline{x}^2 = \frac{1}{4}\left[115{,}7^2 + 114{,}4^2 + 112{,}7^2 + 110{,}8^2\right] - 113{,}4^2$$

$$= 12862{,}945 - 12859{,}56 = 3{,}385$$

$$s_{\overline{y}}^2 = \frac{1}{n}\sum_{i=1}^{n} y_i^2 - \overline{y}^2 = \frac{1}{4}\left[114{,}4^2 + 113{,}8^2 + 112{,}0^2 + 111{,}0^2\right] - 112{,}8^2$$

$$= 12725{,}7 - 12723{,}84 = 1{,}86$$

$$r = \frac{2{,}48}{\sqrt{3{,}385}\cdot\sqrt{1{,}86}} = \frac{2{,}48}{2{,}5091} = \underline{0{,}988}$$

c) $w = n-1\sqrt{\dfrac{x(n)}{x(1)}} - 1 = \sqrt[3]{\dfrac{113{,}8}{100}} - 1 = \sqrt[3]{1{,}15} - 1 = 1{,}044 - 1 = \underline{0{,}044 (\equiv 4{,}4\%)}$

Die Produktion von Investitionsgütern hat sich im betrachteten Zeitraum jährlich um 4,4% erhöht.

d) Regressionsfunktion: $\hat{y} = 32 + 0{,}75\cdot x$ Erwarteter Wert für x = 114,4

Aufgabe 66

a) Geometrisches Mittel: $w = \sqrt[5]{1{,}28} - 1 = 1{,}051 - 1 = \underline{0{,}051}\,(\equiv 5{,}1\%)$

b) $P_{0t}^L = \sum \dfrac{p_{jt}}{p_{j0}}\cdot g_{j0}$ mit $g_{j0} = \dfrac{p_{j0}\cdot q_{j0}}{\sum p_{i0}\cdot q_{i0}}$

152

$$P_{05}^L = 1{,}192 \cdot 0{,}3 + 1{,}186 \cdot 0{,}3 + 1{,}142 \cdot 0{,}2 + 1{,}124 \cdot 0{,}2$$
$$= 0{,}3576 + 0{,}3558 + 0{,}2284 + 0{,}2248 = 1{,}167$$

Die Energiepreise haben sich im Mittel in der Berichtsperiode im Vergleich zur Basisperiode bei konstanten Verbrauchsausgabenanteilen um 16,7% erhöht. Hierbei sind die Verbrauchsausgabenanteile der Basisperiode zugrunde gelegt worden.

c) $\displaystyle P_{0t}^P = \frac{1}{\sum \dfrac{1}{p_{jt}/p_{j0}} \cdot g_{jt}}$ mit $g_{jt} = \dfrac{p_{jt} \cdot q_{jt}}{\sum p_{it} \cdot q_{it}}$

$$P_{05}^P = \frac{1}{\dfrac{1}{1{,}192} \cdot 0{,}3 + \dfrac{1}{1{,}186} \cdot 0{,}4 + \dfrac{1}{1{,}142} \cdot 0{,}2 + \dfrac{1}{1{,}124} \cdot 0{,}1}$$

$$= \frac{1}{0{,}251678 + 0{,}337268 + 0{,}175131 + 0{,}088968} = \frac{1}{0{,}853045} = \underline{1{,}172}$$

d) Mengenindex nach Paasche: $W_{05} = P_{05}^L \cdot Q_{05}^P \Rightarrow Q_{05}^P = \dfrac{W_{05}}{P_{05}^L} = \dfrac{1{,}28}{1{,}167} = \underline{1{,}097}$

Mengenindex nach Laspeyres: $W_{05} = P_{05}^P \cdot Q_{05}^L \Rightarrow Q_{05}^L = \dfrac{W_{05}}{P_{05}^P} = \dfrac{1{,}28}{1{,}172} = \underline{1{,}092}$

e) $\displaystyle P_{05}^C = \frac{1}{n} \sum \frac{p_{j5}}{p_{j0}} = \frac{1}{4} \cdot (1{,}192 + 1{,}186 + 1{,}142 + 1{,}124) = \frac{1}{4} \cdot 4{,}644 = \underline{1{,}161}$

f) Preismesszahl Strom: $m_{06}^S = \dfrac{p_{S6}}{p_{S0}} = \dfrac{p_{S6}}{p_{S5}} \cdot \dfrac{p_{S5}}{p_{S0}} \approx 1{,}10 \cdot 1{,}192 = \underline{1{,}3112}$

Geometrisches Mittel: $w = \sqrt[6]{1{,}3112} - 1 = 1{,}046 - 1 = \underline{0{,}046} \, (\equiv 4{,}6\%)$

Aufgabe 67

a) $\displaystyle w = \sqrt[n-1]{\frac{x(n)}{x(1)}} - 1 = \sqrt[3]{\frac{138}{120}} - 1 = \sqrt[3]{1{,}15} - 1 = 1{,}048 - 1 = \underline{0{,}048} (\equiv 4{,}8\%)$

b) - ohne Kenntnis: Preisindex nach Carli
$$P_{0t}^C = \frac{1}{n} \sum \frac{p_{jt}}{p_{j0}} = \frac{1}{3} \cdot \left(\frac{110}{100} + \frac{63}{60} + \frac{138}{120} \right) = \frac{1}{3} \cdot (1{,}1 + 1{,}05 + 1{,}15) = \frac{1}{3} \cdot 3{,}3 = \underline{1{,}1}$$

- unter Verwendung der in der Basisperiode in Anspruch genommenen Verkehrsleistungen:

Preisindex nach Laspeyres: $P_{0t}^L = \sum \frac{p_{jt}}{p_{j0}} \cdot g_{j0}$ mit $g_{j0} = \frac{p_{j0} \cdot q_{j0}}{\sum p_{i0} \cdot q_{i0}}$

$$P_{0t}^L = \frac{110 \cdot 150 + 63 \cdot 100 + 138 \cdot 40}{100 \cdot 150 + 60 \cdot 100 + 120 \cdot 40} = \frac{28320}{25800} = \underline{1,098}$$

c) Wert eines Euros in t: $K_{0t}^L = \frac{1}{P_{0t}^L} = \frac{1}{1,098} = 0,911$

Wertminderung: $1 - 0,911 = 0,089$ $(\equiv 8,9\%)$

d) - Nominaler Wert: $N_t = \sum p_{jt} \cdot q_{jt} = 100 \cdot 160 + 63 \cdot 110 + 138 \cdot 43 = 30.464$
   - Realer Wert: $R_t = \sum p_{j0} \cdot q_{jt} = 100 \cdot 160 + 60 \cdot 110 + 120 \cdot 43 = 27.760$

Verhältnis zwischen nominalem und realem Wert:

$\dfrac{N_t}{R_t} = \dfrac{30.464}{27.760} = \underline{1,097}$ ← Preisindex nach Paasche (implizite Ermittlung des Preisindex der Verkehrsleistung)

e) Wertindex: $W_{0t} = \dfrac{\sum p_{jt} \cdot q_{jt}}{\sum p_{j0} \cdot q_{j0}} = \dfrac{30.464}{25.800} = \underline{1,181}$

f) $W_{0t} = P_{0t}^L \cdot Q_{0t}^P = P_{0t}^P \cdot Q_{0t}^L$

1. mit $W_{0t} = 1,181$ und $P_{0t}^L = 1,098$ $\Rightarrow$ $Q_{0t}^P = \dfrac{W_{0t}}{P_{0t}^L} = \dfrac{1,181}{1,098} = \underline{1,076}$

2. mit $W_{0t} = 1,181$ und $P_{0t}^P = 1,097$ $\Rightarrow$ $Q_{0t}^L = \dfrac{W_{0t}}{P_{0t}^P} = \dfrac{1,181}{1,097} = \underline{1,077}$

Aufgabe 68

a) Preismesszahlen:

$$\frac{p_{Mt}}{p_{M0}} = \frac{410}{440} = 0,932, \quad \frac{p_{Et}}{p_{E0}} = \frac{26}{22} = 1,182, \quad \frac{p_{Vt}}{p_{V0}} = \frac{35}{31} = 1,161, \quad \frac{p_{Nt}}{p_{N0}} = \frac{14}{12} = 1,167$$

Interpretation: Die erste Preismesszahl gibt an, dass sich die Mieten in der Berichtsperiode um 6,8% gegenüber der Basisperiode verringert haben. In allen anderen Bereichen (= Güter) sind die Preise dagegen gestiegen z.B. um 18,2% bei der Energie.

b) $P_{0t}^L = \sum\limits_{j=1}^{4} \dfrac{p_{jt}}{p_{j0}} g_{j0} = 0{,}932 \cdot 0{,}442 + 1{,}182 \cdot 0{,}275 + 1{,}161 \cdot 0{,}156 + 1{,}167 \cdot 0{,}127$

$$= 0{,}4119 + 0{,}3251 + 0{,}1811 + 0{,}1482 = 1{,}066$$

Die Preise der speziellen Verbrauchsgüter haben sich für die Verbraucher bei Unterstellung unveränderter Gebrauchsgewohnheiten von der Basis- zur Berichtsperiode um 6,6% verteuert.

c) $P_{0t}^C = \dfrac{1}{n} \sum \dfrac{p_{jt}}{p_{j0}} = \dfrac{1}{4}(0{,}932 + 1{,}182 + 1{,}161 + 1{,}167) = \dfrac{1}{4} 4{,}442 = 1{,}111$

Der ungewichtete Preisindex ist allgemein nicht anwendbar, da er die Bedeutung der Güter für die Verbraucher unberücksichtigt lässt.

d) $\sum p_{j0} \cdot q_{jt} = 440 \cdot 1 + 22 \cdot 12 + 31 \cdot 4 + 12 \cdot 9 = 440 + 264 + 124 + 108 = \underline{936}$

Interpretation:
1. Fiktive Verbrauchsangaben in der Basisperiode, die sich ergeben hätten, wenn die Verbraucher die Mengen der Berichtsperiode konsumiert hätten.
2. Realer Wert der Verbrauchsausgaben in der Berichtsperiode.

e) $P_{0t}^P = \dfrac{\sum p_{jt} \cdot q_{jt}}{\sum p_{j0} \cdot q_{jt}} = \dfrac{410 \cdot 1 + 26 \cdot 12 + 35 \cdot 4 + 14 \cdot 9}{\underset{(\text{s.Teil c})}{936}} = \dfrac{988}{936} = 1{,}056$

f) • Wertindex: $W_{0t} = \dfrac{\sum p_{jt} \cdot q_{jt}}{\sum p_{jt} \cdot q_{j0}} = \dfrac{988(\text{s. Teil d})}{904} = 1{,}093$

Interpretation: Die Verbrauchsausgaben haben sich in der Berichtsperiode gegenüber der Basisperiode um 9,3% erhöht.

• Mengenindex nach Laspeyres: $W_{0t} = Q_{0t}^L \cdot P_{0t}^P \Rightarrow Q_{0t}^L = \dfrac{W_{0t}}{P_{0t}^P} = \dfrac{1{,}093}{1{,}056} = 1{,}035$

Interpretation: Die Verbrauchsmengen haben sich in der Berichtsperiode gegenüber der Basisperiode bei Unterstellung der Basispreisstruktur im Mittel um 3,5% erhöht.

Aufgabe 69

a)

$P_{0t}^L = \sum \dfrac{p_{jt}}{p_{j0}} \cdot \dfrac{p_{j0} \cdot q_j}{\sum p_{j0} \cdot q_{i0}}$

$\sum p_{j0} \cdot q_{j0} = 10 \cdot 100 + 5 \cdot 200 + 20 \cdot 150 + 30 \cdot 50 = 6500$

$$P_{0t}^L = 1,10 \cdot \frac{10 \cdot 100}{6500} + 1,05 \cdot \frac{5 \cdot 200}{6500} + 1,10 \cdot \frac{20 \cdot 150}{6500} + 1,20 \cdot \frac{30 \cdot 150}{6500}$$

$$= 1,10 \cdot 0,154 + 1,05 \cdot 0,154 + 1,10 \cdot 0,462 + 1,20 \cdot 0,231$$

$$= 0,1694 + 0,1617 + 0,5082 + 0,2772 = \underline{1,117}$$

Der Laspeyres-Preisindex weist einen durchschnittlichen Preisanstieg für das Güterbündel um 11,7% aus. Der mittlere Preisanstieg bezieht sich auf den Warenkorb der Basisperiode, d. h. auf unveränderte Verbrauchsgewohnheiten.

b) $K_{0t}^L = \dfrac{1}{P_{ot}^L} = \dfrac{1}{1,117} = 0,8952$

100% - 89,52% = 10,48%, d. h. die Kaufkraft hat sich in der Berichtsperiode gegenüber der Basisperiode um 10,48% verringert.

c) $P_{0t}^P = \dfrac{1}{\sum \dfrac{1}{p_{jt}/p_{j0}} \cdot g_{jt}}$ mit $g_{jt} = \dfrac{p_{jt} \cdot q_{jt}}{\sum p_{it} \cdot q_{it}}$

$$P_{0t}^P = \frac{1}{\dfrac{1}{1,10} \cdot 0,15 + \dfrac{1}{1,05} \cdot 0,2 + \dfrac{1}{1,10} \cdot 0,5 + \dfrac{1}{1,20} \cdot 0,15}$$

$$= \frac{1}{0,1364 + 0,1905 + 0,4545 + 0,125} = \frac{1}{0,9064} = \underline{1,103}$$

d)

☒ lässt sich als Deflator bei der Preisbereinigung nominaler Größen verwenden.
☒ erfasst das Substitutionsverhalten der Verbraucher adäquater als der Laspeyres-Preisindex.

e) • Preisindex nach Dutot: $P_{0t}^D = \dfrac{\overline{p}_t}{\overline{p}_0}$

$$\overline{p}_0 = \frac{1}{4} \cdot (10 + 5 + 20 + 30) = 16,25$$

$$\overline{p}_t = \frac{1}{4} \cdot (1,10 \cdot 10 + 1,05 \cdot 5 + 1,10 \cdot 20 + 1,20 \cdot 30) = 18,5625$$

$$P_{0t}^D = \frac{18,5625}{16,25} = \underline{1,142}$$

• Preismessung auf Basis der doppelten Menge des Gutes A:

$p_{A0} = 20$, $q_{A0} = 200$, $p_{At} = 20 \cdot 1,10 = 22$

$$\bar{p}_0 = \frac{1}{4} \cdot (20 + 5 + 20 + 30) = 18{,}75$$

$$\bar{p}_t = \frac{1}{4} \cdot (22 + 5{,}25 + 22 + 36) = 21{,}3125$$

$$P_{0t}^D = \frac{21{,}3125}{18{,}75} = \underline{1{,}137}$$

Aufgabe 70

a) $P_{0t}^C = \frac{1}{n} \sum \frac{p_{jt}}{p_{j0}} = \frac{1}{5} \cdot (0{,}942 + 0{,}777 + 0{,}786 + 0{,}721 + 0{,}799) = \frac{1}{5} \cdot 4{,}025 = \underline{0{,}805}$

b)

$$P_{0t}^L = \sum_{j=1}^{5} \frac{p_{jt}}{p_{j0}} g_{j0} = 0{,}942 \cdot 0{,}20 + 0{,}777 \cdot 0{,}24 + 0{,}786 \cdot 0{,}12 + 0{,}721 \cdot 0{,}14 + 0{,}799 \cdot 0{,}30$$

$$= 0{,}1884 + 0{,}1865 + 0{,}0943 + 0{,}1009 + 0{,}2397 = \underline{0{,}810}$$

Die Weltmarktpreise für Rohstoffe sind in der Periode 9 um 19% gegenüber der Basisperiode gesunken.

c) Geom. Mittel: $w = \sqrt[n-1]{\frac{x(n)}{x(1)}} - 1 = \sqrt[9]{\frac{0{,}810}{1{,}000}} - 1 = 0{,}977 - 1 = \underline{-0{,}023} (\equiv -2{,}3\%)$

Die jährliche Verringerung der Weltmarktpreise für Rohstoffe beträgt 2,3%.

d) Preismesszahlen in Periode 8: $\dfrac{p_{j9}}{p_{j0}}$

Nahrungs- und Genussmittel:	$0{,}942 / (1 - 0{,}187) = 0{,}942 / 0{,}813 = 1{,}159$
Industrierohstoffe:	$0{,}777 / (1 - 0{,}022) = 0{,}777 / 0{,}978 = 0{,}794$
Agrarische Rohstoffe:	$0{,}786 / (1 - 0{,}009) = 0{,}786 / 0{,}991 = 0{,}793$
NE-Metalle:	$0{,}721 / 1{,}010 = 0{,}714$
Energierohstoffe:	$0{,}799 / 1{,}301 = 0{,}614$

$$P_{08}^L = \sum_{j=1}^{5} \frac{p_{jt}}{p_{j0}} g_{j0} = 1{,}159 \cdot 0{,}20 + 0{,}794 \cdot 0{,}24 + 0{,}793 \cdot 0{,}12 + 0{,}714 \cdot 0{,}14 + 0{,}614 \cdot 0{,}30$$

$$= 0{,}2318 + 0{,}1906 + 0{,}0952 + 0{,}1000 + 0{,}1842 = \underline{0{,}802}$$

Prozentuale Veränderung geg. der Vorperiode: $\dfrac{P_{09}^{L} - P_{08}^{L}}{P_{08}^{L}} = \dfrac{0,810 - 0,802}{0,802} = 0,010$

Erhöhung in Periode 9 gegenüber der Vorperiode um 1,0%.

e) Wertindex: $W_{09} = \dfrac{\sum p_{jt} \cdot q_{jt}}{\sum p_{j0} \cdot q_{j0}} = 1,48$

$W_{0t} = Q_{0t}^{L} \cdot P_{0t}^{P} \Rightarrow Q_{0t}^{L} = \dfrac{W_{0t}}{P_{0t}^{P}} = \dfrac{1,48}{0,810} = \underline{1,827}$

mengenmäßige Produktionssteigerung von 82,7%.
Indexkonzept: Paasche – Mengenindex (Gewichtung Mengen mit aktuellen Preisen)

Aufgabe 71

a) $P_{0t}^{L} = \sum\limits_{j=1}^{5} \dfrac{p_{jt}}{p_{j0}} g_{j0} = \dfrac{25}{20} \cdot 0,40 + \dfrac{60}{50} \cdot 0,30 + \dfrac{33}{30} \cdot 0,30 = 0,50 + 0,36 + 0,33 = \underline{1,19}$

Der Preisindex nach Laspeyres weist in der Berichtsperiode einen Preisanstieg für das Güterbündel um 19,0% aus. Bei der Messung des Preisanstiegs wird vom Warenkorb der Basisperiode ausgegangen.

b) $P_{0t}^{P} = \dfrac{1}{\sum \dfrac{1}{p_{jt}/p_{j0}} \cdot g_{jt}}$ mit $g_{jt} = \dfrac{p_{jt} \cdot q_{jt}}{\sum p_{it} \cdot q_{it}}$

$P_{0t}^{P} = \dfrac{1}{\dfrac{1}{1,25} \cdot 0,30 + \dfrac{1}{1,20} \cdot 0,30 + \dfrac{1}{1,10} \cdot 0,40} = \dfrac{1}{0,800 \cdot 030 + 0,833 \cdot 0,30 + 0,909 \cdot 0,40}$

$= \dfrac{1}{0,8535} = \underline{1,172}$

Art der Mittelung: Gewogene harmonische Mittelung, da aktuelle Ausgabenanteile gegeben sind und nicht die fiktiven Ausgabenanteile ($p_{j0} \cdot q_{jt} / \sum p_{j0} \cdot q_{jt}$), die eine gewogene arithmetische Mittelung erfordern würden.

c) $W_{0t} = \dfrac{N_{t}}{N_{0}} = \dfrac{12000}{10000} = \underline{1,2}$

Ausgaben im Berichtszeitraum:	Gut A 12000·0,30 = 3600	Gut B 12000·0,30 = 3600	Gut C 12000·0,40 = 4800

Wertindex als Messzahl: Werte lassen sich als Umsätze (= Summe der Produkte aus Mengen und Preisen) interpretieren → Umsatzmesszahl

d)

$$W_{0t} = Q_{0t}^L \cdot P_{0t}^P \Rightarrow Q_{0t}^L = \frac{W_{0t}}{P_{0t}^P} = \frac{1{,}2}{1{,}172} = \underline{1{,}024}$$

$$Q_{0t}^P = \frac{W_{0t}}{P_{0t}^L} = \frac{1{,}2}{1{,}19} = \underline{1{,}008}$$

Reale Ausgaben (Deflationierung): $N_0 = \dfrac{N_t}{P_{0t}^P} = \dfrac{12000}{1{,}172} = \underline{10238{,}91}$

e) Bei Preisindizes werden die Preise zwar mit konstanten Mengen gewichtet, so dass nicht die Veränderung der Ausgaben (z. B. Lebenshaltungskosten) gemessen wird. Werden die Preise jedoch z. B. mit den aktuellen Mengen oder dem Durchschnitt der Mengen zweier Perioden gewichtet, dann ist das Mengengerüst in einem mehrperiodigen Zeitraum nicht mehr konstant. Da z. B. Veränderungen der Verbrauchsgewohnheiten (= veränderte Mengen) den Wert des Preisindex mit beeinflussen, liegt kein „reiner" Preisvergleich mehr vor. So ist z. B. ein „reiner" Preisvergleich auf der Basis des Preisindex nach Laspeyres gegeben, nicht jedoch auf der Basis des Preisindex nach Paasche.

Aufgabe 72

a) Preismesszahlen:

Normal: $\dfrac{p_{1t}}{p_{10}} = \dfrac{1{,}56}{1{,}50} = 1{,}040$ Super: $\dfrac{p_{2t}}{p_{20}} = \dfrac{1{,}72}{1{,}60} = 1{,}075$ Diesel: $\dfrac{p_{3t}}{p_{30}} = \dfrac{1{,}23}{1{,}20} = 1{,}025$

Preisindex nach Carli: $P_{0t}^C = \dfrac{1}{n}\sum\dfrac{p_{jt}}{p_{j0}} = \dfrac{1}{3}(1{,}040 + 1{,}075 + 1{,}025) = \dfrac{1}{3}\cdot 3{,}14 = \underline{1{,}046}$

Das Gewichtsproblem bleibt bei diesem Preisindex ungelöst, d. h. die Güter werden nicht gemäß ihrer Bedeutung, die ihnen die Verbraucher beimessen, berücksichtigt, sondern gleichgewichtet. Auf diese Weise geht z. B. die relativ geringe Preissteigerung des Dieselkraftstoffs überproportional stark in den Preisindex ein, wodurch dieser die durchschnittliche Preisentwicklung in der Tendenz zu niedrig ausweist.

b) $P_{0t}^P = \dfrac{\sum p_{jt}\cdot q_{jt}}{\sum p_{j0}\cdot q_{jt}} = \dfrac{1{,}56\cdot 112 + 1{,}72\cdot 82 + 1{,}23\cdot 48}{1{,}50\cdot 112 + 1{,}60\cdot 82 + 1{,}20\cdot 48} = \dfrac{374{,}8}{356{,}8} = \underline{1{,}050}$

Der Preisindex nach Paasche weist in der Berichtsperiode einen durchschnittlichen Preisanstieg der Kraftstoffe um 5,0% gegenüber der Basisperiode aus. Diese Preissteigerungsrate ergibt sich bei einer Bezugnahme zu d. aktuellen Verbrauchsmengen.

c) Realer Umsatz: $R_{0t} = \dfrac{\Sigma p_{jt} \cdot q_{jt}}{P_{0t}^P} = \dfrac{N_t}{P_{0t}^P} = \dfrac{374,8}{1,050} = \underline{356,95}$ [Geldeinheiten]

d) Wertindex: $W_{0t} = \dfrac{\Sigma p_{jt} \cdot q_{jt}}{\Sigma p_{j0} \cdot q_{j0}} = \dfrac{374,8}{1,50 \cdot 100 + 1,60 \cdot 80 + 1,20 \cdot 40} = \underline{1,150}$

Komponentenzerlegung: $W_{0t} = Q_{0t}^L \cdot P_{0t}^P$ mit $Q_{0t}^L = \dfrac{\Sigma q_{jt} \cdot p_{j0}}{\Sigma q_{j0} \cdot p_{j0}} = \dfrac{356,8}{326} = 1,094$

$$\underset{\text{Mengenkomponente}}{\uparrow} \quad \underset{\text{Preiskomponente}}{\uparrow}$$

→ damit ergibt sich: $W_{0t} = Q_{0t}^L \cdot P_{0t}^P = 1,050 \cdot 1,094 = 1,150$

Aufgabe 73

a) Verhältniszahl: $LSK = \dfrac{L}{P} = \dfrac{l \cdot A}{P} = \dfrac{l}{\dfrac{P}{A}} = \dfrac{l}{\Pi}$ Beziehungszahl (Entsprechungszahl)

l = Lohnsatz; A = Beschäftigte; $\Pi = \dfrac{P}{A} = \dfrac{\text{Produktion}}{\text{Beschäftigte}}$ (Arbeitsprod.)

b) Geom. Mittel: $w_{EU} = {}^{n-1}\!\!\sqrt{\dfrac{x(n)}{x(1)}} - 1 = \sqrt[15]{\dfrac{159,9}{100}} - 1 = 1,038 - 1 = \underline{0,0318\ (\equiv 3,18\%)}$

$w_{USA} = {}^{n-1}\!\!\sqrt{\dfrac{x(n)}{x(1)}} - 1 = \sqrt[15]{\dfrac{125,7}{100}} - 1 = 1,0154 - 1 = \underline{0,0154\ (\equiv 1,54\%)}$

c) Der Indexwert der EU-Staaten von 159,9 besagt, dass sich die Lohnstückkosten 1995 gegenüber dem Basisjahr 1980 um 59,9% erhöht haben. Entsprechend weist der Indexwert für die USA eine Erhöhung der Lohnstückkosten im selben Zeitraum von 25,7% aus. Der Anstieg der Lohnstückkosten ist in den EU-Staaten somit mehr als doppelt so hoch gewesen als in den USA. Aus den Indexwerten ist jedoch nicht erkennbar, in welchem Wirtschaftsraum die Lohnstückkosten im Basisjahr höher waren oder ob sie das gleiche Niveau hatten.

d) Ungewogenes arithmetisches Mittel: $\bar{x} = \dfrac{1}{n} \sum_{i=1}^{n} x_i$

$\bar{x} = \dfrac{1}{12} \cdot \big[(-0,6) + 0,8 + 1,0 + 1,0 + 1,1 + 1,8 + 1,9 + 2,2 + 2,6 + 2,8 + 3,2 + 7,3\big] = \underline{2,09}$

Gründe für die Abweichung: Beim ungewogenen arithmetischen Mittel werden die Zuwächse der Lohnstückkosten in den einzelnen EU-Staaten gleichgewichtet. Tat-

160

sächlich müssten die Stückkostenzuwächse jedoch mit dem jeweiligen Produktionsniveau gewichtet werden, da nur dann gewährleistet ist, dass sich dasselbe Ergebnis ergibt, wie bei einer Betrachtung der EU als einheitlicher Wirtschaftsraum.

e) Varianz der Veränderungsraten (Verschiebungssatz) und Standardabweichung:

$$s^2 = \frac{1}{n} \sum_{i=1}^{n} x_i^2 - \overline{x}^2$$

$$= \frac{1}{12} \left(\begin{array}{l} (-0,6)^2 + 0,8^2 + 1,0^2 + 1,0^2 + 1,1^2 + 1,8^2 + 1,9^2 + 2,2^2 + 2,6^2 \\ + 2,8^2 + 3,2^2 + 7,3^2 \end{array} \right) - 2,09^2$$

$$= \frac{1}{12} \cdot 94,03 - 4,3681 = 7,8358 - 4,3681 = 3,4677$$

$$s = \sqrt{s^2} = \sqrt{3,4677} = \underline{1,86}$$

1s-Intervall um $\overline{x}$: $[\overline{x} - s; \overline{x} + s] = [2,09 - 1,86; 2,09 + 1,86] = [0,23; 3,95]$

Länder im 1s-Intervall: NL, A, B, F, S, DK, E, I, D, GB

Aufgabe 74

a)

t	$m_{2000,t}^{TV}$	$m_{2000,t}^{DVD}$
2000	1,000	1,000
2002	1,176	1,333
2004	1,706	1,833
2006	1,676	1,778
2008	1,618	1,722

z. B. $m_{2000,t}^{TV} = \frac{4,0}{3,4} = 1,176$ und $m_{2000,t}^{DVD} = \frac{5,8}{3,4} = 1,706$

2002 ist der Absatz von TV-Geräten gegenüber dem Basisjahr 2000 um 17,6% gestiegen; der Anstieg betrug 2008 gegenüber dem Basisjahr 61,8%. Die entsprechenden Steigerungsraten lagen bei den DVD-Playern bei 33,3% bzw. 72,2%. Insgesamt zeigt sich aufgrund der beiden Messzahlenreihen, dass der Absatz an DVD-Playern in allen angegeben Jahren des betrachteten Zeitraums stärker gestiegen ist als der Absatz an TV-Geräten.

b)

T	$m_{2004,t}^{TV}$	$m_{2004,t}^{DVD}$
2000	0,586	0,546
2002	0,689	0,727
2004	1,000	1,000
2006	0,982	0,970
2008	0,948	0,939

Umbasierung: $m_{kt} = \dfrac{m_{0t}}{m_{0k}}$ mit $0 = 2000$ und $k = 2004$

z. B. $m_{2004,2000} = \dfrac{m_{2000,2000}}{m_{2000,2004}} = \dfrac{1,000}{1,706} = 0,586$ und $m_{2004,2002} = \dfrac{m_{2000,2002}}{m_{2000,2004}} = \dfrac{1,176}{1,706} = 0,689$

c) Dass die Umbasierung bei Messzahlen exakt durchführbar ist, erkennt man daran, dass die Definition einer Messzahl zur neuen Basis k,

$$m_{kt} = \frac{y_t}{y_k}$$

stets identisch ist mit der durch Umbasierung erhaltenen Messzahl zur Basis k:

$$\frac{m_{0t}}{m_{0k}} = \frac{y_t / y_0}{y_k / y_0} = \frac{y_t}{y_k} = m_{kt}.$$

Bei Indexzahlen ist eine exakte Umbasierung im Allgemeinen aufgrund des veränderten Wägungsschemas und das Hinzukommen neuer und das Wegfallen absoluter Güter nicht gegeben.

d) Absatz von TV-Geräten (X), Absatz von DVD-Playern (Y)

$$s_{xy} = \frac{1}{n} \sum_{i=1}^{n} x_i \cdot y_i - \overline{x} \cdot \overline{y}$$

$$\overline{x} = \frac{1}{5} \cdot \sum_{i=1}^{5} x_i = \frac{1}{5} \cdot (3,4 + 4,0 + 5,8 + 5,7 + 5,5) = \frac{1}{5} \cdot 24,4 = 4,88$$

$$\overline{y} = \frac{1}{5} \cdot \sum_{i=1}^{5} y_i = \frac{1}{5} \cdot (1,8 + 2,4 + 3,3 + 3,2 + 3,1) = \frac{1}{5} \cdot 13,8 = 2,76$$

$$s_{xy} = \frac{1}{5} \cdot (3,4 \cdot 1,8 + 4,0 \cdot 2,4 + 5,8 \cdot 3,3 + 5,7 \cdot 3,2 + 5,5 \cdot 3,1) - 4,88 \cdot 2,76$$

$$= \frac{1}{5} \cdot 70,15 - 13,469 = \underline{0,561}$$

e)
Während die Varianz eines Merkmals X das Ausmaß der Abweichung der Beobachtungswerte von Mittelwert $\overline{x}$ misst, wird durch die Kovarianz erfasst, mit welchem Grad überdurchschnittliche oder unterdurchschnittliche X-Werte mit überdurchschnittlichen oder unterdurchschnittlichen Y-Werten einhergehen. Bei einem überwiegen gleichläufiger Tendenzen bei beiden Merkmalen ergibt sich eine positive Verbundstreuung; bei einem überwiegen gegenläufiger Tendenzen ist die Verbundstreuung dagegen negativ.

Aufgabe 75

a)

Gut	Preismesszahl	Mengenmesszahl
A	1,03	1,02
B	1,04	1,01
C	1,07	0,96

Die Absatzmengen der beiden im Vergleich zu Gut C relativ preiswerter gewordenen Güter A und B steigen, während die abgesetzte Menge des Gutes C abnimmt. Zwischen den Gütern A und B findet eine ähnliche Substitution statt, da die Nachfrage nach dem relativ preiswerter gewordenen Gut A stärker zunimmt als beim Gut B.

b) $P_{0t}^{L} = \sum\limits_{j=1}^{3} \dfrac{p_{jt}}{p_{j0}} \, g_{j0} = 1,03 \cdot 0,5 + 1,04 \cdot 0,3 + 1,07 \cdot 0,2 = \underline{1,041}$

Der Preisindex nach Laspeyres weist im Berichtsjahr t eine Preissteigerung von 4,1% gegenüber dem Basisjahr 0 aus. Dabei ist der Warenkorb des Basisjahres zugrunde gelegt worden, so dass Substitutionseffekte unberücksichtigt bleiben.

c) $P_{0t}^{P} = \dfrac{\sum p_{jt} \cdot q_{jt}}{\sum p_{j0} \cdot q_{jt}} = 1,03 \cdot 0,5075 + 1,04 \cdot 0,3015 + 1,07 \cdot 0,1910 = \underline{1,041}$

Bestimmung der Gewichte: Man kann $\sum p_{j0} \cdot q_{j0} = 100$ setzen, da nur die relativen Ausgaben (= Ausgabenanteile) der Güter von Relevanz sind. Dann gibt

$p_{10} \cdot q_{10} = 50 \rightarrow p_{10} \cdot q_{1t} = 1,02 \cdot 50 = 51$
$p_{20} \cdot q_{20} = 50 \rightarrow p_{20} \cdot q_{2t} = 1,01 \cdot 30 = 30,3$
$p_{30} \cdot q_{30} = 50 \rightarrow p_{30} \cdot q_{3t} = 0,96 \cdot 20 = 19,2$

und damit $\sum p_{j0} \cdot q_{jt} = 51 + 30,3 + 19,2 = 100,5$. Die gesuchten Gewichte für den Paasche-Preisindex lauten somit:

$p_{10} \cdot q_{1t} / \sum p_{j0} \cdot q_{jt} = 51 / 100,5 = 0,5075$
$p_{20} \cdot q_{2t} / \sum p_{j0} \cdot q_{jt} = 30,3 / 100,5 = 0,3015$
$p_{30} \cdot q_{3t} / \sum p_{j0} \cdot q_{jt} = 19,2 / 100,5 = 0,1910$

d) $K_t = \dfrac{1}{P_t} \Rightarrow P_t = \dfrac{1}{K_t} = \dfrac{1}{0,88} = 1,136$

Jährliche Preissteigerungsrate:

$w = \sqrt[4]{1,136} - 1 = 1,032 - 1 = \underline{0,032}$ (jährlicher Preisanstieg 3,2%)

Aufgabe 76

a)   Preismesszahlen: Mengenmesszahlen:

Erzeugnis 1: $\dfrac{p_{14}}{p_{10}} = \dfrac{150}{100} = 1{,}5$ $\dfrac{q_{14}}{q_{10}} = \dfrac{2900}{2000} = 1{,}45$

Erzeugnis 2: $\dfrac{p_{24}}{p_{20}} = \dfrac{250}{200} = 1{,}25$ $\dfrac{q_{24}}{q_{20}} = \dfrac{1200}{1000} = 1{,}2$

Erzeugnis 3: $\dfrac{p_{34}}{p_{30}} = \dfrac{500}{400} = 1{,}25$ $\dfrac{q_{34}}{q_{30}} = \dfrac{1800}{1500} = 1{,}2$

b) Ausgaben im Basisjahr:

$$\sum_{j=1}^{3} p_{j0} \cdot q_{j0} = 100 \cdot 2000 + 200 \cdot 1000 + 400 \cdot 1500 = 1.000.000$$

$$P_{04}^{L} = \sum_{j=1}^{3} \frac{p_{jt}}{p_{j0}} g_{j0} = \frac{100 \cdot 2000}{1.000.000} \cdot 1{,}5 + \frac{200 \cdot 1000}{1.000.000} \cdot 1{,}25 + \frac{400 \cdot 1500}{1.000.000} \cdot 1{,}25$$

$$= 1{,}5 \cdot 0{,}2 + 1{,}25 \cdot 0{,}2 + 1{,}25 \cdot 0{,}6 = \underline{1{,}3}$$

c) Ausgaben im Berichtsjahr:

$$\sum_{j=1}^{3} p_{j4} \cdot q_{j4} = 150 \cdot 2900 + 250 \cdot 1200 + 500 \cdot 1800 = 1.635.000$$

$$P_{0t}^{P} = \frac{1}{\sum \dfrac{1}{p_{jt}/p_{j0}} \cdot g_{jt}} \quad \text{mit} \quad g_{jt} = \frac{p_{jt} \cdot q_{jt}}{\sum p_{it} \cdot q_{it}}$$

$$P_{04}^{P} = \frac{1}{\dfrac{1}{1{,}5} \cdot \dfrac{150 \cdot 2900}{1.635.000} + \dfrac{1}{1{,}25} \cdot \dfrac{250 \cdot 1200}{1.635.000} + \dfrac{1}{1{,}25} \cdot \dfrac{500 \cdot 1800}{1.635.000}}$$

$$= \frac{1}{\dfrac{1}{1{,}5} \cdot 0266055 + \dfrac{1}{1{,}25} \cdot 0{,}183486 + \dfrac{1}{1{,}25} \cdot 0{,}550459} = \underline{1{,}308}$$

d) $Q_{0t}^{P} = \dfrac{\sum q_{jt} \cdot p_{jt}}{\sum q_{j0} \cdot p_{jt}} = \dfrac{2900 \cdot 150 + 1200 \cdot 250 + 1800 \cdot 500}{2000 \cdot 150 + 1000 \cdot 250 + 1500 \cdot 500} = \dfrac{1.635.000}{1.300.000} = \underline{1{,}258}$

$W_{0t} = P_{0t}^{L} \cdot Q_{0t}^{P} = 1{,}3 \cdot 1{,}258 = \underline{1{,}635}$

4. Induktive Statistik

4.1 Themenorientierte Übersicht

In diesem Kapitel finden Sie vorab eine themenorientierte Übersicht über die Klausuraufgaben, die an der Universität Kassel in der Vorlesung Statistik II gestellt worden sind. Die themenorientierte Übersicht erfolgt anhand der Vorlesung bzw. der dazugehörigen Bücher. Hinsichtlich des Klausurtrainings sollten Sie beachten, dass eine Klausur grundsätzlich aus drei Aufgaben besteht, die vollständig bearbeitet werden müssen. Die Klausuraufgaben beinhalten neben Rechnungen auch Verständnisfragen, Interpretationen und Zeichnungen. Zur vollständigen Lösung einer Rechenaufgabe müssen Originalformeln, Rechenwege, Zwischenergebnisse und Endergebnisse angegeben werden. Die Bearbeitungszeit für eine Klausur beträgt insgesamt 90 Minuten.

Übersicht Klausuraufgaben Wahrscheinlichkeitsrechnung und Induktive Statistik (Statistik II)

Thema	Klausuraufgaben
1. Zufallsvorgänge und Ereignisse, Wahrscheinlichkeitsbegriffe, Kombinatorik	
- Grundbegriffe	1a, 47a, 47b, 59a
- Wahrscheinlichkeitsbegriffe	47d, 47e, 52c, 61b
- Anordnungsprobleme	5a, 9a, 21e, 25e, 44a, 47c
- Auswahlprobleme	3a, 9b, 13a, 20a, 25d, 31d, 42e, 44b, 54a, 61a, 61b, 63a, 68a, 72a, 72b, 72c
2. Rechnen mit Wahrscheinlichkeiten	
- Einige Rechenregeln für Wahrscheinlichkeiten	1b, 5b, 10b, 17b, 17c, 37b, 51a, 55b, 55c, 59b, 59c, 66b, 66c, 66d, 66e
- Bedingte Wahrscheinlichkeit	1c, 5d, 37a, 45a, 48a, 51b, 51c, 55a, 55b, 55c, 59d, 66a, 66e, 72a, 72b, 72c, 72e
- Stochastische Unabhängigkeit	5c, 10a, 13b, 17d, 19c, 25a, 39d, 50c, 51c, 51d, 52c, 59b, 59c, 59d, 63b, 66a
- Totale Wahrscheinlichkeit und Bayessche Formel	17d, 17e, 24a, 24b, 25b, 25c, 29a, 29b, 33a, 33b, 48b, 48c
3. Zufallsvariablen und ihre Verteilung	
- Begriff der Zufallsvariablen	11e, 14e, 64a, 67e
- Wahrscheinlichkeitsfunktion	14b, 14d, 26a, 30a, 30c, 60a, 64d, 64e, 70b
- Dichtefunktion	2a, 6a, 11a, 11b, 11c, 22a, 22b, 22d, 26d, 31b, 34a, 34b, 34d, 38a, 38d, 41a, 41b, 41e, 46a, 46b, 46d, 49a, 49b

© Springer Fachmedien Wiesbaden 2018
R. Kosfeld, *Klausurtraining Deskriptive und Induktive Statistik*,
https://doi.org/10.1007/978-3-658-20455-6_4

- Verteilungsfunktion	2a, 6b, 6c, 14a, 18a, 26b, 31a, 38b, 41c, 60a, 64b, 70b, 73c
- Erwartungswert und Varianz	6d, 6e, 11d, 14c, 14d, 18b, 18c, 22c, 22d, 26c, 26d, 30b, 30c, 31c, 34c, 34d, 35d, 38c, 41d, 41e, 46c, 49c, 49d, 60b, 60c, 64c, 70b, 73c
- Gemeinsame Wahrsch.verteilung	73a
- Randverteilung	73a
- Bedingte Wahrscheinlichkeit	73b
- Stochastische Unabhängigkeit	73b
- Kovarianz, Korrelationskoeffizient	73e
4. Spezielle Verteilungen	
- Binomialverteilung	2b, 5e, 5f, 8a, 10c, 10d, 15a, 18d, 21a, 21b, 27a, 27b, 27c, 29c, 33c, 37c, 37d, 40a, 40b, 48d, 51e, 52a, 52d, 61c, 65a, 65b, 67a, 70a
- Hypergeometrische Verteilung	9c, 37e, 55d, 55e, 72d
- Geometrische Verteilung	1d, 8b, 9d, 9e, 13c, 18e, 21c, 29d, 33d, 33e, 40c, 45b, 45c, 52b, 56c, 56d, 56e, 60d, 63c, 70c
- Poissonverteilung	13d, 39a, 56a, 56b, 63d, 67b
- Normalverteilung	12c, 13e, 15c, 15d, 19b, 19d, 23b, 27e, 28c, 32b, 36d, 39c, 39d, 50b, 53c, 53d, 53e, 57b, 57c, 65d, 66d
5. Grenzwertansätze	
- Tschebyscheffsche Ungleichung	7c, 12d, 15b, 19a, 23a, 28b, 32c, 39b, 50a, 53a, 71b, 71c
- Gesetz der großen Zahl	71d
- Zentraler Grenzwertsatz	2c, 8c, 27d, 36c, 40d, 45d, 53c, 61d, 63e, 65c, 66c, 71e
6. Stichproben, Punktschätzung, Intervallschätzung	
- Grundgesamtheit und Stichprobe	42d, 67e
- Zufallsauswahl	16a, 42a, 42b, 44d, 72e
- Stichprobenverteilung	3b, 3c, 3d, 10e, 16b, 42c, 42d, 44c, 68b, 68c, 68d
- Schätzfunktionen und ihre Eigenschaften	2d, 4a, 7b, 12a, 12b, 20b, 20c, 24d, 28a, 32a, 35a, 35b, 43a, 57a, 62a, 68e, 71a, 75a
- Schätzmethoden	7a, 24c, 75a
- Konfidenzintervalle für Erwartungswerte	4b, 7d, 12e, 23d, 28d, 30d, 35c, 43b, 50d, 62b, 74a, 75b
- Konfidenzintervalle für Anteilswerte und Wahrscheinlichkeiten	16c, 20d, 54b, 58a, 69a
- Notwendiger Stichprobenumfang und	7e, 20e, 28e, 43c, 54c, 58b, 58c, 58d,

4.2 Klausuraufgaben

In diesem Abschnitt werden Aufgabenstellungen aus dem Bereich der Wahrscheinlichkeitsrechnung und induktiven Statistik (Statistik II) vorgestellt. Die Musterlösungen finden Sie im nachfolgenden Abschnitt. Sie enthalten zusätzlich Bearbeitungshinweise zu der jeweiligen Aufgabenstellung.

Aufgabe 1

Mit einer Wahrscheinlichkeit von 0,2 kauft ein Kunde in einem Getränkemarkt einen
Kasten Mineralwasser (Ereignis M) und mit einer Wahrscheinlichkeit von 0,4 kauft
er einen Kasten Bier (Ereignis B). Die Wahrscheinlichkeit, dass ein Kunde entweder
einen Kasten Mineralwasser oder einen Kasten Bier kauft, aber nicht beides
zusammen, beträgt 0,3.

a) Stellen Sie die Ereignisse $(M \cup B) \setminus (M \cap B)$ und $(M \setminus B) \cup (\overline{B} \cap M)$ jeweils in einem
   Venn-Diagramm dar und interpretieren Sie die Ergebnisse!

b) Berechnen Sie die Wahrscheinlichkeiten für die Ereignisse $M \cap B$ und $\overline{B} \cap M$!

c) Mit welcher Wahrscheinlichkeit kauft ein Kunde einen Kasten Bier, wenn er sich
   bereits
   -   für den Kauf eines Kastens Mineralwasser,
   -   gegen den Kauf eines Kastens Mineralwasser entschieden hat?

d) Wie groß ist die Wahrscheinlichkeit, dass nach Öffnung des Getränkemarktes
   -   erst der fünfte Kunde,
   -   spätestens der fünfte Kunde einen Kasten Mineralwasser kauft?

Aufgabe 2

Die Zeit X (in Mon.) bis zu einer erforderlichen Reparatur eines Rotors einer Windkraftanlagen (WKA) folgt einer Exponentialverteilung mit der Dichtefunktion

$$f(x) = \begin{cases} 0{,}2 \cdot e^{-0{,}2 \cdot x} & \text{für } x \geq 0 \\ 0 \text{ sonst} \end{cases} .$$

a) Berechnen Sie die Wahrscheinlichkeit, dass ein Rotor
   - nach 5 bis 8 Monaten,
   - mehr als 10 Monaten repariert werden muss!

b) Die Ausfallwahrscheinlichkeit eines Rotors in einem Jahr beträgt 0,15. Wie groß
   ist die Wahrscheinlichkeit, dass von den 20 Rotoren eines Windkraftparks
   - genau 2 Rotoren,
   - weniger als 2 Rotoren in einem Jahr ausfallen?

c) Wie groß ist die Wahrscheinlichkeit, dass in den 1000 Windkraftanlagen der
   Region Friesland in einem Jahr
   - zwischen 140 und 170,

- mehr als 165 Rotoren ausfallen, wenn die Ausfallwahrscheinlichkeit 0,15 beträgt?

d) Die Schätzfunktion $\hat{P} = 0,25 \cdot X_1 + 0,5 \cdot X_{10} + 0,25 \cdot X_{20}$ mit

$$X_i = \begin{cases} 1, \text{ falls Rotor i ausfällt} \\ 0, \text{ sonst} \end{cases}$$

ist für $n \geq 20$ ein erwartungstreuer Schätzer für die Ausfallwahrscheinlichkeit der Rotoren eines Windkraftparks. Warum ist sie jedoch - im Vergleich zu $\overline{P}$ - nicht effizient?

Aufgabe 3

In der Firma Dynamik sind in einem Monat bei den Mitarbeitern folgende Ausfall-zeiten durch Krankheit angefallen:

Mitarbeiter	A	B	C	D	E	F
Ausfalltage durch Krankheit	2	0	0	0	4	2

a) Zur Überprüfung der Entwicklung der Ausfallszeiten werden laufend Stich-proben von 2 Mitarbeitern gezogen. Wie viel unterschiedliche Stichproben gibt es beim Ziehungsmodell
    - Ziehen ohne Zurücklegen
    - Ziehen mit Zurücklegen?

b) Leiten Sie die Stichprobenverteilung des arithmetischen Mittels $\overline{X}$ bei einem Stichprobenumfang von 2 für das Ziehungsmodell ohne Zurücklegen her!

c) Bestimmen Sie den Erwartungswert und die Varianz der ermittelten Stich-probenverteilung von $\overline{X}_2$!

d) Mit welcher Wahrscheinlichkeit wird $\overline{X}$ bei n=2 in einem $1 \sigma_{\overline{x}}$ - Intervall um $E(\overline{X})$ liegen?

Aufgabe 4

In der Stadt Solar ist durch eine Stichprobe von 49 Photovoltaik-Anlagen eine durch-schnittliche Leistung von 6 kW_p bei einer Varianz von 2,25 kW_p^2 ermittelt worden.

a) Zeigen Sie, dass die Stichprobenfunktion $(N/n) \cdot \sum_{i=1}^{n} X_i$ mit X_i als Leistung der i-ten Anlage ein erwartungstreuer Schätzer für das gesamte Stromerzeugungs-potenzial durch Photovoltaik in der Stadt Solar ist!

b) Geben Sie das 99%-Konfidenzintervall für die durchschnittliche Leistung der Photovoltaik-Anlagen in Solar an!

c) Testen Sie, ob die Standardabweichung der Stichprobe bei einer näherungsweisen Normalverteilung der Anlagenleistung mit einer Standardabweichung der Grundgesamtheit von 1,2 kW_p verträglich ist ($\alpha = 0,05$)! (mit Interpolation)

d) Interpretieren Sie die Fehler 1. und 2. Art in Teil c) mit Bezug auf das konkrete Testproblem!

Aufgabe 5

Beim Roulette werden die Zahlen 0,1,2,...,36 ausgespielt. Jeweils 18 Zahlen sind hierbei rot und schwarz.

Hinweis: Die Zahl 0 gehört zu keinem der nachfolgend betrachteten Ereignisse.

a) Auf wie vielfache Art lassen sich die hintereinander ausgespielten Zahlen 3, 26, 8, 11,30, 8, 8, 26 anordnen?

b) Wie groß ist die Wahrscheinlichkeit, bei einer Ausspielung eine gerade Zahl oder eine Zahl aus dem ersten Drittel zu erhalten?

c) Bestimmen Sie die Wahrscheinlichkeit, in
   - einer Ausspielung eine gerade Zahl und eine Zahl aus dem ersten Drittel
   - der ersten Ausspielung eine gerade Zahl und in der zweiten Ausspielung eine Zahl aus dem ersten Drittel zu erhalten!

d) Geben Sie die Wahrscheinlichkeit dafür an, eine gerade Zahl zu realisieren, wenn eine Zahl aus dem ersten Drittel ausgespielt worden ist? Wie groß ist die Wahrscheinlichkeit, eine Zahl aus dem ersten Drittel zu erhalten, wenn eine gerade Zahl ausgespielt worden ist?

e) Wie groß ist die Wahrscheinlichkeit, bei 8 Ausspielungen
   - genau vier rote Kugeln
   - höchstens 2 rote Kugeln zu erhalten?

f) Geben Sie für die in Teil d) betrachtete Zufallsvariable den Erwartungswert und die Varianz an!

Aufgabe 6

Gegeben ist eine Dreiecksverteilung mit der Dichtefunktion

$$f(x) = \begin{cases} x & \text{für } 0 < x \leq 1 \\ 2-x & \text{für } 1 < x \leq 2 \\ 0 & \text{sonst} \end{cases}$$

a) Zeigen Sie, dass die Funktion f(x) die Eigenschaften einer Dichtefunktion besitzt!

b) Leiten Sie die Verteilungsfunktion der dreiecksverteilten Zufallsvariablen her!

c) Wie groß ist die Wahrscheinlichkeit, dass die Zufallsvariable X
   - kleiner als 0,8 ist,
   - einen Wert aus dem Intervall von 0,2 bis 1,1 annimmt?

d) Bestimmen Sie die Varianz der Zufallsvariablen X unter Verwendung des Erwartungswerts $E(X)=1$!

e) Weisen Sie nach, dass die standardisierte Zufallsvariable Z einen Erwartungswert von 0 und eine Varianz von 1 besitzt!

Aufgabe 7

Eine Abfüllmaschine für Zuckerpakete arbeitet mit einem Sollgewicht von 500 g. Bei einer Stichprobe von sechs Paketen sind die Gewichte (g)

488	510	492	498	504	496

gemessen worden.

a) Bestimmen Sie Punktschätzer für das unbekannte mittlere Gewicht μ und die Varianz σ^2 in der Grundgesamtheit nach der Momentenmethode!

b) Zeigen Sie, dass Ihr in Teil a) bestimmter Punktschätzer für μ ein erwartungstreuer und konsistenter Schätzer ist!

c) Wie groß ist mindestens die Wahrscheinlichkeit, in der gezogenen Stichprobe einen Stichprobenmittelwert zwischen 496 und 504 g zu erhalten, wenn μ tatsächlich dem Sollgewicht entspricht?

d) Bestimmen Sie ein 95%-Konfidenzintervall für das Durchschnittsgewicht μ bei einer normalverteilten Grundgesamtheit!

e) Wie groß müsste der Stichprobenumfang gewählt werden, wenn die Fehlermarge in Teil d) bei gleichem kritischen Wert um 4 g reduziert werden soll?

Aufgabe 8

Infratest hat im Rahmen einer Befragung von 2500 Bundesbürgern einen Verbreitungsgrad des Internets von 27 Prozent ermittelt. Bei einer Befragung von 2600 britischen Bürgern ist dagegen ein Verbreitungsgrad von 30 Prozent festgestellt worden.

a) Berechnen Sie die Wahrscheinlichkeit, dass von 12 zufällig ausgewählten Bundesbürgern
   -   mindestens 2,
   -   höchstens 3 das Internet nutzen!

b) Wie groß ist die Wahrscheinlichkeit, dass
   -   erst der fünfte,
   -   frühestens der vierte befragte Bundesbürger ein Internetnutzer ist?

c) Wie groß ist die Wahrscheinlichkeit, dass zwischen 620 und 700 der 2500 befragten Bundesbürger das Internet nutzen?

d) Testen Sie, ob sich die Hypothese eines größeren Verbreitungsgrad des Internets in Großbritannien im Vergleich zu Deutschland aufgrund der vorliegenden Stichprobenergebnisse bei einem Signifikanzniveau von 1 % aufrechterhalten lässt!

e) Erläutern Sie kurz den mit der Testentscheidung in Teil d) verbundenen potenziellen Fehler!

Aufgabe 9

In einer Urne befinden sich 4 rote, 3 grüne, 2 blaue und 3 gelbe Kugeln.

a) Wie viel unterschiedliche Anordnungen der 12 Kugeln gibt es?

b) Wie viel unterschiedliche Stichproben gibt es, wenn 4 Kugeln aus der Urne mit Zurücklegen gezogen werden?

c) Wie groß ist die Wahrscheinlichkeit, bei 8-maligem Ziehen einer Kugel aus der Urne ohne Zurücklegen genau 3mal eine rote Kugel zu erhalten?

d) Wie groß ist die Wahrscheinlichkeit, erst im sechsten Versuch eine rote Kugel zu erhalten, wenn mit Zurücklegen gezogen wird?

e) Welche Wahrscheinlichkeit ergibt sich dafür, dass bei einem Ziehen mit Zurücklegen spätestens im dritten Versuch eine rote Kugel gezogen wird?

Aufgabe 10

In einem Verbrauchertest haben die Konsumenten ihre Präferenzen für ein Produkt zu bekunden. Die Wahrscheinlichkeit einer positiven Präferenz (Ereignis A) für das Produkt ist bekannt und beträgt 0,4.

a) Wie wahrscheinlich ist es, dass 3 Verbraucher bei unabhängiger Beurteilung übereinstimmend eine positive Präferenz für das Produkt äußern?

b) Wie wahrscheinlich ist es, dass der Konsument 1 oder der Konsument 2 eine positive Präferenz für das Produkt haben?

c) Wie groß ist die Wahrscheinlichkeit, dass genau 4 von 6 befragten Konsumenten eine positive Produktpräferenz besitzen?

d) Welche Wahrscheinlichkeit ergibt sich dafür, dass mindestens ein Drittel der 6 befragten Konsumenten dem Produkt positiv gegenüberstehen?

e) Wie lautet im Falle von 3 Verbrauchern die Wahrscheinlichkeitsverteilung der Zufallsvariablen X, die die Anzahl der positiven Konsumentenpräferenzen widerspiegelt?

Aufgabe 11

Die Steuereinnahmen X einer Gemeinde folgen der Dichtefunktion

$$f(x) = \begin{cases} 0,04 \cdot x - 0,5 & \text{für } 15 \leq x \leq 20 \\ 0 & \text{sonst.} \end{cases}$$

a) Stellen Sie die Dichtefunktion grafisch dar!

b) Zeigen Sie, dass die Wahrscheinlichkeit, mit der die Zufallsvariable X einen Wert aus dem Intervall [15; 20] annimmt, gleich 1 ist!

c) Mit welcher Wahrscheinlichkeit werden die Steuereinnahmen zwischen 14 und 18 GE liegen? Mit welcher Wahrscheinlichkeit nimmt die Gemeinde Steuereinnahmen von mehr als 16 GE ein?

d) Mit welchen Steuereinnahmen kann die Gemeinde im Mittel rechnen?

e) Bei einer stetigen Zufallsvariablen

☐ ist die Wahrscheinlichkeit $P(X \geq a)$ ohne Kenntnis der oberen Intervallgrenze nicht berechenbar.

☐ gilt stets $P(X = a) = P(a - \frac{1}{2} \leq X \leq a + \frac{1}{2})$.

☐ ist es unerheblich, ob die Wahrscheinlichkeit $P(a \leq X \leq b)$ oder $P(a < X \leq b)$ berechnet wird.

☐ ist die Wahrscheinlichkeit für einen bestimmten Wert a stets gleich Null.

☐ kann die Verteilungsfunktion niemals eine Unstetigkeitsstelle besitzen.

☐ muss der Erwartungswert stets existieren.

Aufgabe 12

Bei fünf zufällig ausgewählten Verkaufsmanagern einer Industriebranche sind die EDV-Kenntnisse getestet worden (Wertebereich: 0-20 Testpunkte):

Verkaufsmanager	1	2	3	4	5
Testpunkte	6	12	8	13	16

a) Berechnen Sie jeweils einen erwartungstreuen Schätzer für den Erwartungswert und die Varianz der Testpunkte!

b) Zeigen Sie, dass die Schätzfunktion $\hat{\mu}_1 = \overline{X}_5$ relativ effizient zu der Schätzfunktion $\hat{\mu}_2 = \frac{1}{2}(X_1 + X_5)$ ist! (Hinweis: $\hat{\mu}_1$ und $\hat{\mu}_2$ sind erwartungstreu)

c) Wie groß ist bei einer Normalverteilung der Testpunkte der zu erwartende Anteil der Verkaufsmanager, die in einem Test aufgrund ihrer EDV-Kenntnisse höchstens ein Viertel der maximalen Punktzahl erreichen könnten?

d) Wie würde sich der in Teil c) errechnete Anteil verändern, wenn die Verteilung der Testpunkte unbekannt ist?

e) Bestimmen Sie für eine normalverteilte Grundgesamtheit ein 95%-Konfidenz-intervall für den unbekannten mittleren EDV-Kenntnisstand (= Erwartungswert des EDV-Tests)!

Aufgabe 13

Beim Roulette tritt eine rote Zahl (Ereignis R) mit einer Wahrscheinlichkeit von 18/37 auf. Die Zahl null (Ereignis N) hat eine Wahrscheinlichkeit von 1/37.

a) Wie viele Möglichkeiten gibt es für einen Roulettespieler, seine 5 10€-Chips nach Belieben auf die 37 Zahlenfelder des Roulettespiels zu setzen?

b) Ein Roulette-Spieler, der 50 € zur Verfügung hat, setzt pro Spiel 10 € auf Rot. Wie wahrscheinlich ist es, dass er 5 Runden hintereinander erfolglos ist?

c) Ein Spieler setzt solange auf die Null, bis sie zum erstmals realisiert wird. Wie groß ist die Wahrscheinlichkeit, dass sie
  - genau beim sechsten Einsatz,
  - spätestens beim achten Einsatz eintritt?

d) Offenbar ist der Eintritt einer Null ein seltenes Ereignis. Bestimmen Sie unter Verwendung der speziell für seltene Ereignisse konzipierten Verteilung die Wahrscheinlichkeit dafür, dass die Null mehr als zweimal realisiert wird, wenn ein Spieler an einem Abend an 100 Ausspielungen teilnimmt!

e) Von welcher Spielzahl ab kann in Teil d) eine Anwendung der Normalverteilung in Betracht gezogen werden?

Aufgabe 14

Ein Investmentfonds hat folgende Wahrscheinlichkeitsverteilung für die Renditen einer Fondsanlage ermittelt:

Rendite	-5%	-2,5%	0%	2,5%	5%	10%
Wahrscheinlichkeit	0,05	0,10	0,15	0,20	0,30	0,20

a) Bestimmen Sie die Verteilungsfunktion der Fondsrenditen und stellen Sie sie grafisch dar!

b) Wie groß ist die Wahrscheinlichkeit, dass ein Anleger eine Rendite von
  - bis zu 4 Prozent,
  - mehr als 1 Prozent erzielt?

c) Bestimmen Sie den Erwartungswert der Fondsrenditen und interpretieren Sie ihn!

d) Wie groß ist die Wahrscheinlichkeit, dass ein Fondsanleger eine Rendite erzielt, die innerhalb einer Standardabweichung um den Erwartungswert liegt?

e) Eine diskrete Zufallsvariable

    hat stets einen positiven Wertebereich

    kann abzählbar unendlich viele Werte haben

    kann niemals Wahrscheinlichkeiten > 1 annehmen

    hat als Verteilungsfunktion eine stückweise-lineare Funktion mit positiver Steigung

Aufgabe 15

Ein Betrieb produziert Stahlbänder mit einer (Soll-)Länge von 200 cm. Je 100 Bänder müssen dabei im Mittel 5 Bänder als unbrauchbar aussortiert werden.

a) Wie groß ist die Wahrscheinlichkeit, dass bei einer Tagesproduktion von 20 Stahlbändern
- genau zwei,
- höchstens drei Bänder unbrauchbar sind?

b) Geben Sie die Wahrscheinlichkeit dafür an, dass die Länge eines Stahlbandes
- außerhalb eines Intervalls von zwei Standardabweichungen liegt,
- um weniger als 2 cm vom Sollwert (=Erwartungswert) abweicht, wenn bekannt ist, dass die Varianz 1,44 cm² beträgt.

c) Wie groß ist bei einer Normalverteilung der Bandlänge mit $\mu=200$ und $\sigma^2=1,44$ die Wahrscheinlichkeit, dass ein zufällig ausgewähltes Stahlband
- zwischen 197,5 und 202,5 cm,
- länger als 201,8 cm ist?

d) Ein Stahlband erfüllt die Norm, wenn es zwischen 198 und 202 cm lang ist. Wie groß ist unter der in Teil c) spezifizierten Normalverteilung die Wahrscheinlichkeit, dass von 10 zufällig für eine Qualitätskontrolle ausgewählten Bändern alle die Norm erfüllen?

Aufgabe 16

Ein Touristik-Unternehmen hat eine Befragung über die Reisepräferenzen ihrer Kunden durchgeführt. Aus der 1000 Kunden umfassenden Kundendatei sind hierzu 80 Kunden zufällig ausgewählt worden.

a) Wie lässt sich die Befragung in Form einer uneingeschränkten Stichprobe mittels der Technik der periodischen Auswahl realisieren?

b) In der Umfrage haben 20 % der befragten Kunden ein Interesse an einem außereuropäischen Reiseziel bekundet. Wie groß ist der Standardfehler des Schätzers $\bar{P}$ für den entsprechenden unbekannten Anteilswert p der Grundgesamtheit?

c) Bestimmen Sie für die gegebene Stichprobe ($\bar{p}=0,20$) ein 95%-Konfidenzintervall für den unbekannten Anteilswert der Grundgesamtheit!

d) In der Touristik-Branche herrscht die Einschätzung vor, dass ein Viertel der Urlauber an Reisen in außereuropäische Länder interessiert sind. Lässt sich die Hypothese des 1/4-Anteils bei einer Irrtumswahrscheinlichkeit von 5 % aufgrund des vorliegenden Stichprobenergebnisses für das Touristik-Unternehmen verwerfen?

e) Interpretieren Sie das in Teil d) ermittelte Testergebnis! Welcher Fehler ist bei Ihrer konkret getroffenen Testentscheidung zu berücksichtigen?

Aufgabe 17

Zur Fertigung eines Produkts können alle vier Maschinen einer Arbeitsstätte eingesetzt werden, die auf einem unterschiedlichen technischen Stand sind. Die Fertigungs- und Ausschussanteile sind wie folgt gegeben:

Maschine	Fertigungsanteil	Ausschussanteil
1	10	8
2	20	6
3	30	4
4	40	3

a) Wie groß ist die Wahrscheinlichkeit, dass
   - 5 mit der Maschine 1
   - 3 mit der Maschine 3 und 2 mit der Maschine 4 hergestellte Erzeugnisse die Qualitätsnorm erfüllen?

b) Mit welcher Wahrscheinlichkeit entspricht wenigstens eines der beiden auf den Maschinen 1 und 4 hergestellten Erzeugnisse den Qualitätserfordernissen?

c) Geben Sie die Wahrscheinlichkeit dafür an, dass mindestens eines von drei mit den Maschinen 1, 2 und 3 hergestellten Erzeugnissen ein Ausschussstück ist!

d) Wie groß ist die Wahrscheinlichkeit, dass ein zufällig ausgewähltes Erzeugnis ein Ausschussstück ist?

e) Angenommen, ein zufällig ausgewähltes Erzeugnis hat die Qualitätsnorm nicht erfüllt. Wie wahrscheinlich ist es, dass das Erzeugnis auf der
   - Maschine 1
   - Maschine 4
   gefertigt worden ist?

Aufgabe 18

In einer Lostrommel befinden sich 1000 Lose, die zum Preis von 1 € verkauft werden. Unter den Losen befinden sich
   - ein Hauptgewinn von 100 €,
   - zwei Gewinne à 50 €,
   - fünf Gewinne à 20 € und
   - zehn Gewinne à 10 €.

a) Geben Sie die Verteilungsfunktion der Zufallsvariablen X, die die Höhe des Auszahlungsbetrags kennzeichnet, tabellarisch und grafisch wieder!

b) Mit welchem Auszahlungsbetrag können Sie bei einem Loskauf im Mittel rechnen?

c) Berechnen Sie die Standardabweichung des Auszahlungsbetrags!

d) Wie groß ist die Wahrscheinlichkeit, dass ein Loskäufer bei einem Kauf von 10 Losen bei der Verlosung
   - genau 2,
   - mindestens 2 Gewinnlose zieht?

e) Mit welcher Wahrscheinlichkeit wird ein Loskäufer
   - erst mit dem fünften,
   - spätestens mit dem vierten Los einen Gewinn erzielen?

Aufgabe 19

Die mittlere Lebensdauer eines Maschinenelements MX beträgt 160 Stunden (Maschinenlaufzeit) bei einer Standardabweichung von 12 Stunden.

a) Wie groß ist die Wahrscheinlichkeit, dass das Maschinenelement MX frühestens nach 178 Stunden ausgewechselt werden muss?

b) Wie verändert sich die in a) gesuchte Wahrscheinlichkeit, wenn bekannt ist, dass die Maschinenlaufzeit normalverteilt ist? Wie groß ist im Falle einer Normalverteilung die Wahrscheinlichkeit, dass ein Maschinenelement MX maximal 166 Stunden intakt ist?

c) Eine Maschine enthält 6 Elemente des Typs MX. Mit welcher Wahrscheinlichkeit sind alle 6 Elemente maximal 166 Stunden intakt?

d) In welchem Bereich liegt die mittlere Lebensdauer einer Lieferung von 72 Maschinenelementen des Typs MX, die ein Hersteller mit einer Wahrscheinlichkeit von 99 % garantieren kann?

e) Das Maschinenbauunternehmen hat nach Einsatz der 72 gelieferten Maschinenbauelemente tatsächlich eine durchschnittliche Lebensdauer von 156 Stunden bei einer Standardabweichung von 12,8 Stunden ermittelt. Hat es aufgrund dessen einen berechtigten Grund, an der Herstellerangabe zu zweifeln (α=0,05)? (mit Interpretation)

Aufgabe 20

Ein Produkttest hat eine Präferenz des neuen Produkts PN bei 96 von 144 zufällig ausgewählten Kunden offenbart.

a) Wie viele unterschiedliche Möglichkeiten gibt es, 4 der 96 Kunden, die das Produkt PN präferieren, für zusätzliche Produkttests auszuwählen?

b) Gegeben sind die beiden Schätzfunktionen

$$\hat{p}_1 = \frac{1}{2}X_1 + \frac{1}{2}X_n \quad \text{und} \quad \hat{p}_2 = \frac{1}{4}X_1 + \frac{1}{2}X_{n/2} + \frac{1}{4}X_n$$

mit X_i als 0,1-Variable für den unbekannten Präferenzanteil p. Zeigen Sie, dass beide Schätzfunktionen erwartungstreu sind.

c) Welche der in Teil b) gegebenen Schätzfunktionen $\hat{p}_1$ oder $\hat{p}_2$ ist (relativ) effizienter?

d) Bestimmen Sie ein 95%-Konfidenzintervall für den unbekannten Präferenzanteil p in der Grundgesamtheit und interpretieren Sie es!

e) Wie groß muss der Stichprobenumfang sein, wenn der Stichprobenfehler (=Fehlermarge) in Teil c) der Ergebnisse des Produkttests auf 5 Prozentpunkte gesenkt werden soll?

Aufgabe 21

Die Wahrscheinlichkeit einer Mädchengeburt (Ereignis A) beträgt 0,485. In einem Krankenhaus sind in einer Woche 18 Kinder zur Welt gekommen.

a) Wie viel Mädchengeburten sind unter den 18 Geburten in dem Krankenhaus zu erwarten? Liegt die tatsächlich beobachtete Zahl von 10 Mädchengeburten in einem 1σ-Intervall um den Erwartungswert?

b) Wie groß ist die Wahrscheinlichkeit für
   - genau 12
   - 12 bis 14 Mädchengeburten?

c) Mit welcher Wahrscheinlichkeit ist erst das vierte neugeborene Kind ein Mädchen?

d) Wie groß ist die Wahrscheinlichkeit, dass
   - spätestens das fünfte,
   - frühestens das dritte neugeborene Kind ein Mädchen ist?

e) Wie viel unterschiedliche Zuordnungen der 10 neugeborenen Mädchen zu ihren Eltern gibt es, wenn sich unter ihnen ein extra gekennzeichnetes Zwillingspaar befindet?

Aufgabe 22

Die Dichtefunktion einer Zufallsvariablen X ist von der Gestalt

$$f(x) = \begin{cases} a \cdot x(4-x) & \text{für } 0 \leq x \leq 3 \\ 0 & \text{sonst} \end{cases}.$$

a) Zeigen Sie, dass der Parameter a den Wert 1/9 annehmen muss, damit f(x) die Eigenschaften einer Dichtefunktion besitzt?

b) Berechnen Sie die Wahrscheinlichkeit dafür, dass die Zufallsvariable X
   - kleiner oder gleich 1 ist,
   - im Intervall [2; 4] liegt!

c) Wie groß ist der Erwartungswert der Zufallsvariablen X?

d) Wie groß ist die Wahrscheinlichkeit, dass die Zufallsvariable X in einem 1σ-Intervall um μ liegt?

Aufgabe 23

Der durchschnittliche Benzinverbrauch von Mittelklasseautos beträgt 8 Liter/100 km bei einer Standardabweichung von 0,8 Liter/100 km.

a) Wie groß ist die Wahrscheinlichkeit, dass ein Mittelklasseauto
   - mindestens 9 ½ Liter/100 km
   - zwischen 7 und 9 Liter/100 km verbraucht?

b) Wie ändern sich die in Teil a) berechneten Wahrscheinlichkeiten, wenn bekannt ist, dass der Benzinverbrauch normalverteilt ist?

c) Berechnen Sie Wahrscheinlichkeit, dass der durchschnittliche Benzinbrauch bei 81 zufällig ausgewählten Mittelklasseautos nicht mehr als 8 1/8 Liter/100 km beträgt! (mit Interpolation)

d) Welches 99%-Konfidenzintervall lässt sich bestimmen, wenn die Stichprobe von 81 Mittelklasseautos tatsächlich einen Mittelwert von 8,2 Liter/100 km und eine Standardabweichung von 0,9 Liter/100 km ergeben hat?

Aufgabe 24

Auf einem monopolistischen Konkurrenzmarkt treten innovative Unternehmer (Ereignis A) mit einer Wahrscheinlichkeit von 0,20 auf. Ihr Investitionserfolg beträgt 80%, während er für imitierende Unternehmer nur bei 50% liegt.

a) Wie groß ist die Wahrscheinlichkeit für einen Investitionserfolg eines zufällig ausgewählten Unternehmers?

b) Angenommen, die Investition eines Unternehmers hat sich als Fehlschlag erwiesen. Mit welcher Wahrscheinlichkeit ist die Investition von einem imitierenden Unternehmer getätigt worden?

c) In einer Stichprobe hat sich ergeben, dass 15 der 60 befragten Unternehmer innovative sind. Geben Sie die Momentenschätzer für die Wahrscheinlichkeit P(A) und die Varianz der Grundgesamtheit an!

d) Erläutern Sie grafisch, was man unter einer erwartungstreuen und relativ effizienten Schätzfunktion versteht?

e) Testen Sie die Nullhypothese einer Wahrscheinlichkeit P(A) von 0,20 auf der Basis des in Teil c) wiedergegebenen Stichprobenergebnisses unter Verwendung einer Irrtumswahrscheinlichkeit von 1 %!

Aufgabe 25

Die Firma Records stellt DVDs mit drei Spezialmaschinen A, B und C her. Über die Produktionsanteile und Qualität der DVDs macht die Firma folgende Angaben:

Maschine	Wahrscheinlichkeit einer defekten DVD	Anteil der produzierten DVDs
A	0,10	0,20 P(A)
B	0,08	0,50 P(B)
C	0,05	0,30 P(C)

a) Sie sind zufällig im Besitz einer auf der Maschine A und einer auf der Maschine C gefertigten DVD (1 A-DVD und 1 C-DVD). Wie groß ist die Wahrscheinlichkeit, dass
  - beide DVDs,
  - mindestens eine der beiden DVDs
  intakt sind?

b) Geben Sie die Wahrscheinlichkeit dafür an, dass eine zufällig ausgewählte DVD der Firma Records funktioniert!

c) Sie haben eine von der Firma Records hergestellte DVD geschenkt bekommen, die aber leider defekt ist. Mit welcher Wahrscheinlichkeit ist die defekte DVD mit der Maschine A hergestellt worden?

d) Unter dem Motto „Geiz ist geil" bietet ein Elektronikfachmarkt DVDs der Firma Records zum halben Preis an. In den Kartons à 100 Stück befinden sich jeweils 20 A-DVDs, 50 B-DVDs und 30 C-DVDs, die alle das Label „DVD" tragen. Sie wählen 10 DVDs aus einem Karton aus. Wie viele Möglichkeiten der Auswahl gibt es,
  - ausschließlich 10 A-DVDs,
  - 5 A-DVDs und 5 C-DVDs
  auszuwählen?

e) Wie viele unterscheidbare Anordnungen der 100 DVDs eines Kartons (Zusammensetzung siehe Teil d)) gibt es, wenn die DVDs als „A-DVD", „B-DVD" und „C-DVD" gekennzeichnet sind?

Aufgabe 26

Die Wahrscheinlichkeitsverteilung für die Anzahl der Störfälle pro Woche bei dem Betrieb einer Produktionsanlage lautet:

x	0	1	2	3	4
f(x)	0,20	0,35	0,25	0,15	0,05

Mit der Behebung der Störfälle sind Kosten verbunden, die sich aus der degressiven Kostenfunktion

$$K(X) = 8 - \frac{6}{X+1}$$

ergeben.

a) Stellen Sie die Wahrscheinlichkeitsfunktion der durch die Störfälle verursachten Kosten pro Woche grafisch dar!

b) Geben Sie die Verteilungsfunktion der Kosten an und zeichnen Sie sie!

c) Wie hoch sind die Kosten pro Woche, die aufgrund von Störfällen zu erwarten sind?

d) Wie groß ist die Wahrscheinlichkeit, dass die Kosten aus den Störfällen pro Woche außerhalb des $0,5\sigma$-Intervalls um die erwarteten Kosten liegen?

Aufgabe 27

Die Reinigungsfirma Allround beschäftigt 20 Gebäudereiniger. Aus Erfahrung weiß man, dass die Krankenquote im Reinigungsgewerbe 6 % beträgt.

a) Wie groß ist die Wahrscheinlichkeit, dass an einem Arbeitstag
  - genau 4,
  - zwischen 2 und 4 Reiniger
aufgrund von Krankheit ausfallen?

b) Mit welcher Wahrscheinlichkeit fallen bei der Firma Allround an einem Arbeitstag höchstens 2 Reinigungskräfte aus?

c) Wie groß ist die prozentuale Streuung der Kranken bei der Reinigungsfirma Allround?

d) Mit welcher Wahrscheinlichkeit liegt der Krankenstand in einer Stichprobe von 400 Beschäftigten des Reinigungsgewerbes an einem Arbeitstag zwischen 5 und 7 Prozent?

e) Geben Sie das symmetrische Schwankungsintervall für den Krankenstand in einer Stichprobe von 400 Beschäftigten des Reinigungsgewerbes für eine Wahrscheinlichkeit von 90 % an!

Aufgabe 28

Das Statistische Bundesamt hat an 25 zufällig ausgewählten Fischrestaurants einer Küstenregion die Preise des „Nordsee-Fischs" (in €) erhoben. Hierbei sind die Preissummen

$$\sum_{i=1}^{25} x_i = 300 \quad \text{und} \quad \sum_{i=1}^{25} x_i^2 = 3654$$

ermittelt worden.

a) Geben Sie einen erwartungstreuen Punktschätzer für die unbekannte Streuung σ^2 der Fischpreise an! Was sagt die Erwartungstreue dieses Punktschätzers aus?

b) Angenommen der Durchschnittspreis des „Nordsee-Fischs" beträgt in der Küstenregion tatsächlich 11,80 €. Wie groß ist mindestens bei einer symmetrischen Verteilung die Wahrscheinlichkeit, dass der Fischpreis in einem zufällig ausgewählten Fischrestaurant nicht teurer als 14 € ist?

c) Welche Wahrscheinlichkeit würde sich in Teil b) bei einer Normalverteilung der Fischpreise ergeben? (mit Interpolation)

d) Bestimmen Sie unter der Annahme normalverteilter Fischpreise ein 99%-Konfidenzintervall für den durchschnittlichen Fischpreis in der Küstenregion!

e) Auf wie viele Fischrestaurants müsste die Preiserhebung ausgeweitet werden, um die Fehlermarge auf 0,6 zu reduzieren?

Aufgabe 29

In einem Betrieb lassen sich verschiedene Varianten eines Erzeugnisses durch Umrüstung auf 3 Maschinen fertigen. Die Produktions- und Ausschussanteile sind wie folgt gegeben:

Maschine	Produktionsanteil (%)	Ausschuss (%)
1	50	3
2	30	4
3	20	5

a) Wie groß ist die Wahrscheinlichkeit, dass ein gefertigtes Teil in der Qualitätskontrolle als defekt (Ereignis B) ausgesondert werden muss?

b) Bei einer Qualitätskontrolle ist ein unbrauchbares Teil entdeckt worden. Wie groß ist die Wahrscheinlichkeit, dass dieses defekte Teil mit der Maschine i (Ereignis A_i), i=1,2,3, produziert worden ist?

c) Die Wahrscheinlichkeit für ein defektes Teil beträgt 0,037. Bestimmen Sie die Wahrscheinlichkeit dafür, dass sich unter 20 hergestellten Teilen
    - genau 2,
    - höchstens 2 defekte Teile befinden!

d) Mit welcher Wahrscheinlichkeit wird in der in Teil c) gegebenen Stichprobe
    - frühestens beim fünften kontrollierten Teil,
    - spätestens beim achten kontrollierten Teil ein Mangel festgestellt?

Aufgabe 30

Ein Spieler nimmt an einem Glücksspiel teil, bei dem zwei 1 Euro Münzen und eine 2 Euro Münze geworfen werden. Als Auszahlung erhält er diejenigen Münzen, die „Zahl" anzeigen.

a) Geben Sie die Wahrscheinlichkeitsfunktion des Auszahlungsbetrages an!

b) Bis zu welchem Einsatz lohnt es sich gerade noch für den Spieler, an dem Glücksspiel teilzunehmen?

c) Wie groß ist die Wahrscheinlichkeit, dass der Spieler eine Auszahlung in einer Höhe von bis zu $\mu + \sigma$ erhält?

d) An einen Spieler, der 49-mal an dem Glückspiel teilgenommen hat, ist im Durchschnitt ein Betrag von 1,70 Euro bei einer Standardabweichung von 1,80 Euro ausgezahlt worden. Schließt ein 90%-Konfidenzintervall noch den Erwartungswert der Auszahlung ein?

Aufgabe 31

Die Zeit X (in Tagen) bis zum Auftreten des ersten Funktionsdefekts bei einem Funkwecker folgt der Dichtefunktion:

$$f(x) = \begin{cases} 0{,}01 \cdot e^{-0{,}01 \cdot x} & \text{für } x > 0 \\ 0 \text{ sonst} \end{cases}.$$

a) Bestimmen Sie die Verteilungsfunktion der Zufallsvariablen X!

b) Wie groß ist die Wahrscheinlichkeit, dass der Defekt
   - spätestens nach 90 Tagen,
   - frühestens nach 120 Tagen eintritt?

c) Nach welcher Zeit muss im Mittel mit dem ersten Defekt gerechnet werden?

d) Bei 4 von 20 verkauften Funkweckern ist während einer Kontrollperiode ein Defekt festgestellt worden. Wie viel unterschiedliche Möglichkeiten gibt es hierfür?

Aufgabe 32

Ein Fabrikant gibt an, dass die von ihm hergestellten Nussriegel ein durchschnittliches Gewicht von 20 g haben. Es ist in der Grundgesamtheit näherungsweise normalverteilt. Bei einer Stichprobe von 8 Nussriegeln sind folgende Gewichte gemessen worden (in g): 19,7; 19,5; 19,8; 20,2; 19,4; 19,5; 20,2; 20,1.

a) Geben Sie aus den Stichprobendaten einen erwartungstreuen Punktschätzer für die Varianz des Gewichts der Nussriegel an! (Hinweis: Varianz mit 2 Dezimalstellen)

b) Wie groß ist die Wahrscheinlichkeit, dass ein zufällig ausgewählter Nussriegel

- mehr als 19,5 g (mit Interpolation)
- zwischen 19,6 g und 20,4 g (ohne Interpolation) wiegt?

c) Welche Wahrscheinlichkeit für ein Gewicht zwischen 19,6 g und 20,4 g würde sich ergeben, wenn die Verteilung des Gewichts in der Grundgesamtheit unbekannt wäre?

d) Testen Sie, ob die Herstellerangabe über das durchschnittliche Gewicht der Nussriegel angesichts der vorliegenden Stichprobe haltbar ist (α=0,01)!

Aufgabe 33

Die Wahrscheinlichkeit, dass ein einschlägig berufstätiger Stellenbewerber (Ereignis G) einen Job bei einem Sicherheitsunternehmen erhält, beträgt 60 %. Sie sinkt für einen nicht einschlägig berufstätigen Bewerber (Ereignis B) auf 20 % und für einen Arbeitslosen (Ereignis A) auf 10 %.
Die Anteile der Stellenbewerber verhalten sich mit den in der oben genannten Reihenfolge vorhandenen Eigenschaften wie 6 : 3 : 3.

a) Wie groß ist die Wahrscheinlichkeit, dass das Sicherheitsunternehmen einen Stellenbewerber einstellt (Ereignis E)? Zeichnen Sie das Venn-Diagramm, das der Berechnung der gesuchten Wahrscheinlichkeit zugrunde liegt!

b) Angenommen, der Stellenbewerber S ist von dem Sicherheitsunternehmen eingestellt worden. Mit welcher Wahrscheinlichkeit ist S zuvor arbeitslos gewesen?

c) Wie groß ist die Wahrscheinlichkeit, dass von 8 einschlägig berufstätigen Stellenbewerbern
    - genau 4,
    - höchstens 2 eingestellt werden?

d) Wie groß ist die Wahrscheinlichkeit, dass sich bei dem Sicherheitsunter-nehmen
    - nach genau acht berufstätigen Bewerbern,
    - nach höchstens sechs berufstätigen Bewerbern erstmals ein Arbeitsloser bewirbt?

e) Nach wie vielen berufstätigen Bewerbern wird sich im Mittel ein Arbeitsloser bei dem Sicherheitsunternehmen bewerben?

Aufgabe 34

Gegeben ist die Funktion

$$f(x) = \begin{cases} \dfrac{1}{2} + c \cdot x & \text{für } 0 \leq x \leq 4 \\ 0 & \text{sonst} \end{cases}$$

a) Für welchen Wert c besitzt die Funktion f(x) die Eigenschaften einer Dichtefunktion?

b) Wie groß ist die Wahrscheinlichkeit, dass die Zufallsvariable X, deren Dichtefunktion durch

$$f(x) = \begin{cases} \dfrac{1}{2} - \dfrac{1}{8} x & \text{für } 0 \le x \le 4 \\ 0 \text{ sonst} \end{cases}$$

gegeben ist, Werte
- zwischen 2 und 6
- größer als 3 annimmt?

c) Welchen Erwartungswert nimmt die Zufallsvariable X bei der in Teil b) angegebenen Dichtefunktion an?

d) Mit welcher Wahrscheinlichkeit nimmt die Zufallsvariable X bei der in Teil b) gegebenen Dichtefunktion Werte zwischen μ und $\mu+\sigma$ an?

Aufgabe 35

Zur Steigerung der Konzentration bei der Bearbeitung von Statistik-Aufgaben greifen die Teilnehmer einer Arbeitsgruppe in jüngster Zeit häufiger zum Studentenfutter. In einer Woche haben die fünf Teilnehmer der Arbeitsgruppe unabhängig voneinander folgende Mengen an Studentenfutter gekauft und verzehrt (in Packungen): 7, 8, 12, 10, 13.

a) Die Studentin Fleiß fragt sich, ob sie mit den Schätzfunktionen

$$\hat{\mu}_1 = \frac{1}{3} X_1 + \frac{1}{3} X_3 + \frac{1}{3} X_5$$

und

$$\hat{\mu}_2 = \frac{1}{5} (2 \cdot X_2 + X_3 + 2 \cdot X_4)$$

den durchschnittlichen Verbrauch der Arbeitsgruppe an Studentenfutter erwartungstreu schätzen kann. Welchen Nachweis könnten Sie ihr anbieten?

b) Was lässt sich über die relative Effizienz der beiden Schätzfunktionen aussagen? Was versteht man konkret unter relativer Effizienz?

c) Wie lautet das 95%-Konfidenzintervall für den durchschnittlichen Verbrauch an Studentenfutter, wenn der Verbrauch in der Grundgesamtheit als normalverteilt angenommen werden kann?

d) Angenommen, der Verbrauch X und Y von Studentenfutter der beiden Kommilitonen A und B ist miteinander korreliert (Corr (X, Y) = 0,5). Beide Kommilitonen konsumieren im Mittel dieselbe Menge von 8 Packungen pro Woche bei gleicher Varianz von 5. Wie groß ist die Varianz des Gesamtverbrauchs der beiden Kommilitonen an Studentenfutter?

Aufgabe 36

Punktuelle Prüfungen der Kontrollabteilung eines Waschmittelherstellers geben Anlass zu der Vermutung, dass die 5kg-Packungen die Sollmenge übersteigen könnten. Aus diesem Grund hat der Produktionsleiter die Abfüllmengen durch eine Stichprobe von 36 Packungen überprüft. Hierbei ist ein durchschnittliches Gewicht von 5,08 kg bei einer Varianz von 0,0324 kg^2 ermittelt worden.

a) Wird die Vermutung der Kontrollabteilung bei einer Irrtumswahrscheinlichkeit von 1% durch das Stichprobenergebnis bestätigt?

b) Interpretieren Sie die Fehler 1. und 2. Art bei dem in Teil a) konkret durchgeführten Test!

c) Wie groß ist unter den in der vorliegenden Stichprobe ermittelten Werten für den Durchschnitt und die Varianz die Wahrscheinlichkeit, dass das durchschnittliche Verpackungsgewicht in einer Stichprobe vom Umfang n = 36
  - größer als 5,02 kg ist,
  - zwischen 4,95 und 5,05 kg

 liegt?

d) Wie groß ist bei einem normalverteilten Verpackungsgewicht mit dem Mittelwert 5,08 kg und der Varianz 0,0324 kg^2 die Wahrscheinlichkeit, dass das Gewicht einer zufällig ausgewählten 5kg-Packung des Waschmittels zwischen 5,02 kg und 5,10 kg liegt (mit Interpolation)?

Aufgabe 37

In einer Konjunkturumfrage haben 60 % der Unternehmen eine Verbesserung der aktuellen Geschäftslage festgestellt, wohingegen die zukünftige Geschäftsentwicklung von 40 % der Unternehmen als günstig eingeschätzt wird. 30 % der Unternehmen sind zu einer positiven Beurteilung der aktuellen und zukünftigen Geschäftslage gekommen.

a) Wie groß ist aufgrund der Beurteilungsdaten die Wahrscheinlichkeit, dass für ein Unternehmen mit einer verbesserten aktuellen Geschäftslage auch die zukünftige Geschäftsentwicklung günstig verläuft?

b) Mit welcher Wahrscheinlichkeit zeichnet sich für ein zufällig ausgewähltes Unternehmen weder eine Verbesserung der aktuellen noch der zukünftigen Geschäftslage ab?

c) Wie groß ist die Wahrscheinlichkeit, dass allgemein bei der Hälfte der 6 Unternehmen eines Arbeitskreises gegenwärtig eine verbesserte Geschäftslage vorzufinden ist?

d) Wie groß ist aufgrund der Beurteilungsdaten die Wahrscheinlichkeit, dass mehr als die Hälfte der 6 Unternehmen von einer günstigen zukünftigen Geschäftsentwicklung ausgehen können?

e) Wie viele Unternehmen muss die Grundgesamtheit mindestens umfassen, um die in den Teilen c) und d) gesuchten Wahrscheinlichkeiten hinreichend genau ermitteln zu können? Welches Wahrscheinlichkeitsmodell müsste bei einer kleineren Grundgesamtheit zur Anwendung kommen, wenn ihr Umfang explizit angegeben sein würde?

Aufgabe 38

Ein Wirtschaftsinstitut hält für ein Prognosejahr ein Wirtschaftswachstum (X) zwischen 2 und 4 Prozent prinzipiell für möglich. Bei seiner Wachstumsprognose geht es von der folgenden Dichtefunktion aus:

$$f(x) = \begin{cases} \dfrac{1}{2}x - 1, & 2 \le x \le 4 \\ 0 \text{ sonst} \end{cases}$$

a) Zeigen Sie, dass die Funktion f(x) aufgrund ihrer Eigenschaften tatsächlich eine Dichtefunktion ist!

b) Leiten Sie die Verteilungsfunktion der Zufallsvariablen X ab!

c) Bestimmen Sie den Erwartungswert und die Varianz der Zufallsvariablen X!

d) Wie groß ist die Wahrscheinlichkeit, dass das Wirtschaftswachstum unter den gegebenen Voraussetzungen zwischen 3 ½ und 4 Prozent liegen wird?

Aufgabe 39

Ein Betrieb produziert Stahlbänder mit einer Länge von 200 cm und einer Breite von 20 cm. Je 100 Bänder muss dabei im Mittel ein Band als unbrauchbar aussortiert werden.

a) Wie groß ist auf der Grundlage des Modells für seltene Ereignisse die Wahrscheinlichkeit, dass bei einer Produktionsmenge von 100 Stahlbändern
  - genau zwei
  - höchstens zwei
  - mindestens eines der Bänder unbrauchbar sind?

b) Geben Sie die Wahrscheinlichkeit dafür an, dass die Länge eines Stahlbandes
  - außerhalb eines Intervalls von zwei Standardabweichungen um den Erwartungswert (= Sollwert)
  - um weniger als eine Standardabweichung vom Erwartungswert abweicht!
  (Interpretation)

c) Wie groß ist bei einer Normalverteilung der Bandlänge mit $\mu = 200$ und $\sigma^2 = 4$ die Wahrscheinlichkeit, dass ein zufällig ausgewähltes Stahlband
  - zwischen 197 und 203 cm lang
  - länger als 202 cm
  ist?

d) Ein Stahlband erfüllt die Norm, wenn es 199 bis 201 cm lang und 19,5 bis 20,5 cm breit ist. Mit welchem Ausschussanteil muss der Betrieb bei der Stahlbandproduktion rechnen, wenn die Bandlängen und -breiten bei den gegebenen Sollwerten unabhängig voneinander normalverteilt sind mit Varianzen von 4 cm^2 (Länge) und 2,25 cm^2 (Breite)?

Aufgabe 40

Ein Versicherungsvertreter hat bei seinen Kundenbesuchen eine Erfolgswahrscheinlichkeit für einen Vertragsabschluss von 20 %.

a) Wie groß ist die Wahrscheinlichkeit, dass es bei 10 Kundenbesuchen mindestens zu zwei Vertragsabschlüssen kommt?

b) Wie viele potentielle Kunden muss der Versicherungsvertreter besuchen, damit mit mindestens 90%iger Wahrscheinlichkeit zwei oder mehr neue Abschlüsse getätigt werden?

c) Mit welcher Wahrscheinlichkeit wird erst beim zehnten Werbegespräch ein neuer Versicherungsnehmer akquiriert? Wie groß ist die Wahrscheinlichkeit, dass der Versicherungsvertreter spätestens beim vierten Kundenbesuch Erfolg hat?

d) Spezifizieren Sie die Wahrscheinlichkeitsverteilung, gegen die die Anzahl der Vertragsabschlüsse bei den 200 während eines Geschäftsjahres durchgeführten Kundenbesuchen strebt! (Begründung) Wie groß ist die Wahrscheinlichkeit, dass im betrachteten Geschäftsjahr zwischen 30 und 50 Abschlüsse erzielt werden?

Aufgabe 41

Die Wahrscheinlichkeitsverteilung der Rendite eines Investmentfonds ist durch die folgende Funktion gegeben:

$$f(x) = \begin{cases} 4 - 8x & \text{für } 0 \le x \le 0,5 \\ 0 \text{ sonst} \end{cases}.$$

a) Zeigen Sie, dass f(x) eine Dichtefunktion ist!

b) Wie groß ist die Wahrscheinlichkeit, mit dem Investmentfonds eine Rendite zwischen 10 und 15 Prozent zu erzielen?

c) Bestimmen Sie die Verteilungsfunktion der Investmentrendite!

d) Berechnen Sie den Erwartungswert der betrachteten Zufallsvariablen!

e) Wie groß ist die Wahrscheinlichkeit, dass die erzielte Investmentrendite innerhalb eines Intervalls von einer Standardabweichung um den Erwartungswert liegen wird?

Aufgabe 42

Auf einer Messe werden aus einer Gruppe von sechs Messebesuchern (= Grundgesamtheit) drei zufällig ausgewählt und nach ihrer beruflichen Erfahrung befragt. Im Einzelnen können die sechs Messebesucher folgende Anzahl von Berufsjahren vorweisen:

Messebesucher i	1	2	3	4	5	6
Berufsjahre x_i	12	15	10	8	5	10

a) Die Auswahl der Messebesucher wird im allgemeinen zu einer uneingeschränkten Zufallsstichprobe führen. Was versteht man darunter?

b) Grenzen Sie eine Zufallsstichprobe von einer willkürlichen Auswahl ab! Geben Sie zwei Beispiele für eine willkürliche Auswahl!

c) Geben Sie die Stichprobenverteilung der durchschnittlichen Berufsjahre für das Modell Ziehen ohne Zurücklegen an (n=3)!

d) Berechnen Sie den Mittelwert μ der Grundgesamtheit und den Erwartungswert des Stichprobenmittels $\overline{x}_3$!

e) Wie viele Stichproben (n=3) wären zu unterscheiden, wenn die Ziehung mit Zurücklegen erfolgen würde?

Aufgabe 43

An 225 Autos eines bestimmten Typs wurde der Kraftstoffverbrauch gemessen. Der Durchschnittsverbrauch lag bei 9,5 l bei einer Varianz von 2,25 l^2.

a) Zeigen Sie, dass das Stichprobenmittel $\overline{X}$ ein erwartungstreuer und konsistenter Schätzer für den unbekannten Durchschnittsverbrauch μ in der Grundgesamtheit ist!

b) Bestimmen Sie ein 95%-Konfidenzintervall für den durchschnittlichen Verbrauch μ und interpretieren Sie es!

c) Wie groß müsste der Stichprobenumfang n sein, damit das in Teil b) ermittelte Konfidenzintervall auf einem Konfidenzniveau von 99 % Gültigkeit hätte?

d) Testen Sie die Nullhypothese H_0: $\mu = 10$ für die gegebenen Stichprobendaten ($\alpha = 0,01$). Worin besteht hier der Fehler 1. Art?

Aufgabe 44

In einer Urne befinden sich 3 Kugeln mit der Zahl 20, 5 Kugeln mit der Zahl 24 und 4 Kugeln mit der Zahl 30.

a) Wie viele Reihenfolgen lassen sich bei einem Ziehen aller Kugeln ohne Zurücklegen unterscheiden?

b) Angenommen, aus der Urne werden Stichproben vom Umfang n = 3 ohne Zurücklegen gezogen. Wie viele Stichproben gibt es insgesamt?

c) Durch eine Auswertung aller Stichproben des Umfanges n = 3 (Ziehen ohne Zurücklegen) lässt sich die Stichprobenverteilung des Mittelwertes $\overline{X}$ ermitteln. Bestimmen Sie die Parameter E($\overline{X}$) und Var($\overline{X}$) dieser Stichprobenverteilung unter Verwendung der Grundgesamtheitsparameter E(X) = µ und Var (X) = σ^2!

d) Welche Art von Zufallsstichprobe liegt in den Teilen b) und c) vor? Skizzieren Sie kurz die typischen Kennzeichen dieser Zufallsstichprobe!

Aufgabe 45

Die Wahrscheinlichkeit für die Gewinnung eines neuen Kunden durch einen Vertreterbesuch beträgt 0,1.

a) Um welche Art von Wahrscheinlichkeit handelt es sich im letzten Fall? Erläutern Sie das zugrundeliegende Konzept an Hand der gegebenen Werte!

b) Wie wahrscheinlich ist es, dass beim achten Vertreterbesuch ein neuer Kunde gewonnen wird?

c) Wie groß ist die Wahrscheinlichkeit, frühestens beim sechsten Vertreterbesuch einen neuen Kunden zu gewinnen?

d) Gegen welche Verteilung strebt die Zufallsvariable „Anzahl der neuen Kunden", wenn die Zahl der Vertreterbesuche über alle Grenzen wächst? Spezifizieren Sie die Parameter der Grenzverteilung und geben Sie an, unter welcher Bedingung ihre Anwendbarkeit gegeben ist!

Aufgabe 46

Die Verteilung der Verbrauchsmenge X eines alkoholischen Getränks, die in einem Gastronomiebetrieb je Monat zwischen 1 und 5 hl schwankt, lässt sich durch die Dichtefunktion

$$f(x) = \begin{cases} -\dfrac{1}{4}+\dfrac{1}{4}x & \text{für } 1 \leq x < 3 \\ 1\dfrac{1}{4}-\dfrac{1}{4}x & \text{für } 3 \leq x < 5 \\ 0 \text{ sonst} \end{cases}$$

wiedergeben.

a) Zeigen Sie, dass die Funktion f(x) die Eigenschaften einer Dichtefunktion besitzt!

b) Berechnen Sie die Wahrscheinlichkeit dafür, dass die Verbrauchsmenge in einem Monat

       - zwischen 2 und 4 hl,
       - mehr als 2,5 hl beträgt!

c) Bestimmen Sie die Varianz der Verbrauchsmenge bei dem hier gültigen Erwartungswert von 3!

d) Geben Sie die Wahrscheinlichkeit für eine Verbrauchsmenge von genau 4 hl in einem Monat an und begründen Sie das Ergebnis!

Aufgabe 47

Bei einem Produkttest werden einem Verbraucher acht verschiedene Sorten A, B, ... , H eines Produkts vorgelegt, aus denen er die beiden besten auszuwählen hat.

a) Warum kann der Produkttest als Zufallsvorgang betrachtet werden?

b) Definieren Sie den zugehörigen Stichprobenraum und geben Sie seine Mächtigkeit an!

c) Wie viele Möglichkeiten hat der Verbraucher, das Produkt zu testen, wenn er die acht Sorten sukzessive bewertet?

d) Wie groß ist die Wahrscheinlichkeit, dass die Sorten A oder B in die Auswahl gelangen? Mit welcher Wahrscheinlichkeit gelangen die Sorten A, B oder C in die Auswahl?

e) Wie wahrscheinlich ist es, dass zwei Verbraucher ein identisches Testergebnis erzielen? Wie ändert sich die Wahrscheinlichkeit, wenn für drei Verbraucher ein identisches Testergebnis gefordert wird?

Aufgabe 48

Die Wahrscheinlichkeit eines Konkurses eines Bauunternehmens beträgt bei einem Auftrag zur Durchführung eines Großprojekts 10 %, während sie bei fehlendem Zuschlag auf 80 % steigt. Das Unternehmen beziffert die Wahrscheinlichkeit eines Zuschlags mit 30 %.

a) Welche Arten von Wahrscheinlichkeiten sind hier angegeben? Erläutern Sie das Konzept der erstgenannten Wahrscheinlichkeit?

b) Wie groß ist die Wahrscheinlichkeit eines Konkurses?

c) Angenommen, das Bauunternehmen ist in Konkurs gegangen. Wie wahrscheinlich ist es, dass es zuvor den Zuschlag für das Großprojekt erhalten hat? Erläutern Sie an Hand des von Ihnen ermittelten Ergebnisses den Unterschied zwischen einer A-priori- und einer A-posteriori-Wahrscheinlichkeit!

d) Wie groß ist die Wahrscheinlichkeit, dass von den sechs regionalen Unternehmen der Baubranche
- genau drei
- höchstens zwei Unternehmen in Konkurs gehen, wenn die Konkurswahrscheinlichkeit für alle Unternehmen 0,6 beträgt?

Aufgabe 49

Die Wahrscheinlichkeitsverteilung der Rendite eines risikobehafteten Finanztitels sei durch die Dichtefunktion

$$f(x) = \begin{cases} 4 - 8x & \text{für} \quad 0 \le x \le 0,5 \\ 0 & \text{sonst} \end{cases}$$

gegeben.

a) Stellen Sie die Dichtefunktion graphisch dar! Zeigen Sie anhand der Graphik ihre Eigenschaften auf!

b) Berechnen Sie die Wahrscheinlichkeit für eine Rendite
   - zwischen 0,2 und 0,4
   - von mehr als 0,4!

c) Wie hoch ist die zu erwartende Rendite des Finanztitels?

d) Bestimmen Sie die Varianz und die Standardabweichung der Rendite! Wie lässt sich die Standardabweichung hier interpretieren?

Aufgabe 50

Ein Elektronikhersteller gibt die erwartete Lebensdauer eines Computerchips mit 6 Jahre bei einer Standardabweichung von 1 ½ Jahren an.

a) Wie groß ist höchstens die Wahrscheinlichkeit, dass der Computerchip weniger als drei Jahre verwendbar ist?

b) Welchen Wert nimmt die in Teil a) gesuchte Wahrscheinlichkeit an, wenn für die Lebensdauer des Computerchips eine Normalverteilung unterstellt werden kann? Welche Wahrscheinlichkeit ergibt sich unter dieser Verteilungsannahme für eine Lebensdauer zwischen 4 und 8 Jahren?

c) Eine Firma hat 20 Computerchips des Elektronikherstellers erworben. Wie wahrscheinlich ist es bei einer Normalverteilung der Lebensdauer, dass alle Chips mindestens 3 Jahre einsatzfähig sind?

d) Bei 10 zufällig ausgewählten Computerchips ist eine durchschnittliche Lebensdauer von 5 ½ Jahren bei einer Standardabweichung von 2 Jahren ermittelt worden. Prüfen Sie, ob das hieraus ableitbare 95%-Konfidenzintervall für μ die vom Hersteller angegebene erwartete Lebensdauer der Chips überdeckt! Interpretieren Sie das Ergebnis!

Aufgabe 51

Bei der Schraubenproduktion fällt Ausschuss an, wenn der Schraubendurchmesser oder die Schraubenlänge außerhalb der zulässigen Toleranzgrenzen liegt. Betriebsstatistische Erhebungen haben ergeben, dass 6 % der Schrauben einen Durchmesser außerhalb der Toleranzgrenze haben und 8 % der Schrauben eine Länge außerhalb der Toleranzgrenzen haben. Beide Mängel wurden bei 2% der Schrauben festgestellt.

a) Wie groß ist die Wahrscheinlichkeit, dass eine zufällig ausgewählte Schraube nicht brauchbar (= Ausschuss) ist?

b) Geben Sie die Wahrscheinlichkeit dafür an, dass eine Schraube, deren Durchmesser außerhalb der Toleranzgrenze liegt, eine fehlerhafte Länge hat! Mit welcher Wahrscheinlichkeit hat eine Schraube eine akzeptable Länge, jedoch einen fehlerhaften Durchmesser?

c) Zeigen Sie unter Verwendung zweier alternativer Konzepte, dass die Ereignisse „fehlerhafter Durchmesser" und „fehlerhafte Länge" stochastisch abhängig sind!

d) Wie groß ist die Wahrscheinlichkeit, dass ein Kunde, der vier Zylinderschrauben beim Händler kauft,
  - ausschließlich brauchbare
  - ausschließlich unbrauchbare Teile erhält? Warum handelt es sich hierbei nicht um komplementäre Ereignisse?

e) Ein Handelsgeschäft hat eine Bestellung von 4000 Zylinderschrauben in Auftrag gegeben. Spezifizieren Sie die originäre Verteilung der Zufallsvariablen „Anzahl der unbrauchbaren Schrauben"! Bestimmen Sie den Erwartungswert und die Varianz dieser Verteilung (Interpretation)!

Aufgabe 52

Ein Zigarettenhersteller führt eine Kampagne für seine Marke "Superrauch" durch, indem er 100 Tsd. Probepackungen kostenlos verteilen lässt. 5 Tsd. Personen, die eine Probepackung erhalten, sind bereits „Superrauch"-Raucher, 60 Tsd. Personen sind Nichtraucher und 35 Tsd. Raucher einer anderen Marke. Erfahrungsgemäß können durch die Werbekampagne 10 % der Nichtraucher und 20 % der Raucher anderer Marken gewonnen werden, wenn sie ansprechend durchgeführt wird.

a) Wie groß ist die Wahrscheinlichkeit, von 12 Nichtrauchern
  - genau fünf
  - mindestens zwei
  - höchstens drei
für die Marke „Superrauch" zu begeistern?

b) Mit welcher Wahrscheinlichkeit interessiert sich
  - erst der achte
  - spätestens der vierte
Nichtraucher für die Marke „Superrauch"?

c) Geben Sie die Wahrscheinlichkeit dafür an, dass zwei zufällig ausgewählte Personen, die eine Packung „Superrauch" erhalten haben,
  - vor der Werbekampagne
  - nach der Werbekampagne
Raucher dieser Marke sind!

d) Wie viele Personen muss ein Werber ansprechen, um mit einer Wahrscheinlichkeit von mindestens $\frac{1}{3}$ einen neuen Kunden gewonnen zu haben?

Aufgabe 53

Ein Elektrizitätswerk hat für eine Kleinstadt mit 20 Tsd. Haushalten den Stromverbrauch für ein Jahr vorauszuschätzen. Die Planer gehen hierzu von einem mittleren Stromverbrauch μ=2000 kWh und einer Standardabweichung von $\sigma_{\bar{x}}$=40 kWh aus.

a) Bestimmen Sie ohne Verwendung einer konkreten Wahrscheinlichkeitsverteilung die Wahrscheinlichkeit dafür, dass der Stromverbrauch in der Kleinstadt innerhalb von 2,5 Standardabweichungen um den Erwartungswert liegt!

b) Wie ändert sich die in Teil a) ermittelte Wahrscheinlichkeit, wenn Sie eine Normalverteilung des Stromverbrauchs unterstellen können? Wodurch ließe sich hier die Anwendung der Normalverteilung begründen?

c) Wie groß ist die Wahrscheinlichkeit, dass der Stromverbrauch in der Kleinstadt im Planungsjahr
   - mehr als 39 Mill. kWh,
   - bis zu 41,6 Mill kWh
   beträgt?

d) Innerhalb welcher Grenzen wird der Stromverbrauch in der Kleinstadt mit einer Wahrscheinlichkeit von 95 % liegen?

e) Wie groß ist die Wahrscheinlichkeit, dass der durchschnittliche Stromverbrauch mehr als 2060 kWh betragen wird?

Aufgabe 54

Ein Kartell besteht aus 5 mittelständischen Unternehmen (= Grundgesamtheit), die 90 % des Marktes eines Produkts beherrschen:

Unternehmer	U1	U2	U3	U4	U5
Marktanteil	0,2	0,1	0,3	0,1	0,2

Während zu den außerordentlichen Kartellsitzungen alle Mitglieder eingeladen werden, trifft man sich bei den regelmäßigen Kartellsitzungen jeweils zu dritt (= Stichproben).

a) Wie viele unterschiedliche Zusammensetzungen einer Kartellsitzung gibt es?

b) Das Kartell sieht sich durch ständige Marktbeobachtung in der Lage, seine Vormachtstellung zu erhalten. Hierzu hat es eine Studie in Auftrag gegeben, durch die die Zufriedenheit der Kunden mit dem Produkt ermittelt werden soll. Der Anteil der zufriedenen Kunden lag in einer Stichprobe vom Umfang 100 bei 60 %. Bestimmen Sie ein 95%-Konfidenzintervall für den Anteil der zufriedenen Kunden und interpretieren Sie es!

c) Wie groß müsste der Stichprobenumfang in Teil b) sein, wenn der Stichprobenfehler auf ± 5 Prozent begrenzt werden soll?

d) Testen Sie, ob der in Teil b) wiedergegebene Stichprobenbefund bei einer Irrtumswahrscheinlichkeit von 1 % mit der Annahme eines Anteils von 50 % zufriedener Kunden in der Grundgesamtheit kompatibel ist!

e) Interpretieren Sie die Fehler 1. und 2. Art in Bezug auf das in Teil d) konkret vorgegebene Testproblem!

Aufgabe 55

Ein Skatspiel besteht aus 32 Karten mit den 4 Farben Karo, Herz, Pik und Kreuz. Jede Farbe hat die Karten 7, 8, 9, 10, Bube, Dame, König, As. Die drei beim Skatspiel teilnehmenden Spieler erhalten jeweils zehn Karten, zwei Karten werden vorab verdeckt in den Skat gelegt.

a) Wie groß ist die Wahrscheinlichkeit, dass die beiden Karten, die zu Beginn des Spiels in den Skat gelegt werden, Herz-Karten (Ereignis H) sind?

b) Mit welcher Wahrscheinlichkeit enthält der Skat eine Dame (Ereignis D) und einen Buben (Ereignis B)?

c) Mit welcher Wahrscheinlichkeit enthält der Skat ein As (Ereignis A) und eine Zahl (Ereignis Z), während die zuerst gezogene Karte des ersten Spielers ein König (Ereignis K) ist?

d) Wie groß ist die Wahrscheinlichkeit, dass sich unter den 10 Karten, die der erste Spieler beim Skatspiel erhält, 3 Buben befinden, wenn zwei Asse für den Skat gezogen worden sind?

e) Geben Sie den Erwartungswert und die Standardabweichung der in Teil d) zu verwendenden Wahrscheinlichkeitsverteilung an! Interpretieren Sie den Erwartungswert!

Aufgabe 56

Die Verzögerung des Starts eines Flugzeugs ist ein seltenes Ereignis. Aufgrund ungünstiger Witterungsverhältnisse verzögert sich der Start in 4 von 1000 Fällen.

a) Berechnen Sie die Wahrscheinlichkeit, dass sich der Start eines Flugzeugs bei den nächsten 200 Flügen
    - einmal,
    - vier Mal
verzögert mit der entsprechenden Grenzverteilung!

b) Mit welcher Wahrscheinlichkeit ist mit einer Verzögerung des Flugzeugstarts in mehr als 4 von 200 zu rechnen?

c) Wie groß ist die Wahrscheinlichkeit, dass es nach genau 5 pünktlichen Starts zu einer Verzögerung kommt?

d) Welche Wahrscheinlichkeiten ergeben sich dafür, dass
   - frühestens beim achten Start,
   - spätestens beim zehnten Start
   eine Verzögerung eintritt?

e) Wie groß ist der Erwartungswert der in Teil c) betrachteten Zufallsvariablen? (mit Interpretation)

Aufgabe 57

Eine Arbeitszeitkontrolle hat bei 10 Arbeitern folgende Zeiten für die Bearbeitung eines Werkstücks ergeben:

Arbeiter	1	2	3	4	5	6	7	8	9	10
Arbeitszeit Min.	9,7	9,8	10,2	10,4	9,9	10,8	10,5	10,3	9,8	10,6

Die Bearbeitungszeiten sind näherungsweise normalverteilt.

a) Zeigen Sie, dass $\overline{X}$ ein erwartungstreuer Punktschätzer für μ ist!

b) Wie groß ist die Wahrscheinlichkeit, dass ein Arbeiter mehr als 10,7 Min. (mit Interpolation) für die Bearbeitung eines Werkstücks benötigt?

c) Wie groß ist die Wahrscheinlichkeit, dass die durchschnittliche Bearbeitungszeit der Arbeitsgruppe weniger als 10 Min. beträgt?

d) Testen Sie, ob das Stichprobenergebnis mit der von dem Unternehmen im Mittel angestrebten Arbeitszeit von höchstens 10 Min. verträglich ist ($\alpha = 0,01$)!

Aufgabe 58

In einer Befragung eines Meinungsforschungsinstituts sprachen sich 1175 von 2500 befragten Bürgern für die Einführung eines Mindestlohnes aus.

a) Bestimmen Sie ein 95%-Konfidenzintervall für den Anteil der Befürworter eines Mindestlohnes (mit Interpretation).

b) Geben Sie den Stichprobenfehler an und skizzieren Sie die Wirkung seiner Bestimmungsgrößen!

c) Wie groß müsste der Stichprobenumfang gewählt werden, um unter ansonsten unveränderten Bestimmungsgrößen den Stichprobenfehler um ein Viertel zu reduzieren?

d) Wie groß müsste der Stichprobenumfang in Teil c) gewählt werden, wenn der Anteil der Befürworter eines Mindestlohnes unbekannt ist?

Aufgabe 59

In einer Abteilung arbeiten drei Mitarbeiter a, b und c. Als Zufallsvorgang werden die Krankmeldungen der Mitarbeiter an einem Tag betrachtet. Das Ergebnis „ab" gibt z. B. an, dass sich die Mitarbeiter a und b krankgemeldet haben.

a) Geben Sie den Stichprobenraum für den betrachteten Zufallsvorgang an! Was lässt sich über die Mächtigkeit des Stichprobenraums aussagen?

b) Die Wahrscheinlichkeit einer Krankmeldung des Mitarbeiters a (Ereignis A) beträgt 0,05 und des Mitarbeiters b (Ereignis B) 0,10. Wie groß ist die Wahrscheinlichkeit, dass sich,
   - beide Mitarbeiter,
   - einer der beiden Mitarbeiter
krank melden?

c) Wie groß ist die Wahrscheinlichkeit, dass sich
   - alle drei Mitarbeiter,
   - mindestens einer der drei Mitarbeiter
   krank melden, wenn die Wahrscheinlichkeit einer Krankmeldung des Mitarbeiters c (Ereignis C) 0,20 beträgt?

d) Angenommen, es gilt $P(B \cap C) = 0,02$ und $P(A \cap B \cap C) = 0,002$. Prüfen Sie jeweils auf zwei Arten, ob die
   - beiden Ereignisse B und C,
   - drei Ereignisse A, B und C
unabhängig voneinander sind!

Aufgabe 60

Eine Versicherungsgesellschaft bietet Leichtathleten den Abschluss einer Versicherung gegen Sportinvalidität und Berufsunfähigkeit an. Bei Sportinvalidität zahlt sie 20.000 GE an den Versicherungsnehmer aus, bei Berufsunfähigkeit 100.000 GE. Die Wahrscheinlichkeit, dass ein Leichtathlet Sportinvalide wird beträgt 0,20. Mit einer Wahrscheinlichkeit von 0,05 wird der Leichtathlet berufsunfähig.

a) Geben Sie die Wahrscheinlichkeits- und Verteilungsfunktion für die von der Versicherung an einen Leichtathleten A zu leistenden Zahlung an! Stellen Sie die Verteilungsfunktion grafisch dar!

b) Welche Prämie M muss die Versicherungsgesellschaft nach dem Erwartungswertprinzip bei 25%igem Zuschlag, $M = 1,25 \cdot E(X)$, kalkulieren?

c) Welche Prämie wird die Versicherungsgesellschaft nach dem Standardabweichungsprinzip

$$M = E(X) + \frac{1}{25}\sqrt{V(X)}$$

festlegen? Hinweis: Rechnen Sie mit ganzen Geldeinheiten (GE)!

d) Wie groß ist die Wahrscheinlichkeit, dass die Versicherungsgesellschaft
  - erst beim achten,
  - spätestens beim vierten
versicherten Leichtathleten eine Zahlung zu leisten hat?

Aufgabe 61

Entlang einer Eisenbahnlinie liegen 12 Bahnhöfe B1 bis B12. Die Eisenbahn führt nur eine Wagenklasse. Außerdem werden keine Ermäßigungen gewährt.

a) Wie viele verschiedene Fahrkarten muss die Eisenbahngesellschaft für eine einfache Fahrt bereitstellen?

b) Die Bahngesellschaft beschäftigt drei Kontrolleure A, B und C. Jeder Kontrolleur wählt an jedem Tag zufällig einen der Bahnhöfe B1 bis B12 aus, an dem er zur Fahrkartenkontrolle in den Zug steigt. Wie ist die Wahrscheinlichkeit, dass zwei oder drei Kontrolleure an einem Tag denselben Zustiegsbahnhof (Ereignis A) wählen?

c) Wie viele Die Strecke von B4 zum Endbahnhof B12 wird von 20 % aller Reisenden gewählt. Wie groß ist die Wahrscheinlichkeit, dass von 5 in der Station B4 eingestiegenen Fahrgästen mindestens 4 bis zum Endbahnhof B12 fahren?

d) Wie groß ist die Wahrscheinlichkeit, dass von 100 Passagieren unter der in Teil c) angegebenen Eintrittswahrscheinlichkeit mehr als ein Viertel die Strecke (B4, B12) wählen?

Aufgabe 62

Für Werbezwecke möchte der Hersteller von Fotoapparaten angeben, wie viele Fotos ohne erneutes Aufladen der Batterie gemacht werden können. Bei 8 Tests hat er folgende Ergebnisse ermittelt:

Test	1	2	3	4	5	6	7	8
Anzahl Fotos	103	104	95	108	102	105	93	98

a) Geben Sie einen erwartungstreuen Schätzer für die Varianz σ^2 an! Wie groß ist der geschätzte Bias bei einer Verwendung von $S*^2$?

b) In welchem Intervall wird die durchschnittliche Anzahl der Fotos ohne erneutes Aufladen der Batterie bei einem Konfidenzniveau von 90 % liegen, wenn die Grundgesamtheit normalverteilt ist?

c) In einem vorherigen Werbeprospekt hatte der Hersteller eine mittlere Anzahl von mindestens 105 Fotos ohne erneutes Aufladen der Batterie gewährleistet. Lässt sich diese Angabe aufgrund der Testshootings bei einer Irrtumswahrscheinlichkeit von 1 % aufrechterhalten?

d) Interpretieren Sie die beiden Fehler 1. und 2. Art unter konkretem Bezug zur Aufgabenstellung!

Aufgabe 63

Beim Roulette tritt eine rote Zahl (Ereignis R) mit einer Wahrscheinlichkeit von 18/37 auf. Die Zahl null (Ereignis N) hat eine Wahrscheinlichkeit von 1/37.

a) Wie viele Möglichkeiten gibt es für einen Roulettespieler, seine 5 Chips auf die 37 Zahlenfelder des Roulettespiels zu setzen, wenn alle Chips auf verschiedenen Zahlen platziert werden sollen?

b) Ein Roulette-Spieler, der 500 Euro zur Verfügung hat, setzt pro Spiel 100 Euro auf Rot. Wie wahrscheinlich ist es, dass er seinen gesamten zur Verfügung stehenden Betrag verliert?

c) Ein Spieler setzt solange auf die Null, bis sie erstmals realisiert wird. Wie groß ist die Wahrscheinlichkeit, dass sie
   - genau beim sechsten Einsatz
   - spätestens nach dem achten Einsatz eintritt?

d) Offenbar ist der Eintritt einer Null ein seltenes Ereignis. Bestimmen Sie unter Verwendung der entsprechenden Wahrscheinlichkeitsverteilung approximativ die Wahrscheinlichkeit dafür, dass die Null mehr als zweimal realisiert wird, wenn ein Spieler an einem Abend 100 Einsätze tätigt?

e) Von welcher Spielzahl ab kann im Teil d) eine Anwendung der Normalverteilung in Betracht gezogen werden?

Aufgabe 64

Ein Wirtschaftsforschungsinstitut erstellt eine Modellrechnung der Investitionsentwicklung unter alternativen wirtschaftlichen Rahmenbedingungen, deren Eintrittswahrscheinlichkeiten eingeschätzt werden können:

Wachstumsrate der Investitionen	Eintrittswahrscheinlichkeiten
0,00	0,10
0,02	0,20
0,04	0,20
0,06	0,30
0,08	0,10
0,10	0,10

a) Die gegebene Wahrscheinlichkeitsverteilung ist
   ( ) diskret   ( ) mehrdimensional ( ) bedingt
   ( ) qualitativ   ( ) stetig   ( ) eindimensional

b) Bestimmen Sie die Verteilungsfunktion der Wachstumsraten und stellen Sie sie graphisch dar!

c) Berechnen Sie den Erwartungswert und die Varianz der Wachstumsraten der Investitionen!

d) Wie groß ist die Wahrscheinlichkeit, dass die Wachstumsrate der Investitionen in einem symmetrischen Intervall von einer Standardabweichung um ihren Erwartungswert liegt?

e) Die Wahrscheinlichkeit dafür, dass die Wachstumsrate der Investitionen zwischen 4 und 8 % liegen wird, ist
   ( ) höchstens 0,60
   ( ) mindestens 0,30
   ( ) eine Höchstwahrscheinlichkeit
   ( ) genau so groß wie die Wahrscheinlichkeit für das Intervall von 3 bis 9 %
   ( ) eine Mindestwahrscheinlichkeit
   ( ) genau 0,60

Aufgabe 65

Aus der Bevölkerungsstatistik ist bekannt, dass die Wahrscheinlichkeiten für die Geburt eines Mädchens und Jungen ungleich sind. Mit einer Wahrscheinlichkeit von 48,5 % ist ein Lebendgeborener ein Mädchen und mit einer Wahrscheinlichkeit von 51,5 % ein Junge.

a) Wie groß ist die Wahrscheinlichkeit, dass sich unter fünf Lebendgeborenen
   - genau zwei Mädchen,
   - genau zwei Jungen,
   - höchstens drei Mädchen
befinden?

b) Wie viele Kinder muss eine Familie haben, damit sich unter ihnen mit einer Wahrscheinlichkeit von 65 % mindestens zwei Mädchen befinden?

c) In der Säuglingsstation eines Krankenhauses liegen 100 Neugeborene. Wie groß ist die Wahrscheinlichkeit, dass

   - weniger als ein Viertel,
   - mehr als ein Drittel

der Neugeborenen Mädchen sind?

d) Geben Sie den Bereich an, innerhalb dessen die Anzahl der Mädchengeburten bei 100 Neugeborenen mit einer Wahrscheinlichkeit von 90 % zu erwarten ist!

Aufgabe 66

Um Strom aus Geothermie zu erzeugen, werden Bohrungen vorgenommen, für die es unterschiedliche Erfolgswahrscheinlichkeiten gibt. Eine Bohrung ist in den Bereichen 1 und 2 mit einer Wahrscheinlichkeit von jeweils 80% erfolgreich (Ereignisse B1 und B2). Im Bereich 3 beträgt die Erfolgswahrscheinlichkeit 90% (Ereignis B3). Die Wahrscheinlichkeit, in den Bereichen 2 und 3 fündig zu werden, wenn im Bereich 1 Geothermie vorhanden ist, beträgt jeweils 90%. Ein Vorfinden von Geothermie im Bereich 2 hat auf die Wahrscheinlichkeit einer erfolgreichen Bohrung im Bereich 3 keine Auswirkung.

Hinweis: Falls $P(C|A) = P(C)$ und $P(C|D) = P(C)$, gilt auch $P(C|A \cap D) = P(C)$ bei den hier vorkommenen Ereignissen.

a) Prüfen Sie, ob die Ereignisse B1, B2 und B3 paarweise stochastisch unabhängig voneinander sind!

b) Wie groß ist die Wahrscheinlichkeit, dass eine Bohrfirma bei der Geothermie in den Bereichen

- 1 oder 2

- 2 oder 3

fündig wird?

c) Mit welcher Wahrscheinlichkeit wird eine Bohrfirma in allen drei Bereichen fündig?

d) Geben Sie die Wahrscheinlichkeit an, dass eine Bohrfirma überhaupt in einem der drei Bereiche fündig wird!

e) Wie groß ist die Wahrscheinlichkeit, dass die Bohrfirma im Bereich 3, aber nicht in den Bereichen 1 und 2 fündig wird?

Aufgabe 67

Die Wahrscheinlichkeit, einen Anschlusszug durch Zugverspätung zu verpassen, beträgt 4%. Der Geschäftskunde G hat in einem Zeitraum 12 Bahnreisen mit Umstieg geplant.

a) Wie groß ist die Wahrscheinlichkeit, dass der Kunde G bei den 12 Bahnreisen mit Umstieg

- mindestens zweimal,
- höchstens dreimal

aufgrund einer Zugverspätung seinen Anschlusszug verpasst?

b) Der Ökonom O aus dem Qualitätsmanagement der Deutschen Bahn betrachtet das Verpassen des Anschlusszuges durch Zugverspätung als seltenes Ereignis. Wie verändern sich die Wahrscheinlichkeiten in Teil a) bei Verwendung der Verteilung für seltene Ereignisse?

c) In der Firma des Geschäftskunden G stehen in dem betrachteten Zeitraum insgesamt 324 Bahnreisen mit Umstieg an. Wie groß ist die Wahrscheinlichkeit, dass in

- mindestens 20 Fällen,
- höchstens 10 Fällen

der Anschlusszug aufgrund einer Zugverspätung verpasst wird?

d) Bei wie viel Bahnreisen mit Umstieg erhöht sich die zweite Wahrscheinlichkeit in Teil c) um 10%?

e) Die in Teil c) durchgeführte Berechnung bezieht sich auf

☐ den indirekten Schluss   ☐ den direkten Schluss

☐ eine Summenvariable   ☐ einen Durchschnittswert

☐ einen Anteilswert   ☐ eine relative Häufigkeit

Aufgabe 68

In einer Planungsregion gibt es fünf Windkraftparks mit folgenden Leistungen (in MW):

Windkraftpark	1	2	3	4	5
Leistung (MW)	6	4	8	3	4

a) Wie viel verschiedene Stichproben vom Umfang 2 gibt es bei einer Auswahl

- ohne Zurücklegen,
- mit Zurücklegen?

b) Leiten Sie die Verteilung der durchschnittlichen Leistung für eine Auswahl ohne Zurücklegen bei einem Stichprobenumfang von 2 her!

c) Zeigen Sie anhand der vorliegenden Daten, dass der Erwartungswert des Stichprobenmittels für n=2 mit dem Mittelwert der Grundgesamtheit übereinstimmt!

d) Wie groß ist die Varianz der Stichprobenverteilung für n=2? Berechnen Sie sie unter Verwendung von σ^2!

e) Angenommen, ein Regionalplaner würde zur Schätzung der durchschnittlichen Leistung der Windparks bei einer einfachen Zufallsstichprobe nicht den Punktschätzer $\hat{\mu}_1 = \overline{X}$, sondern den Punktschätzer $\hat{\mu}_2 = X_1$ verwenden. Warum wäre seine Schätzung nicht effizient?

Aufgabe 69

Im Qualitätsmanagement der Deutschen Bahn wird der Erreichbarkeit von Anschlusszügen ein hoher Stellenwert eingeräumt. Nach ihrer Bahnreise gaben 25 von 625 betroffenen Bahnreisenden an, ihren Anschlusszug aufgrund einer Zugverspätung verpasst zu haben.

a) Geben Sie ein 95%-Konfidenzintervall für die Wahrscheinlichkeit an, den Anschlusszug aufgrund von Zugverspätungen zu verpassen!

b) Das Qualitätsmanagement beabsichtigt, die Fahrgastbefragung zu wiederholen, um eine präzisere Intervallschätzung der Wahrscheinlichkeit einer fehlenden Erreichbarkeit von Anschlusszügen bei unverändertem Konfidenzniveau machen zu können. Wie groß müsste der Stichprobenumfang sein, wenn die Fehlermarge auf einen Prozentpunkt gesenkt werden soll?

c) Die Initiative „Pro Fahrgast" behauptet, dass der Anteil der durch Zugverspätung verpassten Anschlusszüge mindestens 6% beträgt. Lässt sich die Behauptung aufgrund der vorliegenden Stichprobe bei einer Irrtumswahrscheinlichkeit von 1% aufrechterhalten?

d) Interpretieren Sie den Fehler 1. und 2. Art konkret für den in Teil c) durchzuführenden Test!

e) Wie groß ist die Wahrscheinlichkeit für den Fehler 2. Art, wenn der Anteil der durch Zugverspätung verpassten Anschlusszüge tatsächlich 3% beträgt?

Aufgabe 70

Ein Glücksrad besteht aus zwölf gleich großen Sektoren, die von 1 bis 12 nummeriert sind. Das Glücksrad wird zur Auswahl einer Zahl immer wieder neu gedreht.

a) Wie groß ist die Wahrscheinlichkeit, dass bei 8 Drehungen des Glückrads
   - mindestens 3-mal eine gerade Zahl,
   - höchstens 5-mal eine der vier kleinsten Zahlen,
   ausgewählt wird?

b) Bei einem Glückspiel A, bei dem das Glücksrad 8-mal gedreht wird, bestehen folgende Gewinnmöglichkeiten:

Werden bei einer Drehung die Zahlen 1 2, 11 oder 12 realisiert, erhält der Spieler eine Auszahlung von 2 Euro. Bei den Zahlen 3, 4, 9 oder 10 fällt ein Verlust von 3 Euro an. Die Zahlen 5 oder 8 erbringen einen Verlust von 4 Euro und die Zahlen 6 oder 7 einen Gewinn von 5 Euro.

- Geben Sie formal die Wahrscheinlichkeits- und Verteilungsfunktion der Zufallsvariablen „Gewinn" bei einer Drehung des Glücksrads (Zufallsvariable X) an!

- Wie groß sind der erwartete Gewinn und die Varianz des Gewinns bei dem Glückspiels A (Zufallsvariable Y)?

c) Bei einem Glückspiel B wird das Glücksrad solange gedreht, bis eine Primzahl angezeigt wird.

Hinweis: Primzahl: natürliche Zahl größer als 1, die außer durch sich selbst und 1 durch keine andere natürliche Zahl teilbar ist.

Wie groß ist die Wahrscheinlichkeit, dass das Glückspiel

- fünf Runden,
- höchstens 4 Runden,
- mindestens 6 Runden

dauert?

Aufgabe 71

Die Zufallsvariable X gibt die Länge der Wörter (Anzahl der Buchstaben) der Bücher einer Bibliothek an. Eine einfache Zufallsauswahl von 8 Wörtern hat folgende Realisationen ergeben:

Nummer der Zie-hung (i)	1	2	3	4	5	6	7	8
Wert	$x_1=8$	$x_2=9$	$x_3=12$	$x_4=10$	$x_5=6$	$x_6=11$	$x_7=9$	$x_8=7$

<u>Hinweis:</u> Verwenden Sie bei den Berechnungen jeweils 4 Dezimalstellen und machen Sie von der Stetigkeitskorrektur Gebrauch!

a) Berechnen Sie jeweils einen erwartungstreuen Schätzer für die tatsächliche mittlere Wortlänge μ und die Varianz σ^2 der Wortlänge! Geben Sie in beiden Fällen die Eigenschaft der Erwartungstreue durch eine Beziehung zwischen dem Schätzer und dem zugrundeliegenden Parameter wieder und interpretieren Sie sie!

b) Welche Wahrscheinlichkeit lässt sich dafür angeben, dass das arithmetische Mittel $\overline{X}_8$ um weniger als 2 von der tatsächlichen mittleren Wortlänge μ abweicht?

c) Wie viel Wörter müssten zufällig ausgewählt werden, damit sich die in Teil b) berechnete Wahrscheinlichkeit auf mindestens 0,99 erhöht?

d) Interpretieren Sie den Fall, in dem die Wahrscheinlichkeit in Teil c) gegen 1 geht!

e) Bei einer neuen Zufallsauswahl von 49 Wörtern ist ein Mittelwert von 8,6 bei einer Varianz von 4,84 ermittelt worden. Wie groß ist die Wahrscheinlichkeit, dass die mittlere Wortlänge in wiederholten Stichprobenziehungen
   - größer als 8,
   - zwischen 8,1 und 9,1 ist?

Aufgabe 72

Sabine hat einen Karton mit 6 blauen, 3 schwarzen, 4 roten und 5 grauen Wollknäueln erhalten, aus denen sie pro Knäuel ein Paar Socken stricken kann. Sie möchte ihrem Freund zum Geburtstag zwei Paar Socken schenken, ohne seine farbliche Vorliebe zu kennen.

a) Mit welcher Wahrscheinlichkeit wird der Freund jeweils ein Paar blaue und graue Socken bekommen?

b) Wie groß ist die Wahrscheinlichkeit dafür, dass der Freund jeweils ein Paar blaue und schwarze Socken oder jeweils ein Paar rote und graue Socken erhält?

c) Bestimmen Sie die Wahrscheinlichkeit mit der ihr Freund zwei gleichfarbige Paare erhält!

d) Sabine strickt in einer Woche vier Paar Socken. Wie groß sind die exakten Wahrscheinlichkeiten dafür, dass sich darunter

   - genau drei Paar,
   - mindestens drei Paar,
   - höchstens ein Paar

blaue Socken befinden, wenn sie hierzu zufällig vier der 18 Wollknäuel aus dem Karton auswählt?

e) Kreuzen Sie die richtige(n) Antwort(en) an:

Allen vorangehenden Teilen der Aufgabe liegt das Modell ohne Zurücklegen zugrunde.

In den vorangehenden Teilen der Aufgabe liegen stets uneingeschränkte Zufallsstichproben vor.

In den vorangehenden Teilen der Aufgabe liegen stets einfache Zufallsstichproben vor.

Alle vorangehenden Teile der Aufgabe lassen sich mit dem Konzept der bedingten Wahrscheinlichkeit lösen.

Nur die Teile a) bis c) der Aufgabe lassen sich mit dem Konzept der bedingten Wahrscheinlichkeit lösen, nicht jedoch der Teil d).

Aufgabe 73

Gegeben ist die gemeinsame Wahrscheinlichkeitsfunktion f(x,y) der beiden Zufallsvariablen X und Y:

$$f(x, y) = \begin{cases} 0{,}10 & \text{für } x = 2, y = 4 \\ 0{,}20 & \text{für } x = 2, y = 8 \\ 0{,}10 & \text{für } x = 4, y = 4 \\ 0{,}30 & \text{für } x = 4, y = 8 \\ 0{,}30 & \text{für } x = 6, y = 8 \\ 0 & \text{sonst} \end{cases}$$

a) Geben Sie die gemeinsame Wahrscheinlichkeitsverteilung und die Randverteilungen der beiden Zufallsvariablen X und Y in einer Wahrscheinlichkeitstabelle wieder!

b) Geben Sie die Randverteilungen $f_X(x)$ und $f_Y(y)$ der Zufallsvariablen X und Y formelmäßig an und prüfen Sie ihre stochastische Unabhängigkeit!

c) Stellen Sie die Verteilungsfunktion der Zufallsvariablen X formal und grafisch dar!

d) Berechnen Sie die Erwartungswerte und Varianzen der Zufallsvariablen X und Y!

e) Wie groß ist die Kovarianz der zweidimensionalen Zufallsvariablen (X, Y)? Wie stark sind die beiden Zufallsvariablen X und Y korreliert?

Aufgabe 74

Um die Qualität von zwei Reifentypen A und B zu testen, wurde ihr Verschleiß an 6 Autos ermittelt, bei denen jeweils 2 Reifen vom Typ A und 2 Reifen vom Typ B an zufällig ausgewählten Positionen (links, rechts, vorne oder hinten) montiert wurden. Ein Testingenieur hat für beide Reifentypen anhand der gemessenen Profiltiefe jeweils 12 Messwerte des Verschleißes (in µm) bei einer Teststrecke von 1000 km notiert:

Reifen	1	2	3	4	5	6	7	8	9	10	11	12
Typ A	82	102	50	66	61	89	79	94	58	70	66	83
Typ B	76	94	54	60	54	82	73	90	51	64	56	86

Hinweis: $\overline{x}_B = 70$ und $s_B^2 = 238{,}7273$

a) Bestimmen Sie ein 95%-Konfidenzintervall für den durchschnittlichen Verschleiß des Reifentyps A!

b) Wie viel Reifen des Typs A müssten getestet werden (n>30), um die Länge des in Teil a) berechneten Konfidenzintervalls für den durchschnittlichen Verschleiß bei unveränderter Varianz auf 10 µm zu reduzieren?

c) Lässt sich die Hypothese einer identischen Verschleißvarianz der beiden Reifentypen A und B auf einem Signifikanzniveau von 10% aufrechterhalten?

d) Ist der im Mittel gemessene größere Verschleiß beim Reifentyp A gegenüber dem Reifentyp B statistisch gesichert ($\alpha=0{,}01$)?

e) Interpretieren Sie die Fehler 1. und 2. Art des in Teil d) durchgeführten Tests in Bezug auf die konkrete Fragestellung!

Aufgabe 75

Die medizinisch vorgebildete pharmazeutisch-technische Assistentin Sabine misst jeden Tag nach Belieben morgens oder abends ihren Blutdruck. Für die Zufallsvariable X „systolischer Blutdruck" (mmHg) hat sie in einem Zeitraum von 14 Tagen 6 morgendliche (X_1) und 8 abendliche (X_2) Messungen durchgeführt, für die sich folgende Summen ergeben:

$$\sum_{i=1}^{6} x_{1i} = 690, \quad \sum_{i=1}^{6} x_{1i}^2 = 79.512, \quad \sum_{i=1}^{8} x_{2i} = 1080, \quad \sum_{i=1}^{8} x_{2i}^2 = 146.148$$

<u>Hinweis:</u> Die Formel zur Berechnung der Stichprobenvarianz S^2 nach dem Verschiebungssatz lautet $S^2 = \dfrac{1}{n-1}\left(\sum_{i=1}^{n} X_i^2 - n \cdot \overline{X}^2\right)$. Geben Sie Zwischenwerte und Ergebnisse stets mit drei Dezimalstellen an!

a) Bestimmen Sie jeweils einen erwartungstreuen Schätzer für

- den Erwartungswert μ,
- die Varianz σ^2

der Zufallsvariablen X „systolischer Blutdruck" ohne Berücksichtigung der Messzeit! Geben Sie für die gegebene Stichprobe einen Schätzwert für den Bias des Momentenschätzers S^{*2} an!

b) Bestimmen Sie ein 99%-Konfidenzintervall für die Zufallsvariable X „systolischer Blutdruck" ohne Berücksichtigung der Messzeit! Ist das ermittelte Konfidenzintervall mit der Hypothese eines Erwartungswerts in Höhe des optimalen oberen (= systolischen) Blutdruckwerts von 120 vereinbar?

c) Prüfen Sie die Varianzen der morgendlichen (X_1) und abendlichen (X_2) Blutdruckwerte auf Gleichheit ($\alpha=0{,}10$)!

d) Testen Sie, ob der Mittelwert der morgendlichen Blutdruckwerte unter der Annahme gleicher Varianzen in den Grundgesamtheiten signifikant kleiner ist als der Mittelwert der abendlichen Blutdruckwerte ($\alpha=0{,}01$)!

e) Interpretieren Sie die Fehler 1. und 2. Art bei dem in Teil d) verwendetem Test im Hinblick auf die konkrete Aufgabenstellung!

4.3 Musterlösungen

In diesem Abschnitt finden Sie die Musterlösungen zu den Aufgabenstellungen aus dem Bereich der Wahrscheinlichkeitsrechnung und induktiven Statistik (Statistik II).

Aufgabe 1

a) $(M \cup B) \backslash (M \cap B)$ $(M \backslash B) \cup (\overline{B} \cap M)$

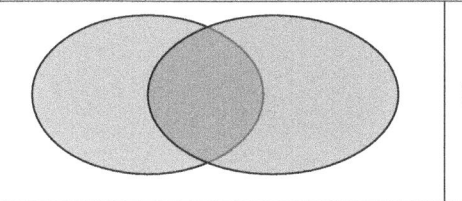 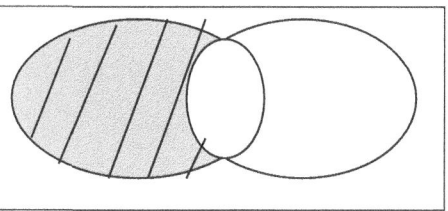

M∪B: helle und dunkle Schattierung   (M\B): helle Schattierung
M∩B: dunkle Schattierung   ($\overline{B} \cap M$): /// (Schraffur)
(M∪B)\(M∩B): helle Schattierung

Das Ereignis (M∪B)\(M∩B) besteht aus   Das Ereignis (M\B)∪($\overline{B}$∩M)
allen Kunden, die entweder   besteht aus allen Kunden, die
einen Kasten Mineralwasser oder einen   einen Kasten Mineralwasser,
Kasten Bier, aber nicht beides kaufen.   aber nicht einen Kasten Bier kaufen.

b) - Wahrscheinlichkeit für M∩B

Ansatz: $P(M \cup B) = P(M) + P(B) - P(M \cap B)$

$\quad$ mit $P(M \cup B) = P[(M \cup B) \backslash (M \cap B)] + P(M \cap B)$

$\qquad\qquad\qquad\qquad\quad \uparrow \qquad\qquad\qquad\quad \uparrow$

$\qquad\qquad\qquad$ genau eines der $\qquad$ beide Produkte
$\qquad\qquad\qquad$ beiden Produkte $\qquad$ Wasser und Bier
$\qquad\qquad\qquad$ Wasser od. Bier

$\qquad P[(M \cup B) \backslash (M \cap B)] + P(M \cap B) = P(M) + P(B) - P(M \cap B)$

$\qquad 2 \cdot P(M \cap B = P(M) + P(B) - P[(M \cup B) \backslash (M \cap B)]$

$\qquad P(M \cap B = \dfrac{1}{2} \cdot \{P(M) + P(B) - P[(M \cup B) \backslash (M \cap B)]\}$

$\qquad\qquad = \dfrac{1}{2} \cdot (0,2 + 0,4 - 0,3) = \dfrac{1}{2} \cdot 0,3 = 0,15$

- Wahrscheinlichkeit für $\overline{B} \cap M$

$$P(\overline{B} \cap M) = P(M \backslash B) = P(M) - P(M \cap B) = 0,2 - 0,15 = 0,05$$

c) → Bedingte Wahrscheinlichkeit

- für den Kauf eines Kastens Mineralwasser

$$P(B|M) = \frac{P(B \cap M)}{P(M)} = \frac{0,15}{0,2} = \underline{0,75}$$

- gegen den Kauf eines Kastens Mineralwasser

$$P(B|\overline{M}) = \frac{P(B \cap \overline{M})}{P(\overline{M})} = \frac{0,25}{0,8} = \underline{0,3125}$$

$$P(\overline{M}) = 1 - P(M) = 1 - 0,2 = 0,8$$

$$P(B \cap \overline{M}) = P(B \backslash M) = P(B) - P(B \cap M) = 0,4 - 0,15 = 0,25$$

d) → Geometrische Verteilung mit dem Parameter p = P(M) = 0,2

   ZV X: Anzahl der Kunden, die keinen Kasten Mineralwasser kaufen

- erst der fünfte Kunde: x = 4

$$P(X=4) = (1 - 0,2)^4 \cdot 0,2 = 0,8^4 \cdot 0,2 = 0,4096 \cdot 0,2 = 0,0819$$

- spätestens der fünfte Kunde (= höchstens 4 Kunden kaufen kein Mineralwasser):
  x = 0,1,2,3,4

$$P(X \leq 4) = F(4) = 1 - (1 - 0,2)^{(x=4)+1} = 1 - (1 - 0,2)^5$$
$$= 1 - 0,8^5 = 1 - 0,3277 = 0,6723$$

Aufgabe 2

a) - nach 5 bis 8 Monaten

- mit Dichtefunktion	- mit Verteilungsfunktion
$P(5 \leq X \leq 8) = \int\limits_{5}^{8} 0,2 \cdot e^{-0,2 \cdot x} \cdot dx$ $= 0,2 \cdot \left(-\dfrac{1}{0,2}\right) \cdot e^{-0,2 \cdot x} \Big|_{5}^{8}$ $= -e^{-0,2 \cdot 8} - \left(-e^{-0,2 \cdot 5}\right)$ $= -e^{-1,6} + e^{-1} = -0,2019 + 0,3679$ $= \underline{0,1660}$	$P(5 \leq X \leq 8) = F(8) - F(5)$ $= \left(1 - e^{-0,2 \cdot 8}\right) - \left(1 - e^{-0,2 \cdot 5}\right)$ $= -e^{-0,2 \cdot 8} - \left(-e^{-0,2 \cdot 5}\right)$ $= -e^{-1,6} + e^{-1} = -0,2019 + 0,3679$ $= \underline{0,1660}$

- mehr als 10 Monate

- mit Dichtefunktion	- mit Verteilungsfunktion
$P(X > 10) = \int\limits_{10}^{\infty} 0,2 \cdot e^{-0,2 \cdot x} \cdot dx$ $= 0,2 \cdot \left(-\dfrac{1}{0,2}\right) \cdot e^{-0,2 \cdot x} \Big|_{10}^{\infty}$ $= \lim\limits_{x \to \infty} \left(-e^{-0,2 \cdot x}\right) - \left(-e^{-0,2 \cdot 10}\right)$ $= \lim\limits_{x \to \infty} \left(-\dfrac{1}{e^{0,2 \cdot x}}\right) + e^{-0,2 \cdot 10}$ $= 0 + e^{-2} = \underline{0,1353}$	$P(X > 10) = 1 - P(X \leq 10) = 1 - F(10)$ $= 1 - \left(1 - e^{-0,2 \cdot 10} = e^{-0,2 \cdot 10}\right)$ $= e^{-2} = \underline{0,1353}$

b) → Binomialverteilung (n = 20, p = 0,15)

- genau 2 Rotoren

$$P(X = 2) = \binom{20}{2} \cdot 0,15^2 \cdot 0,85^{18} = \frac{20!}{2! \cdot 18!} \cdot 0,15^2 \cdot 0,85^{18}$$

$$= \frac{20 \cdot 19}{1 \cdot 2} \cdot 0,0025 \cdot 0,0536 = 190 \cdot 0,0025 \cdot 0,0536 = \underline{0,2291}$$

- weniger als 2 Rotoren

$P(X \le 2) = P(X = 0) + P(X = 1) + P(X = 2)$

$$= \binom{20}{0} \cdot 0{,}15^0 \cdot 0{,}85^{20} + \binom{20}{1} \cdot 0{,}15^1 \cdot 0{,}85^{19} + \underbrace{0{,}1887}_{\text{s.1.Teil}}$$

$$= 0{,}85^{20} + 20 \cdot 0{,}05 \cdot 0{,}85^{19} + 0{,}2291$$

$$= 0{,}0388 + 0{,}1368 + 0{,}2291 = \underline{0{,}4047}$$

c) ZV X: Anzahl der ausgefallenen Rotoren

binomialverteilt mit n = 1000 und p = 0,15

großer Stichprobenumfang: $n = 1000 > \dfrac{9}{0{,}15 \cdot 0{,}85} = 70{,}6$

→ Zentraler Grenzwertsatz von de Moivre und Laplace

ZV X approximativ normalverteilt

mit $E(X) = n \cdot p = 1000 \cdot 0{,}15 = 150$

und $V(X) = n \cdot p \cdot (1-p) = 1000 \cdot 0{,}15 \cdot 0{,}85 = 127{,}5$

- zwischen 140 und 170

$$P(140 \le X \le 170) = F(170) - F(140) = \Phi\left(\frac{170-150}{\sqrt{127{,}5}}\right) - \Phi\left(\frac{140-150}{\sqrt{127{,}5}}\right)$$

$$= \Phi\left(\frac{20}{11{,}2916}\right) - \Phi\left(\frac{-10}{11{,}2916}\right) = \Phi(1{,}77) - \Phi(-0{,}89)$$

$$= \Phi(1{,}77) - [1 - \Phi(0{,}89)] = 0{,}9616 - (1 - 0{,}8133)$$

$$= 0{,}9616 - 0{,}1867 = 0{,}7749$$

- mehr als 165

$$P(X > 165) = 1 - P(X \le 165) = 1 - F(165)$$

$$= 1 - \Phi\left(\frac{165-150}{\sqrt{127{,}5}}\right) = 1 - \Phi\left(\frac{15}{11{,}2916}\right) = 1 - \Phi(1{,}33)$$

$$= 1 - 0{,}9082 = 0{,}0918$$

d) $V(\hat{p}) = V(0{,}25 \cdot X_1 + 0{,}5 \cdot X_{10} + 0{,}25 \cdot X_{20})$

$$\underset{\substack{\uparrow \\ \text{Unabh.}}}{=} 0{,}25^2 \cdot V(X_1) + 0{,}5^2 \cdot V(X_{10}) + 0{,}25^2 \cdot V(X_{20})$$

$$= 0{,}0625 \cdot p \cdot (1-p) + 0{,}25 \cdot p \cdot (1-p) + 0{,}0625 \cdot p \cdot (1-p) = 0{,}375 \cdot p \cdot (1-p)$$

Da die Varianz des Stichprobenanteilswerts $\overline{P}$, $V(\overline{P}) = \dfrac{p \cdot (1-p)}{n}$, für $n \geq 20$ durch

die Ungleichung $V(\overline{P}) \leq \dfrac{p \cdot (1-p)}{20} = 0,05 \cdot p \cdot (1-p)$ gegeben ist, gilt

$V(\hat{p}) = 0,375 \cdot p \cdot (1-p) > V(\overline{P}) = 0,05 \cdot p \cdot (1-p)$ für $n \geq 20$, was bedeutet, dass $\hat{p}$ nicht effizient ist.

Aufgabe 3

a) • Ziehen ohne Zurücklegen, Auswahl n=2 aus N=6

    - ohne Berücksichtigung der Anordnung, - ohne Wiederholung
    → Kombinationen ohne Wiederholung

$$K = \binom{N = 6}{n = 2} = \frac{6!}{2! \cdot 4!} = \frac{6 \cdot 5}{1 \cdot 2} = \underline{15}$$

• Ziehen mit Zurücklegen, Auswahl n=2 aus N=6

    - ohne Berücksichtigung der Anordnung, - mit Wiederholung
    → Kombinationen mit Wiederholung

$$K_W = \binom{N + n - 1 = 6 + 2 - 1}{n = 2} = \binom{7}{2} = \frac{7!}{2! \cdot 5!} = \frac{7 \cdot 6}{1 \cdot 2} = \underline{21}$$

b)

$\overline{X} = \overline{x}_\ell$	Stichproben	$P(\overline{X} = \overline{x}_\ell)$
0	$\{0_B, 0_C\}, \{0_B, 0_D\}, \{0_C, 0_D\}$	$\dfrac{3}{15} = \dfrac{1}{5} = 0,2$
1	$\{0_B, 2_A\}, \{0_C, 2_A\}, \{0_D, 2_A\},$ $\{0_B, 2_F\}, \{0_C, 2_F\}, \{0_D, 2_F\}$	$\dfrac{6}{15} = \dfrac{2}{5} = 0,4$
2	$\{2_A, 2_F\}, \{0_B, 4_E\}, \{0_C, 4_E\},$ $\{0_D, 4_E\},$	$\dfrac{4}{15} = 0,267$
3	$\{2_A, 4_E\}, \{2_F, 4_E\}$	$\dfrac{2}{15} = 0,133$

c) - Erwartungswert der Stichprobenverteilung

$$E(\overline{X}_2) = \sum_{\ell=1}^{4} \overline{x}_\ell \cdot P(\overline{x}_\ell)$$

$$= 0 \cdot 0,2 + 1 \cdot 0,4 + 2 \cdot 0,267 + 3 \cdot 0,133$$

$$= 0 + 0,4 + 0,534 + 0,399 = 1,333$$

-   Varianz der Stichprobenverteilung

$$V(\overline{X}_2) = \sum_{\ell=1}^{4} \overline{x}_\ell^2 \cdot P(\overline{x}_\ell) - [E(\overline{X})]^2$$

$$= 0^2 \cdot 0{,}2 + 1^2 \cdot 0{,}4 + 2^2 \cdot 0{,}267 + 3^2 \cdot 0{,}133 - 1{,}333^2$$

$$= 0 + 0{,}4 + 1{,}068 + 1{,}197 - 1{,}777 = 2{,}665 - 1{,}777 = 0{,}888$$

d) $\sigma_{\overline{x}} = \sqrt{V(\overline{X})} = \sqrt{0{,}888} = 0{,}942$

$$P[E(\overline{X}) - \sigma_{\overline{x}} \le \overline{X} \le E(\overline{X}) + \sigma_{\overline{x}}]$$

$$= P(1{,}333 - 0{,}942 \le \overline{X} \le 1{,}333 + 0{,}942)$$

$$= P(0{,}391 \le \overline{X} \le 2{,}275) = P(\overline{X} = 1) + P(\overline{X} = 2)$$

$$= 0{,}4 + 0{,}267 = 0{,}667$$

Aufgabe 4

a) Gesamtes Stromerzeugungspotenzial der Photovoltaik (Stadt Solar):

$$\sum_{i=1}^{N} X_i = N \cdot \mu$$

Erwartungswert der Stichprobenfunktion $(N/n) \cdot \sum_{i=1}^{n} X_i$:

$$E\left(\frac{N}{n} \cdot \sum_{i=1}^{n} X_i\right) = N \cdot E\left(\frac{1}{n} \cdot \sum_{i=1}^{n} X_i\right) = N \cdot E(\overline{X}) = N \cdot \mu, \quad \text{d.h. die Stichprobenfunktion}$$

$(N/n) \cdot \sum_{i=1}^{n} X_i = N \cdot \overline{X}$ ist ein erwartungstreuer Schätzer für die Gesamtleistung

$$\sum_{i=1}^{N} X_i = N \cdot \mu.$$

b) 99%-Konfidenzintervall für den Erwartungswert

1. Konfidenzniveau:
   $1-\alpha$ $(1-\alpha = 0{,}99)$

2. Wahl des 99%-Konfidenzintervalls für μ
   -   Konfidenzintervall für μ
   -   Varianz σ^2 der GG unbekannt
   -   großer Stichprobenumfang (n=49 > 30)
   → normalverteiltes Konfidenzintervall (Zentraler Grenzwertsatz)

$$P\left(\overline{X} - z_{0,995} \cdot \frac{s}{\sqrt{n}} \leq \mu \leq \overline{X} + z_{0,995} \cdot \frac{s}{\sqrt{n}}\right) = 0,99$$

3. $(1-\alpha/2)$-Quantil $z_{0,995}$

   $\psi(z_{0,995}) = 0,99 \rightarrow z_{0,995} = 2,5758$

   Die ψ-Funktion gibt die symmetrische Intervallwahrscheinlichkeit an.

4. Konkretes 99%-Konfidenzintervall für μ

   $$\overline{x} = 6, \quad s^2 = 2,25 \rightarrow s = \sqrt{2,25} = 1,5$$

   $$\left[\overline{x} - z_{0,995} \cdot \frac{s}{\sqrt{n}}; \quad \overline{x} + z_{0,995} \cdot \frac{s}{\sqrt{n}}\right]$$

   $$= \left[6 - 2,5758 \cdot \frac{1,5}{\sqrt{49}}; \quad 6 + 2,5758 \cdot \frac{1,5}{\sqrt{49}}\right]$$

   $$= [\, 6 - 0,5520; \quad 6 + 0,5520 \,] = [\, 5,4480; \quad 6,5520 \,]$$

c) χ^2-Test über die Varianz

   Standardabweichung der GG von $\sigma = 1,2$ entspricht einer Varianz in der GG von $\sigma^2 = 1,44$

1. Hypothesenformulierung:

   H_0: $\sigma^2 = 1,44$, H_1: $\sigma^2 \neq 1,44$ (zweiseitiger Test)

2. Signifikanzniveau:

   α ($\alpha = 0,05$)

3. Wahl und Berechnung der Prüfgröße
   mit $n = 49$ und $s^2 = 2,25$

   $$\chi_0^2 = \frac{(n-1) \cdot s^2}{\sigma_0^2} = \frac{(49-1) \cdot 2,25}{1,44} = \frac{108,0}{1,44} = 75,0$$

4. Kritischer Wert

   $\chi^2_{n-1;\, 1-\alpha/2}$

Da $s^2 = 2,25 > \sigma^2 = 1,44$ ist, reicht es aus, den oberen kritischen Wert $\chi^2_{n-1;\, 1-\alpha/2}$ zu bestimmen. (Die Prüfgröße χ_0^2 ist in diesem Fall stets größer als $\chi^2_{n-1;\, 1-\alpha/2}$).

mit $n = 49$ und $\alpha = 0,05$

97,5%-Quantil $\chi^2_{48;0,975}$
$\chi^2_{50;0,975} = 71,4$
$\chi^2_{40;0,975} = 59,3$
Differenz: 12,1
Interpolation: $12,1 \cdot \dfrac{8}{10} = 9,7$
$\chi^2_{48;0,975} = (\chi^2_{40;0,975} = 59,3) + 9,7 = 69,0$

5. Testentscheidung

$\chi^2_0 = 75,0 > \chi^2_{48;\,0,975} = 69,0 \Rightarrow H_0$ ablehnen

d) Fehler 1. Art:

Anzunehmen, dass die Standardabweichung der Leistung der Photovoltaik-Anlagen in der Stadt Solar kleiner oder größer als $1,2$ kW$_p$ ist, obwohl sie tatsächlich im Durchschnitt mit diesem Wert um den Erwartungswert schwankt.

Fehler 2. Art:

Anzunehmen, dass die Standardabweichung der Leistung der Photovoltaik-Anlagen in der Stadt Solar $1,2$ kW$_p$ beträgt, obwohl sie tatsächlich im Durchschnitt mit einem geringeren oder höheren Wert um den Erwartungswert schwankt.

Aufgabe 5

a)   Permutationen m. W. $n_1 = 1$, $n_2 = 2$, $n_3 = 3$, $n_4 = 1$, $n_5 = 1$

$$P_w = \frac{n!}{n_1!\,n_2!...n_5!} = \frac{8!}{1!\,2!\,3!\,1!\,1!} = \frac{8 \cdot 7 \cdot 6 \cdot 5 \cdot 4 \cdot 3 \cdot 2 \cdot 1}{2 \cdot 1 \cdot 3 \cdot 2 \cdot 1} = \underline{3360}$$

b)   Ereignis A: gerade Zahl $\rightarrow P(A) = \dfrac{18}{37}$

Ereignis B: erstes Drittel $\rightarrow P(B) = \dfrac{12}{37}$

6 gerade   6 ungerade
Zahlen   Zahlen

$P(A \cup B) = P(A) + P(B) - P(A \cap B)$

$$= \frac{18}{37} + \frac{12}{37} - \frac{6}{37} = \frac{24}{37} = \underline{0,649}$$

c) $P(A_1 \cap B_1) = \dfrac{6}{37} = \underline{0{,}162}$

$P(A_1 \cap B_2) \underset{\underset{\text{unabh.}}{\uparrow}}{=} P(A_1) \cdot P(B_2) = \dfrac{18}{37} \cdot \dfrac{12}{37} = \dfrac{216}{1369} = \underline{0{,}158}$

d) $P(A|B) = \dfrac{P(A \cap B)}{P(B)} = \dfrac{6/37}{12/37} = \dfrac{6}{12} = \underline{0{,}5}$

$P(B|A) = \dfrac{P(A \cap B)}{P(A)} = \dfrac{6/37}{18/37} = \dfrac{6}{18} = \dfrac{1}{3} = \underline{0{,}333}$

e) Binomialverteilung $(n = 8, \; p = \dfrac{18}{37})$

- $P(X = 4) = \dbinom{8}{4}\left(\dfrac{18}{37}\right)^4 \left(\dfrac{19}{37}\right)^4 = \dfrac{8 \cdot 7 \cdot 6 \cdot 5}{1 \cdot 2 \cdot 3 \cdot 4}\left(\dfrac{18}{37}\right)^4 \left(\dfrac{19}{37}\right)^4$

  $= 70 \cdot 0{,}0560 \cdot 0{,}0695 = \underline{0{,}2724}$

- $P(X \le 2) = P(X = 0) + P(X = 1) + P(X = 2)$

  $= \left(\dfrac{19}{37}\right)^8 + 8 \cdot \dfrac{18}{37}\left(\dfrac{19}{37}\right)^7 + \dbinom{8}{2}\left(\dfrac{18}{37}\right)^2\left(\dfrac{19}{37}\right)^6$

  $= 0{,}0048 + 8 \cdot 0{,}4865 \cdot 0{,}0094 + \underset{\underset{=28}{\underbrace{\dfrac{8 \cdot 7}{1 \cdot 2}}}}{} \cdot 0{,}2367 \cdot 0{,}0183$

  $= 0{,}0048 + 0{,}0366 + 0{,}1213 = \underline{0{,}1627}$

f) Erwartungswert: $E(X) = n \cdot p = 8 \cdot \dfrac{18}{37} = \underline{3{,}9}$

   Varianz: $Var(X) = n \cdot p \cdot (1 - p) = 8 \cdot \dfrac{18}{37} \cdot \dfrac{19}{37} \approx \underline{2{,}0}$

Aufgabe 6

a) 1. $f(x) \overset{!}{\ge} 0$

Randstellen der beiden Teilabschnittsfunktionen:
$x = 0$: $f(x = 0) = x = 0$, $x = 1$: $f(x = 1) = x = 1$
Teilintervall $[0; 1]$: $f(x) = x \rightarrow$ Nichtnegativität im Teilintervall $[0, 1]$, da lineare Funktion
Teilintervall $[1; 2]$: $f(x) = 2 - x \rightarrow$ Nichtnegativität im Teilintervall $[1, 2]$, da lin. Fkt.

2. $\int\limits_{-\infty}^{\infty} f(x)\,dx \overset{!}{=} 1$

$$\int\limits_{0}^{1} x\,dx + \int\limits_{1}^{2}(2-x)\,dx = \frac{x^2}{2}\Big|_0^1 + 2x - \frac{x^2}{2}\Big|_1^2$$

$$= \left(\frac{1^2}{2} - \frac{0^2}{2}\right) + \left[\left(2\cdot 2 - \frac{2^2}{2}\right) - \left(2\cdot 1 - \frac{1^2}{2}\right)\right] = \frac{1}{2} + \left(4 - 2 - 2 + \frac{1}{2}\right) = \underline{1}$$

b) $0 \le y \le 1 : F(x) = \int\limits_{0}^{x} u\cdot du = \frac{1}{2}u^2\Big|_0^x = 0{,}5\cdot x^2$

$1 \le x \le 2 : F(x) = P(x \le 1) + \int\limits_{1}^{x}(2-u)\,du = \frac{1}{2} + \left(2u - \frac{1}{2}u^2\right)\Big|_1^x$

$$= 0{,}5 + \left(2x - \frac{1}{2}x^2\right) - \underbrace{\left(2\cdot 1 - \frac{1}{2}\cdot 1^2\right)}_{=1{,}5} = -1 + 2x - 0{,}5x^2$$

$$F(x) = \begin{cases} 0 \text{ für } x < 0 \\ 0{,}5\cdot x^2 \text{ für } 0 \le x \le 1 \\ -1 + 2x - 0{,}5x^2 \text{ für } 1 \le x \le 2 \\ 1 \text{ für } x > 2 \end{cases}$$

c) $P(X < 0{,}8) = F(0{,}8) = 0{,}5\cdot 0{,}8^2 = 0{,}32$

$P(0{,}2 \le x \le 1{,}1) = F(1{,}1) - F(0{,}2)$

$= (-1 + 2\cdot 1{,}1 - 0{,}5\cdot 1{,}1^2) - (0{,}5\cdot 0{,}2^2)$

$= (-1 + 2{,}2 - 0{,}605) - 0{,}02 = 0{,}595 - 0{,}02 = 0{,}575$

d) $\text{Var}(X) = E(X^2) - [E(X)]^2 = \int\limits_{0}^{1} x^2\cdot x\cdot dx + \int\limits_{1}^{2} x^2(2-x)\,dx - 1^2$

$$= \int\limits_{0}^{1} x^3\,dx + \int\limits_{1}^{2}(2x^2 - x^3)\,dx - 1 = \frac{x^4}{4}\Big|_0^1 + \left(2\frac{x^3}{3} - \frac{x^4}{4}\right)\Big|_1^2 - 1$$

$$= \left(\frac{1}{4}1^4 - \frac{1}{4}0^4\right) + \left[\left(\frac{2}{3}2^3 - \frac{1}{4}2^4\right) - \left(\frac{2}{3}1^3 - \frac{1}{4}1^4\right)\right] - 1$$

$$= \frac{1}{4} + \left[\left(5\frac{1}{3} - 4\right) - \left(\frac{2}{3} - \frac{1}{4}\right)\right] - 1 = \frac{1}{4} + 1\frac{1}{3} - \frac{2}{3} + \frac{1}{4} - 1$$

$$= \frac{1}{2} + \frac{2}{3} - 1 = \frac{3+4}{6} - 1 = \frac{7}{6} - 1 = \underline{\frac{1}{6}}$$

e) Standardisierung: $Z = \dfrac{X - \mu}{\sigma}$

$$E(Z) = E\left(\frac{X - \mu}{\sigma}\right) = \frac{1}{\sigma} E(X - \mu) = \frac{1}{\sigma}[E(X) - \mu]$$

$$= \frac{1}{\sigma}(\mu - \mu) = \underline{0}$$

$$Var(Z) = Var\left(\frac{X - \mu}{\sigma}\right) = \frac{1}{\sigma^2} Var(X - \mu) = \frac{1}{\sigma^2} Var(X) = \frac{1}{\sigma^2}\sigma_2 = \underline{1}$$

Aufgabe 7

a) Punktschätzer für μ:

$$\overline{X} \longrightarrow \mu = E(X^1)$$

(1. gewöhnl.   (1. gewöhnl. Moment
Stichprobenmoment)   der Grundgesamtheit)

$$\overline{X} = \frac{1}{n}\sum_{i=1}^{n} X_1 = \frac{1}{6}(488 + 510 + 492 + 498 + 504 + 496) = \frac{1}{6} \cdot 2988 = \underline{498}$$

Punktschätzer für σ^2:

$$\overline{X^2} - \overline{X}^2 \longrightarrow \sigma^2 = E(X^2) - [E(X^1)]^2$$

(2. zentrales   (2. zentrales Moment
Stichprobenmoment   der Grundgesamtheit
= 2. gewöhnl. Stichprobenmoment   = 2. gewöhnl. Moment minus
minus Quadrat des   Quadrat des 1. gewöhnl.
1. gewöhnl. Stichprobenmoments   Moments der Grundges.)

$$s^2 = \overline{x^2} - \overline{x}^2 = \frac{1}{6}\sum_{i=1}^{6} x_i^2 - 498^2 = \frac{1}{6}(488^2 + 510^2 + 492^2 + 498^2 + 504^2 + 496^2) - 498^2$$

$$= \frac{1}{6} \cdot 1.488.344 - 248.004 = 248.057,333 - 248.004 = \underline{53,333}$$

b) Punktschätzer $\overline{X} \longrightarrow \mu$

- Erwartungstreue:

$$E(\overline{X}) = E\left(\frac{1}{n}\sum_{i=1}^{n} X_i\right) = \frac{1}{n}\sum_{i=1}^{n} E(X_i) = \frac{1}{n}\sum_{i=1}^{n}\mu = \frac{1}{n}n\mu = \mu$$

- Konsistenz:

    1. Asymptotische Erwartungstreue

    $$\lim_{n \to \infty} E(\overline{X}_n) = \mu, \text{ da } E(\overline{X}) = \mu \text{ gezeigt worden ist.}$$

    2. Asymptotisch verschwindende Varianz

    $$\lim_{n \to \infty} Var(\overline{X}_n) = \lim_{n \to \infty} \frac{\sigma^2}{n} = \lim_{n \to \infty} \sigma^2 \cdot \lim_{n \to \infty} \frac{1}{n} = \sigma^2 \cdot 0 = 0$$

c) Tschebyscheffsche Ungleichung

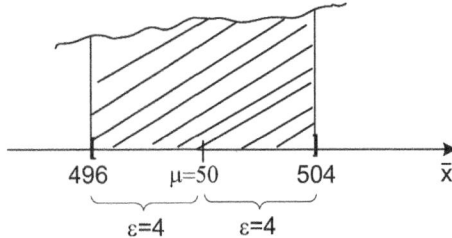

$$P(\left| \overline{X} - (\mu = 500) \right| \le (\varepsilon = 4)) \ge 1 - \frac{Var(\overline{X})}{\varepsilon^2} = 1 - \frac{\sigma^2/n}{\varepsilon^2} = 1 - \frac{64/6}{4^2}$$

$$= 1 - \frac{64}{16 \cdot 6} = 1 - \frac{2}{3} = 1 - \frac{2}{3} = \frac{1}{3} = \underline{0,333}$$

$$S^2 = \frac{n}{n-1} S^{*2} \text{ erwartungstreuer Schätzer für } \sigma^2$$

$$s^2 = \frac{6}{5} 53,333 = 63,9996 \approx 64$$

d) Konfidenzintervall für den Erwartungswert

1. Festlegung des Konfidenzniveaus

    $$1-\alpha = 0,95$$

2. Wahl eines 95%-Konfindenzintervalls

    - Varianz σ^2 unbekannt,
    - kleiner Stichprobenumfang (n=6 < 39)

    $\to$ t-verteiltes 95%-Konfidenzintervall für μ

    mit $1-\alpha = 0,95$ und n=6:

$$P\left(\overline{X} - t_{5;0,975} \cdot \frac{S}{\sqrt{n}} \leq \mu \leq \overline{X} + t_{13;0,975} \cdot \frac{S}{\sqrt{n}}\right) \approx 0,95$$

3. Ermittlung des 97,5%-Quantils

$\quad t_{5;\,0.975} = 2,571$

4. Bestimmung des konkreten 95%-Konfidenzintervalls für μ:

$n = 6$: $t_{5;\,0,975} = 2,571$,

$\overline{x} = 498$; $s^2 = 64$; $s = \sqrt{64} = 8$

Konkretes Konfidenzintervall:

$$[498 - 2,571 \cdot \frac{8}{\sqrt{6}};\ 498 + 2571 \cdot \frac{8}{\sqrt{6}}]$$

$$= [498 - 8397;\ 498 + 8,397] = [489,603;\ 506,397]$$

e) Fehlermarge in Teil d): $\ e = \frac{1}{2} L = \frac{1}{2}(506,397 - 489,603)$

$$= \frac{1}{2} \cdot 16,794 = 8,397$$

neue Fehlermarge: $\qquad e = 8,397 - 4 = 4,397$

Notwendiger Stichprobenumfang (mit $\sigma^{*2} = s^2 = 16$)

$$n = \frac{t_{krit}^2 \cdot \sigma^{*2}}{e^2} = \frac{2,571^2 \cdot 64}{4,397^2} = 21,9 \rightarrow n = \underline{\underline{22}}$$

Aufgabe 8

a) Binomialverteilung ($n = 12$, $p = 0,27$)

- $P(X \geq 2) = 1 - P(X \leq 1) = 1 - [P(X = 0) + P(X = 1)]$

  $= 1 - (0,73^{12} + 12 \cdot 0,27 \cdot 0,73^{11}) = 1 - (0,0229 + 0,1016) = 1 - 0,1245 = \underline{0,8755}$

- $P(X \leq 3) = P(X \leq 1) + P(X = 2) + P(X = 3)$

  $= 01245 + \binom{12}{2}0,27^2 \cdot 0,73^{10} + \binom{12}{3}0,27^3 \cdot 0,73^9$

  $= 0,1245 + \frac{12 \cdot 11}{1 \cdot 2}0,27^2 \cdot 0,73^{10} + \frac{12 \cdot 11 \cdot 10}{1 \cdot 2 \cdot 3}0,27^3 \cdot 0,73^9$

  $= 0,1245 + 0,2068 + 0,2549 = \underline{0,5862}$

b) Geometrische Verteilung (p = 0,27)

- $P(X = 4) = 0,73^4 \cdot 0,27 = \underline{0,0767}$
- frühestens der vierte $\triangleq$ mindestens drei Nichtnutzer

$$P(X \geq 3) = 1 - P(X \leq 2) = 1 - [1 - (1 - 0,27)^{2+1}]$$
$$= 1 - (1 - 0,73^3) = 0,73^3 = \underline{0,3890}$$

c) Zentraler Grenzwertsatz von de Moivre und Laplace

Normalverteilung [großer Stichprobenumfang $(n = 2500) > (\dfrac{9}{0,27 \cdot 0,73} = 45,7)]$

$E(X = n \cdot p = 2500 \cdot 0,27 = 675$

$Var(X) = n \cdot p \cdot (1-p) = 2500 \cdot 0,27 \cdot 0,73 = 492,75$

$$P(620) \leq X \leq 700) = \Phi\left(\frac{700 - 675}{\sqrt{492,75}}\right) - \Phi\left(\frac{620 - 675}{\sqrt{492,75}}\right)$$
$$= \Phi(1,13) - \Phi(-2,48) = \Phi(1,13) - [1 - \Phi(2,48)]$$
$$= \Phi(1,13) + \Phi(2,43) - 1 = 0,8708 + 0,9934 - 1 = \underline{0,8642}$$

d) Zwei-Stichproben über die Differenz von Anteilswerten

1. Hypothesenformulierung:
   H_0: $p_2 - p_1 = 0$, H_1: $p_2 - p_1 > 0$ (rechtsseitig)

2. Signifikanzniveau α
   $\alpha = 0,01$

3. Wahl und Berechnung der Prüfgröße

   1. Stichprobe (Deutschland): $n_1 = 2500$, $\bar{p}_1 = 0,27$

   2. Stichprobe (Großbritannien) $n_2 = 2600$, $\bar{p}_2 = 0,30$

   große Stichprobenumfänge (1. Teil c) $\rightarrow$ Normalverteilung

$$\text{Prüfgröße: } z_0 = \frac{\bar{p}_2 - \bar{p}_1}{\sqrt{\bar{p}(1-\bar{p})}\sqrt{\dfrac{n_1 + n_2}{n_1 n_2}}} = \frac{0,30 - 0,27}{\sqrt{0,2853 \cdot 0,7147}\sqrt{\dfrac{2500 + 2600}{2500 \cdot 2600}}}$$

$$\left[\bar{p} = \frac{n_1 \cdot \bar{p}_1 + n_2 \cdot \bar{p}_2}{n_1 + n_2} = \frac{2500 \cdot 0,27 + 2600 \cdot 0,30}{2500 + 2600} = \frac{675 + 780}{5100} = \frac{1455}{5100} = 0,2853\right]$$

$$= \frac{0,03}{0,4516 \cdot 0,0280} = 2,3725$$

4. Kritischer Wert

   $\Phi(z_{0,99}) = 0,99 \rightarrow z_{0,99} = 2,3263$

5. Testentscheidung

$(z_0 = 2{,}3725) < (z_{0{,}99} = 2{,}3263) \Rightarrow H_0$ annehmen

e) Fehler 2. Art:

Anzunehmen, dass der Verbreitungsgrad des Internets in Großbritannien und Deutschland gleich groß ist, obwohl er in Wirklichkeit in Großbritannien größer ist.

Aufgabe 9

a) $\rightarrow$ Permutationen m. W.

$$P_W = \frac{n!}{n_1! n_2! n_3! n_4!} = \frac{12!}{4! 3! 2! 3!} = \frac{12 \cdot 11 \cdot 10 \cdot 9 \cdot 8 \cdot 7 \cdot 6 \cdot 5 \cdot 4 \cdot 3 \cdot 2 \cdot 1}{4 \cdot 3 \cdot 2 \cdot 1 \cdot 3 \cdot 2 \cdot 1 \cdot 2 \cdot 1 \cdot 3 \cdot 2 \cdot 1} = \underline{277.200}$$

b) Auswahl x = 4 aus n = 4

ohne Berücksichtigung der Anordnung, mit Wiederholung

$\rightarrow$ Kombinationen m. W.

$$K_W = \binom{n + x - 1}{x} = \frac{(n + x - 1!)}{x!(n-1)!} = \frac{(4+4-1)!}{4!(3-1)!} = \frac{7!}{4! 3!} = \frac{7 \cdot 6 \cdot 5}{3 \cdot 2 \cdot 1} = \underline{35}$$

c) $\rightarrow$ Hypergeometrische Verteilung $\qquad$ N = 12, M = 4, n = 8, x = 3

$$P(x = 3) = \frac{\binom{M}{x}\binom{N-M}{n-x}}{\binom{N}{n}} = \frac{\binom{4}{3}\binom{12-4}{8-3}}{\binom{12}{8}} = \frac{\binom{4}{3}\binom{8}{5}}{\binom{12}{8}}$$

$$= \frac{\dfrac{4!}{3!1!} \cdot \dfrac{8!}{5!3!}}{\dfrac{12!}{8!4!}} = \frac{4 \cdot \dfrac{8 \cdot 7 \cdot 6}{1 \cdot 2 \cdot 3}}{\dfrac{12 \cdot 11 \cdot 10 \cdot 9}{1 \cdot 2 \cdot 3 \cdot 4}} = \frac{4 \cdot 8 \cdot 7}{11 \cdot 5 \cdot 9} = \frac{224}{495} = \underline{0{,}453}$$

d) $\rightarrow$ Geometrische Verteilung

$\quad$ x Anz. der Messerfolge (= nicht-rote Kugel)

$$P(X = 5) = (1-p)^5 \cdot p = \left(1 - \frac{1}{3}\right)^5 \cdot \frac{1}{3} = \left(\frac{2}{3}\right)^5 \cdot \frac{1}{3} = \frac{32}{243} \cdot \frac{1}{3} = \underline{0{,}044}$$

rote K. $\hat{=}$ Ereignis A

$$P(A) = p = \frac{4}{12} = \frac{1}{3}$$

e) $\rightarrow$ Geometrische Verteilung

spätestens im dritten Versuch: 1. Vers. Erfolg, 2. Vers. Erfolg, 3. Vers. Erfolg
$$\qquad\qquad\qquad x = 0 \qquad\qquad\quad x = 1 \qquad\qquad x = 2$$

$$F(x) = P(X \le 2) = 1 - (1-p)^{x+1} = 1 - (1-\frac{1}{3})^{2+1} = 1 - \left(\frac{2}{3}\right)^{3} = 1 - \frac{8}{27} = 1 - 0{,}296 = \underline{0{,}704}$$

Aufgabe 10

a) Multiplikationssatz für unabhängige Ereignisse:
$$P(A_1 \cap A_2 \cap A_3) = P(A_1) \cdot P(A_2) \cdot P(A_3) = 0{,}4 \cdot 0{,}4 \cdot 0{,}4 = 0{,}064$$

b) Allgemeiner Additionssatz:

$$P(A_1 \cup A_2) = P(A_1) + P(A_2) - P(A_1 \cap A_2) = 0{,}4 + 0{,}4 - 0{,}4^2 = 0{,}8 - 0{,}16 = \underline{0{,}64}$$

c) Binomialverteilung / Wahrscheinlichkeitsfunktion:

$$P(A) = p = 0{,}4, \quad n = 6$$

$$P(X = 4) = \binom{6}{4} 0{,}4^4 \cdot 0{,}6^2 = \frac{6 \cdot 5}{1 \cdot 2} 0{,}4^4 \cdot 0{,}6^2 = 15 \cdot 0{,}0256 \cdot 0{,}36 = \underline{0{,}1382}$$

d) Binomialverteilung / Verteilungsfunktion

$$P(X \ge 2) = 1 - P(X \le 1) = 1 - P(X = 0) - P(X = 1)$$

$$= 1 - \binom{6}{0} 0{,}4^0 \cdot 0{,}6^6 - \binom{6}{1} 0{,}4^1 \cdot 0{,}6^5 = 1 - 0{,}6^6 - 6 \cdot 0{,}4 \cdot 0{,}6^5 = \underline{0{,}7667}$$

e)

$X = x$	Ergebnisse	$P(X = x)$
0	$(\overline{A}, \overline{A}, \overline{A})$	$0{,}6^3 = 0{,}216$
1	$(A, \overline{A}, \overline{A})$, $(\overline{A}, A, \overline{A})$, $(\overline{A}, \overline{A}, A)$	$3 \cdot 0{,}4 \cdot 0{,}6^2 = 0{,}432$
2	$(A, A, \overline{A})$, $(A, \overline{A}, A)$, $(\overline{A}, A, A)$	$3 \cdot 0{,}4^2 \cdot 0{,}6 = 0{,}288$
3	(A, A, A)	$0{,}4^3 = 0{,}064$

$P(A) = 0{,}4, \quad P(\overline{A}) = 0{,}6$

Aufgabe 11

a)

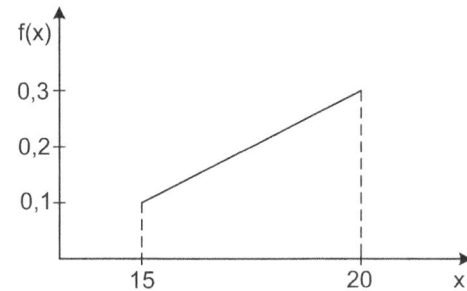

$x = 15$: $f(15) = 0{,}04 \cdot 15 - 0{,}5 = 0{,}1$

$x = 20$: $f(20) = 0{,}04 \cdot 20 - 0{,}5 = 0{,}3$

b) $\displaystyle\int_{15}^{20} (0{,}04 \cdot x - 0{,}5)\, dx = \frac{0{,}04}{2} x^2 - 0{,}5 \cdot x \Big|_{15}^{20}$

$= 0{,}02 \cdot x^2 - 0{,}5 \cdot x \Big|_{15}^{20} = (0{,}02 \cdot 20^2 - 0{,}5 \cdot 20) = (0{,}02 \cdot 15^2 - 0{,}5 \cdot 15)$

$= (8 - 10) - (4{,}5 - 7{,}5) = -2 - (-3) = -2 + 3 = \underline{1}$

c) $P(14 \le X \le 18) = \displaystyle\int_{15}^{18} (0{,}04 \cdot x - 0{,}5) \cdot dx$

$= 0{,}02 \cdot x^2 - 0{,}5 \cdot x \Big|_{18}^{15} = (0{,}02 \cdot 18^2 - 0{,}5 \cdot 18) - (0{,}02 \cdot 15^2 - 0{,}5 \cdot 15)$

$= (6{,}48 - 9) - (4{,}5 - 7{,}5) = -2{,}52 - (-3{,}00) = -2{,}52 + 3{,}00 = \underline{0{,}48}$

$P(X > 16) = \displaystyle\int_{16}^{20} (0{,}04 \cdot x - 0{,}5) \cdot dx$

$= 0{,}02 \cdot x^2 - 0{,}5 \cdot x \Big|_{16}^{20} = (0{,}02 \cdot 20^2 - 0{,}5 \cdot 20) - (0{,}02 \cdot 16^2 - 0{,}5 \cdot 16)$

$= (8 - 10) - (5{,}12. - 8) = -2 - (-2{,}88) = \underline{0{,}88}$

d) $\rightarrow$ Erwartungswert

$$E(X) = \int\limits_{15}^{20} X \cdot (0,04 \cdot x - 0,5) \cdot dx = \int\limits_{15}^{20} (0,04 \cdot x^2 - 0,5 \cdot x) \cdot dx$$

$$= \frac{0,04}{3} x^3 - \frac{0,5}{2} \cdot x^2 \Big|_{15}^{20} = (\frac{0,04}{3} 20^3 - 0,25 \cdot 20^2)$$

$$-\left(\frac{0,04}{3} 15^3 - 0,25 \cdot 15^2\right) = \left(\frac{320}{3} - 100\right) - \left(\frac{135}{3} - 56,25\right)$$

$$= 61,67 - 43,75 = \underline{17,92}$$

e) Bei einer stetigen Zufallsvariablen

    ☒ ist es unerheblich, ob die Wahrscheinlichkeit $P(a \leq X \leq b)$ oder $P(a < X \leq b)$
    berechnet wird.

    ☒ ist die Wahrscheinlichkeit für einen bestimmten Wert a stets gleich Null.

    ☒ kann die Verteilungsfunktion niemals eine Unstetigkeitsstelle besitzen.

Aufgabe 12

a)

$$\overline{X} \xrightarrow{\text{erwartungstreu}} \mu: \quad \overline{x} = \frac{1}{n}\sum_{i=1}^{5} x_i = \frac{1}{5}(6+12+8+13+16) = \frac{1}{5}55 = \underline{11}$$

$$S^2 \xrightarrow{\text{erwartungstreu}} \sigma^2: \quad s^2 = \frac{1}{n-1}\sum_{i=1}^{5}(x_i - \overline{x})^2 = \frac{1}{4}[(6-11)^2 + (12-11)^2 + (8-11)^2$$

$$+ (13-11)^2 + (16-11)^2] = \frac{1}{4}(5^2 + 1^2 + 3^2 + 2^2 + 5^2)$$

$$= \frac{1}{4}(25+1+9+4+25) = \frac{1}{4}64 = \underline{16}$$

b)

$$V(\hat{\mu}_1) = V(\overline{X}) = V\left(\frac{1}{5}\sum_{i=1}^{5}X_i\right) = \frac{1}{5^2}V\left(\sum_{i=1}^{5}X_i\right)$$

$$\underset{\substack{\uparrow \\ \text{unabh.}}}{=} \frac{1}{5^2}\sum_{i=1}^{5}\underset{\substack{\uparrow \\ \sigma^2}}{V(X_i)} = \frac{1}{5^2}5\sigma^2 = \frac{1}{5}\sigma^2$$

$$V(\hat{\mu}_2) = V[\frac{1}{2}(X_1 + X_5)] = \frac{1}{2^2}V(X_1 + X_5)$$

$$\underset{\substack{= \\ \uparrow \\ \text{unabh.}}}{} \frac{1}{2^2}[\underset{\substack{\uparrow \\ \sigma^2}}{V(X_1)} + \underset{\substack{\uparrow \\ \sigma^2}}{V(X_5)}] = \frac{1}{2^2}2\sigma^2 = \frac{1}{2}\sigma^2$$

$V(\hat{\mu}_1) = \frac{1}{5}\sigma^2 < V(\hat{\mu}_2) = \frac{1}{2}\sigma^2$, d.h., $\hat{\mu}_1$ ist relativ effektiv zu $\hat{\mu}_2$.

c) ¼ der maximalen Punktzahl von $20 \hat{=} 5$ Punkte

$$P(X \le 5) = \Phi\left(\frac{5-11}{4}\right) = \phi\left(-\frac{6}{4}\right) = \Phi(-1,5) = 1 - \Phi(1,5) = 1 - 0,9332 = \underline{0,0668}$$

d) Tschebyscheffsche Ungleichung:

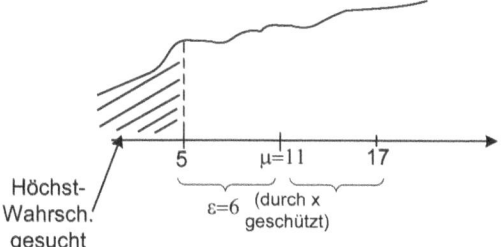

Höchst-
Wahrsch.
gesucht

5   μ=11   17

ε=6   (durch x
geschützt)

$$\frac{1}{2} \cdot P[|X - \mu| \ge (\varepsilon = 6)] \le \frac{1}{2} \cdot \frac{\sigma^2}{\varepsilon^2} = \frac{1}{2} \cdot \frac{16}{6^2} = \frac{8}{36} = \frac{2}{9} = \underline{0,2222}$$

e) 95%-Konfidenzintervall für μ

1. Konfidenzniveau

   $1 - \alpha = 0,95$

2. Wahl des Konfidenzintervalls für μ

   Normalverteilung GG, σ^2 unbek., n=5<30 (kleine Stichprobe)

   $\rightarrow$t-vert. Konfidenzintervall

   $$P(\overline{X} - t_{4;0,975} \cdot \frac{S}{\sqrt{n}} \le \mu \le \overline{X} + t_{4;0,975} \cdot \frac{S}{\sqrt{n}}) = 0,95$$

3. (1-α/2)-Quantil

   $t_{n-1; 1-\alpha/2} = t_{4; 0,975} = 2,78$

4. Konkretes 95%-Konfidenzintervall:

   $\overline{x} = 11$, $s^2 = 16$, $s = 4$

$$\left[\overline{x}-t_{4;\,0,975}\cdot\frac{s}{\sqrt{n}};\quad \overline{x}-t_{4;\,0,975}\cdot\frac{s}{\sqrt{n}}\right]=\left[11-2,78\cdot\frac{4}{\sqrt5};\quad 11+2,78\cdot\frac{4}{\sqrt5}\right]$$

$$=\left[11-4,973;\quad 11+4,973\right]=\left[6,027;\quad 15,975\right]$$

Aufgabe 13

a) Auswahl x = 5 aus n = 37

    1. ohne Berücksichtigung der Anordnung

    2. mit Wiederholung

    $\rightarrow$ Kombinationen m. W.

$$K_W=\binom{n+x-1}{x}=\frac{(n+x-1)!}{(n-1)!x!}=\frac{(37+5-1)!}{(37-1)!5!}$$

$$=\frac{41!}{36!5!}=\frac{41\cdot40\cdot39\cdot38\cdot37}{1\cdot2\cdot3\cdot4\cdot5}=\underline{749.398}$$

b) $\underset{\substack{=\\ \uparrow\\ \text{unabh.}}}{P(\overline R\cap\overline R\cap\overline R\cap\overline R\cap\overline R)}\;\left[P(\overline R)\right]^5=\underline{0,036}$

c) $\rightarrow$ Geometrische Verteilung $\left(p=\dfrac{1}{37}\right)$

Zufallsvariable X: Anzahl der Spiele, bei denen keine Null eintritt

- genau beim sechsten Einsatz: $P(X=5)=\left(\dfrac{36}{37}\right)^5\dfrac{1}{37}=\underline{0,024}$

- spätestens beim achten Einsatz: (= höchstens 7 Fehlversuche)

$$P(X\le 7)=\underset{\substack{\uparrow\\ 1-(1-\frac{1}{37})^{7+1}}}{F(7)}=1-\left(\frac{36}{37}\right)^8=1-0,803=\underline{0,197}$$

d) $\rightarrow$ Poissonverteilung

$$\lambda=n\cdot p=100\cdot\frac{1}{37}=2,7027$$

$$P(X>2)=1-P(X\le2)=1-\left[P(X=0)+P(X=1)+P(X=2)\right]$$

$$= 1 - \left(e^{-2,7027} + 2,7027 \cdot e^{-2,7027} + \frac{2,7027^2}{2} \cdot e^{-2,7027} \right)$$

$$= 1 - (0,067 + 0,181 + 0,245) = 1 - 0,493 = \underline{0,507}$$

e) Faustregel: $\quad n > \dfrac{9}{p(1-p)} = \dfrac{9}{\dfrac{1}{37} \cdot \dfrac{36}{37}} = \dfrac{9 \cdot 37^2}{36} = 342,25$

(bei originärer Binomialvert.) $\qquad \underline{n > 343}$

oder

Faustregel: $\qquad \lambda = n \cdot p \geq 10$

(bei Poissonvert.) $\quad n \cdot \dfrac{1}{37} \geq 10 \;\rightarrow \underline{n \geq 370}$

Aufgabe 14

a)

$$F(x) = P(X \leq x) \begin{cases} 0 & \text{für } x < -5 \\ 0,05 & \text{für } -5 \leq x < 2,5 \\ 0,15 & \text{für } -2,5 \leq x < 0 \\ 0,30 & \text{für } 0 \leq x < 2,5 \\ 0,50 & \text{für } 2,5 \leq x < 5 \\ 0,80 & \text{für } 5 \leq x < 10 \\ 1,00 & \text{für } x \geq 10 \end{cases}$$

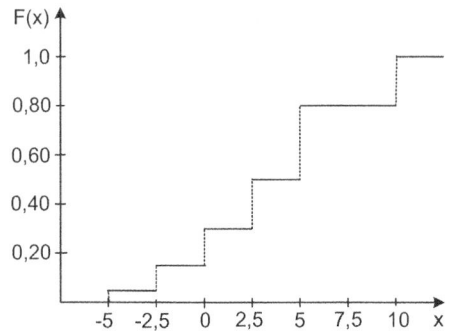

b)   - $P(X \leq 4) = F(4) = F(2,5) = \underline{0,50}$

      - $P(X > 1) = 1 - P(X \leq 1) = 1 - F(1) = 1 - F(0) = 1 - 0,30 = \underline{0,70}$

c) $E(X) = \sum_j x_j \cdot P(X = x_j) = (-5) \cdot 0{,}05 + (-2{,}5) \cdot 0{,}10$

$\qquad + 0 \cdot 0{,}15 + 2{,}5 \cdot 0{,}20 + 5 \cdot 0{,}30 + 10 \cdot 0{,}20$

$\qquad = -0{,}25 - 0{,}25 + 0 + 0{,}50 + 1{,}50 + 2{,}00 = \underline{3{,}50}$

Der Erwartungswert von 3,50 gibt an, dass bei einer Fondsanlage im Mittel mit einer Rendite von 3,50 % kalkuliert werden kann.

d) $P(\mu - \sigma \le X \le \mu + \sigma)) P(3{,}5 - 3{,}4 \le X \le 3{,}5 + 3{,}4)$

$= P(0{,}1 \le X \le 6{,}9) = P(X = 2{,}5) + P(X = 5) = 0{,}20 + 0{,}30 = \underline{0{,}50}$

$$V(X) = \sum_j [x_j - \underset{\substack{\uparrow \\ =3{,}50 \\ \text{(s.Teil c)}}}{E(X)}]^2 \cdot P(X = x_j)$$

$= (-5 - 3{,}5)^2 \cdot 0{,}05 + (-2{,}5 - 3{,}5)^2 \cdot 0{,}10 + (0 - 3{,}5)^2 \cdot 0{,}15$

$+ (2{,}5 - 3{,}5)^2 \cdot 0{,}20 + (5 - 3{,}5)^2 \cdot 0{,}30 + (10 - 3{,}5)^2 \cdot 0{,}20$

$= 72{,}25 \cdot 0{,}05 + 36 \cdot 0{,}10 + 12{,}25 \cdot 0{,}15 + 1 \cdot 0{,}20 + 2{,}25 \cdot 0{,}30 + 8{,}45 \cdot 0{,}20$

$= 3{,}6125 + 3{,}6 + 1{,}8375 + 0{,}20 + 0{,}675 + 1{,}69 = 11{,}615$

$\rightarrow \sigma = \sqrt{11{,}615} = 3{,}4$

e) Eine diskrete Zufallsvariable

$\boxtimes$ kann abzählbar unendlich viele Werte haben
$\boxtimes$ kann niemals Wahrscheinlichkeiten > 1 annehmen.

Aufgabe 15

a) $\rightarrow$ Binomialverteilung

Ereignis A: unbrauchbares Stahlband $\rightarrow P(A) = \dfrac{5}{100} = 0{,}05 \qquad n = 20$

$P(X = 2) = \dbinom{20}{2} 0{,}05^2 \cdot 0{,}95^{18} = \dfrac{20 \cdot 19}{1 \cdot 2} \cdot 0{,}05^2 \cdot 0{,}95^{18} = \underline{0{,}1887}$

$P(X \le 3) = P(X = 0) + P(X = 1) + P(X = 2) + P(X = 3)$

$$= 0{,}95^{20} + \binom{20}{1}0{,}05^1 \cdot 0{,}95^{19} + 0{,}1887 + \overset{\overset{\tfrac{20\cdot19\cdot18}{1\cdot2\cdot3}}{\downarrow}}{\binom{20}{3}}\; 0{,}05^3 \cdot 0{,}95^{17}$$

$$= 0{,}3585 + 0{,}3774 + 0{,}1887 + 0{,}0596 = \underline{0{,}9842}$$

b) $\rightarrow$ Tschebyscheffsche Ungleichung

- $\quad P(|X - \mu| \geq 2\sigma) \leq \dfrac{1}{2^2} = \dfrac{1}{4} = \underline{0{,}25}$

- $\quad P(|X - \mu| < (\varepsilon = 2)) \geq 1 - \dfrac{\sigma^2}{\varepsilon^2} = 1 - \dfrac{1{,}44}{2^2} = 1 - 0{,}36 = \underline{0{,}64}$

c) $\sigma^2 = 1{,}44 \rightarrow \sigma = 1{,}2$

Normalverteilung: $X \sim N(\mu = 200, \sigma^2 = 1{,}44)$

- $\quad P(197{,}5 \leq X \leq 202{,}5) = \Phi\!\left(\dfrac{202{,}5 - 200}{1{,}2}\right) - \Phi\!\left(\underset{\underset{0{,}8\bar{3}}{\uparrow}}{\dfrac{197{,}5 - 200}{1{,}2}}\right)$

$$= \Phi(2{,}08) - \Phi(-2{,}08) = 2 \cdot \Phi(2{,}08) - 1$$
$$= 2 \cdot 0{,}9812 - 1 = \underline{0{,}9624}$$

- $\quad P(X > 201{,}8) = 1 - P(X \leq 201{,}8) = 1 - \Phi\!\left(\dfrac{201{,}8 - 200}{1{,}2}\right)$

$$= 1 - \Phi(1{,}5) = 1 - 0{,}9332 = \underline{0{,}0668}$$

d) - Wahrscheinlichkeit, dass ein zufällig ausgewähltes Stahlband die Norm erfüllt

$$P(198 \leq X \leq 202) = \Phi\!\left(\dfrac{202 - 200}{1{,}2}\right) - \Phi\!\left(\underset{\underset{=1{,}\bar{6}}{\uparrow}}{\dfrac{198 - 200}{1{,}2}}\right)$$

$$= \Phi(1{,}67) - \Phi(-1{,}67) = 2 \cdot \underset{\underset{=0{,}9525}{\uparrow}}{\Phi(1{,}67)} - 1 = 0{,}905$$

- Wahrscheinlichkeit für Norm bei allen 10 Bändern

$$P(\text{"Norm bei 10 Bändern"}) = \underset{\underset{\text{unabh.}}{\uparrow}}{[P(198 \leq X \leq 202)]}^{10}$$

$$= 0{,}905^{10} = \underline{0{,}3685}$$

Aufgabe 16

a) Periodische Auswahl: $\dfrac{N}{n} = \dfrac{1000}{80} = 12{,}5$

Ganzzahliger Wert zwischen 1 und 12 zufällig ausgewählt $\rightarrow$ dann abwechselnd jeder 13te und 12te Kunde aus der Kundendatei ausgewählt

z.B. 1. Wert 8 $\rightarrow$ dann 2. Wert: 21 $\rightarrow$ 3. Wert: 33 $\rightarrow$ 4. Wert 47 $\rightarrow$ usw.

b) Standardfehler des Schätzers $\overline{P}$:

$$\hat{\sigma}_{\overline{P}} = \sqrt{\dfrac{\overline{P}(1-\overline{P})}{n}} = \sqrt{\dfrac{0{,}2 \cdot 0{,}8}{80}} = \sqrt{0{,}002} = \underline{0{,}0447}$$

c) 95%-Konfidenzintervall für p

1. Konfidenzniveau

$\quad 1-\alpha = 0{,}95$

2. Wahl des Konfidenzintervalls

$$n > \dfrac{9}{p(1-p)} \text{ mit } \overline{p} \text{ für } p : n = 80 > \dfrac{9}{0{,}2 \cdot 0{,}8} = 56{,}25 \approx 57$$

(großer Stichprobenumfang)

$\rightarrow$ Zentraler Grenzwertsatz von de Moivre und Laplace (Normalverteilung)

$$P\left(\overline{P} - z_{0{,}975} \cdot \sqrt{\dfrac{\overline{P} \cdot (1-\overline{P})}{n}} \le p \le \overline{P} - z_{0{,}975} \cdot \sqrt{\dfrac{\overline{P}(1-\overline{P})}{n}} \right) = 0{,}95$$

3. $(1-\alpha/2)$-Quantil $z_{1-\alpha/2}$:

$\quad \Psi(z_{0{,}975}) = 0{,}95 \quad \rightarrow \quad z_{0{,}975} = 1{,}96$

Die ψ-Funktion gibt die symmetrische Intervallwahrscheinlichkeit an.

4. Konkretes 95%-Konfidenzintervall

$\quad \overline{p} = 0{,}20,\ n = 80$

$$\left[\overline{p} - z_{0{,}975} \cdot \sqrt{\dfrac{\overline{p} \cdot (1-\overline{p})}{n}} \le p \le \overline{p} - z_{0{,}975} \cdot \sqrt{\dfrac{\overline{p}(1-\overline{p})}{n}} \right]$$

$$= \left[0{,}20 - 1{,}96 \cdot 0{,}0447;\ 0{,}20 + 1{,}96 \cdot 0{,}0447 \right]$$

$$\uparrow$$

$$\text{aus Teil b)}$$

$$= \left[0{,}20 - 0{,}088;\ 0{,}20 + 0{,}088 \right] = \left[0{,}112;\ 0{,}288 \right]$$

d) Ein-Stichproben-Test über p

1. Hypothesenformulierung:

H_0: p = 0,25 $\Big\rbrace$ einseitiger Test

$H_{1:}$ p < 0,25 $\Big\rbrace$ (linksseitiger Text)

2. Signifikanzniveau α

$\alpha = 0,05$

3. Wahl und Berechnung der Prüfgröße

$$n = 80 > \frac{9}{p_0(1-p_0)} = \frac{9}{0,25 \cdot 0,75} = 48 \quad \text{(großer Stichprobenumfang)}$$

$\rightarrow$ Zentraler Grenzwertsatz von de Moivre und Laplace (Normalverteilung)

$\rightarrow$ Approximativer Binomialtest

Prüfgröße: $Z_0 = \dfrac{\overline{p} - p_0}{\sqrt{\dfrac{p_0 \cdot (1-p_0)}{n}}} \overset{a}{\sim} N(0,1)$

mit $\overline{p} = 0,20$; n = 80 :

$$z_0 = \frac{0,20 - 0,25}{\sqrt{\dfrac{0,25 \cdot 0,75}{80}}} = \frac{-0,05}{\sqrt{0,002344}} = \frac{-0,05}{0,0484} = -1,0328$$

4. Kritischer Wert ($\alpha = 0,05$, links. Test):

$\Phi(z_{0,05}) = 0,05 \quad \rightarrow \quad z_{0,05} = -z_{0,95} = -1,6449$

5. Testentscheidung:

$(z_0 = -1,0328) > (z_{0,05} = -1,6449) \Rightarrow H_0$ annehmen

e) Aufgrund des in Teil d) ermittelten Testergebnisses kann die Nullhypothese eines Viertel-Anteils an Interessenten an außereuropäischen Urlaubsreisen nicht abgelehnt werden. Die Einschätzung der Touristik-Branche wird durch das Testergebnis nicht widerlegt.
Bei der konkret getroffenen Testentscheidung ist der Fehler 2. Art (β-Fehler) zu berücksichtigen, der darin besteht, von einem Viertel-Anteil an Interessenten für außereuropäische Urlaubsreisen auszugehen, obwohl der tatsächliche Anteil geringer ist.

Aufgabe 17

a) Multiplikationssatz für unabhängige Ereignisse

ad 1) Qualitätsnorm bei Maschine 1: Ereignis $\overline{A}_1$

$$P(\overline{A}_1 \cap \overline{A}_1 \cap \overline{A}_1 \cap \overline{A}_1 \cap \overline{A}_1) = [P(\overline{A}_1)]^5 = 0,92^5 = 0,659$$

ad 2) $P(\overline{A}_3 \cap \overline{A}_3 \cap \overline{A}_3 \cap \overline{A}_4 \cap \overline{A}_4) = [P(\overline{A}_3)]^3 [P(\overline{A}_4)]^2$

$$= [P(\overline{A}_3)]^3 [P(\overline{A}_4)]^2 = 0{,}96^3 \cdot 0{,}97^2 = \underline{0{,}8324}$$

b) Allgemeiner Additionssatz für 2 Ereignisse

$$P(M_1 \cup M_4) = P(M_1) + P(N_4) - P(M_1 \cap M_4)$$
$$= 0{,}92 + 0{,}97 - 0{,}92 \cdot 0{,}97$$
$$= 0{,}92 + 0{,}97 - 0{,}8924 = \underline{0{,}9976}$$

c) Allgemeiner Additionssatz für 3 Ereignisse:

$$P(A_1 \cup A_2 \cup A_3) = P(A_1) + P(A_2) + P(A_3) - P(A_1 \cap A_2)$$
$$- P(A_1 \cap A_3) - P(A_2 \cap A_3) + P(A_1 \cap A_2 \cap A_3)$$
$$= 0{,}08 + 0{,}06 + 0{,}04 - 0{,}08 \cdot 0{,}06 - 0{,}08 \cdot 0{,}04 - 0{,}06 \cdot 0{,}04 + 0{,}08 \cdot 0{,}06 \cdot 0{,}04$$
$$= 0{,}18 \underbrace{- 0{,}0048 - 0{,}0032 - 0{,}0024}_{=-0{,}0104} + 0{,}000192 = \underline{0{,}1698}$$

d) Totale Wahrscheinlichkeit:

Ereignis A: Ausschuss

$$P(A) = \sum_{i=1}^{4} P(A|M_i) \cdot P(M_i)$$

$$= 0{,}08 \cdot 0{,}10 + 0{,}06 \cdot 0{,}20 + 0{,}04 \cdot 0{,}30 + 0{,}03 \cdot 0{,}40$$
$$= 0{,}008 + 0{,}012 + 0{,}012 + 0{,}012 = \underline{0{,}044}$$

e) Bayessche Formel

ad 1) $\quad P(M_1|A) = \dfrac{P(A|M_1) \cdot P(M_1)}{P(A)} = \dfrac{0{,}08 \cdot 0{,}10}{0{,}044} = \dfrac{0{,}008}{0{,}044} = \underline{0{,}1818}$

ad 2) $\quad P(M_4|A) = \dfrac{P(A|M_4) \cdot P(M_4)}{P(A)} = \dfrac{0{,}03 \cdot 0{,}40}{0{,}044} = \dfrac{0{,}012}{0{,}044} = \underline{0{,}2727}$

Aufgabe 18

a) Zufallsvariable X: Auszahlungsbetrag

X = x	P(X=x)	P(X ≤ x)
0	982/1000 = 0,982	0,982
10	10/1000 = 0,010	0,992
20	5/1000 = 0,005	0,997
50	2/1000 = 0,002	0,999
100	1/1000 = 0,001	1,000

b)

$$E(X) = \sum_{j=1}^{5} x_j \cdot P(X = x_j)$$

$$= 0 \cdot 0{,}982 + 10 \cdot 0{,}010 + 20 \cdot 0{,}005 + 50 \cdot 0{,}002 + 100 \cdot 0{,}001$$

$$= 0 + 0{,}100 + 0{,}100 + 0{,}100 + 0{,}100 = \underline{0{,}40} \; [\text{€}]$$

c)

$$V(X) = \sigma^2 = E(X^2) - [E(X)]^2 = \sum_{j=1}^{5} x_j^2 \cdot P(X = x_j) - 0{,}40^2$$

$$= 0^2 \cdot 0{,}982 + 10^2 \cdot 0{,}010 + 20^2 \cdot 0{,}005 + 50^2 \cdot 0{,}002 + 100^2 \cdot 0{,}001 - 0{,}16$$

$$= 0 + 1 + 2 + 5 + 10 - 0{,}16 = 17{,}84$$

$$\sigma = \sqrt{17{,}84} = \underline{4{,}22}$$

d) Auswahlsatz: $\dfrac{n}{N} = \dfrac{10}{1000} = 0{,}01 < 0{,}05 \rightarrow$ Binomialverteilung

Binomialverteilung ($n = 10$, $p = \dfrac{18}{1000} = 0{,}018$)

ad 1) $P(X = 2) = \dbinom{10}{2} \cdot 0{,}018^2 \cdot 0{,}982^8 = 45 \cdot 0{,}018^2 \cdot 0{,}982^8 = \underline{0{,}0126}$

ad 2) $P(X \geq 2) = 1 - P(X \leq 1) = 1 - [P(X = 0) + P(X = 1)]$

$$= 1 - [0{,}982^{10} + \dbinom{10}{1} 0{,}018 \cdot 0{,}982^9] = -(0{,}8339 + 0{,}1529) = 1 - 0{,}9868 = \underline{0{,}0132}$$

e) Geometrische Verteilung (p = 0,018)

ad 1) ZV X: Anzahl der Nieten (= Misserfolge)

erst mit fünftem Los Gewinn $\hat{=}$ vier Nieten (x = 4)

$$P(X = 4) = 0{,}982^4 \cdot 0{,}018 = \underline{0{,}0167}$$

ad 2) spätestens mit viertem Los Gewinn

$\hat{=}$ höchstens 3 Nieten (x = 0, 1, 2, 3)

$$P(X \le 3) = F(3) = 1 - (1 - p)^{(x=3)+1}$$

$$= 1 - (1 - 0{,}018)^4 = 1 - 0{,}982^4 = 1 - 0{,}9299 = \underline{0{,}0701}$$

Aufgabe 19

a) Tschebyscheffsche Ungleichung (ZV X: Lebensdauer)

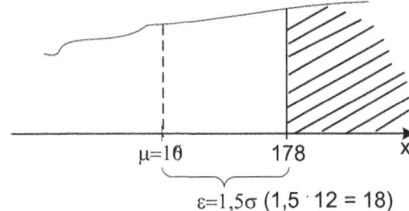

$\mu = 160 \qquad 178 \qquad x$

$\varepsilon = 1{,}5\sigma \; (1{,}5 \cdot 12 = 18)$

$$P(X \ge 178) = \frac{1}{2} P(\underbrace{|X - \mu| \ge 1{,}5\sigma}_{\varepsilon = 18}) = \frac{1}{2} \cdot \frac{\sigma^2}{\varepsilon^2} = \frac{1}{2} \cdot \frac{12^2}{18^2} = \frac{1}{2} \cdot 0{,}4444 = \underline{0{,}2222}$$

b)

- $P(X \ge 178) = 1 - P(X < 178) = 1 - \Phi\left(z = \dfrac{178 - 160}{12}\right)$

$$= 1 - \Phi(1{,}5) = 1 - 0{,}9332 = \underline{0{,}0668}$$

- $P(X \le 166) = \Phi(z = \dfrac{166 - 160}{12}) = \Phi(0{,}5) = \underline{0{,}6915}$

c) P („Alle 6 Elemente des Typs MX maximal 166 Stunden intakt")

$$= P(X_1 \le 166, X_2 \le 166, ..., X_6 \le 166) \underset{\underset{\text{unabh.}}{\uparrow}}{=} [P(X \le 166)]^6 = 0{,}6915^6 = \underline{0{,}1093}$$

d) Zentrales Schwankungsintervall

$$X \sim N(\mu = 160, \sigma^2 = 12^2) \rightarrow \overline{X} \sim N(\mu = 160, \frac{\sigma^2}{n} = \frac{12^2}{72})$$

$$P(\mu - z_{0,995} \cdot \frac{\sigma}{\sqrt{n}} \leq \overline{X} \leq \mu + z_{0,995} \cdot \frac{\sigma}{\sqrt{n}}) = 0,99$$

$$\psi(z) = 0,99 \rightarrow z = 2,5758$$

$$P(160 - 2,5758 \cdot \underset{\underset{=8,4853}{\uparrow}}{\frac{12}{\sqrt{72}}} \leq \overline{X} \leq 160 + 2,5758 \cdot \frac{12}{\sqrt{72}})$$

$$= P(160 - 3,64 \leq \overline{X} \leq 160 + 3,64)$$
$$= P(156,36 \leq \overline{X} \leq 163,64) = \underline{0,99}$$

e) Ein-Stichproben-Test über μ

1. Hypothesenformulierung:

   H_0: $\mu = 160$, H_1: $\mu < 160$ (links. Test)

2. Wahl und Berechnung der Prüfgröße:

   σ^2 bekannt, n=72>30 (Zentraler Grenzwertsatz) $\rightarrow$ Einfacher Gauß-Test

   Prüfgröße: $z_0 = \dfrac{\overline{x} - \mu}{\sigma/\sqrt{n}} = \dfrac{156 - 160}{12/\sqrt{72}} = \dfrac{-4}{1,4142} = -2,8284$

3. Kritischer Wert

   $\Phi(z_{0,05}) = 0,05 \rightarrow z_{0,05} = -z_{0,95} = -1,6449$

4. Testentscheidung

   $z_0 = -2,8284 < z_{0,05} = -1,6449 \Rightarrow H_0$ ablehnen

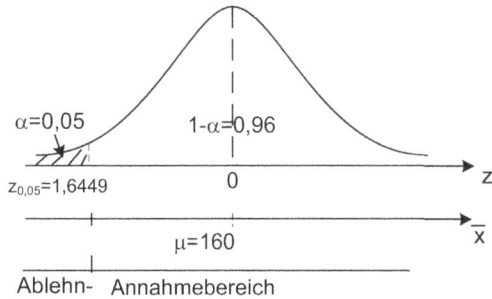

Interpretation: Da die Prüfgröße im Ablehnbereich des Tests liegt, ist die Nullhypothese bei einem Signifikanzniveau von 5 % zu verwerfen. Damit kann die Abweichung zwischen $\overline{x} = 156$ und der Herstellerangabe $\mu = 160$ nicht mehr als rein zufällig interpretiert werden. Das Maschinenbauunternehmen hat berechtigten Grund, an der Herstellerangabe zu zweifeln.

Aufgabe 20

a) → Kombinationen o.W.

$$K = \binom{96}{4} = \frac{96 \cdot 95 \cdot 94 \cdot 93}{1 \cdot 2 \cdot 3 \cdot 4} = \underline{3.321.960}$$

b) Erwartungstreue: $E(\hat{\theta}) = \theta$

$$E(\hat{p}_1) = E(\frac{1}{2}X_1 + \frac{1}{2}X_n) = \frac{1}{2}E(X_1) + \frac{1}{2}E(X_n) = \frac{1}{2}p + \frac{1}{2}p = p$$

$$E(\hat{p}_2) = E(\frac{1}{4}X_1 + \frac{1}{2}X_{n/2} = \frac{1}{4}X_n) = \frac{1}{4}E(X_1) + \frac{1}{2}E(X_{n/2})$$

$$= \frac{1}{4}E(X_n) = \frac{1}{4}p + \frac{1}{2}p + \frac{1}{4}p = p$$

c) Relative Effizienz

$\hat{\theta}_1$ ist relativ effizient zu $\hat{\theta}_2$, falls $V(\hat{\theta}_1) \leq V(\hat{\theta}_2)$ gilt.

$$V(\hat{p}_1) = V(\frac{1}{2}X_1 + \frac{1}{2}X_n) \underset{\substack{\uparrow \\ \text{unabh.}}}{=} \frac{1}{4}V(X_1) + \frac{1}{4}V(X_n) = \frac{1}{4}\sigma^2 + \frac{1}{4}\sigma^2 = \frac{1}{2}\sigma^2$$

$$V(\hat{p}_2) = V(\frac{1}{4}X_1 + \frac{1}{2}X_{n/2} + \frac{1}{4}X_n) = \frac{1}{16}V(X_1) + \frac{1}{4}V(X_{n/2}) + \frac{1}{16}V(X_n)$$

$$= \frac{1}{16}\sigma^2 + \frac{4}{16}\sigma^2 + \frac{1}{16}\sigma^2 = \frac{6}{16}\sigma^2 = \frac{3}{8}\sigma^2$$

$$V(\hat{p}_2) = \frac{3}{8}\sigma^2 < V(\hat{p}_1) = \frac{1}{2}\sigma^2 \Rightarrow \hat{p}_2 \text{ ist relativ effizient zu } \hat{p}_1.$$

d) 95%-Konfidenzintervall für p

1. Konfidenzniveau:

$$1 - \alpha = 0{,}95$$

2. Wahl des Konfidenzintervalls

$$\bar{p} = \frac{96}{144} = \frac{2}{3}, \quad n = 144$$

$$n = 144 > \frac{9}{\frac{2}{3} \cdot \frac{1}{3}} = 40{,}5 \text{ (großer Stichprobenumfang)}$$

→ Zentraler Grenzwertsatz von de Moivre und Laplace (Normalverteilung)

95%-Konfidenzintervall für p:

$$P(\overline{P} - z_{0,975} \cdot \sqrt{\frac{\overline{P} \cdot (1 - \overline{P})}{n}} \leq p \leq \overline{P} + z_{0,975} \cdot \sqrt{\frac{\overline{P}(1 - \overline{P})}{n}}) = 0,95$$

3. $(1-\alpha/2)$-Quantil $z_{1-\alpha/2}$

$$\Psi(z_{0,975}) = 0,95 \quad \rightarrow \quad z_{0,975} = 1,96$$

Die Ψ-Funktion gibt die symmetrische Intervallwahrscheinlichkeit an.

4. Konkretes 95%-Konfidenzintervall für p

mit $\overline{p} = \dfrac{96}{144} = \dfrac{2}{3}, \quad n = 144$

$$[\overline{p} - z_{0,975} \cdot \sqrt{\frac{\overline{p} \cdot (1 - \overline{p})}{n}}; \quad \overline{p} + z_{0,975} \cdot \sqrt{\frac{\overline{p}(1 - \overline{p})}{n}}]$$

$$= [\frac{2}{3} - 1,96 \cdot \sqrt{\frac{\frac{2}{3} \cdot \frac{1}{3}}{144}}; \quad \frac{2}{3} + 1,96 \cdot \sqrt{\frac{\frac{2}{3} \cdot \frac{1}{3}}{144}}]$$

$$= [\frac{2}{3} - 1,96 \cdot 0,0393; \quad \frac{2}{3} + 1,96 \cdot 0,0393]$$

$$= [0,667 - 0,077; \quad 0,667 + 0,077] = [0,590; \quad 0,744]$$

Interpretation: Das Konfidenzintervall [0,590; 0,744] enthält bei einem Konfidenzniveau von 95 % den unbekannten Präferenzanteil p.

e) Notwendiger Stichprobenumfang: $n = \dfrac{z_{1-\alpha/2}^2 \cdot p^*(1 - p^*)}{e^2}$

$1 - \alpha = 0,95 \rightarrow z_{0,975} = 1,96$ Fehlermarge: $e = 0,05 = \dfrac{1}{20}$ $p^* = \dfrac{2}{3}$

$$n = \frac{1,96^2 \cdot \frac{2}{3} \cdot \frac{1}{3}}{\left(\frac{1}{20}\right)^2} = 400 \cdot 3,8416 \cdot \frac{2}{9} = 341,5 \rightarrow \underline{342}$$

Aufgabe 21

a) Binomialverteilung: $n = 18$, $p = 0,485$

$E(X) = n \cdot p = 18 \cdot 0,485 = 8,73$

1σ-Intervall von $E(X)$

$$V(X) = n \cdot p \cdot (1-p) = 18 \cdot 0{,}485 \cdot 0{,}515 = 4{,}5 \;\rightarrow\; \sigma = \sqrt{4{,}5} = 2{,}12$$

$$[E(X) - \sigma;\, E(X) + \sigma] = [8{,}73 - 2{,}12;\, 8{,}73 + 2{,}12] = [6{,}61;\, 10{,}85]$$

$$\uparrow$$

x=10 fällt in das 1σ-Intervall

b) Binomialverteilung: n = 18, p = 0,485

$$P(X = 12) = \binom{18}{12} 0{,}485^{12} \cdot 0{,}515^{6} = \frac{18!}{12!\,6!} 0{,}485^{12} \cdot 0{,}515^{6}$$

$$= \frac{18 \cdot 17 \cdot 16 \cdot 15 \cdot 14 \cdot 13}{6 \cdot 5 \cdot 4 \cdot 3 \cdot 2 \cdot 1} 0{,}485^{12} \cdot 0{,}515^{6} = 18564 \cdot 0{,}485^{12} \cdot 0{,}515^{6} = \underline{0{,}0587}$$

$$P(12 \le X \le 14) = P(X = 12) + P(x = 13) + P(X = 14)$$

$$= 0{,}0587 + \binom{18}{13} 0{,}485^{13} \cdot 0{,}515^{5} + \binom{18}{14} 0{,}485^{14} \cdot 0{,}515^{4}$$

$$= 0{,}0587 + \frac{18 \cdot 17 \cdot 16 \cdot 15 \cdot 14}{5 \cdot 4 \cdot 3 \cdot 2 \cdot 1} 0{,}485^{13} \cdot 0{,}515^{5} + \frac{18 \cdot 17 \cdot 16 \cdot 15}{4 \cdot 3 \cdot 2 \cdot 1} 0{,}485^{14} \cdot 0{,}515^{4}$$

$$= 0{,}0587 + 8568 \cdot 0{,}485^{13} \cdot 0{,}515^{5} + 3060 \cdot 0{,}485^{14} \cdot 0{,}515^{4}$$

$$= 0{,}0587 + 0{,}0255 + 0{,}0086 = \underline{0{,}0928}$$

c) Geometrische Verteilung: p = 0,485

Zufallsvariable X= Anzahl der Misserfolge (hier: Junge)

$$P(X = 3) = (1-p)^{3} p = 0{,}515^{3} \cdot 0{,}485 = \underline{0{,}0662}$$

d) Geometrische Verteilung: p = 0,485

- spätestens das fünfte Kind ein Mädchen:

x = 0, 1, 2, 3, 4 ($\hat{=}$ höchstens 4 Misserfolge, d.h. Jungen)

$$P(X \le 4) = F(4) = 1 - (1-p)^{(x=4)+1} = 1 - (1 - 0{,}485)^{5}$$

$$= 1 - 0{,}515^{5} = 1 - 0{,}0362 = \underline{0{,}9638}$$

frühestens das dritte Kind ein Mädchen:

x = 2, 3, 4, ... ($\hat{=}$ mind. 2 Misserfolge, d.h. Jungen)

$$P(X \ge 2) = 1 - P(X \le 1) = 1 - [1 - (1 - 0{,}485)^{(x=1)+1}]$$

$$= 1 - (1 - 0{,}515^{2}) = 0{,}515^{2} = \underline{0{,}2652}$$

e) Zwillingspaar Ⓜ Ⓜ zusammen ihren Eltern Ⓔ zugeordnet

Permutationen o.W.

n = 9 (9 Eltern, denen 8 einzelne Mädchen und das Zwillingspaar zuzuordnen sind)

P = n! = 9! = 9·8·7·6·5·4·3·2·1 = 362.880

Aufgabe 22

a) Eigenschaften einer Dichtefunktion:

1. $f(x) \geq 0$ für alle $x \to a > 0$

2. $\int_{-\infty}^{\infty} f(x)dx \overset{!}{=} 1$

$$\int_{0}^{3} a \cdot x(4-x)dx = a\int_{0}^{3}(4x - x^2)dx \overset{!}{=} 1$$

$$a\left(4\frac{x^2}{2} - \frac{x^3}{3}\right)\Big|_{0}^{3} = a\left(2\cdot 3^2 - \frac{3^3}{3}\right) = a(18-9) = 9\cdot a \overset{!}{=} 1 \Rightarrow a = \underline{\frac{1}{9}}$$

b)

$$P(X \leq 1) = \int_{0}^{1} \frac{1}{9}x(4-x)dx = \frac{1}{9}\int_{0}^{1}(4x - x^2)dx$$

$$= \frac{1}{9}\left(4\frac{x^2}{2} - \frac{x^3}{3}\right)\Big|_{0}^{1} = \frac{1}{9}\left(2\cdot 1^2 - \frac{1^3}{3}\right) = \frac{1}{9}\left(2 - \frac{1}{3}\right) = \frac{1}{9}\cdot\frac{5}{3} = \frac{5}{27} = \underline{0{,}1852}$$

$$P(2 \leq X \leq 4) = \int_{2}^{3} \frac{1}{9}x(4-x)dx = \frac{1}{9}\int_{2}^{3}(4x - x^2)dx = \frac{1}{9}\left(4\frac{x^2}{2} - \frac{x^3}{3}\right)\Big|_{2}^{3}$$

↑

im Intervall [3; 4]
ist die Dichte gleich 0

$$= \frac{1}{9}\left[\left(2\cdot 3^2 - \frac{3^3}{3}\right) - \left(2\cdot 2^2 - \frac{2^3}{3}\right)\right] = \frac{1}{9}\left[(18-9) - \left(8 - \frac{8}{3}\right)\right] = \frac{1}{9}\left(9 - \frac{16}{3}\right)$$

$$= \frac{1}{9}\cdot\frac{27-16}{3} = \frac{1}{9}\cdot\frac{11}{3} = \frac{11}{27} = \underline{0{,}4074}$$

c)

$$E(X) = \int_{0}^{3} \frac{1}{9}x(4-x)\cdot x \cdot dx = \frac{1}{9}\int_{0}^{3}\left(4x^2 - x^3\right)dx$$

$$= \frac{1}{9}\left(4\frac{x^3}{3} - \frac{x^4}{4}\right)\Big|_0^3 = \frac{1}{9}\left(4\cdot\frac{3^3}{3} - \frac{3^4}{4}\right) = \frac{1}{9}\left(36 - \frac{81}{4}\right) = \frac{1}{9}\cdot\frac{144-81}{4} = \underline{1,75}$$

d) ges. $P(\mu - \delta \leq x \leq \mu + \delta)$

$$V(X) = E(X^2) - [E(X)]^2$$

$$E(X^2) = \int_0^3 \frac{1}{9}x(4-x)x^2 \cdot dx = \frac{1}{9}\int_0^3 (4x^3 - x^4)dx$$

$$= \frac{1}{9}\cdot\left(4\frac{x^4}{4} - \frac{x^5}{5}\right)\Big|_0^3 = \frac{1}{9}\left(3^4 - \frac{3^5}{5}\right) = \frac{1}{9}\left(81 - \frac{243}{5}\right) = 9 - \frac{27}{5} = \frac{45-27}{5} = 3,6$$

$$V(X) = 3,6 - 1,75^2 = 3,6 - 3,0625 = 0,5375 \rightarrow \sigma = 0,733$$

$$P(1,75 - 0,733 \leq X \leq 1,75 + 0,733) = P(1,017 \leq X \leq 2,483)$$

$$= \int_{1,017}^{2,483} \frac{1}{9}x(4-x)dx = \frac{1}{9}\int_{1,017}^{2,483}\left(4x - x^2\right)dx = \frac{1}{9}\left(4\frac{x^2}{2} - \frac{x^3}{3}\right)\Big|_{1,017}^{2,483}$$

$$= \frac{1}{9}\left[\left(2\cdot2,483^2 - \frac{2,483^3}{3}\right) - \left(2\cdot1,017^2 - \frac{1,017^3}{3}\right)\right] = \underline{0,6122}$$

Aufgabe 23

a) Tschebyscheffsche Ungleichung

$\mu = 8$, $\sigma = 0,8$

- mindestens 9 ½ Liter/100 km

$$\frac{1}{2}\cdot P(|X-\mu| \geq (\varepsilon = 1,5)) \leq \frac{1}{2}\cdot\frac{\sigma^2}{\varepsilon^2} = \frac{1}{2}\cdot\frac{0,8^2}{1,5^2} = \frac{1}{2}\cdot\frac{0,64}{2,25} = \frac{1}{2}\cdot 0,2844 = \underline{0,1422}$$

- zwischen 7 und 9 Liter/100 km

$$P(|X-\mu| \leq (\varepsilon = 1)) \geq 1 - \frac{\sigma^2}{\varepsilon^2} = 1 - \frac{0,8^2}{1^2} = 1 - 0,64 = \underline{0,36}$$

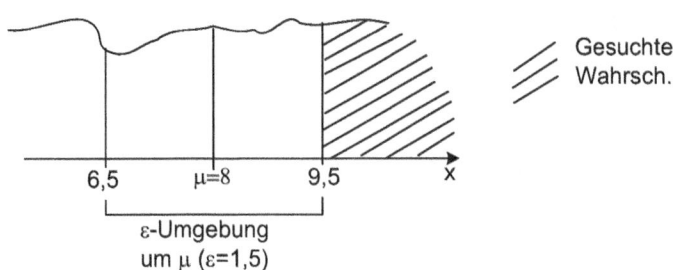

Gesuchte
Wahrsch.

6,5 $\mu=8$ 9,5   x

ε-Umgebung
um μ ($\varepsilon=1,5$)

b) Normalverteilung

- mind. 9 ½ Liter /100 km

$$P(X \geq 9{,}5) = 1 - P(X < 9{,}5) = 1 - \Phi\left(\frac{9{,}5 - 8}{0{,}8}\right)$$

$$= 1 - \Phi(1{,}875) = 1 - 0{,}9696 = \underline{0{,}0304}$$

- zwischen 7 und 9 Liter/100 km

$$P(7 \leq X \leq 9) = F(9) - F(7) = \Phi\left(\frac{9 - 8}{0{,}8}\right) - \Phi\left(\frac{7 - 8}{0{,}8}\right)$$

$$= \Phi(1{,}25) - \Phi(-1{,}25) = 2 \cdot \Phi(1{,}25) - 1 = 2 \cdot 0{,}8944 - 1 = \underline{0{,}1056}$$

c) Grenzwertsatz von Lindeberg und Levý
   Normalverteilung (n =81 > 30)

$$\mu = 8,\ \sigma = 0{,}8,\ \sigma_{\overline{X}}^2 = \frac{\sigma^2}{n}\ \text{mit } n = 81$$

$$P(\overline{X} \leq 8{,}125) = \Phi\left(\frac{8{,}125 - 8}{0{,}8/\sqrt{81}}\right) = \Phi\left(\frac{0{,}125}{0{,}8/9}\right) = \Phi(1{,}40625) = \underline{0{,}9201}$$

$$\Phi(1{,}41) = 0{,}9207$$
$$\Phi(1{,}40) = \underline{0{,}9192}$$
$$\hspace{3cm} 15$$

$$15 \cdot \frac{625}{1000} = 9{,}375 \approx 9$$

d) Konfidenzintervall für μ

1. Konfidenzniveau

$$1 - \alpha = 0{,}99$$

2. Wahl des Konfidenzintervalls

- σ^2 unbekannt
- n = 81 < 30 (großer Stichprobenumfang)

→ zentraler Grenzwertsatz (Normalverteilung)

Konfidenzintervall für μ:

$$P\left(\overline{X} - z_{0{,}995} \cdot \frac{S}{\sqrt{n}} \leq \mu \leq \overline{X} + z_{0{,}995} \cdot \frac{S}{\sqrt{n}}\right) = 0{,}99$$

3. $(1-\alpha/2)$-Quantil

$\Psi(z_{0,995}) = 0,99 \quad \rightarrow \quad z_{0,995} = 2,5758$

Die Ψ-Funktion gibt die symmetrische Intervallwahrscheinlichkeit an.

4. Konkretes 99%-Konfidenzintervall

$\overline{x} = 8,2\,[\ell/100\,\text{km}], \; s = 0,9\,[\ell/100\,\text{km}]$

$$\left[\overline{x} - z_{0,995} \cdot \frac{s}{\sqrt{n}}; \; \overline{x} + z_{0,995} \cdot \frac{s}{\sqrt{n}}\right]$$

$$= \left[8,2 - 2,5758 \cdot \frac{0,9}{\sqrt{81}}; \; 8,2 + 2,5758 \cdot \frac{0,9}{\sqrt{81}}\right]$$

$$= \left[8,2 - 2,5758 \cdot 0,1; \; 8,2 + 2,5758 \cdot 0,1\right]$$

$$= \left[8,2 - 0,25758; \; 8,2 + 0,25758\right] = \left[7,94; \; 8,46\right]$$

Aufgabe 24

a)

$P(\underset{\uparrow}{A}) = 0,20, \qquad P(\underset{\uparrow}{I}|A) = 0,80, \qquad P(I|\overline{A}) = 0,50$

innovat. Untern.   Invest.erfolg

$\rightarrow$ totale Wahrscheinlichkeit

$P(I) = P(I|A) \cdot P(A) + P(I|\overline{A}) \cdot P(\overline{A}) = 0,80 \cdot 0,20 + 0,50 \cdot 0,80 = 0,16 + 0,40 = \underline{0,56}$

b) Bayessche Formel

$P(\overline{A}|\overline{I}) = \dfrac{P(\overline{I}|\overline{A}) \cdot P(\overline{A})}{P(\overline{I})} = \dfrac{0,50 \cdot 0,80}{0,44} = \dfrac{0,40}{0,44} = \underline{0,9091}$

$P(\overline{I}|\overline{A}) = 1 - P(I|\overline{A}) = 1 - 0,50 = 0,50$

$P(\overline{I}) = 1 - P(I) = 1 - 0,56 = 0,44$

c) Momentenschätzer.

- für die Wahrscheinlichkeit $P(A)$ ($\hat{=}$ Anteilswert der GG: p)

$$\overline{p} = \frac{1}{n}y = \frac{1}{n}\sum_{i=1}^{n}\underset{\underset{0,1}{\uparrow}}{X_i} \rightarrow p$$

realisierter Wert: $\overline{p} = \dfrac{1}{60} \cdot 15 = \dfrac{1}{4} = \underline{0,25}$

- für die Varianz der GG

$$\bar{p}(a - \bar{p}) \quad \rightarrow \quad p(1 - p)$$

realisierter Wert: $\bar{p}(1 - \bar{p}) = \dfrac{1}{4} \cdot \left(1 - \dfrac{1}{4}\right) = \dfrac{1}{4} \cdot \dfrac{3}{4} = \dfrac{3}{16} = \underline{0,1875}$

d)

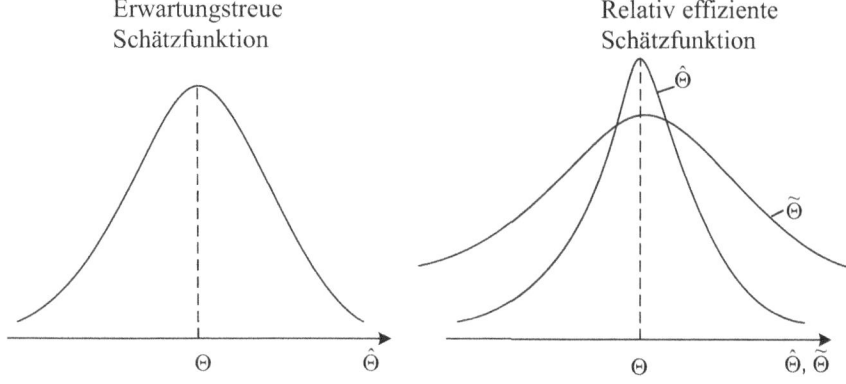

Erwartungstreue
Schätzfunktion

Relativ effiziente
Schätzfunktion

$E(\hat{\Theta}) = \Theta \quad \Rightarrow$

$\hat{\Theta}$ ist eine erwartungstreue

Schätzfunktion für Θ

$E(\hat{\Theta}) = E(\tilde{\Theta}) = \Theta$

$Var(\hat{\Theta}) < Var(\tilde{\Theta})$

$\Rightarrow \hat{\Theta}$ ist relativ effizient zu $\tilde{\Theta}$

e) Ein-Stichproben-Test über p

1. Hypothesenformulierung

   H_0: $p = 0,20$, H_1: $p \neq 0,20$ (zweiseitiger Test)

2. Signifikanzniveau α ($\alpha = 0,01$)

3. Wahl und Berechnung der Prüfgröße

   n groß $(\rightarrow$ n$= 60 > \dfrac{9}{0,20 \cdot 0,80} = 56,25)$

   $\rightarrow$ Approximativer Binomialtest ($\rightarrow$ zentraler Grenzwertsatz)
   Prüfgröße:

   $$z_0 = \frac{\bar{p} - p_0}{\sqrt{\dfrac{p_0(1 - p_0)}{n}}} = \frac{0,25 - 0,20}{\sqrt{\dfrac{0,20 \cdot 0,80}{60}}} = \frac{0,05}{0,0516} = 0,9690$$

4. Kritischer Wert

   $\Psi(z_{0,995}) = 0,99 \quad \rightarrow \quad z_{0,995} = 2,5758$

   Die Ψ-Funktion gibt die symmetrische Intervallwahrscheinlichkeit an.

5. Testentscheidung

$$|z_0 = 0{,}9690| < (z_{0,995} = 2{,}5758) \Rightarrow H_0 \text{ annehmen}$$

Aufgabe 25

a) - beide DVDs (Multiplikationssatz für unabhängige Ereignisse)

DVDA: A-DVD intakt, DVDC: C-DVD intakt

$P(DVDA) = 1 - P(\overline{DVDA}) = 1 - 0{,}10 = 0{,}90$

$P(DVDC) = 1 - P(\overline{DVDC}) = 1 - 0{,}05 = 0{,}95$

$P(DVDA \cap DVDC) = P(DVDA) \cdot P(DVDC) = 0{,}90 \cdot 0{,}95 = 0{,}855$
$\uparrow$
unabh.

- Mindestens eine der beiden DVDs (allgemeiner Additionssatz)

$P(DVDA \cup DVDC) = P(DVDA) + P(DVDC) - P(DVDA \cap DVDC)$
$$= 0{,}90 + 0{,}95 - 0{,}855 = 0{,}995$$

b) Totale Wahrscheinlichkeit

DVD: DVD funktioniert, DVD| j: DVD, die mit Maschine j hergestellt worden ist, funktioniert (j = A, B, C).

$P(DVD) = P(DVD| A) \cdot P(A) + P(DVD| B)P(B) + P(DVD| C) \cdot P(C)$
$$= 0{,}90 \cdot 0{,}20 + 0{,}92 \cdot 0{,}50 + 0{,}95 \cdot 0{,}30 = 0{,}18 + 0{,}46 + 0{,}285 = 0{,}925$$

c) Bayessche Formel

$$P(A|\overline{DVD}) = \frac{P(\overline{DVD}|A) \cdot P(A)}{P(\overline{DVD})} \qquad \left[\begin{array}{l} P(\overline{DVD}) = 1 - P(DVD) \\ = 1 - 0{,}925 = 0{,}075 \\ \qquad \uparrow \\ \qquad \text{s.Teil b)} \end{array}\right.$$

$$= \frac{0{,}10 \cdot 0{,}20}{0{,}075} = \frac{0{,}20}{0{,}075} = \underline{0{,}267}$$

d) Auswahl x auf n

o.B.d.A., o.W. $\rightarrow$ Kombinationen o.W.: $K = \binom{n}{x}$

- ausschließlich 10 A-DVDs

$$K = \binom{20}{10} = \frac{20!}{10!\,10!} = \frac{20 \cdot 19 \cdot 18 \cdot 17 \cdot 16 \cdot 15 \cdot 14 \cdot 13 \cdot 12 \cdot 11}{10 \cdot 9 \cdot 8 \cdot 7 \cdot 6 \cdot 5 \cdot 4 \cdot 3 \cdot 2 \cdot 1}$$

$$= 19 \cdot 17 \cdot 2 \cdot 2 \cdot 13 \cdot 11 = \underline{184.756}$$

- 5 A-DVDs und 5 C-DVDs

$$\binom{20}{5} \cdot \binom{30}{5} = \frac{20!}{5!\,15!} \cdot \frac{30!}{5!\,25!} = \frac{20 \cdot 19 \cdot 18 \cdot 17 \cdot 16}{5 \cdot 4 \cdot 3 \cdot 2 \cdot 1} \cdot \frac{30 \cdot 29 \cdot 28 \cdot 27 \cdot 26}{5 \cdot 4 \cdot 3 \cdot 2 \cdot 1}$$

$$= 19 \cdot 3 \cdot 17 \cdot 16 \cdot 29 \cdot 7 \cdot 27 \cdot 26 = \underline{2.209.413.024}$$

e) Permutationen m.W.

3 Grp.: $n_1 = 20$, $n_2 = 50$, $n_3 = 30$

$$P_W = \frac{n!}{n_1!\,n_2!\,n_3!} = \frac{100!}{20!\,50!\,30!} = \underline{100 \cdot 99 \cdot 98 \cdot \ldots \cdot 51}$$

Aufgabe 26

a) Wahrscheinlichkeitsverteilung der Kosten

x	0	1	2	3	4
K(x)	$8 - \dfrac{6}{0+1} = 2$	$8 - \dfrac{6}{1+1} = 5$	$8 - \dfrac{6}{2+1} = 6$	$8 - \dfrac{6}{3+1} = 6,5$	$8 - \dfrac{6}{4+1} = 6,8$
f(x) = f[K(x)]	0,20	0,35	0,25	0,15	0,05

Stabdiagramm

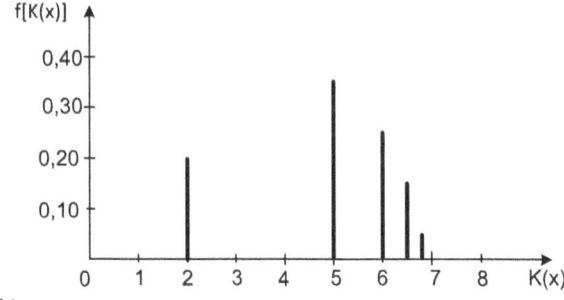

b)

$$F[K(x)] = \begin{cases} 0 \text{ für } K(x) < 2 \\ 0,20 \text{ für } 2 \le K(x) < 5 \\ 0,55 \text{ für } 5 \le K(x) < 6 \\ 0,80 \text{ für } 6 \le K(x) < 6,5 \\ 0,95 \text{ für } 6,5 \le K(x) < 6,8 \\ 1 \text{ für } K(x) \ge 6,8 \end{cases}$$

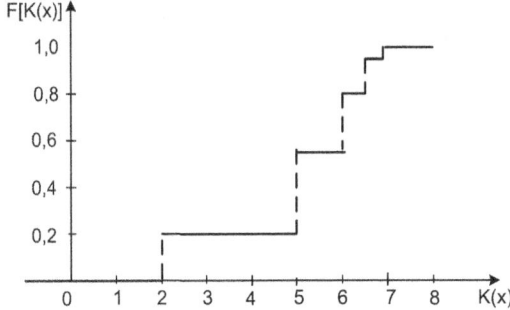

c) $\rightarrow$ Erwartungswert der Kosten

$$E[K(X)] = \sum_{x=0}^{4} K(x) \cdot f(x)$$

$$= 2 \cdot 0{,}20 + 5 \cdot 0{,}35 + 6 \cdot 0{,}25 + 6{,}5 \cdot 0{,}15 + 6{,}8 \cdot 0{,}05$$
$$= 0{,}40 + 1{,}25 + 1{,}50 + 0{,}975 + 0{,}34 = \underline{4{,}465}$$

d)

$$V[K(X)] = E[K(X)]^2 - \{E[K(X)]\}^2$$

$$E[K(X)]^2 = \sum_{x=0}^{4} [K(x)]^2 \cdot f(x)$$

$$= 2^2 \cdot 0{,}20 + 5^2 \cdot 0{,}35 + 6^2 \cdot 0{,}25 + 6{,}5^2 \cdot 0{,}15 + 6{,}8^2 \cdot 0{,}05$$

$$= 0{,}80 + 8{,}75 + 9 + 6{,}3375 + 2{,}312 = 27{,}1995$$

$$V[K(X)] = 27{,}1995 - 4{,}465^2 = 27{,}1995 - 19{,}9362 = 7{,}2633$$

$$\rightarrow \sigma_{K(x)} = \sqrt{V[K(X)]} = \sqrt{7{,}2633} = \underline{2{,}695}$$

$0{,}5\sigma$-Intervall um $E[K(X)]$:

$$[E[K(X)] - \frac{1}{2}\sigma_{K(x)}; \quad E[K(X)] + \frac{1}{2}\sigma_{k(x)}]$$

$$= [4{,}465 - \frac{1}{2} \cdot 2{,}695; \quad 4{,}465 + \frac{1}{2} \cdot 2{,}695]$$

$$= [4{,}465 - 1{,}3475; \quad 4{,}465 + 1{,}3475] = [3{,}1175; \quad 5{,}8125]$$

$P(K(X)$ außerhalb des $0{,}5\sigma$-Intervalls um $E[K(X)])$

$$= P[K(X) < 3{,}1175) + P[K(X) > 5{,}8125]$$

$$= P[K(X = 2)] + P[K(X) = 6] + P[K(X) = 6{,}5] + P[K(X) = 6{,}8]$$

$$= 0{,}20 + 0{,}25 + 0{,}15 + 0{,}05 = 0{,}65$$

Aufgabe 27

a) Binomialverteilung (n = 20, p = 0,06)

ZVX: Anzahl der Kranken

- genau 4

$$P(X = 4) = \binom{20}{4} 0,06^4 \cdot 0,94^{16} = \frac{20!}{4!\,16!} 0,06^4 \cdot 0,94^{16}$$

$$\frac{20 \cdot 19 \cdot 18 \cdot 17}{1 \cdot 2 \cdot 3 \cdot 4} 0,06^4 \cdot 0,94^{16} = 4845 \cdot 0,00001296 \cdot 0,371574 = 0,0233$$

- zwischen 2 und 4

$$P(2 \leq X \leq 4) = P(X = 2) + P(X = 3) + P(X = 4)$$

$$= \binom{20}{2} 0,06^2 \cdot 0,94^{18} + \binom{20}{3} 0,06^3 \cdot 0,94^{17} + 0,0233$$

$$= \frac{20!}{2!\,18!} 0,06^2 \cdot 0,94^{18} + \frac{20!}{3!\,17!} 0,06^3 \cdot 0,94^{17} + 0,0233$$

$$= \frac{20 \cdot 19}{1 \cdot 2} 0,06^2 \cdot 0,94^{18} + \frac{20 \cdot 19 \cdot 18}{1 \cdot 2 \cdot 3} 0,06^3 \cdot 0,94^{17} + 0,0233$$

$$= 190 \cdot 0,0036 \cdot 0,328323 + 1140 \cdot 0,000216 \cdot 0,3492798$$

$$= 0,2246 + 0,0860 + 0,0233 = \underline{0,3339}$$

b) Binomialverteilung (n = 20, p = 0,06)

$$P(X \leq 2) = P(X = 0) + P(X = 1) + P(X = 2)$$

$$= \binom{20}{0} 0,06^0 \cdot 0,94^{20} + \binom{20}{1} 0,06^1 \cdot 0,94^{19} + 0,2246$$

$$= 0,94^{20} + 20 \cdot 0,06 \cdot 0,30862366 + 0,2246 = 0,2901 + 0,3703 + 0,2246 = \underline{0,8850}$$

c) Prozentuale Streuung: $\dfrac{\sigma}{E(X)} \cdot 100\%$

$$E(X) = n \cdot p = 20 \cdot 0,06 = 1,2$$

$$Var(X) = n \cdot p \cdot (1 - p) = 20 \cdot 0,06 \cdot 0,94 = 1,128$$

$$\sigma = \sqrt{Var(X)} = \sqrt{1,128} = 1,062$$

$$\frac{\sigma}{E(X)} = \frac{1,062}{1,128} = 0,942 \rightarrow \text{prozentuale Streuung: } 94,2\,\%$$

d) Zentraler Grenzwertsatz von de Moivre und Laplace

Normalverteilung $[n = 400 > \dfrac{9}{0,06 \cdot 0,94} = 159,6]$

$\overline{P}$: Stichprobenanteilswert (Krankenstand in Stichprobe)

$E(\overline{P}) = p = 0,06$ und $Var(\overline{P}) = \dfrac{p(1-p)}{n} = \dfrac{0,06 \cdot 0,94}{400} = 0,000141$

$Z = \dfrac{\overline{P} - p}{\sqrt{n \cdot p \cdot (1-p)}} = \dfrac{\overline{P} - 0,06}{\sqrt{0,000141}} = \dfrac{\overline{P} - 0,06}{0,011874} \overset{a}{\sim} N(0,1)$

$P(0,05 \leq \overline{P} \leq 0,07) = \Phi\left(\dfrac{0,07 - 0,06}{0,011874}\right) - \Phi\left(\dfrac{0,05 - 0,06}{0,011874}\right)$

$= \Phi(0,84) - \Phi(-0,84) = 2 \cdot \Phi(0,84) - 1 = 2 \cdot 0,7995 - 1 = \underline{0,5990}$

e)

Normalverteilung mit $E(\overline{P}) = 0,06$ und $Var(\overline{P}) = 0,000141$ (wie in Teil d)
Zentrales Schwankungsintervall für $\overline{P}$:

$P(p - z_{0,995} \cdot \sqrt{\dfrac{p(1-p)}{n}} \leq \overline{P} \leq p + z_{0,995}\sqrt{\dfrac{p(1-p)}{n}}) = 0,90$

$\Psi(z_{0,90}) = 0,90 \quad \rightarrow \quad z_{0,90} = 1,6449$

$P(0,06 - 1,6449 \cdot \sqrt{0,000141} \leq \overline{P} \leq 0,06 + 1,6449 \cdot \sqrt{0,000141})$

$= P(0,06 - 0,0195 \leq \overline{P} \leq 0,06 + 0,0195) = P(0,0405 \leq \overline{P} \leq 0,0795) = 0,95$

Aufgabe 28

a) Erwartungstreuer Punktschätzer für σ^2:

$$S^2 \xrightarrow{\text{erwartungstreu}} \sigma^2 \qquad\qquad S^2 = \dfrac{1}{n-1}\sum_{i=1}^{n} X_i^2 - \dfrac{n}{n-1}\overline{X}^2$$

$$s^2 = \dfrac{1}{24} 3654 - \dfrac{25}{24} 12^2 = \underset{=150}{152,25 - 25 \cdot 6} = 2,25 \qquad \overline{x} = \dfrac{1}{n}\sum_{i=1}^{n} x_i = \dfrac{1}{25} 300 = 12$$

Interpretation: Ein erwartungstreuer Schätzer schätzt den unbekannten Parameter der GG im Mittel korrekt. Der Erwartungswert der Schätzfunktion stimmt mit dem unbekannten Parameter überein.

Verschiebungssatz für erwartungstreuen Varianzschätzer S^2

$$S^2 = \frac{1}{n-1}\sum_{i=1}^{n}(X_i - \overline{X})^2 = \frac{1}{n-1}\sum(X_i^2 - 2X_i\overline{X} + \overline{X}^2)$$

$$= \frac{1}{n-1}\sum X_i^2 - \frac{1}{n-1}2\overline{X}\sum X_i + \frac{1}{n-1}\sum\overline{X}^2$$

$$= \frac{1}{n-1}\sum X_i^2 - \frac{2n}{n-1}\overline{X}\frac{1}{n}\sum X_i + \frac{1}{n-1}n\overline{X}^2 = \frac{1}{n-1}\sum X_i^2 - \frac{2n}{n-1}\overline{X}^2 + \frac{n}{n-1}\overline{X}^2$$

$$= \frac{1}{n-1}\sum X_i^2 - \frac{2n-n}{n-1}\overline{X}^2 = \frac{1}{n-1}\sum X_i^2 - \frac{n}{n-1}\overline{X}^2$$

b) Tschebyscheffsche Ungleichung

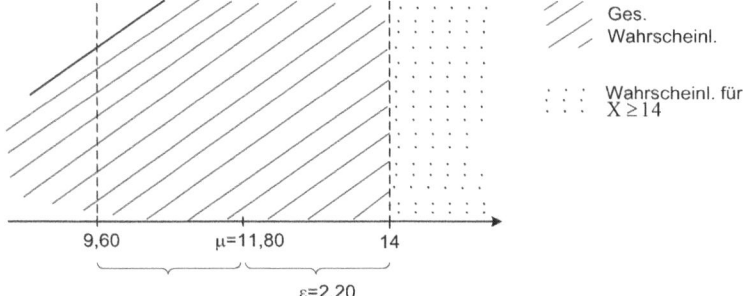

Wahrscheinlichkeit für $X \geq 14$:

$$\frac{1}{2}\cdot P[|X-(\mu=11{,}80)| \geq (\varepsilon=2{,}20)] \leq \frac{1}{2}\cdot\frac{\sigma^2}{\varepsilon^2} \underset{\uparrow}{=} \frac{1}{2}\cdot\frac{2{,}25}{2{,}2^2} = \frac{1}{2}\cdot\frac{2{,}25}{4{,}84} = 0{,}2324$$

$$\text{Punktschätzer } S^2 \text{ für } \sigma^2$$

Gesuchte Wahrscheinlichk. (Komplementärwahrscheinlichkeit): 1 - 0,2324 = 0,7676

c)

$$P(X \leq 14) = \Phi\left(\frac{14-11{,}80}{\sqrt{2{,}25}}\right) - \Phi\left(\frac{2{,}20}{2{,}5}\right) = \Phi(1{,}4667) = \underline{0{,}9288}$$

$$\uparrow s$$

$$\Phi(1{,}47) = 0{,}9292$$
$$\Phi(1{,}46) = \underline{0{,}9279}$$
$$\overline{\hspace{1.5cm}13}$$

$$13\cdot\frac{67}{100} = 8{,}71 \approx 9$$

$$\Phi(1{,}4667) = 0{,}9279 + 0{,}0009 = 0{,}9288$$

d) Konfidenzintervall für μ

   1. Konfidenzniveau

     $1 - \alpha = 0{,}99$

2. Wahl des Konfidenzintervalls

Varianz σ^2 der GG unbekannt, n klein (n = 25 < 60)

$\rightarrow$ t-verteiltes Konfidenzintervall für μ

$$P(\overline{X} - t_{24;0,995} \cdot \frac{S}{\sqrt{n}} \leq \mu \leq \overline{X} + t_{24;0,995} \cdot \frac{S}{\sqrt{n}}) = 0,99$$

3. $(1 - \alpha/2)$-Quantil

$t_{24;\,0,995} = 2,80$

4. Konkretes 99%-Konfidenzintervall für μ:

$\overline{x} = 12, s^2 = 2,25$ (s. Teil a))

$\rightarrow s = \sqrt{2,25} = 1,5$

$$[\overline{x} - t_{24;0,995} \cdot \frac{s}{\sqrt{n}}; \quad \overline{x} + t_{24;0,995} \cdot \frac{s}{\sqrt{n}}]$$

$$= [12 - 2,80 \cdot \frac{1,5}{\sqrt{25}}; \quad 12 + 2,80 \cdot \frac{1,5}{\sqrt{25}}] = [12 - 0,84; \quad 12 + 0,84] = [11,16; \quad 12,84]$$

e) Vorgegebene Fehlermarge: $e = \frac{1}{2}L = 0,6$

Notwendiger Stichprobenumfang:

$$n = \frac{t_{24;995} \cdot s^2}{e^2} = \frac{2,80^2 \cdot 2,25}{0,6^2} = \frac{17,64}{0,36} = \underline{49}$$

Hier muss mit dem 99,5%-Quantil einer t-Verteilung gearbeitet werden (anstelle von $z_{0,995}$). Der notwendige Stichprobenumfang müsste hier iterativ bestimmt werden, da sich das relative Quantil der t-Verteilung bei unterschiedlichem Stichprobenumfang ändert. n = 49 ist der notwendige Stichprobenumfang der 1. Iteration.

Aufgabe 29

a) $\rightarrow$ totale Wahrscheinlichkeit

$$P(B) = P(B|A_1) \cdot P(A_1) + P(B|A_2) \cdot P(A_2) + P(B|A_3) \cdot P(A_3)$$

$$= 0,03 \cdot 0,5 + 0,04 \cdot 0,3 + 0,05 \cdot 0,2$$

$$= 0,015 + 0,012 + 0,010 = \underline{0,037}$$

b) → Bayessche Formel

$$P(A_1|B) = \frac{P(B|A_1) \cdot P(A_1)}{P(B)} = \frac{0,03 \cdot 0,5}{0,037} = \frac{0,015}{0,037} = \underline{0,405}$$

$$P(A_2|B) = \frac{P(B|A_2) \cdot P(A_2)}{P(B)} = \frac{0,04 \cdot 0,3}{0,037} = \frac{0,012}{0,037} \approx \underline{0,324}$$

$$P(A_3|B) = \frac{P(B|A_3) \cdot P(A_3)}{P(B)} = \frac{0,05 \cdot 0,2}{0,037} = \frac{0,010}{0,037} = \underline{0,270}$$

c) Konstante Wahrscheinlichkeit für defektes Teil: $P(B) = 0,037$ (siehe Teil a))

→ Binomialverteilung ($n = 20$, $p = 0,037$)

$$P(X = 2) = \binom{20}{2} 0,037^2 \cdot 0,963^{18} = \frac{20 \cdot 19}{1 \cdot 2} 0,0014 \cdot 0,5073 = \underline{0,1349}$$

$$P(X \leq 2) = P(X = 0) + P(X = 1) + P(X = 2)$$

$$= \binom{20}{0} 0,037^0 \cdot 0,963^{20} + \binom{20}{1} 0,037^1 \cdot 0,963^{11} + 0,1349$$
$$\underset{\text{s.o.}}{\uparrow}$$

$$= 0,4705 + 20 \cdot 0,037 \cdot 0,4885 + 0,1349 \approx \underline{0,9969}$$

d) → Geometrische Verteilung ($p = 0,037$)

- frühestens beim 5ten Teil $\hat{=} x = 4,5,6,...$

$$P(X \geq 4) = 1 - P(X \leq 3) = 1 - [1 - (1-p)^{x+1}]$$
$$= 1 - (1 - 0,963^4) = 0,963^4 = \underline{0,8600}$$

- $P(X \leq 7) = 1 - (1-p)^{x+1} = 1 - 0,963^8 = 1 - 0,7396 = \underline{0,2604}$

Aufgabe 30

a) Zufallsvariable X: Auszahlungsbetrag

X=0 (3 x Kopf): $P(X = 0) = 0,5^3 = 0,125$

X=1 (1 der beiden 1-Euro-Münzen Zahl, 2-Euro-Münze Kopf):

$$P(X = 1) = \binom{2}{1} \cdot 0,5^2 \cdot 0,5 = 2 \cdot 0,125 = 0,250$$

X = 2 (beide 1-Euro-Münzen Zahl, 2-Euro-Münze Kopf oder beide 1-Euro-Münzen Kopf, 2-Euro-Münze Zahl): $P(X = 2) = 0,5^2 \cdot 0,5 + 0,5^2 \cdot 0,5 = 2 \cdot 0,125 = 0,250$

X = 3 (eine der beiden 1-Euro-Münzen Zahl, 2-Euro-Münze Zahl):

$$P(X = 3) = \binom{2}{1} \cdot 0,5^2 \cdot 0,5 = 2 \cdot 0,125 = 0,250$$

X = 4 (3x Zahl): $P(X = 4) = 0,5^3 = 0,125$

Wahrscheinlichkeitsfunktion:

$$f(x) = \begin{cases} 0,125 \text{ für } x = 0 \\ 0,250 \text{ für } x = 1 \\ 0,250 \text{ für } x = 2 \\ 0,250 \text{ für } x = 3 \\ 0,125 \text{ für } x = 4 \\ 0 \text{ sonst} \end{cases}$$

b) $\rightarrow$ Erwartungswert der Auszahlung $\triangleq$ gerade noch lohnender Einsatz

$$E(X) = \sum_{x=0}^{4} x \cdot f(x) = 0 \cdot 0,125 + 1 \cdot 0,25 + 2 \cdot 0,25 + 3 \cdot 0,25 + 4 \cdot 0,125$$
$$= 0 + 0,250 + 0,500 + 0,750 + 0,500 = 2$$

c) $V(X) = E(X^2) - [E(X)]^2 = \sum_{x=0}^{4} x^2 \cdot f(x) - \underset{\underset{\text{s.Teil b)}}{\uparrow}}{2^2}$

$$= 0^2 \cdot 0,125 + 1^2 \cdot 0,25 + 2^2 \cdot 0,25 + 3^2 \cdot 0,25 + 4^2 \cdot 0,125 - 4 = 1,5$$

$$\sigma = \sqrt{V(X)} = \sqrt{1,5} = 1,22$$

$$P(X \leq \mu + \sigma) = P(X \leq 2 + 1,22) = P(X \leq 3,22)$$

$$= P(X = 0) + P(X = 1) + P(X = 2) + P(X = 3) = 0,125 + 0,25 + 0,25 + 0,25 = \underline{0,875}$$

d) Konfidenzintervall für μ

   1. Konfidenzniveau

     $1 - \alpha = 0,90$

   2. Wahl des Konfidenzintervalls

- Varianz σ^2 unbekannt,

- n=49 > 30 (großer Stichprobenumfang)

→ normalverteiltes Konfidenzintervall
   (Zentraler Grenzwertsatz von Lindeberg und Levy)

3. $(1-\alpha/2)$-Quantil

$$\Psi(z_{0,90}) = 0,90 \quad \rightarrow \quad z_{0,90} = 1,6449$$

4. Konkretes 90%-Konfidenzintervall

mit $\overline{x} = 1,70; s = 1,80$

$$\left[\overline{x} - z_{0,95} \cdot \frac{s}{\sqrt{n}}; \quad \overline{x} + z_{0,95} \cdot \frac{s}{\sqrt{n}} \right]$$

$$= \left[1,70 - 1,6449 \cdot \frac{1,80}{\sqrt{49}}; \quad 1,70 + 1,6449 \cdot \frac{1,80}{\sqrt{49}} \right]$$

$$= [1,70 - 0,42; \quad 1,70 + 0,42] = [1,28; \quad 2,12]$$

Der Erwartungswert der Auszahlung von 2 Euro ist in dem 90%-Konfidenzintervall enthalten.

Aufgabe 31

a) für x > 0: $F(x) = P(X \le x) = \int\limits_0^x 0,01 \cdot e^{-0,01 \cdot u} \cdot du$

$$= 0,01 \cdot \int\limits_0^x e^{-0,01 \cdot u} \cdot du = 0,01 \cdot \frac{1}{-0,01} e^{-0,01 \cdot u} \Big|_0^x$$

$$= -e^{-0,01 \cdot u} \Big|_0^x = -e^{-0,01 \cdot x} - (-e^{0,01 \cdot 0}) = 1 - e^{-0,01 \cdot x}$$

Verteilungsfunktion:

$$F(x) = \begin{cases} 0 & \text{für } x \le 0 \\ 1 - e^{-0,01 \cdot x} & \text{für } x > 0 \end{cases}$$

b)

- $P(X \le 90) = F(90) = 1 - e^{-0,01 \cdot 90} = 1 - e^{-0,9}$
  $= 1 - 0,4066 = \underline{0,5934}$

- $P(X \ge 120) = 1 - P(X < 120) = 1 - (1 - e^{-0,01 \cdot 120})$
  $= e^{-0,01 \cdot 120} = e^{-1,2} = \underline{0,3012}$

oder

- $P(X \leq 90) = \int\limits_{0}^{90} 0{,}01 \cdot e^{-0{,}01 \cdot x} \cdot dx = 0{,}01 \int\limits_{0}^{90} e^{-0{,}01 \cdot x} \cdot dx$

$$= 0{,}01 \cdot \frac{1}{-0{,}01} e^{-0{,}01 \cdot x} \Big|_{0}^{90} = -e^{-0{,}01 \cdot x} \Big|_{0}^{90}$$

$$= -e^{-0{,}01 \cdot 90} - (-e^{-0{,}01 \cdot 0}) = 1 - e^{-0{,}9} = 1 - 0{,}4066 = \underline{0{,}5934}$$

- $P(X \geq 120) = 1 - P(X < 120) = 1 - \int\limits_{0}^{120} 0{,}01 \cdot e^{-0{,}01 \cdot x} dx$

$$= 1 - 0{,}01 \int\limits_{0}^{120} e^{-0{,}01 \cdot x} dx = 1 - \left[0{,}01 \cdot \frac{1}{-0{,}01} e^{-0{,}01 \cdot x} \Big|_{0}^{120} \right]$$

$$= 1 - (-e^{-0{,}01 \cdot x} \Big|_{0}^{120}) = 1 - \left[-e^{-0{,}01 \cdot 120} - (-e^{0{,}01 \cdot 0}) \right]$$

$$= 1 - (1 - e^{-1{,}2}) = e^{-1{,}2} = \underline{0{,}3012}$$

c) Erwartungswert von X

$$E(X) = \int\limits_{0}^{\infty} x \cdot 0{,}01 \cdot e^{-0{,}01 \cdot x} \cdot dx = 0{,}01 \cdot \int\limits_{0}^{\infty} x \cdot e^{-0{,}01 \cdot x} \cdot dx$$

$$\left[\begin{array}{l} \text{Partielle Integration}: \int u(x) \cdot v'(x) \cdot dx = u(x) \cdot v(x) - \int u'(x) \cdot v(x) \cdot dx \\[2mm] u(x) = x \rightarrow u'(x) = 1, \quad v'(x) = e^{-0{,}01 \cdot x} \rightarrow v(x) = \frac{1}{-0{,}01} e^{-0{,}01 \cdot x} \end{array} \right]$$

$$= 0{,}01 \cdot \left[x \cdot \frac{1}{-0{,}01} e^{-0{,}01 \cdot x} \Big|_{0}^{\infty} - \int\limits_{0}^{\infty} 1 \cdot \frac{1}{-0{,}01} e^{-0{,}01 \cdot x} \cdot dx \right]$$

$$= -x \cdot e^{-0{,}01 \cdot x} \Big|_{0}^{\infty} + \int\limits_{0}^{\infty} e^{-0{,}01 \cdot x} dx$$

$$= -x \cdot e^{-0{,}01 \cdot x} \Big|_{0}^{\infty} + \frac{1}{-0{,}01} e^{-0{,}01 \cdot x} \Big|_{0}^{\infty}$$

$$= \lim_{x \to \infty} -\frac{x}{e^{0{,}01 \cdot x}} - \frac{1}{0{,}01} \left(\lim_{x \to \infty} e^{-0{,}01 \cdot x} - e^{-0{,}01 \cdot 0} \right)$$

$$\left[\text{Re gel von l'Hôpital}: \lim_{x \to \infty} \frac{x}{e^{0{,}01 \cdot x}} = \lim_{x \to \infty} \frac{x'}{(e^{0{,}01 \cdot x})'} = \lim_{x \to \infty} \frac{1}{0{,}01 \cdot e^{0{,}01 \cdot x}} = 0 \right]$$

$$= 0 - \frac{1}{0{,}01} (0 - 1) = \frac{1}{0{,}01} = \underline{100}$$

d) Auswahl von k = 4 aus n = 20

    - ohne Berücksichtigung der Anordnung, - ohne Wiederholung

    $\rightarrow$ Kombinationen ohne Wiederholung

$$K_{4,20} = \binom{n = 20}{k = 4} = \frac{20 \cdot 19 \cdot 18 \cdot 17}{1 \cdot 2 \cdot 3 \cdot 4} = 5 \cdot 19 \cdot 3 \cdot 17 = \underline{4845}$$

Aufgabe 32

a) Erwartungstreuer Punktschätzer für σ^2:

$$S^2 \xrightarrow{\text{erwartungstreu}} \sigma^2 \qquad S^2 = \frac{1}{n-1} \sum_{i=1}^{n} \left(X_i - \overline{X}\right)^2$$

$$\overline{x} = \frac{1}{n} \sum_{i=1}^{n=8} x_i = \frac{1}{8}(19{,}7 + 19{,}5 + 19{,}8 + 20{,}2 + 19{,}4 + 19{,}5 + 20{,}2 + 20{,}1) = 19{,}8$$

$$s^2 = \frac{1}{n-1} \sum_{i=1}^{n} (x_i - \overline{x})^2 = \frac{1}{7}[(19{,}7 - 19{,}8)^2 + (19{,}5 - 19{,}8)^2 + (19{,}8 - 19{,}8)^2$$
$$+ (20{,}2 - 19{,}8)^2 + (19{,}4 - 19{,}8)^2 + (19{,}5 - 19{,}8)^2 + (20{,}2 - 19{,}8)^2 + (20{,}1 - 19{,}8)^2]$$

$$= \frac{1}{7}[(-0{,}1)^2 + (-0{,}3)^2 + 0^2 + 0{,}4^2 + (-0{,}4)^2 + (-0{,}3)^2 + 0{,}4^2 + 0{,}3^2]$$

$$= \frac{1}{7}(0{,}01 + 0{,}09 + 0 + 0{,}16 + 0{,}16 + 0{,}09 + 0{,}16 + 0{,}09) = \frac{1}{7} \cdot 0{,}76 = \underline{0{,}11}\left[g^2\right]$$

b)

-    $P(X > 19{,}5) = 1 - P(X \le 19{,}5) = 1 - P\left(Z \le \dfrac{19{,}5 - 20}{\sqrt{0{,}11}}\right)$

    $= 1 - \Phi(-1{,}5076) = 1 - [1 - \Phi(1{,}5076)] = \Phi(1{,}5076)$

    $\Phi(1{,}50) = 0{,}9332$

    $\Phi(1{,}51) = \underline{0{,}9345}$

$$13 \cdot \frac{76}{100} = 9{,}88 \approx 10$$

    $\Phi(1{,}5076) = \Phi(1{,}50) + 0{,}0010 = 0{,}9332 + 0{,}0010 = \underline{0{,}9342}$

-    $P(19{,}6 \le X \le 20{,}4) = \Phi\left(\dfrac{20{,}4 - 20}{\sqrt{11}} = 1{,}21\right) - \Phi\left(\dfrac{19{,}6 - 20}{\sqrt{11}} = -1{,}21\right)$

    $\Phi(1{,}21) - [1 - \Phi(1{,}21)] = 2 \cdot \Phi(1{,}21) - 1 = 2 \cdot 0{,}8869 - 1 = \underline{0{,}7738}$

c) Tschebyscheffsche Ungleichung (mit $s^2 \rightarrow \sigma^2$)

$$P\left(\left|X - \mu = 20\right| < (\varepsilon = 0,4)\right) \geq 1 - \frac{s^2}{\varepsilon^2} = 1 - \frac{0,11}{0,4^2}$$

$$= 1 - \frac{0,11}{0,16} = 1 - 0,6875 = \underline{\underline{0,3125}}$$

d) Ein-Stichproben-Test über μ

   1. Hypothesenformulierung

      H_0: $\mu = 20$ (= μ_0), H_1: $\mu < 20$ (linkss. Test)

   2. Signifikanzniveau: $\alpha = 0,01$

   3. Wahl und Berechnung der Prüfgröße

      Grundgesamtheit normalverteilt, Varianz σ^2 unbekannt, kleiner Stichproben-umfang ($n = 8 < 30$) $\rightarrow$ einfacher t-Test

      Prüfgröße: $t = \dfrac{\overline{x} - \mu_0}{s/\sqrt{n}} = \dfrac{19,8 - 20}{\sqrt{0,11}/\sqrt{8}} = \dfrac{-0,2}{0,1173} = -1,705$

   4. Kritischer Wert (linksseitiger Test)
      $T_{7;0,99} = 2,998$
      $t_{7;0,01} = -t_{7;0,99} = -2,998$

   5. Testentscheidung:

      ($t = -1,705$) > ($-t_{7;0,99} = -2,998$) $\Rightarrow$ H_0 annehmen.

      Da die Abweichung des Stichprobenmittelwerts $\overline{x} = 19,8$ vom behaupteten Mittelwert der Grundgesamtheit $\mu_0 = 20$ noch durch den Stichprobenfehler zu erklären ist, lässt sich die Herstellerangabe angesichts der vorliegenden Stichprobe nicht widerlegen.

Aufgabe 33

a) $\rightarrow$ Totale Wahrscheinlichkeit des Ereignisses E (Einstellung)

Venn-Diagramm

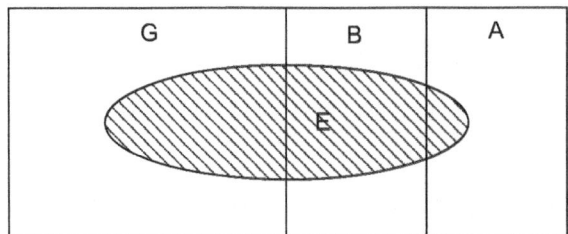

$$P(E) = P(E|G) \cdot P(G) + P(E|B) \cdot P(B) + P(E|A) \cdot P(A)$$

$$= 0{,}6 \cdot \frac{6}{12} + 0{,}2 \cdot \frac{3}{12} + 0{,}1 \cdot \frac{3}{12} = 0{,}6 \cdot 0{,}5 + 0{,}2 \cdot 0{,}25 + 0{,}1 \cdot 0{,}25 = \underline{0{,}375}$$

b) → Bayessche Formel

$$P(A|E) = \frac{P(E|A) \cdot P(A)}{P(E)} = \frac{0{,}1 \cdot 0{,}25}{0{,}375} = \frac{0{,}025}{0{,}375} = 0{,}067 \ (\hat{=} 6{,}7\ \%)$$

c) → Binominalverteilung (n = 8, p = 0,6)

- genau 4

$$P(X = 4) = \binom{8}{4} 0{,}6^4 (1 - 0{,}6)^{8-4}$$

$$= \frac{8!}{4!\,4!} 0{,}6^4 \cdot 0{,}4^4 = \frac{8 \cdot 7 \cdot 6 \cdot 5}{1 \cdot 2 \cdot 3 \cdot 4} 0{,}6^4 \cdot 0{,}4^4 = 70 \cdot 0{,}1296 \cdot 0{,}0256 = \underline{0{,}232}$$

- höchstens 2

$$P(X \le 2) = P(X = 0) + P(X = 1) + P(X = 2)$$

$$= \binom{8}{0} 0{,}6^0 \cdot 0{,}4^8 + \binom{8}{1} 0{,}6^1 \cdot 0{,}4^7 + \binom{8}{2} 0{,}6^2 \cdot 0{,}4^6$$

$$= 0{,}4^8 + 8 \cdot 0{,}6 \cdot 0{,}001638 + \frac{8 \cdot 7}{1 \cdot 2} \cdot 0{,}36 \cdot 0{,}004096$$

$$= 0{,}000655 + 0{,}007862 + 0{,}041288 = \underline{0{,}050}$$

d) → Geometrische Verteilung (p = 0,25)

Zufallsvariable X: Anz. der berufstätigen Bewerber

- genau 8 berufstätige Bewerber
  $$P(X = 8) = 0{,}75^8 \cdot 0{,}25 = \underline{0{,}0250}$$

- höchstens sechs berufstätige Bewerber ($\hat{=}$ 0, 1, 2, ..., 6 berufstätige Bewerber)
  $$P(X \le 6) = 1 - (1 - p)^{x+1} = 1 - 0{,}75^7 = 1 - 0{,}1335 = \underline{0{,}8665}$$

e) → Erwartungswert der geometrischen Verteilung (p = 0,25)

Zufallsvariable X: Anz. der berufstätigen Bewerber

$$E(X) = \frac{1 - p}{p} = \frac{0{,}75}{0{,}25} = 3$$

Im Mittel wird sich ein Arbeitsloser nach 3 berufstätigen Bewerbern bei dem Sicherheitsunternehmen bewerben.

Aufgabe 34

a) Forderung 1: $\int_{-\infty}^{\infty} f(x)dx = 1$

$$\int_{-\infty}^{\infty} f(x) \cdot dx = \int_0^4 (\frac{1}{2} + c \cdot x)dx = \frac{1}{2}x + c\frac{x^2}{2}\Big|_0^4$$

$$= \frac{1}{2} \cdot 4 + c\frac{4^2}{2} = 2 + 8c \overset{!}{=} 1$$

$$8c = -1 \Leftrightarrow c = -\frac{1}{8}$$

Forderung 2: $f(x) \geq 0$ für alle x

Funktionswerte an Rändern:

$$x = 0: \ f(0) = \frac{1}{2} - \frac{1}{8}(x = 0) = \frac{1}{2}$$

$$x = 4: \ f(4) = \frac{1}{2} - \frac{1}{8}(x = 4) = \frac{1}{2} - \frac{1}{2} = 0$$

Da f(x) linear im Intervall [0; 4] ist, sind alle Funktionswerte in diesem Intervall nicht negativ. Außerhalb des Intervalls [0; 4] ist f(x) gleich 0.

→ Die Forderungen 1 und 2 sind damit erfüllt, d.h. f(x) kann mit c $= -\frac{1}{8}$ eine Dichtefunktion sein.

b)

• $P(2 \leq x \leq 6) = \int_2^6 f(x) \, dx = \int_2^4 (\frac{1}{2} - \frac{1}{8}x) \, dx$

$$= \frac{1}{2}x - \frac{1}{8} \cdot \frac{x^2}{2}\Big|_2^4 = \left(\frac{1}{2} \cdot 4 - \frac{1}{8} \cdot \frac{4^2}{2}\right) - \left(\frac{1}{2} \cdot 2 - \frac{1}{8} \cdot \frac{2^2}{2}\right)$$

$$= (2 - 1) - (1 - \frac{1}{4}) = 1 - \frac{3}{4} = \frac{1}{4} = 0{,}25$$

• $P(X > 3) = \int_3^4 \left(\frac{1}{2} - \frac{1}{8}x\right) dx = \frac{1}{2}x - \frac{1}{8} \cdot \frac{x^2}{2}\Big|_3^4$

$$= \left(\frac{1}{2} \cdot 4 - \frac{1}{8} \cdot \frac{4^2}{2}\right) - \left(\frac{1}{2} \cdot 3 - \frac{1}{8} \cdot \frac{3^2}{2}\right) = (2 - 1) - \left(1{,}5 - \frac{9}{16}\right)$$

$$= 1 - \frac{24 - 9}{16} = 1 - \frac{15}{16} = \frac{1}{16} = 0{,}0625$$

c) $E(X) = \int\limits_{-\infty}^{\infty} x \cdot f(x) \cdot dx = \int\limits_{0}^{4} x \left(\frac{1}{2} - \frac{1}{8} x \right) dx$

$\quad = \int\limits_{0}^{4} \left(\frac{1}{2} x - \frac{1}{8} x^2 \right) dx = \frac{1}{2} \cdot \frac{x^2}{2} - \frac{1}{8} \cdot \frac{x^3}{3} \Big|_0^4$

$\quad = \frac{1}{2} \cdot \frac{4^2}{2} - \frac{1}{8} \cdot \frac{4^3}{3} = 4 - \frac{8}{3} = 4 - 2\frac{2}{3} = 1\underline{\frac{1}{3}}$

d) $V(X) = E(X^2) - [E(X)]^2 = \frac{8}{3} - \left(\frac{4}{3} \right)^2 = \frac{8}{3} - \frac{16}{9} = \frac{24 - 16}{9} = \frac{8}{9}$

$\quad E(X^2) = \int\limits_{0}^{4} x^2 \left(\frac{1}{2} - \frac{1}{8} x \right) dx = \int\limits_{0}^{4} \left(\frac{1}{2} x^2 - \frac{1}{8} x^3 \right) dx$

$\quad \frac{1}{2} \cdot \frac{x^3}{3} - \frac{1}{8} \cdot \frac{x^4}{4} \Big|_0^4 = \frac{1}{2} \cdot \frac{4^3}{3} - \frac{1}{8} \cdot \frac{4^4}{4}$

$\quad = \frac{32}{3} - 8 = 10\frac{2}{3} - 8 = 2\frac{2}{3}$

$\quad \sigma = \sqrt{V(X)} = \sqrt{\frac{8}{9}} = 0{,}943$

$\quad P(\mu \leq X \leq \sigma) = P(1{,}333 \leq X \leq 1{,}333 + 0{,}943) = P(1{,}333 \leq X \leq 2{,}276)$

$\quad = \int\limits_{1,333}^{2,276} \left(\frac{1}{2} - \frac{1}{8} x \right) dx = \frac{1}{2} x - \frac{1}{8} \cdot \frac{x^2}{2} \Big|_{1,333}^{2,276}$

$\quad = \left(\frac{1}{2} \cdot 2{,}276 - \frac{1}{8} \cdot \frac{2{,}276^2}{2} \right) - \left(\frac{1}{2} \cdot 1{,}333 - \frac{1}{8} \cdot \frac{1{,}333^2}{2} \right)$

$\quad = (1{,}138 - 0{,}324) - (0{,}667 - 0{,}111)$

$\quad = 0{,}814 - 0{,}556 = \underline{0{,}258}$

Aufgabe 35

a) $\rightarrow$ Erwartungstreue

$\quad E(\hat{\mu}_1) = E\left(\frac{1}{3} X_1 + \frac{1}{3} X_3 + \frac{1}{3} X_5 \right)$

$\quad\quad = \frac{1}{3} E(X_1) + \frac{1}{3} E(X_3) + \frac{1}{3} E(X_5) = \frac{1}{3} \mu + \frac{1}{3} \mu + \frac{1}{3} \mu = \underline{\mu}$

$$E(\hat{\mu}_2) = E\left[\frac{1}{5}(2 \cdot X_2 + X_3 + 2 \cdot X_4)\right]$$

$$= \frac{1}{5}[2E(X_2) + E(X_3) + 2 \cdot E(X_4)]$$

$$= \frac{1}{5}(2\mu + \mu + 2\mu) = \frac{1}{5} \cdot 5\mu = \mu$$

Bei Schätzfunktionen $\hat{\mu}_1$ und $\hat{\mu}_2$ sind erwartungstreue Schätzer für μ.

b) $\rightarrow$ Relative Effizienz

$$V(\hat{\mu}_1) = V\left(\frac{1}{3}X_1 + \frac{1}{3}X_3 + \frac{1}{3}X_5\right)$$

$$= \left(\frac{1}{3}\right)^2 V(X_1) + \left(\frac{1}{3}\right)^2 V(X_3) + \left(\frac{1}{3}\right)^2 V(X_5)$$

$\uparrow$
unabh.

$$= \frac{1}{9}\sigma^2 + \frac{1}{9}\sigma^2 + \frac{1}{9}\sigma^2 = \frac{3}{9}\sigma^2 = \frac{1}{3}\sigma^2 = 0{,}3333 \cdot \sigma^2$$

$$V(\hat{\mu}_2) = V\left[\frac{1}{5}(2X_2 + X_3 + 2X_4)\right]$$

$$= \left(\frac{1}{5}\right)^2 V(2X_2 + X_3 + 2X_4)$$

$$= \frac{1}{25}\left[2^2 V(X_2) + V(X_3) + 2^2 V(X_4)\right]$$

$$= \frac{1}{25}(4\sigma^2 + \sigma^2 + 4\sigma^2) = \frac{9}{25}\sigma^2 = 0{,}36 \cdot \sigma^2$$

$V(\hat{\mu}_1) = 0{,}333 < V(\hat{\mu}_2) = 0{,}36 \quad \Rightarrow \quad \hat{\mu}_1$ ist relativ effizient zu $\hat{\mu}_2$

Relative Effizienz bezieht sich auf die Genauigkeit (Präzision) zweier Schätzfunktionen. Da $\hat{\mu}_1$ relativ effizient zu $\hat{\mu}_2$ ist, wird der durchschnittliche Verbrauch mit $\hat{\mu}_1$ im Mittel präziser geschätzt als mit $\hat{\mu}_2$.

c) Konfidenzintervall für μ

1. Konfidenzniveau

$1-\alpha$ 0,95

2. 95%-Konfidenzintervall für μ

   - σ^2 unbekannt; - GG normalverteilt; n = 5 < 30 (kleine Stichprobe)

   $\rightarrow$ t-verteiltes Konfidenzintervall

$$P(\overline{X} - t_{4;0,975} \cdot \frac{S}{\sqrt{n}} \leq \mu \leq \overline{X} + t_{4;0,975} \cdot \frac{S}{\sqrt{n}}) = 0,95$$

3. Quantil $t_{n-1;1-\alpha/2}$

   $t_{4;\,0,975} = 2,78$

4. Konkretes 95%-Konfidenzintervall für μ:

$$\overline{x} = \frac{1}{5}\sum_{i=1}^{5} x_i = \frac{1}{5}(7 + 8 + 12 + 10 + 13) = \frac{1}{5} \cdot 50 = 10$$

$$s^2 = \frac{1}{4}\sum_{i=1}^{5}(x_i - \overline{x})^2 = \frac{1}{4}\left[(7-10)^2 + (8-10)^2 + (12-10)^2 + (10-10)^2 + (13-10)^2\right]$$

$$= \frac{1}{4}(9 + 4 + 4 + 0 + 9) = \frac{1}{4} \cdot 26 = 6,5 \quad \rightarrow s = \sqrt{6,5} = 2,55$$

$$\left[\overline{x} - t_{4;0,975} \cdot \frac{s}{\sqrt{n}}; \overline{x} + t_{4;0,975} \cdot \frac{s}{\sqrt{n}}\right] = \left[10 - 2,78 \cdot \frac{2,55}{\sqrt{5}}; 10 + 2,78 \cdot \frac{2,55}{\sqrt{5}}\right]$$

$$= \left[10 - 3,17; 10 + 3,17\right] = \left[6,83; 13,17\right]$$

d) $\rightarrow$ Varianz $V(\underset{\underset{\text{Gesamtverbrauch}}{\uparrow}}{X + Y})$ bei Abhängigkeit

$$V(X+Y) = V(X)+V(Y)+2 \cdot Cov(X,Y) = 5 + 5 + 2 \cdot 2,5 = 15$$

$$Corr(X,Y) = \frac{Cov(X,Y)}{\sqrt{V(X) \cdot V(Y)}}$$

$$Cov(X,Y) = Corr(X,Y) \cdot \sqrt{V(X) \cdot V(Y)} = 0,5 \cdot \sqrt{5 \cdot 5} = 0,5 \cdot 5 = 2,5$$

Aufgabe 36

a) Ein-Stichproben-Test über μ

   1. Signifikanzniveau

      $\alpha = 0,01$

   2. Hypothesenformulierung:

      $H_0: \mu = 5$, $H_1: \mu > 5$ (rechtsseitiger Test)

3. Wahl der Prüfgröße

- unbekannter Varianz σ^2
- großem n (Faustregel: n = 36 > 30)

$\rightarrow$ Einfacher Gauß-Test ($\rightarrow$ Zentraler Grenzwertsatz)

n = 36, $\bar{x}$ = 5,08, s^2 = 0,0324 $\rightarrow$ s = 0,18

$$z_0 = \frac{\bar{x} - \mu_0}{s/\sqrt{n}} = \frac{5,08 - 5}{0,18/\sqrt{36}} = \frac{0,08}{0,18/6} = \frac{0,08}{0,03} = 2,667$$

4. Kritischer Wert (α = 0,01)

$\Phi z_{0,99} = 0,99 \rightarrow z_{0,99} = 2,3263$

5. Testentscheidung

$z_0 = 2,667 > z_{0,99} = 2,3263 \Rightarrow H_0$ ablehnen

Interpretation:
Bei einer Irrtumswahrscheinlichkeit von 1% bestätigt sich die Vermutung der Kontrollabteilung, dass das Verpackungsgewicht des Waschmittels zu hoch ist.

b)   Fehler 1. Art: Der Fehler 1. Art besteht darin, zu schließen, dass das Verpackungsgewicht des Waschmittels zu hoch ist, obwohl es in Wirklichkeit dem Sollgewicht entspricht.

Fehler 2. Art: Der Fehler 2. Art besteht darin, zu schließen, dass das Verpackungsgewicht dem Sollgewicht entspricht, obwohl es in Wirklichkeit zu hoch ist.

c) $\rightarrow$ Zentraler Grenzwertsatz von Lindeberg und Levý
   Normalverteilung (n = 36 > 30)

• größer als 5,02 kg

$$P(\bar{X} > 5,02) = 1 - P(\bar{X} \leq 5,02) = 1 - P\left(Z \leq \frac{5,02 - 5,08}{0,18/\sqrt{36}}\right)$$

$$= 1 - P\left(Z \leq \frac{0,06}{0,03} = -2\right) = 1 - \Phi(-2) = 1 - [1 - \Phi(2)] = \Phi(2) = \underline{0,9772}$$

• zwischen 4,95 kg und 5,05 kg

$$P(4,95 \leq \bar{X} \leq 5,05) = P(\bar{X} \leq 5,05) - P(\bar{X} < 4,95)$$

$$= P\left(Z \leq \frac{5,05 - 5,08}{0,18/\sqrt{36}}\right) - P\left(Z < \frac{4,95 - 5,08}{0,18/\sqrt{36}}\right)$$

$$= P\left(Z \le \frac{-0,03}{0,03} = -1\right) - P\left(Z < \frac{-0,13}{0,03} = -4,3333\right)$$

$$= \Phi(-1) - \Phi(-4,333) = \left[1 - \Phi(1)\right] - \left[1 - \Phi(4,333)\right]$$

$$= -\Phi(1) + \Phi(4,333) = -0,8413 + 1 = 0,1587$$

d) $P(5,02 \le X \le 5,10) = P(X \le 5,10) - P(X < 5,02)$

$$P\left(Z \le \frac{5,10 - 5,08}{\sqrt{0,0324}}\right) - P\left(Z < \frac{5,02 - 5,08}{\sqrt{0,0324}}\right)$$

$$= P\left(Z \le \frac{0,02}{0,18} = 0,1111\right) - P\left(Z < \frac{-0,06}{0,18} = -0,3333\right)$$

$$= \Phi(0,1111) - \Phi(-0,3333) = \Phi(0,1111) - \left[1 - \Phi(0,3333)\right]$$

$$= \Phi(0,1111) + \Phi(0,3333) - 1 = 0,5442 + 0,6306 - 1 = \underline{0,1748}$$

Interpolation

$\Phi(0,12) = 0,5478$ $\Phi(0,34) = 0,6331$

$\underline{\Phi(0,11) = 0,5438}$ $\underline{\Phi(0,33) = 0,6293}$

$$40 \cdot \frac{11}{100} = 4,4 \approx 4 \qquad\qquad 38 \cdot \frac{33}{100} = 12,54 \approx 13$$

$\Phi(0,1111) = \Phi(0,11) + 0,0004$ $\Phi(0,3333) = \Phi(0,33) + 0,0013$

        $= 0,5438 + 0,0004 = 0,5442$ $= 0,6293 + 0,0013$

                                                    $= 0,6306$

Aufgabe 37

a) Ereignis G_A: aktuelle Geschäftslage $P(G_A) = 0,60$

    Ereignis G_E: zukünftige Geschäftsentwicklung $P(G_E) = 0,40$, $P(G_A \cap G_E) = 0,30$

bedingte Wahrscheinlichkeit:

$$P(G_E | G_A) = \frac{P(G_A \cap G_E)}{P(G_A)} = \frac{0,30}{0,60} = 0,50$$

b) ges.: $P(\overline{G_A} \cap \overline{G_E})$

$$P(\overline{G_A}) = P(\overline{G_A} \cap G_E) + P(\overline{G_A} \cap \overline{G_E})$$

$$= 0,40 - 0,10 = \underline{0,30}$$

$$P(\overline{G_A} \cap G_E) = P(G_E) - P(-G_A \cap G_E) = 0,40 - 0,30 = 0,10$$

Zukünftige Geschäftsentwicklung

		G_E	$\overline{G_E}$	
aktuelle	G_A	0,30	0,30	0,60
Geschäftslage	$\overline{G_A}$	0,10	0,30	0,40
		0,40	0,60	

c) $\rightarrow$ Binomialverteilung (großes N und N unbekannt)

$n = 6$, $p = P(G_A) = 0,60$

$$P(X=3) = \binom{6}{3} \cdot 0,60^3 \cdot 0,40^3 = \frac{6 \cdot 5 \cdot 4}{1 \cdot 2 \cdot 3} \cdot 0,60^3 \cdot 0,40^3 = 20 \cdot 0,216 \cdot 0,064 = \underline{0,2765}$$

d) $\rightarrow$ Binomialverteilung

$n = 6$, $p = P(G_E) = 0,40$

$P(X>3) = P(X=4) + P(X=5) + P(X=6)$

$$= \binom{6}{4} 0,40^4 \cdot 0,60^2 + \binom{6}{5} 0,40^5 \cdot 0,60^1 + \binom{6}{6} 0,40^6 \cdot 0,60^0$$

$$= \frac{6 \cdot 5 \cdot 4 \cdot 3}{1 \cdot 2 \cdot 3 \cdot 4} 0,40^4 \cdot 0,60^2 + \frac{6 \cdot 5 \cdot 4 \cdot 3 \cdot 2}{1 \cdot 2 \cdot 3 \cdot 4 \cdot 5} 0,40^5 \cdot 0,60^1 + 0,40^6$$

$$= 15 \cdot 0,40^4 \cdot 0,60^2 + 6 \cdot 0,40^5 \cdot 0,60 + 0,40^6 = 0,1382 + 0,0369 + 0,0041 = \underline{0,1792}$$

e)

- Größe der Grundgesamtheit:

  Auswahlsatz $\dfrac{n}{N} \leq 0,05$ (Faustregel)

  $\Rightarrow n \leq 0,05 \cdot N$

  $\Rightarrow N \geq \dfrac{n}{0,05}$

  mit $n = 6$: $N \geq \dfrac{6}{\frac{1}{20}} = 6 \cdot 20 = \underline{120}$

- Wahrscheinlichkeitsmodell bei kleinerer Grundgesamtheit:
  Hypergeometrische Verteilung

Aufgabe 38

a) Eigenschaften:

1. $f(x) > 0$ für alle x

   Im Intervall $2 \le x \le 4$ nimmt f(x) den niedrigsten Wert im Punkt x = 2 an, da es sich um eine monoton steigende Funktion handelt. Wegen $f(2) = \frac{1}{2}\cdot 2 - 1 = 0$ ist damit die Nichtnegativitätsbedingung erfüllt.

2. $\int\limits_{-\infty}^{\infty} f(x)dx \overset{!}{=} 1$

$$\int\limits_{2}^{4} (\frac{1}{2}x - 1)dx = \frac{1}{2}\cdot\frac{x^2}{2} - x \Big|_{2}^{4} = (\frac{4^2}{4} - 4) - (\frac{2^2}{4} - 2) = (4-4) - (1-2) = 0 - (-1) = 1$$

b)

$$F(x) = P(X \le x) = \int\limits_{-\infty}^{x} f(u)du = \int\limits_{2}^{x}(\frac{1}{2}u - 1)du$$

$$= \frac{1}{2}\cdot\frac{u^2}{2} - u \Big|_{2}^{x} = (\frac{1}{4}\cdot x^2 - x) - (\frac{1}{4}\cdot 2^2 - 2) = \frac{1}{4}x^2 - x + 1$$

$$F(x) = \begin{cases} 0 \text{ für } x < 2 \\ \frac{1}{4}x^2 - x + 1 \text{ für } 2 \le x \le 4 \\ 1 \text{ für } x > 4 \end{cases}$$

c)

$$E(X) = \int\limits_{-\infty}^{\infty} x \cdot f(x) \cdot dx = \int\limits_{2}^{4} x(\frac{1}{2}x - 1)dx = \int\limits_{2}^{4}(\frac{1}{2}x^2 - x)dx$$

$$= \frac{1}{2}\cdot\frac{x^3}{3} - \frac{x^2}{2}\Big|_{2}^{4} = \left(\frac{4^3}{6} - \frac{4^2}{2}\right) - \left(\frac{2^3}{6} - \frac{2^2}{2}\right) = \frac{(64 - 16\cdot 3) - (8 - 12)}{6}$$

$$= \frac{64 - 48 + 4}{6} = \frac{20}{6} = 3\underline{\frac{1}{3}}$$

$$V(X) = \int\limits_{-\infty}^{\infty} x^2 \cdot f(x) \cdot dx - [E(X)]^2 = \int\limits_{2}^{4} x^2(\frac{1}{2}x - 1)dx - \left(\frac{20}{6}\right)^2$$

$$= \int\limits_{2}^{4}(\frac{1}{2}\cdot x^3 - x^2)dx - \left(\frac{20}{6}\right)^2 = \frac{1}{2}\cdot\frac{x^4}{4} - \frac{x^3}{3}\Big|_{2}^{4} - \left(\frac{20}{6}\right)$$

$$= \left(\frac{4^4}{8} - \frac{4^3}{3}\right) - \left(\frac{2^4}{8} - \frac{2_3}{3}\right) - \left(\frac{10}{3}\right)^2 = \frac{3 \cdot 256 - 8 \cdot 64 - 3 \cdot 16 + 8 \cdot 8}{24} - \frac{100}{9}$$

$$= \frac{768 - 512 - 48 + 64}{24} - \frac{100}{9} = \frac{272}{24} - \frac{100}{9} = \frac{34}{3} - \frac{100}{9} = \frac{102 - 100}{9} = \underline{\frac{2}{9}}$$

d) $P(3\frac{1}{2} \le x \le 4) = \int\limits_{3\frac{1}{2}}^{4} (\frac{1}{2}x - 1)dx = \frac{1}{2} \cdot \frac{x^2}{2} - x \Big|_{3\frac{1}{2}}^{4}$

$$= \left(\frac{4^2}{4} - 4\right) - \left(\frac{\left(\frac{7}{2}\right)^2}{4} - \frac{7}{2}\right) = (4 - 4) - \left(\frac{49}{16} - \frac{7}{2}\right) = \frac{56 - 49}{16} = \frac{7}{16} = \underline{0,4375}$$

Aufgabe 39

a) $\to$ Poissonverteilung

$$\lambda = n \cdot p = 100 \cdot \frac{1}{100} = 1$$

• $P(X = 2) = \frac{1^2}{2!}e^{-1} = \frac{1}{2}e^{-1} = \frac{1}{2} \cdot 0,3679 = \underline{0,1840}$

• $P(X \le 2) = P(X = 0) + P(X = 1) + P(X = 2)$

$$= \frac{1^0}{0!}e^{-1} + \frac{1^1}{1!}e^{-1} + \frac{1^2}{2!}e^{-1} = e^{-1} + e^{-1} + \frac{1}{2}e^{-1}$$

$$= 2,5 \cdot e^{-1} = 2,5 \cdot 0,3679 = 0,9198$$

• $P(X \ge 1) = 1 - P(X = 0) = 1 - \frac{1^0}{0!}e^{-1} = 1 - e^{-1} = 1 - 0,3679 = \underline{0,6321}$

b) $\to$ Tschebyscheffsche Ungleichung
(Verteilung der Bandlänge unbekannt)

• $P(|X - \mu| \ge 2\sigma) \le \frac{1}{2^2} = \frac{1}{4} = 0,25$

• $P(|X - \mu| < \sigma) \ge 1 - \frac{1}{1^2} = 0$

c) Normalverteilung: $X \sim N (\mu = 200, \sigma^2 = 4)$

• $(197 \le X \le 203) = \Phi\left(\frac{203 - 200}{2}\right) - \Phi\left(\frac{197 - 200}{2}\right)$

$$= \Phi(1,5) - \Phi(-1,5) = 2 \cdot \Phi(1,5) - 1 = 2 \cdot 0,9332 - 1 = \underline{0,8664}$$

- $P(X > 202) = 1 - P(X \le 202) = 1 - \Phi\left(\dfrac{202 - 200}{2}\right)$

  $= 1 - \Phi(1) = 1 - 0,8413 = \underline{0,1587}$

d) Multiplikationssatz bei Unabhängigkeit: $P(A \cap B) = P(A) \cdot P(B)$

Ereignis A: Länge 199 bis 201 cm
Ereignis B: Breite 19,5 bis 20,5 cm

$P(A) = P(199 \le X \le 201) = \Phi\left(\dfrac{201 - 200}{2}\right) - \Phi\left(\dfrac{199 - 200}{2}\right)$

$= \Phi(0,5) - \Phi(-0,5) = 2 \cdot \Phi(0,5) - 1 = 2 \cdot 0,6915 - 1 = 0,3830$

$P(B) = P(19,5 \le Y \le 20,5) = \Phi\left(\dfrac{20,5 - 20}{1,5}\right) - \Phi\left(\dfrac{19,5 - 20}{1,5}\right)$

$= \Phi(0,33) - \Phi(-0,33) = 2 \cdot \Phi(0,33) - 1 = 2 \cdot 0,6293 - 1 = 0,2586$

$P(A \cap B) = 0,3830 \cdot 0,2586 = 0,0990$

erwarteter Ausschussanteil: $1 - 0,0990 = 0,9010$

Aufgabe 40

a) Binomialverteilung ($n = 10$, $p = 0,20$)

$P(X \ge 2) = 1 - P(X \le 1) = 1 - [f(0) + f(1)]$

$= 1 - [0,8^{10} + \binom{10}{1}0,2^1 \cdot 0,8^9]$

$= 1 - 0,375 = \underline{0,625}$

b) Binomialverteilung ($n = ?$, $p = 0,20$)

$\qquad\qquad\qquad\qquad\qquad\qquad \binom{n}{0}0,2^0 \cdot 0,8^n \qquad \binom{n}{1}0,2^1 \cdot 0,8^{n-1}$
$\qquad\qquad\qquad\qquad\qquad\qquad\qquad\quad \downarrow \qquad\qquad\qquad\quad \downarrow$

$P(X \ge 2) = 1 - P(X \le 1) = 1 - [P(X=0) + P(X=1)] = 1 - (0,8^n + \ n \cdot 0,2 \cdot 0,8^{n-1}\ )$

$n = 5:\ P(X \ge 2) = 1 - (0,8^5 + 5 \cdot 0,2 \cdot 0,8^4) = 1 - 0,737 = 0,263$

$n = 10: P(X \ge 2) = 1 - (0,8^{10} + 10 \cdot 0,2 \cdot 0,8^9) = 1 - 0,376 = 0,624$

$n = 15: P(X \ge 2) = 1 - (0,8^{15} + 15 \cdot 0,2 \cdot 0,8^{14}) = 1 - 0,167 = 0,833$

$n = 17: P(X \ge 2) = 1 - (0,8^{17} + 17 \cdot 0,2 \cdot 0,8^{16}) = 1 - 0,118 = 0,882$

$\underline{n = 18}: P(X \ge 2) = 1 - (0,8^{18} + 18 \cdot 0,2 \cdot 0,8^{17}) = 1 - 0,099 = \underline{0,901}$

c) Geometrische Verteilung (p = 0,20):

1. $P(X=9) = 0,20 \cdot 0,80^9 = 0,027$

2. Spätestens beim 4ten Besuch Erfolg $\hat{=}$ höchstens 3 Misserfolge

$$P(X \leq 3) = 1 - (1-p)^{x+1} = 1 - 0,8^4 = 1 - 0,410 = \underline{0,590}$$

d) Grenzwertsatz von Moivre und Laplace

Zufallsvariable X: Anzahl der Vertragsabschlüsse

binomialverteilt mit n = 200 und p = 0,2

für große n asympt. normalverteilt mit

$E(X) = n \cdot p = 200 \cdot 0,2 = 40$ und

$Var(X) = n \cdot p \cdot (1-p) = 200 \cdot 0,2 \cdot 0,8 = 32$

Faustregel: $n > \dfrac{9}{p(1-p)} \;\Big|\; 200 > \dfrac{9}{0,2 \cdot 0,8} = 56,25$

$$X \overset{a}{\sim} N(\mu = 40, \sigma^2 = 32)$$

$$P(30 \leq X \leq 50) = \Phi\left(\frac{50-40}{\sqrt{32}}\right) - \Phi\left(\frac{30-40}{\sqrt{32}}\right) = \Phi(1,77) - \Phi(-1,77)$$

$$= 2 \cdot \Phi(1,77) - 1 = 2 \cdot 0,9616 - 1 = \underline{0,923}$$

Aufgabe 41

a)

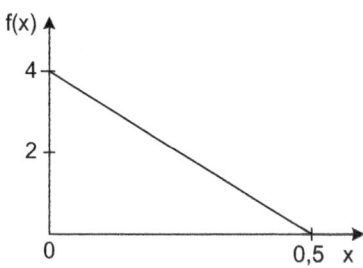

1. $f(x) \overset{!}{\geq} 0$

   Nur Betrachtung der Ränder erforderlich, da lineare Funktion:

   $x = 0$: $f(0) = 4 - 8 \cdot 0 = 4 > 0$

   $x = 0,5$: $f(0,5) = 4 - 8 \cdot 0,5 = 0$

   $\to$ Nichtnegativitätsbedingung erfüllt

2. $\displaystyle\int_{-\infty}^{\infty} f(x)dx \overset{!}{=} 1$

$$\int_{0}^{0,5}(4-8x)dx = 4x - 8\frac{x^2}{2}\Big|_{0}^{0,5} = 4\cdot 0,5 - 4\cdot 0,5^2$$

$$= 2 - 1 = 1$$

→ Bedingung, dass Wahrscheinlichkeit unterhalb der Dichtefunktion gleich 1 sein muss, erfüllt.

b) $\displaystyle P(0,10 \le x \le 0,15) = \int_{0,10}^{0,15}(4-8x)dx = 4x - 8\frac{x^2}{2}\Big|_{0,10}^{0,15}$

$$= (4\cdot 0,15 - 4\cdot 0,15^2) - (4\cdot 0,10 - 4\cdot 0,10^2)$$

$$= (0,6 - 0,09) - 0,4 - 0,04) = 0,51 - 0,36 = \underline{0,15}$$

c) für $0 \le x \le 0,5$:

$$F(x) = P(X \le x) = \int_{0}^{x}(4-8u)du = 4u - 8\frac{u^2}{2}\Big|_{0}^{x}$$

$$= 4x - 8\frac{x^2}{2} = 4x - 4x^2 = 4x(1-x)$$

$$F(x) = \begin{cases} 0 & \text{für } x < 0 \\ 4x(1-x) & \text{für } 0 \le x \le 0,5 \\ 1 & \text{für } x > 0,5 \end{cases}$$

d) $\displaystyle E(X) = \int_{0}^{0,5}x(4-8x)dx = \int_{0}^{0,5}(4x - 8x^2)dx$

$$4\cdot\frac{x^2}{2} - 8\cdot\frac{x^3}{3}\Big|_{0}^{0,5} = 2\cdot\frac{1}{2^2} - \frac{8}{3}\cdot\frac{1}{2^3} = \frac{1}{2} - \frac{1}{3} = \frac{3}{6} - \frac{2}{6} = \frac{1}{6} = \underline{0,167}$$

e) $\displaystyle P(\mu - \sigma \le X \le \mu + \sigma) = P(\frac{1}{6} - \sqrt{\frac{1}{72}} \le X \le \frac{1}{6} + \sqrt{\frac{1}{72}})$

$$= P(0,167 - 0,118 \le X \le 0,167 + 0,118) = P(0,049 \le X \le 0,285)$$

$$= \int_{0,049}^{0,285} (4 - 8x)dx = 4 \cdot x - 8\frac{x^2}{2}\Big|_{0,049}^{0,285} = (4 \cdot 0,285 - 4 \cdot 0,285^2) - (4 \cdot 0,049 - 4 \cdot 0,049^2)$$

$$= 0,815 - 0,186 = 0,629$$

$$V(X) = \sigma^2 = \int_0^{0,5} x^2 (4 - 8x)dx - [E(X)]^2$$

$$= \int_0^{0,5} (4x^2 - 8x^3)dx - \left(\frac{1}{6}\right)^2 = 4 \cdot \frac{x^3}{3} - 8 \cdot \frac{x^4}{4}\Big|_0^{0,5} - \frac{1}{36}$$

$$= \frac{4}{3} \cdot \frac{1}{2^3} - 2 \cdot \frac{1}{2^4} - \frac{1}{36} = \frac{1}{6} - \frac{1}{8} - \frac{1}{36} = \frac{24 - 18 - 4}{144} = \frac{1}{72} \rightarrow \sigma = \sqrt{\frac{1}{72}} = \underline{0,118}$$

Aufgabe 42

a) Uneingeschränkte Stichprobe: Zufallsstichprobe, bei der jedes Element der abgegrenzten Grundgesamtheit die gleiche Chance hat, ausgewählt zu werden, ohne dass die Ziehungen jedoch notwendig unabhängig (Modell mit Zurücklegen) erfolgen.

b) Bei einer Zufallsstichprobe hat jedes Element der Grundgesamtheit eine berechenbare Chance – bei der einfachen Zufallsstichprobe z. B. die gleiche Chance – ausgewählt zu werden, wobei die Repräsentativität durch den Zufallsmechanismus hergestellt wird. Bei einer willkürlichen Stichprobe ist kein vergleichbarer Mechanismus wirksam; vielmehr werden systematische Verzerrungen dadurch hervorgerufen, dass es im Belieben des Interviewers oder der Erhebungsstelle steht, welche Einheiten ausgewählt werden. Leicht erreichbare Einheiten werden so oft häufig bevorzugt ausgewählt.

Beispiele für eine willkürliche Auswahl:

- Bei einer Befragung werden in der Mittagszeit Personen im Stadtzentrum ausgewählt (Bevorzugung von Berufstätigen).

- Bei einer Abnahmeprüfung einer Obstlieferung werden allein die leicht zugänglichen oben liegenden Teile überprüft.

c)

$\overline{X}_3 = \overline{x}_3$	Stichprobe $\binom{6}{3} = 20$	$P(\overline{X}_3 = \overline{x}_3)$
$7\frac{2}{3}$	$(5, 8, 10_1)$, $(5, 8, 10_2)$	$\frac{2}{20} = 0{,}1$
$8\frac{1}{3}$	$(5, 10_1, 10_2)$, $(5, 8, 12)$	$\frac{2}{20} = 0{,}1$
9	$(5, 10_1, 12)$, $(5, 10_2, 12)$	$\frac{2}{20} = 0{,}1$
$9\frac{1}{3}$	$(8, 10_1, 10_2)$, $(5, 8, 15)$	$\frac{2}{20} = 0{,}1$
10	$(8, 10_1, 12)$, $(8, 10_2, 12)$, $(5, 10_1, 15)$, $(5, 10_2, 15)$	$\frac{4}{20} = 0{,}2$
$10\frac{2}{3}$	$(10_2, 10_2, 12)$, $(5, 12, 15)$	$\frac{2}{20} = 0{,}1$
11	$(8, 10_1, 15)$, $(8, 10_2, 15)$	$\frac{2}{20} = 0{,}1$
$11\frac{2}{3}$	$(10_1, 10_2, 15)$, $(8, 12, 15)$	$\frac{2}{20} = 0{,}1$
$12\frac{1}{3}$	$(10_1, 12, 15)$, $(10_2, 12, 15)$	$\frac{2}{20} = 0{,}1$

d)

$$\mu = E(X) = \sum_{j=1}^{5} x_j \cdot P(X = x_j) = 5 \cdot \frac{1}{6} + 8 \cdot \frac{1}{6} + 10 \cdot \frac{1}{6} + 12 \cdot \frac{1}{6} + 15 = \frac{60}{6} = 10$$

$$E(\overline{X}_3) = \sum_{l=1}^{9} \overline{x}_{3l} \cdot P(\overline{X} = \overline{x}_{3l})$$

$$E(\overline{X}_3) = 7\frac{2}{3} \cdot 0{,}1 + 8\frac{1}{3} \cdot 0{,}1 + 9 \cdot 0{,}1 + 9\frac{1}{3} \cdot 0{,}1 + 10 \cdot 0{,}2 + 10\frac{2}{3} \cdot 0{,}1 + 11 \cdot 0{,}1$$
$$+ 11\frac{2}{3} \cdot 0{,}1 + 12\frac{1}{3} \cdot 0{,}1$$

$$= \frac{23 + 25 + 27 + 28 + 60 + 32 + 33 + 35 + 37}{30} = \frac{300}{30} = \underline{10}$$

e) Auswahl n = 3 aus N = 6
    ohne Berücksichtigung der Anordnung, mit Wiederholung

→ Kombination mit Wiederholung

$$K_W = \binom{N+n-1}{n} = \frac{(N+n-1)!}{n!(N-1)!} = \frac{(6+3-1)!}{3!(6-1)!} = \frac{8!}{3!5!} = \frac{8 \cdot 7 \cdot 6}{1 \cdot 2 \cdot 3} = \underline{56}$$

Aufgabe 43

a) • Erwartungstreue:

$$E(\overline{X}) = E(\frac{1}{n}\sum X_i) = \frac{1}{n}E(\sum X_i) = \frac{1}{n}\sum \underbrace{E(X_i)}_{=\mu} = \frac{1}{n}n\mu = \underline{\mu}$$

• Konsistenz

1. $\lim_{n\to\infty} E(\overline{X}_n) \overset{!}{=} \mu$, erfüllt, da $\overline{X}$ erwartungstreu ist.

2. $\lim_{n\to\infty} Var(\overline{X}_n) \overset{!}{=} 0$, $\quad Var(\overline{X}_n) = \dfrac{\sigma^2}{n}$

$$\lim_{n\to\infty} Var(\overline{X}_n) = \lim_{n\to\infty} \frac{\sigma^2}{n} = \lim_{n\to\infty} \frac{1}{n} \cdot \lim_{n\to\infty} \sigma^2 = 0 \cdot \sigma^2 = \underline{0}$$

b) 95%-Konfidenzintervall für μ

1. Festlegung des Konfidenzniveaus

$1-\alpha = 0{,}95$

2. Wahl des $(1-\alpha)$-Konfidenzintervalls

- Varianz σ^2 unbekannt

- großer Stichprobenumfang (n =225 > 30)

$\to$ normalverteiltes Konfidenzintervall ($\to$ zentraler Grenzwertsatz)

$$P(\overline{X} - z_{0,975} \cdot \frac{S}{\sqrt{n}} \leq \mu \leq \overline{X} + z_{0,975} \cdot \frac{S}{\sqrt{n}}) = 0{,}95$$

3. Ermittlung des $(1-\alpha/2)$-Quantil $z_{1-\alpha/2}$

$\Psi(z_{0,975}) = 0{,}95 \quad \to \quad z_{0,975} = 1{,}96$

4. Konkretes 95%-Konfidenzintervall

$\overline{x} = 9{,}5; \quad s = \sqrt{2{,}25} = 1{,}5$

$$\left[\overline{x} - z_{0,975} \cdot \frac{s}{\sqrt{n}}; \overline{x} + z_{0,975} \cdot \frac{s}{\sqrt{n}}\right]$$

$$= [9{,}5 - 1{,}96 \cdot \frac{1{,}5}{\sqrt{225}}; 9{,}5 + 1{,}96 \cdot \frac{1{,}5}{\sqrt{225}}]$$

$$= [9{,}5 - 0{,}196; 9{,}5 + 0{,}196] = [9{,}304; 9{,}696]$$

Interpretation: Die Intervallschätzung ergibt für den Durchschnittsverbrauch einen Bereich von etwa 9,3 l bis 9,7 l. Das Intervall ist so konstruiert, dass es im Mittel in 95% aller Stichproben tatsächlich den unbekannten Durchschnittsverbrauch der Grundgesamtheit überdeckt.

c) Notwendiger Stichprobenumfang:

$\psi(z) = 0{,}99 \rightarrow z = 2{,}5758$

$e = 0{,}196$ (gleicher Stichprobenfehler)

$$n \geq \frac{z_{0{,}995}^2 \cdot s^2}{e^2} = \frac{2{,}5758^2 \cdot 2{,}25}{0{,}196^2} = \frac{14{,}9282}{0{,}0384} = 388{,}8$$

$\rightarrow$ Mindeststichprobenumfang $n = 389$

d) Ein-Stichproben-Test über μ

1. Hypothesenformulierung

   H_0: $\mu = 10$ und H_1: $\mu \neq 10$ (zweiseitiger Test)

2. Signifikanzniveau α

   $\alpha = 0{,}01$

3. Wahl und Berechnung der Prüfgröße

   - σ^2 unbekannt

   - n groß ($n=225 > 30$)

   $\rightarrow$ Einfacher Gauß-Test ($\rightarrow$ zentraler Grenzwertsatz)

   Prüfgröße:

   $$z_0 = \frac{9{,}5 - 10}{1{,}5/\sqrt{225}} = \frac{9{,}5 - 10}{1{,}5/15} = \frac{-0{,}5}{0{,}1} = -5$$

4. Kritischer Wert (zweiseitiger Test)

   $\Psi(z_{0{,}995}) = 0{,}99 \quad \rightarrow \quad z_{0{,}995} = 2{,}5758$

5. Testentscheidung:

   $|z_0 = 5| > z_{0{,}995} = 2{,}5758 \Rightarrow H_0$ ablehnen

Fehler 1. Art: Davon auszugehen, dass der mittlere Verbrauch in der Grundgesamtheit ungleich 10 l ist, obwohl er tatsächlich diesem Wert entspricht.

Aufgabe 44

a) Permutation mit Wiederholung

$n = 12$, $n_1 = 3$, $n_2 = 5$, $n_3 = 4$

$$P_w = \frac{n!}{n_1! n_2! n_3!} = \frac{12!}{3!5!4!} = \frac{12 \cdot 11 \cdot 10 \cdot 9 \cdot 8 \cdot 7 \cdot 6}{1 \cdot 2 \cdot 3 \cdot 4 \cdot 3 \cdot 2 \cdot 1} = \underline{27.720}$$

b) Kombinationen ohne Wiederholung

$$\binom{N}{n} = \binom{12}{3} = \frac{12!}{3!\,9!} = \frac{12 \cdot 11 \cdot 10}{1 \cdot 2 \cdot 3} = \underline{220}$$

c) $E(X) = \mu = \sum_j x_j \cdot P(X = x_j) = 20 \cdot \frac{3}{12} + 24 \cdot \frac{5}{12} + 30 \cdot \frac{4}{12}$

$$= \frac{60 + 120 + 120}{12} = \frac{300}{12} = 25$$

$$V(X) = \sigma^2 = \sum_j x_j^2 \cdot P(X = x_j) - [E(X)]^2 = 20^2 \cdot \frac{3}{12} + 24^2 \cdot \frac{5}{12} + 30^2 \cdot \frac{4}{12} - 25^2$$

$$= \frac{1200 + 2880 + 3600}{12} - 25^2 = \frac{7680}{12} - 25^2 = 640 - 625 = 15$$

$$E(\overline{X}) = \mu = \underline{25}$$

$$V(\overline{X}) = \frac{\sigma^2}{n} \cdot \frac{N-n}{N-1} = \frac{15}{3} \cdot \frac{12-3}{12-1} = 5 \cdot \underbrace{\frac{9}{11}}_{0,818} = \underline{4,09}$$

d) Uneingeschränkte Zufallsstichprobe:

Jedes Element der Grundgesamtheit hat die gleiche Chance, ausgewählt zu werden, alle Elemente der Stichprobe stammen aus derselben Grundgesamtheit, was der Annahme einer identischen Verteilung entspricht. Unabhängigkeit der Ziehungen braucht dagegen nicht notwendig gegeben zu sein. Ausgegangen werden kann hierbei von einer endlichen Grundgesamtheit, da ansonsten die Unabhängigkeits-annahme erfüllt wäre, und es läge dann eine einfache Zufallsstichprobe vor.

Aufgabe 45

a) Art der Wahrscheinlichkeit: bedingte Wahrscheinlichkeit

b) Geometrische Verteilung

Ereignis A: neuer Kunde

$P(A) = p = 0,1 \qquad P(x = 7) = 0,9^7 \cdot 0,1 = 0,048$

c) Geometrische Verteilung (p=0,1)

frühestens beim sechsten Versuch, d.h. mindestens 5 Fehlversuche (5, 6, 7, ... Fehlversuche)

$$P(X \geq 5) = 1 - P(X \leq 4) = 1 - F(4) = 1 - [1 - (1 - 0,1)^{4+1}] = 1 - (1 - 0,9^5) = 0,9^5 = \underline{0,590}$$

d) Zufallsvariable X „Anzahl der Kunden" ist binomialverteilt mit den Parametern n und $p = 0{,}1$

Grenzverteilung: Normalverteilung

$\rightarrow$ Zentraler Grenzwertsatz von de Moivre und Laplace

Parameter: $E(X) = n \cdot p = n \cdot 0{,}1$

$$V(X) = n \cdot p \cdot (1-p) = n \cdot 0{,}1 \cdot 0{,}9 = 0{,}09 \cdot n$$

Anwendungsbedingung: $n > \dfrac{9}{p(1-p)} = \dfrac{9}{0{,}1 \cdot 0{,}9} = \dfrac{9}{\dfrac{1}{10} \cdot \dfrac{9}{10}} = \underline{100}$

Aufgabe 46

a) Bedingungen: 1. $f(x) \geq 0$ für alle x

1. Bedingung erfüllt

    für $1 \leq x < 3$:   linker Randwert (da monoton steig. Funktion)

$$f(1) = -\frac{1}{4} + \frac{1}{4} \cdot 1 = -\frac{1}{4} + \frac{1}{4} = 0$$

    für $3 \leq x < 5$:   rechter Randwert (da monoton fall. Funktion)

$$f(5) = 1\frac{1}{4} - \frac{1}{4} \cdot 5 = 1\frac{1}{4} - 1\frac{1}{4} = 0$$

    2. $\displaystyle\int_{-\infty}^{\infty} f(x)\,dx = 1$

$$\int_{1}^{3}\left(-\frac{1}{4} + \frac{1}{4}x\right)dx + \int_{3}^{\infty}\left(1\frac{1}{4} - \frac{1}{4}x\right)dx = -\frac{1}{4}x + \frac{1}{4} \cdot \frac{x^2}{2}\Big|_{1}^{3} + 1\frac{1}{4}x - \frac{1}{4} \cdot \frac{x^2}{2}\Big|_{3}^{5}$$

$$= \left[\left(-\frac{1}{4} \cdot 3 + \frac{1}{4} \cdot \frac{9}{2}\right) - \left(-\frac{1}{4} \cdot 1 + \frac{1}{4} \cdot \frac{1}{2}\right)\right] + \left[\left(1\frac{1}{4} \cdot 5 - \frac{1}{4} \cdot \frac{25}{2}\right) - \left(1\frac{1}{4} \cdot 3 - \frac{1}{4} \cdot \frac{9}{2}\right)\right]$$

$$= \left[\left(-\frac{6}{8} + \frac{9}{8}\right) - \left(-\frac{2}{8} + \frac{1}{8}\right)\right] + \left[\left(\frac{50}{8} - \frac{25}{8}\right) - \left(\frac{30}{8} - \frac{9}{8}\right)\right] = \left(\frac{3}{8} + \frac{1}{8}\right) + \left(\frac{25}{8} - \frac{21}{8}\right) = \frac{4}{8} + \frac{4}{8} = \underline{1}$$

2. Bedingung erfüllt

b)

$$P(2 \leq X \leq 4) = \int_{2}^{3}\left(-\frac{1}{4} + \frac{1}{4}x\right)dx + \int_{3}^{4}\left(1\frac{1}{4} - \frac{1}{4}x\right)dx = -\frac{1}{4}x + \frac{1}{4} \cdot \frac{x^2}{2}\Big|_{2}^{3} + 1\frac{1}{4}x - \frac{1}{4} \cdot \frac{x^2}{2}\Big|_{3}^{4}$$

$$= \left[\left(-\frac{1}{4} \cdot 3 + \frac{1}{4} \cdot \frac{9}{2}\right) - \left(-\frac{1}{4} \cdot 2 + \frac{1}{4} \cdot \frac{4}{2}\right)\right] + \left[1\frac{1}{4} \cdot 4 - \frac{1}{4} \cdot \frac{16}{2} - \left(1\frac{1}{4} \cdot 3 - \frac{1}{4} \cdot \frac{9}{2}\right)\right]$$

$$= \left[\left(-\frac{6}{8} + \frac{9}{8}\right) - \left(-\frac{4}{8} + \frac{4}{8}\right)\right] + \left[\left(\frac{40}{8} - \frac{16}{8}\right) - \left(\frac{30}{8} - \frac{9}{8}\right)\right] = \left(\frac{3}{8} - 0\right) + \left(\frac{24}{8} - \frac{21}{8}\right) = \frac{3}{8} + \frac{3}{8} = \underline{0{,}75}$$

$$P(X > 2\tfrac{1}{2}) = \int\limits_{2\frac{1}{2}}^{3}(-\frac{1}{4}+\frac{1}{4}x)dx + \underbrace{\int\limits_{3}^{5}(1\frac{1}{4}-\frac{1}{4}x)dx}_{=0,5\,(\text{s. Teil a})} = -\frac{1}{4}x + \frac{1}{4}\cdot\frac{x^2}{2}\Big|_{2\frac{1}{2}}^{3} + 0,5$$

$$= [(-\frac{1}{4}\cdot 3 + \frac{1}{4}\cdot\frac{9}{2}) - (-\frac{1}{4}\cdot 2\frac{1}{2} + \frac{1}{4}\cdot\frac{(2\frac{1}{2})^2}{2})] + 0,5 = [(-\frac{24}{32}+\frac{36}{32}) - (-\frac{20}{32}+\frac{25}{32})] + 0,5$$

$$= \frac{12}{32} - \frac{5}{32} + 0,5 = \frac{7}{32} + 0,5 = 0,219 + 0,5 = \underline{0,719}$$

$$\text{oder } P(x > 2\tfrac{1}{2}) = 1 - P(x \le 2,5) = 1 - \int\limits_{1}^{2,5}(-\frac{1}{4}+\frac{1}{4}x)dx$$

c) $\quad V(X) = \int\limits_{1}^{3}x^2(-\frac{1}{4}+\frac{1}{4}x)dx + \int\limits_{3}^{5}x^2(1\frac{1}{4}-\frac{1}{4}x)dx - \underset{\underset{=3}{\uparrow}}{[E(X)]^2}$

d) $P(X=4) = 0$, da es sich um eine stetige Zufallsvariable handelt, die in einem Intervall unendlich viele Werte annehmen kann, so dass sich die Wahrscheinlichkeit für einen bestimmten Wert z.B. bei einer Gleichverteilung dadurch ergibt, dass dieser eine Wert auf unendlich viele Werte bezogen wird. Im Prinzip lässt sich diese Vorstellung auf andere stetige Wahrscheinlichkeitsverteilungen übertragen. Formal ergibt sich die Wahrscheinlichkeit von Null aus

$$\int\limits_{4}^{4}(1\frac{1}{4}-\frac{1}{4}x)dx = 1\frac{1}{4}x - \frac{1}{4}\cdot\frac{x^2}{2}\Big|_{4}^{4} = (1\frac{1}{4}\cdot 4 - \frac{1}{4}\cdot\frac{4^2}{2}) - (1\frac{1}{4}\cdot 4 - \frac{1}{4}\cdot\frac{4^2}{2}) = 0,$$

da die beiden Integrationsgrenzen übereinstimmen.

Aufgabe 47

a) Der Produkttest kann als Zufallsvorgang angesehen werden, da das Testergebnis nicht vorhersehbar ist und der Test unter gleichen Bedingungen beliebig oft wiederholbar ist.

b) Bezeichnet man die Sorten mit A, B, C, D, E, F, G, H, dann bestehen die Ergebnisse des Zufallsvorgangs aus je zwei Sorten des Produkts, also z. B. (A, B) oder (D, H), wobei es nicht auf die Anordnung ankommt. Der Stichprobenraum ist somit durch $\Omega = \{(A, B), (A, C), ..., (G, H)\}$ gegeben.

Der Stichprobenraum ist diskret. Die Anzahl seiner Elemente lässt sich wie folgt bestimmen:

Auswahl von 2 aus 8 Elementen

– ohne Berücksichtigung der Anordnung, – ohne Wiederholung

$\rightarrow$ Kombinationen o.W. $\qquad K = \binom{8}{2} = \dfrac{8 \cdot 7}{1 \cdot 2} = \underline{28}$

c) Anordnungsproblem ohne Wiederholung

$\rightarrow$ Permutationen o.W. $p = 8! = 8 \cdot 7 \cdot 6 \cdot 5 \cdot 4 \cdot 3 \cdot 2 \cdot 1 = 40.320$

d) A kann in Kombination mit den Sorten B, C, ..., H in die Auswahl gelangen: 7 Ergebnisse

B kann dann noch in Kombination mit den Sorten C, D, ..., H in die Auswahl gelangen: 6 Ergebnisse

entsprechend C: 5 Ergebnisse

Gleichmöglichkeitsmodell: P(„A oder B") $= \dfrac{\text{Anz. der für "A od. B" günstigen Ergebn.}}{\text{Anz. aller mögl. Ergebn.}}$

$$= \dfrac{13}{28} = \underline{0,4643}$$

P(„A od. B od. C") $= \dfrac{18}{28} = \underline{0,6429}$

e) Insgesamt gibt es 28 x 28 = 784 Testergebnisse bei einer Produktbewertung durch zwei Verbraucher (die 28 Möglichkeiten des Verbrauchers 1 können mit den 28 Möglichkeiten des Verbrauchers 2 kombiniert werden). Hiervor sind aber genau 28 Ergebnisse für das betrachtete Ereignis günstig, die sich aus der Zuordnung identischer Testergebnisse des Verbrauchers 2 zu der entsprechenden Auswahl des Verbrauchers 1 ergeben, d.h. (A, B), (A, C) zu (A, C), ..., (G, H) zu (G,H). Nach dem Gleichmöglichkeitsmodell ergibt sich daher eine Wahrscheinlichkeit von P („identisches Testergebnis von zwei Verbrauchern") $= \dfrac{28}{784} = \underline{0,0357}$

bei drei Verbrauchern: Gesamtzahl der Möglichkeiten:

Nenner $\rightarrow$ 28 x 28 x 28 = 21.952

Zähler $\rightarrow$ bleibt unverändert, also 28

P(„identisches Testergebnis von drei Verbrauchern") $= \dfrac{28}{21952} = \underline{0,0013}$

Aufgabe 48

a) Konkurs: Ereignis K

Zuschlag für das Großprojekt: Ereignis G

$\left. \begin{array}{l} P(K|G) = 0,1 \\ P(K|\overline{G}) = 0,8 \end{array} \right\}$ bedingte Wahrscheinlichkeiten

$P(G) = 0,3 \qquad$ unbedingte Wahrscheinlichkeit

$$P(K|G) = \frac{P(K \cap G)}{P(G)}$$ Die Wahrscheinlichkeit für das gemeinsame Eintreten von K

und G wird auf die Wahrscheinlichkeit von G bezogen, was bedeutet, dass der Stichprobenraum auf das Ereignis G reduziert wird.

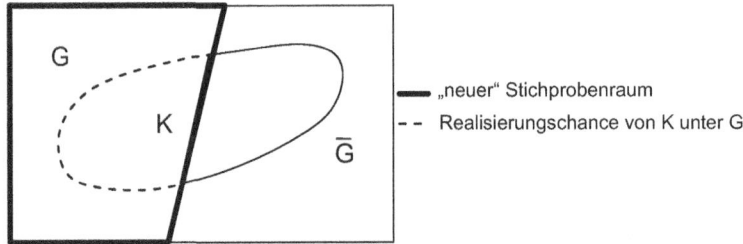

—— „neuer" Stichprobenraum

- - - Realisierungschance von K unter G

b) → totale Wahrscheinlichkeit

$$P(K) = P(K|G) \cdot P(G) + P(K|\overline{G}) \cdot P(\overline{G})$$

$$= 0,1 \cdot 0,3 + 0,8 \cdot 0,7 = 0,03 + 0,56 = \underline{0,59}$$

c) Bayessche Formel

$$P(G|K) = \frac{P(G \cap K)}{P(K)} = \frac{P(K|G) \cdot P(G)}{P(K)} = \frac{0,1 \cdot 0,3}{0,59} = \frac{0,03}{0,59} = \underline{0,051}$$

P(G) = 0,3 (A-priori-Wahrscheinlichkeit)

P: P(G|K) = 0,051 (A-posteriori-Wahrscheinlichkeit)

d) → Binomialverteilung   n = 6, p = 0,6

- genau drei

$$P(X = 3) = \binom{6}{3} 0,6^3 \cdot 0,4^4 = \frac{6 \cdot 5 \cdot 4}{1 \cdot 2 \cdot 3} 0,6^3 \cdot 0,4^3 = 20 \cdot 0,6^3 \cdot 0,4^3 = \underline{0,2765}$$

- höchstens zwei

$$P(X \leq 2) = P(X = 0) + P(X = 1) + P(X = 2) = 0,4^6 + 6 \cdot 0,6 \cdot 0,4^5 + \binom{6}{2} 0,6^2 \cdot 0,4^4$$

$$\uparrow$$
$$\frac{6 \cdot 5}{1 \cdot 2} = 15$$

$$= 0,0041 + 0,0369 + 0,1382 = 0,1792$$

Aufgabe 49

a)

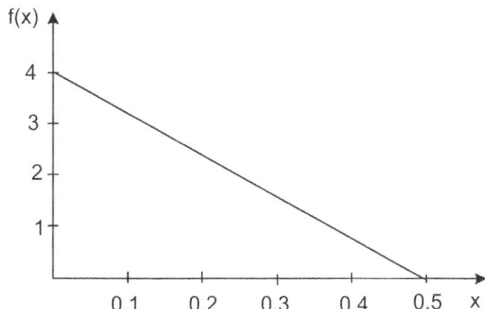

Eigenschaften

1. $f(x) \geq 0$ für alle x

   im Intervall [0; 0,5]:

   linker Rand: $f(0) = 4\text{-}8\cdot0 = 4$; rechter Rand: $f(0,5) = 4\text{-}8\cdot0,5 = 0$

   Da die Funktion $f(x)$ linear ist und die Dichte von 4 auf 0 abfällt, ist $f(x) \geq 0$ für $0\leq x\leq4$ erfüllt.

   Außerhalb des Intervalls [0; 0,5] ist die Dichte gleich 0, so dass $f(x)$ für alle x nichtnegativ ist.

2. Fläche unterhalb der Dichtefunktion gleich 1

$$F_D = \frac{1}{2}g \cdot h = \frac{1}{2} \cdot 0,5 \cdot 4 = \underline{1}$$

3. Unstetigkeitsstelle im Punkt

   $x = 0$

b)
- zwischen 0,2 und 0,4

$$P(0,2 \leq x \leq 0,4) = \int\limits_{0,2}^{0,4}(4 - 8x)dx = 4x - 8\frac{x^2}{2}\Big|_{0,2}^{0,4}$$

$$= (4\cdot0,4 - 8\frac{0,4^2}{2}) - (4\cdot0,2 - 8\frac{0,2^2}{2}) = (1,6 - 0,64) - (0,8 - 0,16) = \underline{0,32}$$

- mehr als 0,4

$$P(x \geq 0,4) = \int\limits_{0,4}^{0,5}(4 - 8x)dx = 4x - 8\cdot\frac{x^2}{2}\Big|_{0,4}^{0,5}$$

$$\left(4\cdot 0{,}5 - 8\cdot\frac{0{,}5^2}{2}\right) - \left(4\cdot 0{,}4 - 8\cdot\frac{0{,}4^2}{2}\right) = (2-1) - 0{,}96 = 1 - 0{,}96 = \underline{0{,}04}$$

c) $\to$ Erwartungswert

$$E(X) = \int_{-\infty}^{\infty} x\cdot f(x)\cdot d\,x = \int_{0}^{0{,}5} x(4-8x)\cdot d = \int_{0}^{0{,}5}(4x - 8x^2)d$$

$$= 4\cdot\frac{x^2}{2} - 8\cdot\frac{x^3}{3}\Big|_0^{0{,}5} = \left(4\cdot\frac{0{,}5^2}{2} - 8\cdot\frac{0{,}5^3}{3}\right) - \left(4\cdot\frac{0^2}{2} - 8\cdot\frac{0^3}{3}\right) = 0{,}5 - \frac{1}{3} = \underline{0{,}167} \quad (=\frac{1}{6})$$

d) $V(X) = E[X - E(X)]^2 = E(X^2) - [E(X)]^2$

$$E(X^2) = \int_{0}^{0{,}5} x^2(4-8x)dx = \int_{0}^{0{,}5}(4x^2 - 8x^3)dx$$

$$= 4\cdot\frac{x^3}{3} - 8\cdot\frac{x^4}{4}\Big|_0^{0{,}5} = 4\cdot\frac{0{,}5^3}{3} - 8\cdot\frac{0{,}5^4}{4} = \frac{1}{6} - \frac{1}{8} = \frac{4-3}{24} = \frac{1}{24}$$

$$V(X) = \frac{1}{24} - \left(\frac{1}{6}\right)^2 = \frac{1}{24} - \frac{1}{36} = \frac{3-2}{72} = \underline{\frac{1}{72}} = 0{,}014$$

Standardabweichung:

$$\sigma = \sqrt{V(X)} = \sqrt{\frac{1}{72}} = \underline{0{,}118}$$

Interpretation: Die Standardabweichung lässt sich als durchschnittliche Abweichung der Rendite von ihrem Erwartungswert interpretieren. Im Durchschnitt weicht die zufallsabhängige Rendite des Finanztitels hier um etwa 70 % $\left(\frac{0{,}118}{0{,}167}\cdot 100\,\%\right)$ vom Erwartungswert ab.

Aufgabe 50

a) Tschebyscheffsche Ungleichung (Verteilung der Lebensdauer unbekannt)

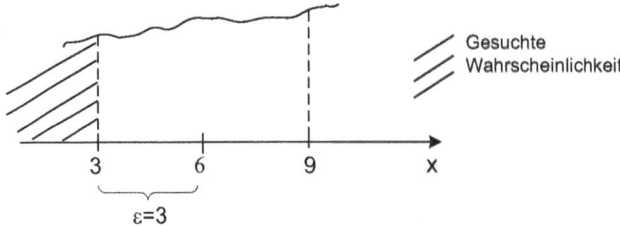

$$\frac{1}{2} \cdot P\left(|X - \mu| \geq (\varepsilon = 3)\right) \leq \frac{1}{2} \cdot \frac{Var(X)}{\varepsilon^2} = \frac{1}{2} \cdot \frac{1,5^2}{3^2} = \frac{1}{2} \cdot \frac{2,25}{9} = \frac{1}{2} \cdot 0,25 = \underline{0,125}$$

b)

$$P(X < 3) = \Phi\left(z = \frac{3-6}{1,5}\right) = \Phi(-2) = 1 - \Phi(2) = 1 - 0,9772 = \underline{0,0228}$$

$$P(4 \leq X \leq 8) = \Phi\left(z = \frac{8-6}{1,5}\right) - \Phi\left(z = \frac{4-6}{1,5}\right) = \Phi(1,33) - \Phi(-1,33)$$

$$= 2 \cdot \Phi(1,33) - 1 = 2 \cdot 0,9082 - 1 = \underline{0,8164}$$

c) $\rightarrow$ Multiplikationssatz für unabhängige Ereignisse

P („alle 20 Chips mindestens 3 Jahre einsatzfähig") $= [P(X \geq 3)]^{20}$

$$= [1 - P(X < 3)]^{20} = (1 - 0,0228)^{20} = 0,9772^{20} = \underline{0,6305}$$

d) Konfidenzintervall für μ

1. Konfidenzniveau

   $1 - \alpha = 0,95$

2. Wahl des Konfidenzintervalls

   - Varianz σ^2 unbekannt

   - kleiner Stichprobenumfang (n=10 < 30)

      $\rightarrow$ t-verteiltes Konfidenzintervall

   $$P(\overline{X} - t_{9;0,975} \cdot \frac{S}{\sqrt{n}} \leq \mu \leq \overline{X} + t_{9;0,975} \cdot \frac{S}{\sqrt{n}}) = 0,95$$

3. Ermittlung des $(1-\alpha/2)$-Quantils

   $t_{n-1;\ 1-\alpha/2} = t_{9;\ 0,975} = 2,26$

4. Konkretes 95%-Konfidenzintervall

   $\overline{x} = 5,5; \quad s = 2; \quad n = 10$

   $$\left[\overline{x} - t_{9;0,975} \cdot \frac{s}{\sqrt{n}}; \overline{x} + t_{9;0,975} \cdot \frac{s}{\sqrt{n}}\right]$$

   $$= [5,5 - 2,26 \cdot \frac{2}{\sqrt{10}}; 5,5 + 2,26 \cdot \frac{2}{\sqrt{10}}]$$

   $$= [5,5 - 1,43; 5,5 + 1,43] = [4,07; 6,93]$$

Interpretation: Das 95%-Konfidenzintervall überdeckt die vom Hersteller angegebene erwartete Lebensdauer, d.h. die Herstellerangabe wird nicht durch den Stichprobenbefund widerlegt.

Aufgabe 51

a) → Allgemeiner Additionssatz

Ereignis A: Ausschuss

Ereignis D: Durchmesser außerhalb der Toleranzgrenze

Ereignis L: Länge außerhalb der Toleranzgrenze

$P(A) = P(\cup L) = P(D) + P(L) - P(D \cap L) = 0,06 + 0,08 - 0,02 = 0,12$

b)   1. Bedingte Wahrscheinlichkeit

$$P(L| D) = \frac{P(D \cap L)}{P(D)} = \frac{0,02}{0,06} = \underline{0,333}$$

2. Differenzereignis

$$P(L \cap \overline{D}) = P(L \setminus D) = P(L) - P(D \cap L) = 0,08 - 0,02 = \underline{0,06}$$

c)   1. Bedingte Wahrscheinlichkeit

$P(L| D) = 0,333 \neq P(L) = 0,08$

2. Multiplikationssatz

$P(D \cap L) = 0,02 \neq P(D) \cdot P(L) = 0,06 \cdot 0,08 = 0,048$

d) P (ausschließlich „brauchbare Schrauben") $= P(\overline{A} \cap \overline{A} \cap \overline{A} \cap \overline{A})$

$\underset{\underset{\text{unabh.}}{\uparrow}}{=} P(\overline{A}) \cdot P(\overline{A}) \cdot P(\overline{A}) \cdot P(\overline{A}) = 0,88^4 = \underline{0,5997}$

P (ausschließlich „unbrauchbare Schrauben") $= P(A \cap A \cap A \cap A)$

$\underset{\underset{\text{unabh.}}{\uparrow}}{=} P(A) \cdot P(A) \cdot P(A) \cdot P(A) = 0,12^4 = \underline{0,0002}$

Komplementarität der Ereignisse: Nein, denn die Alternativ zu ausschließlich unbrauchbar ist nicht allein ausschließlich brauchbar, sondern auch teilweise brauchbar (1, 2 od. 3 Schrauben brauchbar).

e) Binomialverteilung mit den Parametern n = 4000 und p = $\underset{\uparrow}{P(A)}$ = 0,12

Ereignis A: unbrauchbare Schraube

Erwartungswert: $E(X) = n \cdot p = 4000 \cdot 0,12 = 480$

$Var (X) = n \cdot p \cdot (1 - p) = 4000 \cdot 0,12 \cdot 0,88 = 422,4$

Interpretation: Der Erwartungswert gibt an, dass bei der Lieferung mit 480 unbrauchbaren Schrauben zu rechnen ist. Aus der Varianz erhält man die Standardabweichung $\sigma = \sqrt{422{,}4} = 20{,}6$, was bedeutet, dass im Mittel eine Abweichung von rund 21 Schrauben vom Erwartungswert zu berücksichtigen ist.

Aufgabe 52

a) $\rightarrow$ Binomialverteilung (n = 12, p = 0,10)

1. $P(X = 5) = \binom{12}{5}0{,}10^5 0{,}90^7 = \dfrac{12 \cdot 11 \cdot 10 \cdot 9 \cdot 8}{1 \cdot 2 \cdot 3 \cdot 4 \cdot 5}0{,}10^5 \cdot 0{,}90^7 = \underline{0{,}0038}$

2. $P(X \geq 2) = 1 - P(X \leq 1) = 1 - [P(X = 0) + P(X = 1)]$

$= 1 - (0{,}90^{12} + \binom{12}{1}0{,}10^1 \cdot 0{,}90^{11}) = 1 - (0{,}282 + 0{,}377) = 1 - 0{,}659 = \underline{0{,}341}$

3. $P(X \leq 3) = \underbrace{P(X = 0) + P(X = 1)}_{=0{,}659} + P(X = 2) + P(X = 3) = 0{,}659 + \binom{12}{2}0{,}10^2 0{,}90^8$

$+ \binom{12}{3}0{,}10^3 \cdot 0{,}90^7 = 0{,}659 + 0{,}230 + 0{,}085 = \underline{0{,}974}$

b) $\rightarrow$ Geometrische Verteilung (p = 0,10)

1. $P(X = 7) = 0{,}90^7 \cdot 0{,}10 = 0{,}048$

2. Spätestens der vierte Nichtraucher an „Superrauch" interessiert $\hat{=}$ höchstens drei Misserfolge

$P(X \leq 3) = 1 - (1 - 0{,}90)^{3+1} = 1 - 0{,}90^4 = \underline{0{,}344}$

c) vor Werbekampagne   nach Werbekampagne

Ereignis Q: „Superrauch"-Raucher

$P(Q) = \dfrac{5\,\text{Tsd.}}{100\,\text{Tsd.}} = 0{,}05$

Ursprüngl. „Superrauch"-Raucher: 5 Tsd.

Überwechsler von Nichtrauchern: 6 Tsd.

$P(Q \cap Q) \underset{\substack{\uparrow \\ \text{Unabh.} \\ \text{approx.}}}{=} P(Q) \cdot P(Q)$

Überwechsler von Rauchern anderer Marken: 7 Tsd.

$P(Q) = \dfrac{18\,\text{Tsd.}}{100\,\text{Tsd.}} = 0{,}18$

$= 0{,}05^2 = 0{,}0025$

$P(Q \cap Q) \underset{\substack{\uparrow \\ \textit{Unabh.approx.}}}{=} P(Q) \cdot P(Q)$

$= 0{,}18^2 = 0{,}0324$

d) → Binomialverteilung

Nicht-„Superrauch"-Raucher = Nichtraucher + Raucher anderer Marken
(95 Tsd.)   (60 Tsd.)   (35 Tsd.)

Wahrscheinlichkeit p, „Superrauch"-Raucher zu werden:

$$p = \frac{60}{95} \cdot 0{,}10 + \frac{35}{95} \cdot 0{,}20 = 0{,}063 + 0{,}074 = 0{,}137$$

$n = 1$: $P(X = 1) = \binom{1}{1} 0{,}137^1 \cdot 0{,}863^0 = 0{,}137$

$n = 2$:

$$P(X \geq 1) = P(X = 1) + P(X = 2) = \underbrace{\binom{2}{1} 0{,}137^1 \cdot 0{,}863^1}_{=0{,}236} + \underbrace{\binom{2}{2} 0{,}137^2 \cdot 0{,}863^0}_{=0{,}019} = 0{,}255$$

$n = 3$:

$$P(X \geq 1) = P(X = 1) + P(X = 2) + P(X = 3) = \binom{3}{1} 0{,}137^1 \cdot 0{,}863 + \binom{3}{2} 0{,}137^2 \cdot 0{,}863^1$$

$$+ \binom{3}{3} 0{,}137^3 \cdot 0{,}863^0 = 0{,}306 + 0{,}049 + 0{,}003 = 0{,}358 \rightarrow 3 \text{ Personen}$$

Aufgabe 53

a) → Tschebyscheffsche Ungleichung

Gesamter Stromverbrauch in Kleinstadt: $Y = N \cdot \overline{X}$ (hier: $N = 20$ Tsd.)

$$P(|Y - N\mu) < 2{,}5N \cdot \sigma_{\overline{x}}) = 1 - \frac{1}{2{,}5^2} = 1 - \frac{1}{6{,}25} = 1 - 0{,}16 = \underline{0{,}84}$$

b) $P(N\mu - 2{,}5 \cdot N\sigma_{\overline{x}} \leq Y \leq N\mu + 2{,}5 \cdot N \cdot \sigma_{\overline{x}})$

$= \Phi(2{,}5) - \Phi(-2{,}5) = 2 \cdot \Phi(2{,}5) - 1 = 2 \cdot 0{,}9938 - 1 = \underline{0{,}988}$

Begründung für Anwendung der Normalverteilung:

Zentraler Grenzwertsatz (Grenzwertsatz nach Lindeberg und Lévy)

c) Normalverteilung (Anzahl N), da Wahrscheinlichkeitsaussage für gesamte Kleinstadt gemacht wird; Zufallsschwankungen des gesamten Stromverbrauchs ergeben sich aus den zufallsabhängigen Schwankungen des Stromverbrauchs der einzelnen Haushalte.

betrachtete Zufallsvariable: $Y = N \cdot \overline{X}$

$E(Y) = E(N \cdot \overline{X}) = N \cdot E(\overline{X}) = N \cdot \mu = 20.000 \cdot 2.000 = 40 \text{ Mill.}$

$$V(Y) = V(N \cdot \overline{X}) = N^2 V(\overline{X}) = N^2 \cdot \sigma_{\overline{X}}^2 = 20.000^2 \cdot 40^2$$

$$\sqrt{V(Y)} = N \cdot \sigma_{\overline{X}} = 20.000 \cdot 40 = 0{,}8 \text{ Mill.}$$

1. $P(Y > 39) = 1 - P(Y \le 39) = 1 - \Phi\left(\dfrac{39 - 40}{0{,}8}\right) = 1 - \Phi(-1{,}25)$

   $= 1 - [1 - \Phi(1{,}25) = \Phi(1{,}25) = \underline{0{,}8944}$

2. $P(Y \le 41{,}6) = \Phi\left(\dfrac{41{,}6 - 40}{0{,}8}\right) = \Phi(2) = \underline{0{,}9772}$

d) $P(N\mu - z_{0{,}975} \cdot N \cdot \sigma_{\overline{X}} \le Y \le N \cdot \mu + z_{0{,}975} \cdot N \cdot \sigma_{\overline{X}}) = 0{,}95$

   $\Psi(z_{0{,}975}) = 0{,}95 \quad \rightarrow \quad z_{0{,}975} = 1{,}96$

$P(40 - 1{,}96 \cdot 0{,}8 \le Y \le 40 + 1{,}96 \cdot 0{,}8)$

$= P(40 - 1{,}568 \le Y \le 40 + 1{,}568) = P(38{,}432 \le Y \le 41{,}568)$

e) $P(\overline{X} > 2060) = 1 - P(\overline{X} \le 2060) = 1 - \Phi\left(\dfrac{2060 - 2000}{40}\right)$

$= 1 - \Phi(1{,}5) = 1 - 0{,}9394 = \underline{0{,}0606}$

Aufgabe 54

a) Kombinatorik: Auswahl von $n = 3$ aus $N = 5$ o.B.d.A., o.W. → Komb. o.W.

$$K = \binom{N}{n} = \binom{5}{3} = \frac{5 \cdot 4 \cdot 3}{1 \cdot 2 \cdot 3} = \underline{10}$$

b) 95%-Konfidenzintervall für p

1. Konfidenzniveau:

   $1 - \alpha = 0{,}95$

2. Wahl des Konfidenzintervalls

   $\overline{p} = 0{,}60, \quad n = 100$

   $n = 100 > \dfrac{9}{0{,}6 \cdot 0{,}4} = 37{,}5$ (großer Stichprobenumfang)

   → Zentraler Grenzwertsatz von de Moivre und Laplace (Normalverteilung)

   95%-Konfidenzintervall für p:

   $$P\left(\overline{P} - z_{0{,}975} \cdot \sqrt{\frac{\overline{P} \cdot (1 - \overline{P})}{n}} \le p \le \overline{P} + z_{0{,}975} \cdot \sqrt{\frac{\overline{P}(1 - \overline{P})}{n}}\right) = 0{,}95$$

3. $(1-\alpha/2)$-Quantil $z_{1-\alpha/2}$

$$\Psi(z_{0,975}) = 0,95 \quad \rightarrow \quad z_{0,975} = 1,96$$

4. Konkretes 95%-Konfidenzintervall für p

mit $\bar{p} = 0,60, \quad n = 100$

$$[\bar{p} - z_{0,975} \cdot \sqrt{\frac{\bar{p} \cdot (1 - \bar{p})}{n}}; \quad \bar{p} + z_{0,975} \cdot \sqrt{\frac{\bar{p}(1 - \bar{p})}{n}}]$$

$$= [0,60 - 1,96 \cdot \sqrt{\frac{0,60 \cdot 0,40}{100}}; \quad 0,6 + 1,96 \cdot \sqrt{\frac{0,60 \cdot 0,40}{100}}]$$

$$= [0,60 - 1,96 \cdot 0,049; \quad 0,60 + 1,96 \cdot 0,049$$

$$= [0,60 - 0,096; \quad 0,60 + 0,096] = [0,504; \quad 0,696]$$

Interpretation: Der Anteil der zufriedenen Kunden in der GG liegt nach der Intervallschätzung zwischen 50,4 % und 69,6 %. Das ermittelte Konfidenzintervall besitzt ein Konfidenzniveau von 95 %, d.h. nur in 5 %
aller Fälle wird d. unbekannte Anteilswert nicht hierin enthalten sein.

c) Notwendiger Stichprobenumfang:

Fehlermarge e gegeben: $e = 0,05$ | σ^2 unbekannt, deshalb ungünstigster Fall:

$$\sigma*^2 = p * (1 - p*) \text{ mit } p* = 0,5$$

$$n \geq \frac{z_{0,975}^2 \cdot \sigma*^2}{e^2} = \frac{1,96^2 \cdot 0,5^2}{0,05^2} = 384,16 \rightarrow \underline{385}$$

d) Ein-Stichproben-Test über p

1. Hypothesenformulierung:

H_0: $p = 0,5$

H_1: $p \neq 0,5$

$\rightarrow$ zweiseitiger Test

2. Signifikanzniveau α:

$\alpha = 0,01$

3. Wahl und Berechnung der Prüfgröße

$$n = 100 > \frac{9}{0,6 \cdot 0,4} = 37,5 \text{ (großer Stichprobenumfang)}$$

$\rightarrow$ Zentraler Grenzwertsatz von de Moivre und Laplace (Normalverteilung)

$\rightarrow$ Approximativer Binomialtest

Prüfgröße: $Z_0 = \dfrac{\overline{p} - p_0}{\sqrt{\dfrac{p_0 \cdot (1 - p_0)}{n}}} \overset{a}{\sim} N(0,1)$

mit $\overline{p} = 0{,}60, \quad n = 100$:

$z_0 = \dfrac{0{,}20 - 0{,}25}{\sqrt{\dfrac{0{,}25 \cdot 0{,}75}{80}}} = \dfrac{-0{,}05}{\sqrt{0{,}002344}} = \dfrac{-0{,}05}{0{,}0484} = -1{,}0328$

3. Kritische Werte

$\Psi(z_{0{,}995}) = 0{,}99 \quad \rightarrow \quad z_{0{,}995} = 2{,}5758$

$z_{0{,}005} = -z_{0{,}995} = -2{,}5758 \ \text{(Symmetrie)}$

4. Testentscheidung:

$|z_0| = 2{,}00 < |z_{0{,}995}| = 2{,}5758 \Rightarrow H_0 \ \text{annehmen}$

e) Fehler 1. Art: Davon auszugehen, dass der Anteil zufriedener Kunden kleiner oder größer als 50 % ist, obwohl in Wirklichkeit die Hälfte aller Kunden mit dem Produkt zufrieden sind.

Fehler 2. Art: Davon auszugehen, dass die Hälfte aller Kunden mit dem Produkt zufrieden sind, obwohl das in Wirklichkeit nicht der Fall ist.

Aufgabe 55

a) $P(H_1 \cap H_2) = P(H_1) \cdot P(H_2|H_1) = \dfrac{1}{4} \cdot \dfrac{7}{31} = 0{,}0565$

b) $P[(D_1 \cap B_2) \cup (B_1 \cap D_2)] = P(D_1 \cap B_2) + P(B_1 \cap D_2)$

$\uparrow$

disjunkt

$= P(D_1) \cdot P(B_2|D_1) + P(B_1) \cdot P(D_2|B_1)$

$= \dfrac{4}{32} \cdot \dfrac{4}{31} + \dfrac{4}{32} \cdot \dfrac{4}{31} = 2 \cdot \dfrac{1}{8} \cdot \dfrac{4}{31} = 0{,}0323$

c) $P\{[(A_1 \cap Z_2) \cup (Z_1 \cap A_2)] \cap K_3\}$

$= P\{[(A_1 \cap Z_2) \cap K_3] \cup [(Z_1 \cap A_2) \cap K_3]\}$

$= P(A_1) \cdot P(Z_2|A_1) \cdot P(K_3|A_1 \cap Z_2) + P(Z_1) \cdot P(A_2|Z_1) \cdot P(K|A_1 \cap Z_2)$

$= \dfrac{4}{32} \cdot \dfrac{16}{31} \cdot \dfrac{4}{30} + \dfrac{16}{32} \cdot \dfrac{4}{31} \cdot \dfrac{4}{30} = 0{,}0086 + 0{,}0086 = 0{,}0172$

d) Hypergeometrische Verteilung

$N = 30, M = 4, n = 10, x = 3$

$$P(X = 3) = \frac{\binom{M}{x}\binom{N-M}{n-x}}{\binom{N}{n}} = \frac{\binom{4}{3}\binom{30-4}{10-3}}{\binom{30}{10}} = \frac{\binom{4}{3}\binom{26}{7}}{\binom{30}{10}}$$

$$= \frac{\dfrac{4\cdot 3\cdot 2}{1\cdot 2\cdot 3}\cdot \dfrac{26\cdot 25\cdot 24\cdot 23\cdot 22\cdot 21\cdot 20}{1\cdot 2\cdot 3\cdot 4\cdot 5\cdot 6\cdot 7}}{\dfrac{30\cdot 29\cdot 28\cdot 27\cdot 26\cdot 25\cdot 24\cdot 23\cdot 22\cdot 21}{1\cdot 2\cdot 3\cdot 4\cdot 5\cdot 6\cdot 7\cdot 8\cdot 9\cdot 10}} = \frac{4\cdot 20\cdot 2}{3\cdot 29\cdot 21} = \frac{160}{1827} = 0{,}0876$$

e) $E(X) = n\cdot \dfrac{M}{N} = 10\cdot \dfrac{4}{30} = 1{,}333$ In 100 Spielen kann er 13 Buben erwarten.

$$V(X) = n\cdot \frac{M}{N}\cdot \frac{N-M}{N}\cdot \frac{N-n}{N-1} = 10\cdot \frac{4}{30}\cdot \frac{30-4}{30}\cdot \frac{30-10}{30-1}$$

$$= 10\cdot \frac{4}{30}\cdot \frac{26}{30}\cdot \frac{20}{29} = 0{,}7969$$

$$\sigma = \sqrt{V(X)} = \sqrt{0{,}7969} = 0{,}8927$$

Aufgabe 56

a) Witterungsbedingte Verzögerung des Starts eines Flugzeugs → seltenes Ereignis.

Faustregel: $p = 0{,}004 < 0{,}1$ und $n\cdot p = 200\cdot 0{,}004 = 0{,}8 < 5$

→ Poissonverteilung bei 200 Flügen: $\lambda = n\cdot p = 200\cdot 0{,}004 = 0{,}8$

- Verzögerung einmal

$$P(X = 1) = \frac{\lambda^1}{1!}e^{-\lambda} = \frac{0{,}8^1}{1!}e^{-0{,}8} = 0{,}8\cdot e^{-0{,}8} = \underline{0{,}3595}$$

- Verzögerung vier Mal

$$P(X = 4) = \frac{\lambda^4}{4!}\cdot e^{-\lambda} = \frac{0{,}8^4}{4!}\cdot e^{-0{,}8} = \frac{0{,}4096}{24}\cdot e^{-0{,}8} = \underline{0{,}0077}$$

b) $P(X > 4) = 1 - P(X \le 4) = 1 - [P(X = 0) + P(X=1) + P(X=2) + P(X=3) + P(X=4)]$

$$= 1 - \left(\frac{0{,}8^0}{0!}e^{-0{,}8} + 0{,}3595 + \frac{0{,}8^2}{2!}e^{-0{,}8} + \frac{0{,}8^3}{3!}e^{-0{,}8} + 0{,}0077 \right)$$

$$\qquad\qquad\qquad\qquad \text{s. Teil a)} \qquad\qquad\qquad\qquad \text{s. Teil a)}$$

$$= 1 - (0{,}4493 + 0{,}3595 + 0{,}1438 + 0{,}0383 + 0{,}0077)$$

$$= 1 - 0{,}9986 = 0{,}0014$$

c) Geometrische Verteilung

Zufallsvariable X: Anzahl der Misserfolge $\hat{=}$ Anzahl der pünktlichen Starts

Erfolgswahrscheinlichkeit ($\hat{=}$ Wahrscheinl. für Startverzögerung): $p = 4/1000 = 0,004$

- Verzögerung nach 5 pünktlichen Starts ($x = 5$)

$$P(x = 5) = (1 - p)^x \cdot p = 0,996^5 \cdot 0,004 = 0,0039$$

d) - Verzögerung frühestens beim achten Start ($x = 7, 8, 9, 10, ...$)

$$P(X \geq 7) \qquad = 1 - p(x \leq 6) = 1 - [1 - (1 - p)^{(x=6)+1}]$$
$$= (1 - 0,004)^7 = 0,996^7 = 0,9723$$

- Verzögerung spätestens beim zehnten Start ($x = 1, 2, ..., 9$)

$$P(X \leq 9) = 1 - (1 - p)^{(x=9)+1} = 1 - (1 - 0,004)^{10} = 1 - 0,996^{10}$$
$$= 1 - 0,9607 = 0,0393$$

e) $E(X) = \dfrac{1-p}{p} = \dfrac{1-0,004}{0,004} = \dfrac{0,996}{0,004} = 249$

Im Mittel kommt es nach 249 pünktlichen Starts aufgrund ungünstiger Witterungsverhältnisse zu einer Verzögerung.

Aufgabe 57

a) $E(\overline{X}) = E(\dfrac{1}{n}\sum\limits_{i=1}^{n}X_i) = \dfrac{1}{n}E(\sum\limits_{i=1}^{n}X_i) = \dfrac{1}{n}\sum\limits_{i=1}^{n}\underbrace{E(X_i)}_{=\mu} = \dfrac{1}{n} \cdot n \cdot \mu = \underline{\underline{\mu}}$

b)

$$\overline{x} = \frac{1}{n}\sum_{i=1}^{n}x_i = \frac{1}{10}(9,7+9,8+10,2+10,4+9,9+10,8+10,5+10,3+9,8+10,6) = 10,2$$

$$s^2 = \frac{1}{n-1}\sum_{i=1}^{n}(x_i - \overline{x})^2$$

$$= \frac{1}{9}\left[(-0,5)^2 + (-0,4)^2 + 0^2 + 0,2^2 + (-0,3)^2 + 0,6^2 + 0,3^2 + 0,1^2 + (-0,4)^2 + 0,4^2\right]$$

$$= \frac{1}{9}(0,25 + 0,16 + 0 + 0,04 + 0,09 + 0,36 + 0,09 + 0,01 + 0,16 + 0,16) = \frac{1}{9}1,32 = 0,1467$$

$$\rightarrow s = \sqrt{s^2} = \sqrt{0,1467} = 0,3830$$

Berechnung der gesuchten Wahrscheinlichkeiten unter Verwendung der Standardisierung: $Z = \dfrac{X-\mu}{\sigma}$ mit den Punktschätzern $\overline{X} \rightarrow \mu$ und $S \rightarrow \sigma$

- $P(X > 10,7) = 1 - P(X \leq 10,7) = 1 - P(Z \leq \dfrac{10,7 - 10,2}{0,3830} = 1,3055)$

$= 1 - \Phi(1,3055) = 1 - (0,9032 + 0,0009) = 1 - 0,9041 = \underline{0,0959}$

Interpolation:

$\Phi(1,31) = 0,9049$

$\Phi(1,30) = 0,9032$

$$17 \cdot \frac{55}{100} = 9,35 \rightarrow 9$$

c) Berechnung der gesuchten Wahrscheinlichkeit mit Standardisierung: $Z = \dfrac{\overline{X} - \mu}{\sigma / \sqrt{n}}$

$P(\overline{X} < 10) = P\left(Z < \dfrac{10 - 10,2}{0,3830 / \sqrt{10}} \right) = \Phi(-1,65) = 1 - \Phi(1,65) = 1 - 0,9505 = \underline{0,0495}$

d) Ein-Stichproben-Test für μ

1. Hypothesenformulierung

$$H_0 : \mu \leq 10 (= \mu_0), \quad H_1 : \mu > 10 \text{ (rechtsseitiger Test)}$$

2. Signifikanzniveau: $\alpha = 0,01$

3. Wahl und Berechnung der Prüfgröße

- Grundgesamtheit normalverteilt $\left.\vphantom{\begin{array}{c}a\\b\\c\end{array}}\right\}$ Einfacher
- σ^2 unbekannt   t-Test
- n klein (Faustregel: n=10<30)   über μ

Prüfgröße:

$$t = \frac{\overline{x} - \mu}{s / \sqrt{n}} = \frac{10,2 - 10}{0,3830 / \sqrt{10}} = 1,6513$$

4. Kritischer Wert

$$t_{n-1;\, 1-\alpha} = t_{9;\, 0,99} = 2,82$$

5. Testentscheidung

$$t = 1,6513 < t_{9;\, 0,99} = 2,82 \quad \Rightarrow \quad H_0 \text{ beibehalten}$$

Das Stichprobenergebnis ist mit der von dem Unternehmen angestrebten Arbeitszeit von höchstens 10 Min. verträglich, da der Stichprobenmittelwert von 10,2 Min. nicht signifikant von dem Mittelwert 10 Min. abweicht.

Aufgabe 58

a) Konfidenzintervall für p

   1. Konfidenzniveau $1 - \alpha = 0{,}95$

   2. 95%-Konfidenzintervall für p

   Anteil der Befürworter eines Mindestlohnes in der Stichprobe:

$$\bar{p} = \frac{1175}{2500} = 0{,}47$$

$$n = 2500 > \frac{9}{\bar{p} \cdot (1 - \bar{p})} = \frac{9}{0{,}47 \cdot 0{,}53} = 36{,}1$$

   $\rightarrow$ approx. normalverteiltes Konfidenzintervall

$$P\left(\bar{P} - z_{0{,}975} \sqrt{\frac{\bar{P} \cdot (1 - \bar{P})}{n}} \leq p \leq \bar{P} + z_{0{,}975} \sqrt{\frac{\bar{P} \cdot (1 - \bar{P})}{n}} \right) = 0{,}95$$

   3. $(1-\alpha/2)$-Quantil $z_{1-\alpha/2}$ der Standardnormalverteilung
       $\Psi(z_{0{,}975}) = 0{,}95 \quad \rightarrow \quad z_{0{,}975} = 1{,}96$

   4. Konkretes 95%-Konfidenzintervall

$$\left[\bar{p} - z_{0{,}975} \sqrt{\frac{\bar{p} \cdot (1 - \bar{p})}{n}} \,;\, \bar{p} + z_{0{,}975} \sqrt{\frac{\bar{p} \cdot (1 - \bar{p})}{n}} \right]$$

$$= \left[0{,}47 - 1{,}96 \cdot \sqrt{\frac{0{,}47 \cdot 0{,}53}{2500}} \,;\, 0{,}47 + 1{,}96 \sqrt{\frac{0{,}47 \cdot 0{,}53}{2500}} \right]$$

$$= \left[0{,}47 - 1{,}96 \cdot 0{,}00998 \,;\, 0{,}47 + 1{,}96 \cdot 0{,}00998 \right]$$

$$= \left[0{,}47 - 0{,}020 \,;\, 0{,}47 + 0{,}020 \right] = \left[0{,}450 \,;\, 0{,}490 \right]$$

Der unbekannte Anteil der Befürworter eines Mindestlohnes liegt bei einem Konfidenzniveau von 95% in dem Intervall zwischen 45 % und 49%.

b) Stichprobenfehler e (= halbe Länge des Konfidenzintervalls);

$$e = z_{0{,}975} \cdot \sqrt{\frac{\bar{p}(1 - \bar{p})}{n}} = 1{,}96 \cdot \sqrt{\frac{0{,}47 \cdot 0{,}53}{2500}} = 0{,}020$$

   Wirkung der Einflussgrößen auf e:

      Konfidenzniveau (Sicherheitswahrscheinlichkeit)
      $1 - \alpha \uparrow \Rightarrow z_{1-\alpha} \uparrow \Rightarrow e \uparrow$
      für $\bar{p} \leq 0{,}5 : \bar{p} \downarrow (\text{Folge von } p \downarrow) \Rightarrow e \downarrow$

für $\bar{p} < 0,5 : \bar{p} \uparrow$ bei $\bar{p} \leq 0,5$ (Folge von $p \uparrow$) $\Rightarrow e \uparrow$

$n \uparrow \Rightarrow e \downarrow$

c) $e_{alt} = 0,020 \rightarrow \frac{1}{4} e_{alt} = 0,005$

$e_{neu} = e_{alt} - \frac{1}{4} e_{alt} = 0,020 - 0,005 = 0,015$

$n_{neu} = \dfrac{z_{0,975}^2 \cdot p * (1 - p*)}{e_{neu}^2} = \dfrac{1,96^2 \cdot 0,47 \cdot 0,53}{0,015^2}$

$= \dfrac{0,956943}{0,000225} = 4253,1 \rightarrow \underline{4254}$

d) $n = \dfrac{z_{0,975}^2}{4 \cdot e^2} = \dfrac{1,96^2}{4 \cdot 0,015^2} = \dfrac{3,8416}{0,0009} = 4268,4 \rightarrow \underline{4269}$

Aufgabe 59

a) Stichprobenraum: $\Omega = \{k, a, b, c, ab, ac, bc, abc\}$
Ergebnis k: keine Krankmeldung

Mächtigkeit des Stichprobenraums: $|\Omega| = 8$ (endl. Stichprobenraum)

b) - beide Mitarbeiter
ges. $P(A \cap B) \rightarrow$ Multiplikationssatz für unabh. Ereignisse
(konst. Wahrsch. $\hat{=}$ Unabh.)

$P(A \cap B) = P(A) \cdot P(B) = 0,05 \cdot 0,10 = 0,005$

- einer der beiden Mitarbeiter
ges. $(A \cup B) \rightarrow$ allg. Additionssatz (nicht-disjunkte Ereignisse)
$P(A \cup B) = P(A) + P(B) - P(A \cap B) = 0,05 + 0,10 - 0,005 = 0,145$

c) - alle drei Mitarbeiter
$P(A \cap B \cap C) = P(A) \cdot P(B) \cdot P(C) = 0,05 \cdot 0,10 \cdot 0,20 = 0,001$

Unabh.
s. Teil b)

- mind. einer der drei Mitarbeiter

$$P(A \cup B \cup C) = P(A)+P(B)+P(C) - P(A \cap B)-P(A \cap C) - P(B \cap C)+P(A \cap B \cap C)$$

↑

allg. Add.satz s. Teil b)

$$= 0{,}05 + 0{,}10 + 0{,}20 - 0{,}005 - 0{,}010 - 0{,}020 + 0{,}001 = 0{,}316$$

d) • Prüfung der Unabhängigkeit der Ereignisse B und C

      1. Multiplikationssatz für unabhängige Ereignisse

$$P(B \cap C) \overset{?}{=} P(B) \cdot P(C)$$

$$0{,}02 = (0{,}10 \cdot 0{,}20 = 0{,}02)$$

→ Ereignisse B und C sind unabhängig

      2. Bedingte Wahrscheinlichkeit

$$P(C|B) \overset{?}{=} P(C)$$

$$[P(C|B) = \frac{P(B \cap C)}{P(B)} = \frac{0{,}02}{0{,}10} = 0{,}20] = [P(C) = 0{,}20]$$

→ Ereignisse B und C sind unabhängig

• Prüfung der Unabhängigkeit der Ereignisse A, B und C
   1. Multiplikationsansatz für 3 unabhängige Ereignisse

$$P(A \cap B \cap C) \overset{?}{=} P(A) \cdot P(B) \cdot P(C)$$

$$0{,}002 \neq 0{,}05 \cdot 0{,}10 \cdot 0{,}20 = 0{,}001$$

→ Ereignisse A, B und C sind abhängig
   2. Bedingte Wahrscheinlichkeit

$$P(A|B \cap C) \overset{?}{=} P(A) \cdot$$

$$P(A|B \cap C) = \frac{P(A \cap B \cap C)}{P(B \cap C)} = \frac{0{,}002}{0{,}02} = 0{,}10 \neq P(A) = 0{,}05$$

→ Ereignisse A, B und C sind abhängig

Aufgabe 60

a) Wahrscheinlichkeitsfunktion:

$$f(x) = 0 \text{ sonst} \begin{cases} 0{,}75 \text{ für } x = 0 \\ 0{,}20 \text{ für } x = 20.000 \\ 0{,}05 \text{ für } x = 100.000 \end{cases}$$

Verteilungsfunktion:

$$F(x) = \begin{cases} 0 & \text{für } x < 0 \\ 0{,}75 & \text{für } 0 \le x < 20.000 \\ 0{,}95 & \text{für } 20.000 \le x < 100.000 \\ 1 & \text{für } x \ge 100.000 \end{cases}$$

Grafische Darstellung der Verteilungsfunktion:

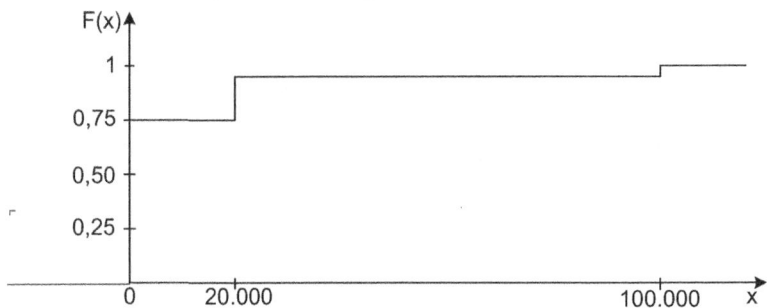

b) $E(X) = \sum\limits_{j=1}^{3} x_j \cdot f(x_j) = 0 \cdot 0{,}75 + 20.000 \cdot 0{,}20 + 100.000 \cdot 0{,}05 = 9.000$

$M = 1{,}25 \cdot E(X) = 1{,}25 \cdot 9.000 = 11.250$

c) $V(X) = E(X^2) - [E(X)]^2$

$= \sum\limits_{j=1}^{3} x_j^2 \cdot f(x_j) - [E(X)]^2$

$= 0^2 \cdot 0{,}75 + 20.000^2 \cdot 0{,}20 + 100.000^2 \cdot 0{,}05 - 5.625^2$

$= 0 + 80.000.000 + 500.000.000 - 81.000.000 = 499.000.000$

$\sqrt{V(X)} = \sqrt{1.268.359.375} = 22.338$

$M = E(X) + \dfrac{1}{25}\sqrt{V(X)} = 9.000 + \dfrac{1}{25} \cdot 22.338 = 9.000 + 894 = \underline{9.894}$

d) $\rightarrow$ Geometrische Verteilung (p = 0,25)

ZV X = Anz. der Leichtathleten ohne Sportinvalidität oder Berufsunfähigkeit

- erst beim achten Leichtathleten
  $P(X = 7) = f(7) = (1 - p)^{x=7} \, p = 0{,}75^7 \cdot 0{,}25 = 0{,}0334$

- spätestens beim vierten Leichtathleten
  $x = 0, 1, 2, 3$ Misserfolge
  $P(X \le 3) = F(3) = 1 - (1 - p)^{(x=3)+1} = 1 - 0{,}75^4 = 1 - 0{,}3164 = 0{,}6836$

296

Aufgabe 61

a) Auswahl k = 2 (Ein- und Ausstiegsbahnhof) aus n = 12

m.B.d.A. (z.B. (B1, B2) unterschiedlich zu (B2, B1))

o.W. (z.B. (B1, B1) nicht möglich)

→ Variationen o.W.

$$V_0 = \frac{n!}{(n-k)!} = \frac{12!}{(12-2)!} = \frac{12!}{10!} = \frac{12 \cdot 11 \cdot 10!}{10!} = 12 \cdot 11 = \underline{132}$$

b) gesuchte Wahrscheinlichkeit:

$$P(A) = \frac{|A|}{|\Omega|} = \frac{\text{Anz. der für A günstigen Ergebnisse}}{\text{Anz. aller möglichen Ergebnisse}} \quad \text{(Gleichmöglichkeitsmodell))}$$

• Anzahl aller möglichen Ergebnisse $|\Omega|$:

  Zustieg von einem, zwei oder drei Kontrolleuren an einem der Bahnhöfe

Auswahl k = 3 aus n = 12 Bahnhöfen

m.B.d.A. (Es ist z.B. ein Unterschied, ob der Kontrolleur A in B1 und der Kontrolleur B in B2 einsteigt oder umgekehrt)

m.W. (Die Kontrolleure A und B können z.B. beiden in B4 einsteigen)

→ Variationen m.W.

$$V_W = n^k = 12^3 = 1728$$

• Anzahl aller günstigen Ergebnisse $|A|$:

Zustieg von zwei oder drei Kontrolleuren an einem der Bahnhöfe

Anzahl der günstigen Ergebnisse für das Komplementärereignis $\overline{A}$ (Zustieg von nur einem Kontrolleur an einem der Bahnhöfe):

Auswahl k = 3 aus n = 12 Bahnhöfen

m.B.d.A. (Es ist z.B. ein Unterschied, ob der Kontrolleur A in B1 und der Kontrolleur B in B2 einsteigt oder umgekehrt)

o.W. (Jeder Kontrolleur steigt an einem anderen Bahnhof in den Zug)

→ Variationen o.W.

$$V_0 = \frac{n!}{(n-k)!} = \frac{12!}{(12-3)!} = \frac{12!}{9!} = \frac{12 \cdot 11 \cdot 10 \cdot 9!}{9!} = 12 \cdot 11 \cdot 10 = 1320$$

$|A| = |\Omega| - |\overline{A}| = 1728 - 1320 = 408$

gesuchte Wahrscheinlichkeit: $P(A) = \dfrac{|A|}{|\Omega|} = \dfrac{408}{1728} = \underline{0,2361}$

c) Ereignis A: von B4 nach B12 fahren

$P(A) = p = 0,20$ (konstante Wahrscheinlichkeit $\hat{=}$ Unabh.)
$n = 5$ (5-malige Wiederholung des Bernoulli-Prozesses)
$\rightarrow$ Binomialverteilung ($n = 5$, $p = 0,20$)

-      mindestens 4

$P(X \geq 4) = P(X=4) + P(X=5)$

$= \begin{pmatrix} 5 \\ 4 \end{pmatrix} \cdot 0,20^4 \cdot 0,80^1 + \begin{pmatrix} 5 \\ 5 \end{pmatrix} \cdot 0,20^5 \cdot 0,80^0 = 5 \cdot \underbrace{0,20^4}_{=0,0016} \cdot 0,80 + \underbrace{0,20^5}_{=0,00032} = \underline{0,0067}$

d) ZV X: Anz. der Passagiere, die die Fahrtstrecke (B4, B12) wählen. ZV X ist
    originär binomialverteilt (s. Teil c) mit den Parametern $n = 100$ und $p = 0,20$

Summenvariable $X = \overset{100}{\underset{i=1}{\sum}} X_i$
                                   $\uparrow$
    0,1-Variablen

Faustregel für Anwendung des Zentralen Grenzwertsatzes von de Moivre/Laplace:

$n = 100 > \dfrac{9}{p(1-p)} = \dfrac{9}{0,20 \cdot 0,80} = \dfrac{9}{16} = 56,25$

$\rightarrow$ ZV X ist approx. normalverteilt mit den Parametern

      $E(X) = n \cdot p = 100 \cdot 0,20 = 20$

      $V(X) = n \cdot p \cdot (1-p) = 100 \cdot 0,20 \cdot 0,80 = 16$

-      ohne Stetigkeitskorrektur

$P(X > 25) = 1 - P(X \leq 25) = 1 - P(Z \leq \dfrac{25-20}{\sqrt{16}})$

$= 1 - P(Z \leq \dfrac{5}{4} = 1,25) = 1 - \Phi(1,25) = 1 - 0,8944 = \underline{0,1056}$

-      $\big[$ mit Stetigkeitskorrektur

$P(X > 25) = 1 - P(X \leq 25) = 1 - P(Z \leq \dfrac{25+0,5-20}{\sqrt{16}})$

$= 1 - P(\dfrac{5,5}{4} = 1,375) = 1 - \Phi(1,375) = 1 - 0,9155 = \underline{0,0845} \big]$

Aufgabe 62

a) $S^2 = \dfrac{1}{n-1}\sum\limits_{i=1}^{n}(X_i - \overline{X})^2 \xrightarrow[\text{erwartungstreu}]{} \sigma^2$

$\overline{x} = \dfrac{1}{8}\sum\limits_{i=1}^{8} x_i = \dfrac{1}{8}(103 + 104 + 95 + 108 + 102 + 105 + 93 + 98) = \dfrac{1}{8}\cdot 808 = 101$

$s^2 = \dfrac{1}{7}\sum\limits_{i=1}^{8}(x_i - \overline{x})^2 = \dfrac{1}{7}[(103 - 101)^2 + (104 - 101)^2 + (95 - 101)^2 + (108 - 101)^2$

$+ (102 - 101)^2 + (105 - 101)^2 + (93 - 101)^2 + (98 - 101)^2]$

$= \dfrac{1}{7}[2^2 + 3^2 + (-6)^2 + 7^2 + 1^2 + 4^2 + (-8)^2 + (-3)^2]$

$= \dfrac{1}{7}(4 + 9 + 36 + 49 + 1 + 16 + 64 + 9) = \dfrac{1}{7}\cdot 188 = \underline{26,857}$

$s^{*2} = \dfrac{1}{8}\sum\limits_{i=1}^{8}(x_i - \overline{x})^2 = \dfrac{7}{8}s^2 = \dfrac{7}{8}\cdot 26,857 = 23,500$

Bias bei einer Verwendung von S^{*2}:

$E(S^{*2}) - E(S^2) = \dfrac{n-1}{n}\sigma^2 - \sigma^2 = -\dfrac{1}{n}\sigma^2$

Geschätzter Bias: $-\dfrac{1}{8}\hat{\sigma}^2 = -\dfrac{1}{8}s^2 = -\dfrac{1}{8}\cdot 26,857 = \underline{-3,357}$

b) 90%-Konfidenzintervall für μ

1. Festlegung des Konfidenzniveaus:

    $1 - \alpha = 0{,}90$

2. Wahl des $(1-\alpha)$-Konfidenzintervalls

-   Varianz σ^2 unbekannt
-   $n = 8 < 30$ (kleiner Stichprobenumfang)
$\rightarrow$ t-verteiltes Konfidenzintervall

$$P(\overline{X} - t_{n-1;\,0,975}\cdot \dfrac{S}{\sqrt{n}} \leq \mu \leq \overline{X} + t_{n-1;\,0,975}\cdot \dfrac{S}{\sqrt{n}}) = 0{,}95$$

3. Ermittlung des $(1-\alpha/2)$-Quantil

    $t_{n-1;\,1-\alpha} = t_{7;\,0,95} = 1{,}90$

4. Konkretes 90%-Konfidenzintervall

    $n = 8,\ \overline{x} = 101,\ s = \sqrt{26{,}857} = 5{,}1824$

$$[\bar{x} - t_{7;0,95} \cdot \frac{s}{\sqrt{n}}; \bar{x} + t_{7;0,95} \cdot \frac{s}{\sqrt{n}}]$$

$$= [101 - 1,90 \cdot \underbrace{\frac{5,1824}{\sqrt{8}}}_{=1,8323}; 101 + 1,90 \cdot \frac{5,1824}{\sqrt{8}}]$$

$$= [101 - 3,4813; 101 + 3,4813] = [97,5187; 104,4813]$$

c) Ein-Stichproben-Test über μ

1.   Null- und Alternativhypothese

$H_0 : \mu \geq 105,$ $H_1 : \mu < 105$ (linkss. Test)

2.   Signifikanzniveau:

$\alpha = 0,01$

3.   Wahl und Berechnung der Prüfgröße

-   Varianz σ^2 unbekannt
-   n=8 < 30 (kleiner Stichprobenumfang)

$\rightarrow$ Einfacher t-Test

mit $\bar{x} = 101, s = \sqrt{26,857} = 5,1824$ (s. Teile a und b)

Prüfgröße: $t_0 = \dfrac{\bar{x} - \mu}{s/\sqrt{n}} = \dfrac{101 - 105}{5,1824/\sqrt{8}} = \dfrac{-4}{1,8323} = -2,1830$

4.   Kritischer Wert

$t_{n-1; 1-\alpha} = t_{7; 0,99} = 3,00 \rightarrow t_{n-1; \alpha} = t_{7; 0,01} = -3,00$

5.   Testentscheidung

$t_0 = -2,1830 > t_{7; 0,01} = -3,00 \Rightarrow H_0$ annehmen

d) Fehler 1. Art: Davon auszugehen, dass ohne erneutes Aufladen der Batterie im Mittel weniger als 105 Fotos gemacht werden können, obwohl in Wirklichkeit mindestens 105 Fotos möglich sind.

Fehler 2. Art: Davon auszugehen, dass ohne erneutes Aufladen der Batterie im Mittel mindestens 105 Fotos gemacht werden können, obwohl es tatsächlich weniger als 105 sind.

Aufgabe 63

a) Auswahl 5 aus 37

o.B.d.A., o.W. →Kombinationen o.W.

$$K = \binom{37}{5} = \frac{37 \cdot 36 \cdot 35 \cdot 34 \cdot 33}{1 \cdot 2 \cdot 3 \cdot 4 \cdot 5} = \underline{435.897}$$

b) $P(\overline{R} \cap \overline{R} \cap \overline{R} \cap \overline{R} \cap \overline{R}) \underset{\text{unabh.}}{=} [P(\overline{R})]^5 = \left(\frac{19}{37}\right)^5 = \underline{0,036}$

c) → Geometrische Verteilung $\left(p = \frac{1}{37} \right)$

Zufallsvariable X: Anzahl der Spiele, bei denen keine Null eintritt

- genau beim sechsten Einsatz

$$P(X = 5) = \left(\frac{36}{37}\right)^5 \cdot \frac{1}{37} = \underline{0,024}$$

- spätestens nach dem achten Einsatz (= höchstens 8 Fehlversuche)

$$P(X \le 7) = F(7) = 1 - \left(\frac{36}{37}\right)^9 = 1 - 0,781 = \underline{0,219}$$

d) → Poissonverteilung

$$\lambda = n \cdot p = 100 \cdot \frac{1}{37} = 2,7027$$

$$P(X > 2) = 1 - P(X \le 2) = 1 - [P(X = 0) + P(X = 1) + P(X = 2)]$$

$$= 1 - (e^{-2,7027} + 2,7027 \cdot e^{-2,7027} + \frac{2,7027^2}{2} \cdot e^{-2,7027})$$

$$= 1 - (0,067 + 0,181 + 0,245) = 1 - 0,493 = \underline{0,507}$$

e) Faustregel: $n > \dfrac{9}{p(1-p)} = \dfrac{9}{\dfrac{1}{37} \cdot \dfrac{36}{37}} = \dfrac{9 \cdot 37^2}{36} = 342,25 \quad n > 343$

Aufgabe 64

a) Die gegebene Wahrscheinlichkeitsverteilung ist

(x) diskret   ( ) mehrdimensional   ( ) bedingt

( ) qualitativ   ( ) stetig   (x) eindimensional

b)

j	1	2	3	4	5	6
x_j	0,00	0,02	0,04	0,06	0,08	0,10
$F(x_j)$	0,10	0,30	0,50	0,80	0,90	1,00

c) $E(X) = \sum_{j=1}^{6} x_j \cdot P(X = x_j) = 0,00 \cdot 0,10 + 0,02 \cdot 0,20 + 0,04 \cdot 0,20$

$$+ 0,06 \cdot 0,30 + 0,08 \cdot 0,10 + 0,10 \cdot 0,10 = \underline{0,048}$$

$V(X) = \sum_{j=1}^{6} x_j^2 \cdot P(X = x_j) - [E(X)]^2$

$$= 0,00^2 \cdot 0,10 + 0,02^2 \cdot 0,20 + 0,04^2 \cdot 0,20 + 0,06^2 \cdot 0,30$$

$$+ 0,08^2 \cdot 0,10 + 0,10^2 \cdot 0,10 - 0,048^2 = 0,00312 - 0,002304 = \underline{0,000816}$$

d)

Standardabweichung: $\sigma = \sqrt{\text{Var}(X)} = \sqrt{0,000816} = 0,029$

1σ-Intervall um μ: $[\mu - \sigma; \quad \mu + \sigma]$

$$= [0,048 - 0,029; \quad 0,048 + 0,029]$$

$$= [0,019; \quad 0,077]$$

$P(\mu - \sigma \leq X \leq \mu + \sigma) = P(0,019 \leq X \leq 0,077)$

$= P(X = 0,02) + P(X = 0,04) + P(X = 0,06) = 0,20 + 0,20 + 0,30 = \underline{0,70}$

e)

Die Wahrscheinlichkeit dafür, dass die Wachstumsrate der Investitionen zwischen 4 und 8 % liegen wird, ist

(x) genau so groß wie die Wahrscheinlichkeit für das Intervall von 3 bis 9 %,

(x) genau 0,60

302

Aufgabe 65

a) $\rightarrow$ Binomialverteilung (n = 5, p = 0,485)

X Anzahl der Mädchen

- genau 2 Mädchen

$$P(X = 2) = \binom{5}{2}0,485^2 \cdot 0,515^3 = \frac{5 \cdot 4^2}{1 \cdot 2} \cdot 0,485^2 \cdot 0,515^3 = \underline{0,321}$$

- genau 2 Jungen

$$P(X = 3) = \binom{5}{3}0,485^3 \cdot 0,515^2 = \frac{5 \cdot 4 \cdot 3}{1 \cdot 2 \cdot 3} 0,485^3 \cdot 0,515^2 = \underline{0,303}$$

- höchstens 3 Mädchen

$$P(X \le 3) = P(X = 0) + P(X = 1) + P(X = 2) + P(X = 3)$$
$$= 0,515^5 + 5 \cdot 0,485^1 \cdot 0,515^4 + 0,321 + 0,303$$
$$= 0,036 + 0,171 + 0,321 + 0,303 = \underline{0,831}$$

b)

n = 2: $P(X=2) = 0,485^2 = 0,235$

n = 3: $P(X=2) + P(X=3) = \binom{3}{2}0,485^2 \cdot 0,515 + 0,485^3 = 0,363 + 0,114 = 0,477$

n = 4: $P(X=2) + P(X=3) + P(X=4)$

$$= \binom{4}{2}0,485^2 \cdot 0,515^2 + \binom{4}{3}0,485^3 \cdot 0,515 + 0,485^4 = 0,374 + 0,235 + 0,055 = 0,664,$$

d.h. mindestens 4 Kinder

c) Grenzwertsatz von de Moivre und Laplace

Normalverteilung $[\,n = 100 > \dfrac{9}{p(1-p)} = \dfrac{9}{0,485 \cdot 0,515} = 36,03\,]$

$E(X) = n \cdot p = 100 \cdot 0,485 = 48,5$
$V(X) = n \cdot p \cdot (1-p) = 100 \cdot 0,485 \cdot 0,515 = 24,9775$

- weniger als ein Viertel (= 25)

$$P(X < 25) = P(Z < \frac{25 - 48,5}{\sqrt{24,9775}}) = P(Z < \frac{25 - 48,5}{4,9977})$$

$$= \Phi(-4,702) = 1 - \Phi(4,702) = 1 - 1 = \underline{0}$$

-   mehr als ein Drittel (= mehr als 33)

$$P(X > 33) = 1 - P(X \le 33) = 1 - P(Z \le \frac{33 - 48,5}{4,9977})$$

$$= 1 - \Phi(-3,101) = 1 - [1 - \Phi(3,101)] = \Phi(3,101) = \underline{0,999}$$

d)

$$P(n \cdot p - z_{0,95} \cdot \sqrt{n \cdot p \cdot (1-p)} \le X \le n \cdot p + z_{0,95} \cdot \sqrt{n \cdot p \cdot (1-p)}) = 0,90$$

$$\psi(z) = 0,90 \rightarrow z_{0,95} = 1,6449$$

$$P(48,5 - 1,6449 \cdot 4,9977 \le X \le 48,5 + 1,6449 \cdot 4,9977)$$

$$= P(48,5 - 8,2 \le X \le 48,5 + 8,2) = P(40,3 \le X \le 56,7)$$

Aufgabe 66

a)

$P(B2|B1) = 0,9 \ne P(B2) = 0,80$ $\rightarrow$ B1 und B2 sind stochastisch abhängig

$P(B3|B1) = 0,9 = P(B3) = 0,90$ $\rightarrow$ B1 und B3 sind stochastisch unabhängig

$P(B3|B2) = 0,9 = P(B3) = 0,90$ $\rightarrow$ B2 und B3 sind stochastisch unabhängig

b) $\rightarrow$ Allg. Additionssatz für 2 Ereignisse

$$P(B1) = 0,80, \ P(B2) = 0,80, \ P(B3) = 0,90$$

$$P(B2|B1) = 0,90$$

-   B1 oder B2

$$P(B1 \cup B2) = P(B1) + P(B2) - P(B1 \cap B2)$$

$$[\ P(B1 \cap B2) = P(B2|B1) \cdot P(B1) = 0,90 \cdot 0,80 = 0,72$$

$\rightarrow$ Allg. Multiplikationssatz für 2 Ereignisse]

$$= 0,80 + 0,80 - 0,72 = \underline{0,88}$$

-   B2 oder B3

$$P(B2 \cup B3) = P(B2) + P(B3) - P(B2 \cap B3)$$

$$[\ P(B2 \cap B3) = P(B2) \cdot P(B3) = 0,80 \cdot 0,90 = 0,72$$

$\rightarrow$ Multiplikationssatz für 2 unabhängige Ereignisse]

$$= 0,80 + 0,90 - 0,72 = \underline{0,98}$$

c) → Allg. Multiplikationssatz für 3 Ereignisse

$P(B1 \cap B2 \cap B3) = P(B1) \cdot P(B2|B1) \cdot P(B3|B1 \cap B2)$

[mit $P(B1) = 0{,}80$, $P(B2|B1) = 0{,}90$,

$P(B3|B1 \cap B2) = P(B3) = 0{,}90$,

da $P(B3|B1) = P(B3)$ und $P(B3|B1) = P(B3)$ (s. Hinweis)]

$$= 0{,}80 \cdot 0{,}90 \cdot 0{,}90 = \underline{0{,}648}$$

d) Allg. Additionssatz für 3 Ereignisse

$P(B1 \cup B2 \cup B3) = P(B1) + P(B2) + P(B3) - P(B1 \cap B2) - P(B1 \cap B3)$

$$- P(B2 \cap B3) + P(B1 \cap B2 \cap B3)$$

[$P(B1 \cap B2) = P(B2|B1) \cdot P(B1) = 0{,}90 \cdot 0{,}80 = 0{,}72$
(Stochastische Abhängigkeit von B1 und B3)

$P(B1 \cap B3) = P(B3|B1) \cdot P(B1) = P(B3) \cdot P(B1) = 0{,}90 \cdot 0{,}80 = 0{,}72$
(Stochastische Unabhängigkeit von B1 und B3)

$P(B2 \cap B3) = P(B3|B2) \cdot P(B2) = P(B3) \cdot P(B2) = 0{,}90 \cdot 0{,}80 = 0{,}72$
(Stochastische Unabhängigkeit von B1 und B3)

$P(B1 \cap B2 \cap B3) = 0{,}648$ (s. Teil c)]

$$= 0{,}80 + 0{,}80 + 0{,}90 - 0{,}72 - 0{,}72 - 0{,}72 + 0{,}648 = \underline{0{,}988}$$

e) Allg. Multiplikationssatz für 3 Ereignisse

$P(B3 \cap \overline{B2} \cap \overline{B1}) = P(\overline{B1}) \cdot P(\overline{B2}|\,\overline{B1}) \cdot P(B3|\,\overline{B1} \cap \overline{B2})$

$P(\overline{B1}) = 1 - P(B1) = 1 - 0{,}80 = 0{,}20$

$P(\overline{B1}) = 1 - P(B1) = 1 - 0{,}80 = 0{,}20$

$P(B3|\,\overline{B1} \cap \overline{B2}) = P(B3) = 0{,}90$,

da $P(B3|\,\overline{B1}) = P(B3)$ und $P(B3|\,\overline{B2}) = P(B3)$ (s. Hinweis)]

$P(\overline{B2}|\,\overline{B1})$ lässt sich aus einer Vierfeldertafel bestimmen:

	B2	$\overline{B2}$	
B1	Aus Teil b): $P(B1 \cap B2) = 0{,}72$	$P(B1 \cap \overline{B2}) = 0{,}08$	0,80
$\overline{B1}$	$P(\overline{B1} \cap B2) = 0{,}08$	$P(\overline{B1} \cap \overline{B2}) = 0{,}12$	0,20
	0,80	0,20	1

$P(B3 \cap \overline{B2} \cap \overline{B1}) = \underbrace{P(\overline{B1})}_{=0{,}20} \cdot \underbrace{P(\overline{B2}|\,\overline{B1})}_{=0{,}12} \cdot \underbrace{P(B3|\,\overline{B1} \cap \overline{B2})}_{=0{,}90}$

$$= 0{,}20 \cdot 0{,}12 \cdot 0{,}90 = \underline{0{,}0216}$$

Aufgabe 67

a) Binomialverteilung mit n=12 und p=0,04

Zufallsvariable X: Anzahl der verpassten Anschlusszüge durch Zugverspätung

- mindestens zweimal

$$P(X \geq 2) = 1 - P(X \leq 1) = 1 - [P(X = 0) + P(X = 1)]$$

$$= 1 - \left[\binom{12}{0} \cdot 0,04^0 \cdot 0,96^{12} + \binom{12}{1} \cdot 0,04^1 \cdot 0,96^{11} \right]$$

$$= 1 - \left(\frac{12!}{0! \cdot 12!} \cdot 0,04^0 \cdot 0,96^{12} + \frac{12!}{1! \cdot 11!} \cdot 0,04^1 \cdot 0,96^{11} \right)$$

$$= 1 - \left(0,96^{12} + 12 \cdot 0,04 \cdot 0,96^{11} \right) = 1 - (0,6127 + 0,3064)$$

$$= 1 - 0,9191 = \underline{0,0809}$$

- höchstens dreimal

$$P(X \leq 3) = \underbrace{P(X = 0) + P(X = 1)}_{= 0,9191 \text{ s. Teil a)}} + P(X = 2) + P(X = 3)$$

$$= 0,9191 + \binom{12}{2} \cdot 0,04^2 \cdot 0,96^{10} + \binom{12}{3} \cdot 0,04^3 \cdot 0,96^9$$

$$= 0,9191 + \frac{12!}{2! \cdot 10!} \cdot 0,04^2 \cdot 0,96^{10} + \frac{12!}{3! \cdot 9!} \cdot 0,04^3 \cdot 0,96^9$$

$$= 0,9191 + 66 \cdot 0,0016 \cdot 0,6648 + 220 \cdot 0,000064 \cdot 0,6925$$

$$= 0,9191 + 0,0702 + 0,0098 = \underline{0,9991}$$

b) Poissonverteilung mit $\lambda = n \cdot p = 12 \cdot 0,04 = 0,48$

Zufallsvariable X: Anzahl der verpassten Anschlusszüge durch Zugverspätung

- mindestens zweimal

$$P(X \geq 2) = 1 - P(X \leq 1) = 1 - [P(X = 0) + P(X = 1)]$$

$$= 1 - \left(\frac{0,48^0}{0!} e^{-0,48} + \frac{0,48^1}{1!} e^{-0,48} \right) = 1 - \left(e^{-0,48} + 0,48 \cdot e^{-0,48} \right)$$

$$= 1 - (0,6188 + 0,2970) = 1 - 0,9158 = \underline{0,0842}$$

- höchstens dreimal

$$P(X \leq 3) = \underbrace{P(X = 0) + P(X = 1)}_{=0,9885 \text{ s. o.}} + P(X = 2) + P(X = 3)$$

$$= 0,9158 + \frac{0,48^2}{2!} e^{-0,48} + \frac{0,48^3}{3!} e^{-0,48}$$

$$= 0,9158 + 0,1152 \cdot 0,6188 + 0,0184 \cdot 0,6188$$

$$= 0,9158 + 0,0713 + 0,0114 = \underline{0,9985}$$

c) Zufallsvariable X:Anzahl der verpassten Anschlusszüge durch Zugverspätung

großer Stichprobenumfang: $n = 324 > \dfrac{9}{0,04 \cdot 0,96} = 234,75$

→ Zentraler Grenzwertsatz von de Moivre und Laplace

ZV X ist approximativ normalverteilt mit

$E(X) = n \cdot p = 324 \cdot 0,04 = 12,96$

$V(X) = n \cdot p \cdot (1-p) = 324 \cdot 0,04 \cdot 0,96 = 12,4416$

- mindestens 20 Fällen

$$P(X \geq 20) = 1 - P(X < 20) = 1 - P\left(Z < \frac{20 - 12,96}{\sqrt{12,4416}} \right)$$

$$= 1 - \Phi(2,00) = 1 - 0,9772 = \underline{0,0228}$$

- höchstens 10 Fällen

$$P(X \leq 10) = P\left(Z \leq \frac{10 - 12,96}{\sqrt{12,4416}} \right) = \Phi(-0,84) = 1 - \Phi(0,84)$$

$$= 1 - 0,7995 = \underline{0,2005}$$

d) Erhöhung um 10%:

$$P(X \leq 10) \cdot 1,10 = P\left(Z \leq \frac{10 - n \cdot 0,04}{\sqrt{n \cdot 0,04 \cdot 0,96}} \right) = 0,2005 \cdot 1,10 = 0,2206$$

Komplementärwahrscheinlichkeit:

$$1 - P\left(Z \leq \frac{10 - n \cdot 0,04}{\sqrt{n \cdot 0,04 \cdot 0,96}} \right) = 1 - 0,2206 = 0,7794 = \Phi(0,77)$$

z-Wert für die gesuchte Wahrscheinlichkeit:

$$\Phi(-0,77) = P\left(Z \le \frac{10 - n \cdot 0,04}{\sqrt{n \cdot 0,04 \cdot 0,96}} \right) = 0,2206$$

Standardisierung:

$$(z = -0,77) = \frac{10 - n \cdot 0,04}{\sqrt{n \cdot 0,04 \cdot 0,96}} \Leftrightarrow -0,77 \cdot \sqrt{0,0384} \cdot \sqrt{n} = 10 - n \cdot 0,04$$

$$\Leftrightarrow n \cdot 0,04 - 0,77 \cdot \sqrt{0,0384} \cdot \sqrt{n} - 10 = 0 \Leftrightarrow n - 3,7722 \cdot \sqrt{n} - 250 = 0$$

$$n^2 - 14,2295 \cdot n - 62500 = 0$$

$$n_{1/2} = -\frac{-14,2295}{2} \pm \sqrt{\left(\frac{-14,2295}{2}\right)^2 - (-62500)}$$

$$= 7,1147 \pm \sqrt{62550,6196} = 7,1147 \pm 250,1012$$

$$n_1 = 257,2159 \wedge \quad n_2 = -242,9865$$

$$\rightarrow n = \underline{258}$$

e) Die in Teil c) durchgeführte Berechnung bezieht sich auf

(x) den direkten Schluss,   (x) eine Summenvariable

Aufgabe 68

a) Auswahl $n = 2$ aus $N = 5$
   - ohne Berücksichtigung der Anordnung
   $\rightarrow$ Kombinationen

   - ohne Zurücklegen
   $\rightarrow$ Kombinationen ohne Wiederholung

$$K_o = \binom{N}{n} = \binom{5}{2} = \frac{5!}{2! \cdot (5-2)!} = \frac{5 \cdot 4}{1 \cdot 2} = \underline{10}$$

   - mit Zurücklegen
   $\rightarrow$ Kombinationen mit Wiederholung

$$K_w = \binom{N+n-1}{n} = \binom{5+2-1}{2} = \frac{6!}{2! \cdot (6-2)!} = \frac{6 \cdot 5}{1 \cdot 2} = \underline{15}$$

b) Stichprobenverteilung von $\overline{X}$ für n=2 (Ziehen ohne Zurücklegen):

$\overline{X} = \overline{x}$	Stichproben	$P(\overline{X} = \overline{x})$
(3+4)/2 =3,5	{WP4 (3), WP2 (4)}, {WP4 (3), WP5 (4)}	2/10 = 0,2
(4+4)/2 = 4	{WP2 (3), WP5 (4)}	1/10 = 0,1
(3+6)/2 = 4,5	{WP4 (3), WP1 (6)}	1/10 = 0,1
(4+6)/2 = 5	{WP2 (3), WP1 (6)}, {WP5 (3), WP1 (6)}	2/10 = 0,2
(3+8)/2 = 5,5	{WP4 (3), WP3 (8)}	1/10 = 0,1
(4+8)/2 = 6	{WP2 (4), WP3 (8)}, {WP5 (4), WP3 (8)}	2/10 = 0,2
(6+8)/2 = 7	{WP1 (6), WP3 (8)}	1/10 = 0,1

c) • Mittelwert der Grundgesamtheit:

$$\mu = E(X) = \sum_{j=1}^{4} x_j \cdot P(X = x_j)$$

$$= 3 \cdot \frac{1}{5} + 4 \cdot \frac{2}{5} + 6 \cdot \frac{1}{5} + 8 \cdot \frac{1}{5} = 0,6 + 1,6 + 1,2 + 1,6 = \underline{5}$$

• Erwartungswert des Stichprobenmittels für n=2:

$$E(\overline{X}) = \sum_{l=1}^{7} \overline{x}_\ell \cdot P(\overline{X} = \overline{x}_\ell)$$

$$= 3,5 \cdot 0,2 + 4 \cdot 0,1 + 4,5 \cdot 0,1 + 5 \cdot 0,2 + 5,5 \cdot 0,1 + 6 \cdot 0,2 + 7 \cdot 0,1$$

$$= 0,7 + 0,4 + 0,45 + 1 + 0,55 + 1,2 + 0,7 = \underline{5}$$

d) $\sigma^2 = V(X) = E(X^2) - [E(X)]^2 = \sum_{j=1}^{4} x_j^2 \cdot P(X = x_j) - [E(X)]^2$

$$= 3^2 \cdot \frac{1}{5} + 4^2 \cdot \frac{2}{5} + 6^2 \cdot \frac{1}{5} + 8^2 \cdot \frac{1}{5} - 5^2$$

$$= 1,8 + 6,4 + 7,2 + 12,8 - 25 = 28,2 - 25 = 3,2$$

$$V(\overline{X}) = \frac{\sigma^2}{n} \cdot \frac{N-n}{N-1} = \frac{3,2}{2} \cdot \frac{5-2}{5-1} = 1,6 \cdot \frac{3}{4} = \underline{1,2}$$

e) • Varianz des Punktschätzers $\hat{\mu}_1 = \overline{X}$ (effizienter Schätzer)

$$V(\hat{\mu}_1 = \overline{X}) = \frac{\sigma^2}{n} \quad \text{(kleinste Varianz)}$$

für n=2: $V(\hat{\mu}_1 = \overline{X}) = \dfrac{\sigma^2}{2}$

• Varianz des Punktschätzers $\hat{\mu}_2 = X_1$

$$V(\hat{\mu}_2 = X_1) = \sigma^2$$

$$V(\hat{\mu}_2 = X_1) = \sigma^2 > V(\hat{\mu}_1 = \overline{X}) = \frac{\sigma^2}{n} \quad \text{für } n \geq 2$$

$$\Rightarrow \hat{\mu}_2 = X_1 \text{ ist nicht effizient}$$

Aufgabe 69

a) 95%-Konfidenzintervall für p

1. Festlegung des Konfidenzniveaus

$$1-\alpha = 0,95$$

2. Wahl eines $(1-\alpha)$-Konfidenzintervalls

   - unbekannte Wahrscheinlichkeit p
   - großer Stichprobenumfang: $n = 625 > \dfrac{9}{0,04 \cdot 0,96} = 234,75$

   → normalverteiltes Konfidenzintervall für p

$$P\left(\overline{P} - z_{0,975} \cdot \sqrt{\frac{\overline{P} \cdot (1-\overline{P})}{n}} \leq p \leq \overline{P} + z_{0,975} \cdot \sqrt{\frac{\overline{P} \cdot (1-\overline{P})}{n}} \right) = 0,95$$

3. Ermittlung des $(1-\alpha)$-Quantils

$$\Psi(z_{0,975}) = 0,95 \quad \rightarrow \quad z_{0,975} = 1,96$$

4. Konkretes 95%-Konfidenzintervall für p:

Stichprobenanteilswert: $\overline{p} = \dfrac{25}{625} = 0,04$

$$\left[\overline{p} - z_{0,975} \cdot \sqrt{\frac{\overline{p} \cdot (1-\overline{p})}{n}} \, ; \, \overline{p} + z_{0,975} \cdot \sqrt{\frac{\overline{p} \cdot (1-\overline{p})}{n}} \right]$$

$$= \left[0,04 - 1,96 \cdot \sqrt{\frac{0,04 \cdot 0,96}{625}} \, ; \, 0,04 + 1,96 \cdot \sqrt{\frac{0,04 \cdot 0,96}{625}} \right]$$

$$= [\, 0,04 - 1,96 \cdot 0,0078; \ 0,04 + 1,96 \cdot 0,0078 \,]$$

$$= [\, 0,04 - 0,015; \ 0,04 + 0,015 \,] = [\, 0,025; \ 0,055 \,]$$

b) • Notwendiger Stichprobenumfang

Vorabinformation: p* = 0,04 (aus vorheriger Stichprobe)
Fehlermarge (Stichprobenfehler): 0,01

$$n = \frac{z_{0,975}^2 \cdot p^* \cdot (1 - p^*)}{e^2} = \frac{1,96^2 \cdot 0,04 \cdot 0,96}{0,01^2} = \frac{0,1475}{0,0001} = \underline{1475}$$

c) Ein-Stichproben-Test über p

1. Hypothesenformulierung

Nullhypothese H_0: $p \geq 0,06$
Alternativhypothese H_1: $p < 0,06$ (linksseitiger Test)

2. Festlegung des Signifikanzniveaus

$\alpha = 0,01$

3. Wahl und Berechnung der Prüfgröße

- unbekannte Wahrscheinlichkeit p
- großer Stichprobenumfang: $n = 625 > \dfrac{9}{0,06 \cdot 0,94} = 159,6$

$\rightarrow$ Approximativer Binomialtest

Prüfgröße:

$$z_0 = \frac{\overline{p} - p_0}{\sqrt{\dfrac{p_0 \cdot (1 - p_0)}{n}}} = \frac{0,04 - 0,06}{\sqrt{\dfrac{0,06 \cdot 0,94}{625}}} = \frac{-0,02}{0,00949947} = -2,1054$$

4. Ermittlung des kritischen Wertes

$$\Phi(z_{1-\alpha}) = \Phi(z_{0,99}) = 0,99 \; \rightarrow \; z_{0,99} = 2,3263$$
$$\rightarrow \; z_{0,01} = -2,3263$$

5. Testentscheidung

$(z_0 = -2,1054) > (z_{0,01} = -2,3263) \; \Rightarrow \; H_0$ annehmen

d) Fehler 1. Art: Zu behaupten, dass die Wahrscheinlichkeit, durch eine Zugverspätung den Anschlusszug zu verpassen, geringer als 6% ist, obwohl sie in Wirklichkeit mindestens 6% beträgt.

Fehler 2. Art: Zu behaupten, dass die Wahrscheinlichkeit, durch eine Zugverspätung den Anschlusszug zu verpassen, mindestens 6% beträgt, obwohl sie in Wirklichkeit geringer ist.

e)

Alternativhypothese H_1: $p = 0{,}03$

$$\beta = P\left(\overline{P} \geq \overline{p}_{0{,}01} \big| H_1\right) = P\left(Z \geq \frac{\overline{p}_{0{,}01} - p_1}{\sqrt{p_1 \cdot (1 - p_1)/n}}\right)$$

$$z_{0{,}01} = \frac{\overline{p}_{0{,}01} - p_0}{\sqrt{p_0 \cdot (1 - p_0)/n}}$$

$$\overline{p}_{0{,}01} = p_0 + z_{0{,}01} \cdot \sqrt{p_0 \cdot (1 - p_0)/n}$$

$$\overline{p}_{0{,}01} = 0{,}06 - 2{,}3263 \cdot \sqrt{0{,}06 \cdot 0{,}94/625} = 0{,}06 - \underbrace{2{,}3263 \cdot 0{,}00949947}_{=0{,}0221} = 0{,}0379$$

$$= P\left(Z \geq \frac{0{,}0379 - 0{,}03}{\sqrt{(0{,}03 \cdot 0{,}97)/625}}\right) = P(Z \geq 1{,}16) = 1 - P(Z < 1{,}16)$$

$$= 1 - \Phi(1{,}16) = 1 - 0{,}8770 = \underline{0{,}1230}$$

Aufgabe 70

a)

Zufallsvariable X: Anzahl der Realisationen bestimmter Ereignisse A bestehend aus verschiedenen Zahlen zwischen 1 und 12

Modell „Ziehen mit Zurücklegen" (stochastische Unabhängigkeit)

8-malige Wiederholung eines Bernoulli-Prozesses

$\rightarrow$ Binomialverteilung mit Parametern n=8 und p unterschiedlich

-   mindestens 3-mal eine gerade Zahl

Binomialverteilung mit n=8 und p=1/2

$$P(X \geq 3) = 1 - P(X \leq 2) = 1 - P(X = 0) + P(X = 1) + P(X = 2)]$$

$$= 1 - \left[\binom{8}{0}\cdot\left(\frac{1}{2}\right)^0\cdot\left(\frac{1}{2}\right)^8 + \binom{8}{1}\cdot\left(\frac{1}{2}\right)^1\cdot\left(\frac{1}{2}\right)^7 + \binom{8}{2}\cdot\left(\frac{1}{2}\right)^2\cdot\left(\frac{1}{2}\right)^6\right]$$

$$= 1 - \left(\frac{1}{256} + 8\cdot\frac{1}{256} + \frac{8\cdot7}{1\cdot2}\frac{1}{256}\right)$$

$$= 1 - (0{,}0039 + 0{,}0313 + 0{,}1094) = 1 - 0{,}1446 = 0{,}8554$$

-   höchstens 5-mal eine der vier kleinsten Zahlen,

Binomialverteilung mit n=8 und p=4/12=1/3

$$P(X \le 5) = 1 - P(X \ge 6) = 1 - P(X = 6) + P(X = 7) + P(X = 8])$$

$$= 1 - \left[\binom{8}{6} \cdot \left(\frac{1}{3}\right)^6 \cdot \left(\frac{2}{3}\right)^2 + \binom{8}{7} \cdot \left(\frac{1}{3}\right)^7 \cdot \left(\frac{2}{3}\right)^1 + \binom{8}{8} \cdot \left(\frac{1}{3}\right)^8 \cdot \left(\frac{2}{3}\right)^0 \right]$$

$$= 1 - \left[\frac{8 \cdot 7}{1 \cdot 2} \cdot \left(\frac{1}{3}\right)^6 \cdot \left(\frac{2}{3}\right)^2 + 8 \cdot \left(\frac{1}{3}\right)^7 \cdot \left(\frac{2}{3}\right)^1 + \left(\frac{1}{3}\right)^8 \right]$$

$$= 1 - \left(28 \cdot \frac{4}{6561} + 8 \cdot \frac{2}{6561} + \frac{1}{6561} \right)$$

$$= 1 - (0,0171 + 0,0024 + 0,0002) = 1 - 0,0197 = 0,9803$$

b)

-   Wahrscheinlichkeits- und Verteilungsfunktion der ZV X

Wahrscheinlichkeitsfunktion der ZV X:

$$f(x) = \begin{cases} 2/12 = 1/6 \text{ für } x = -4 \\ 4/12 = 1/3 \text{ für } x = -3 \\ 4/12 = 1/3 \text{ für } x = 2 \\ 2/12 = 1/6 \text{ für } x = 5 \\ 0 \text{ sonst} \end{cases}$$

Verteilungsfunktion der ZV X:

$$F(x) = \begin{cases} 0 \text{ für } x < -4 \\ 2/12 = 1/6 \text{ für } -4 \le x < -3 \\ 6/12 = 1/2 \text{ für } -3 \le x < 2 \\ 10/12 = 5/6 \text{ für } 2 \le x < 5 \\ 1 \text{ für } x \ge 5 \end{cases}$$

-   Erwarteter Gewinn und Varianz des Gewinns

Erwarteter Gewinn:

- bei einer Drehung

$$E(X) = \sum_{j=1}^{4} x_j \cdot f(x_j) = (-4) \cdot \frac{1}{6} + (-3) \cdot \frac{1}{3} + 2 \cdot \frac{1}{3} + 5 \cdot \frac{1}{6}$$

$$= -\frac{2}{3} - 1 + \frac{2}{3} + \frac{5}{6} = -\frac{1}{6}$$

- beim Glücksspiel A (n=8 Drehungen)

$$E(Y) = E(n \cdot X) = n \cdot E(X) = 8 \cdot \left(-\frac{1}{6}\right) = -\frac{8}{6} = -1\frac{1}{3}$$

      - Varianz des Gewinns:

- bei einer Drehung

$$V(X) = \sum_{j=1}^{4} x_j^2 \cdot f(x_j) - [E(X)]^2 = (-4^2) \cdot \frac{1}{6} + (-3)^2 \cdot \frac{1}{3} + 2^2 \cdot \frac{1}{3} + 5^2 \cdot \frac{1}{6} - \left(-\frac{1}{6}\right)^2$$

$$= \frac{16}{6} + \frac{18}{6} + \frac{8}{6} + \frac{25}{6} - \frac{1}{36} = \frac{67}{6} - \frac{1}{36} = \frac{402-1}{36} = \frac{401}{36} = 11\frac{5}{36}$$

- beim Glücksspiel A (n=8 Drehungen)

$$V(Y) = V(n \cdot X) = n^2 \cdot V(X) = 8^2 \cdot \frac{401}{36} = \frac{25664}{36} = 712\frac{8}{9}$$

c)

Primzahlen: 2, 3, 5, 7, 11

Ereignis A: Primzahl $\rightarrow$ P(A) = 5/12

Stochastische Unabhängigkeit $\rightarrow$ Bernoulli-Prozess bis Ereignis A realisiert

Zufallsvariable X: Anzahl der Runden, in denen keine Primzahl angezeigt wird

$\rightarrow$ Geometrische Verteilung mit p=5/12

     - fünf Runden,

In den ersten 4 Runden wird keine Primzahl angezeigt, jedoch in der fünften Runde, so dass die Zufallsvariabel X nimmt den Wert 4 annimmt.

$\rightarrow$ mit Wahrscheinlichkeitsfkt. der geometr. Verteilung:

$$P(X = 4) = \left(\frac{7}{12}\right)^4 \cdot \frac{5}{12} = \frac{12005}{248832} = 0,0482$$

     - höchstens 4 Runden

Glücksspiel dauert höchstens 4 Runden, d.h. 1, 2, 3, 4 Runden

$\rightarrow$ dann erscheint 3 Runden, d.h. 0, 1, 2, 3 Runden keine Primzahl
$\rightarrow$ mit Verteilungsfkt. der geometr. Verteilung:

$$P(X \leq 3) = 1 - \left(1 - \frac{5}{12}\right)^{3+1} = 1 - \left(\frac{7}{12}\right)^4$$

$$= 1 - \frac{2401}{20736} = 1 - 0,1158 = 0,8842$$

- mindestens 6 Runden,

Glücksspiel dauert mindestens 6 Runden, d.h. 6, 7, 8, … Runden, d.h. es erscheint

mindestens 5 Runden, d.h. 5, 6, 7, … Runden keine Primzahl

→ mit Verteilungsfkt. der geometr. Verteilung:

$$P(X \geq 5) = 1 - P(X \leq 4) = 1 - \left[1 - \left(1 - \frac{5}{12} \right)^{4+1} \right]$$

$$= \left(\frac{7}{12} \right)^5 = \frac{16807}{248832} = 0{,}0675$$

Aufgabe 71

a)

- $\overline{X}_8 \to \mu$

$$\overline{x}_8 = \frac{1}{8} \sum_{i=1}^{8} x_i = \frac{1}{8}(8+9+12+10+6+11+9+7) = \frac{1}{8} \cdot 72 = 9$$

Erwartungstreue: $E(\overline{X}_8) = \mu$

Mittelt man die Stichprobenmittelwerte $\overline{x}_8$ aller Stichproben gleichen Umfangs,
d.h. hier n=8, erhält man den Mittelwert μ der Grundgesamtheit.

- $S^2 \to \sigma^2$

$$s^2 = \frac{1}{7} \sum_{i=1}^{8} (x_i - \overline{x})^2$$

$$= \frac{1}{7}\left[(8-9)^2 + (9-9)^2 + (12-9)^2 + (10-9)^2 + (6-9)^2 + (11-9)^2 + (9-9)^2 + (7-9)^2 \right]$$

$$= \frac{1}{7}\left[(-1)^2 + 0^2 + 3^2 + 1^2 + (-3)^2 + 2^2 + 0^2 + (-2)^2 \right]$$

$$= \frac{1}{7}(1+0+9+1+9+4+0+4) = \frac{1}{7} \cdot 28 = 4$$

Erwartungstreue: $E(S^2) = \sigma^2$

Mittelt man die Stichprobenvarianzen s^2 aller Stichproben gleichen Umfangs, d.h.
hier n=8, erhält man die Varianz σ^2 der Grundgesamtheit.

b)

Tschebyscheffsche Ungleichung (Mindestwahrscheinlichkeit):

$$P\left(\left|\overline{X}_8 - E(\overline{X}_8)\right| < 2\right) \geq 1 - \frac{V(\overline{X}_8)}{2^2} = 1 - \frac{\sigma^2/8}{2^2}$$

unter Verwendung des Schätzers $s^2 = 4$ für σ^2:

$$P\left(\left|\overline{X}_8 - E(\overline{X}_8)\right| < 2\right) \geq 1 - \frac{4/8}{2^2} = 1 - \frac{0,5}{4} = 1 - 0,125 = 0,875$$

c)

gesucht: n unter Verwendung der Tschebyscheffschen Ungleichung:

$$P\left(\left|\overline{X}_n - E(\overline{X}_n)\right| < 2\right) \geq 1 - \frac{V(\overline{X}_n)}{2^2} \overset{!}{=} 0,99$$

unter Verwendung des Schätzers $s^2 = 4$ für σ^2:

$$P\left(\left|\overline{X}_n - E(\overline{X}_n)\right| < 2\right) \geq 1 - \frac{4/n}{2^2} \overset{!}{=} 0,99$$

$$1 - \frac{1}{n} \overset{!}{=} 0,99 \quad | \quad 0,01 = \frac{1}{n}$$

$$n = \frac{1}{0,01} = 100$$

d)

In diesem Fall konvergiert $\overline{X}_n$ stochastisch gegen μ:

$$\lim_{n \to \infty} P\left(\left|\overline{X}_n - \mu\right| < 2\right) = 1.$$

Die stochastische Konvergenz des Stichprobenmittels $\overline{X}_n$ gegen den Mittelwert der Grundgesamtheit (Erwartungswert) μ wird als Gesetz der großen Zahl bezeichnet.

e)

Betrachtete Zufallsvariable: $\overline{X}_{49}$ (Stichprobenmittel)
Zufallswahl:

- unabhängige Ziehungen aus identischer Grundgesamtheit
- großer Stichprobenumfang (n=49 > 30)

$\rightarrow$ Zentraler Grenzwertsatz von Lindeberg und Levy (Normalverteilung)

Wahrscheinlichkeitsberechnung mit $\overline{x} = 8,6$ für μ und $s^2 = 4,84 \rightarrow s = 2,2$ für σ^2 bzw. σ

316

- größer als 8:

$$P(\overline{X} > 8) = 1 - P(\overline{X} < 8) = 1 - P(Z < \frac{8 - 8{,}6}{2{,}2/\sqrt{49}}) = 1 - P(Z < -\frac{4{,}2}{2{,}2})$$

$$1 - P(Z < -1{,}9091) = 1 - \Phi(-1{,}9091) = 1 - (1 - \Phi(1{,}9091))$$

$$= \Phi(1{,}9091) = 0{,}9713 + 0{,}0005 = 0{,}9718$$

Interpolation: $\Phi(1{,}91) = 0{,}9719$

$\underline{\qquad\qquad \Phi(1{,}90) = 0{,}9713}$

Differenz   6

Aufschlag $6 \cdot (91/100) = 5{,}46 \;\rightarrow\; +0{,}0005$

- zwischen 9,1 und 9,1:

$$P(8{,}1 \leq \overline{X} \leq 9{,}1) = P(\frac{8{,}1 - 8{,}6}{2{,}2/\sqrt{49}} \leq Z \leq \frac{9{,}1 - 8{,}6}{2{,}2/\sqrt{49}}) = P(-\frac{0{,}5 \cdot 7}{2{,}2} \leq Z \leq \frac{0{,}5 \cdot 7}{2{,}2})$$

$$P(-1.5909 \leq Z \leq 1.5909) = \Phi(1{,}5909) - \Phi(-1{,}5909) = \Phi(1{,}5909) - (1 - \Phi(1{,}5909))$$

$$2 \cdot \Phi(1{,}5909) - 1 = 2 \cdot 0{,}9442 - 1 = 0{,}8884$$

Interpolation: $\Phi(1{,}60) = 0{,}9452$

$\underline{\qquad\qquad \Phi(1{,}59) = 0{,}9441}$

Differenz   11

Aufschlag $11 \cdot (9/100) = 0{,}99 \rightarrow +0{,}0001 \;\rightarrow\; \Phi(1{,}5909) = 0{,}9441 + 0{,}0001 = 0{,}9442$

Aufgabe 72

a)

<u>1. Lösungsweg: Kombinatorik</u>

Ereignis B: blaue Socken als Geschenk

Ereignis G: graue Socken als Geschenk

Auswahl k aus n: - ohne Berücks. der Anordnung, - ohne Wiederholung

$$P(\text{" je 1 Paar blaue und graue Socken"}) = \frac{\binom{6}{1} \cdot \binom{5}{1}}{\binom{18}{2}} = \frac{6 \cdot 5}{\frac{18 \cdot 17}{1 \cdot 2}} = \frac{10}{51} = 0{,}1961$$

2. Lösungsweg: Bedingte Wahrscheinlichkeiten

$P("\text{je 1 Paar blaue und graue Socken"}) = P[(B_1 \cap G_2) \cup (G_1 \cap B_2)]$

$= P(B_1) \cdot P(G_2 | B_1) + P(G_1) \cdot P(B_2 | G_1) = \dfrac{6}{18} \cdot \dfrac{5}{17} + \dfrac{5}{18} \cdot \dfrac{6}{17} = 2 \cdot \dfrac{5}{3 \cdot 17} = \dfrac{10}{51} = 0,1961$

b)

1. Lösungsweg: Kombinatorik

Ereignis B: blaue Socken als Geschenk, Ereignis S: schwarze Socken als Geschenk

Ereignis R: rote Socken als Geschenk, Ereignis G: graue Socken als Geschenk

Auswahl k aus n: - ohne Berücks. der Anordnung, - ohne Wiederholung

$P("\text{je 1 Paar blaue und schwarze Socken oder je 1 Paar rote und graue Socken"})$

$= \dfrac{\binom{6}{1} \cdot \binom{3}{1} + \binom{4}{1} \cdot \binom{5}{1}}{\binom{18}{2}} = \dfrac{6 \cdot 3 + 4 \cdot 5}{\dfrac{18 \cdot 17}{1 \cdot 2}} = \dfrac{38}{153} = 0,2484$

2. Lösungsweg: Bedingte Wahrscheinlichkeiten

$P("\text{je 1 Paar blaue und schwarze Socken oder je 1 Paar rote und graue Socken"})$

$= P[(B_1 \cap S_2) \cup (S_1 \cap B_2)] + P[(R_1 \cap G_2) \cup (G_1 \cap R_2)]$

$= [P(B_1) \cdot P(S_2 | B_1) + P(S_1) \cdot P(B_2 | S_1)] + [P(R_1) \cdot P(G_2 | R_1) + P(G_1) \cdot P(R_2 | G_1)]$

$= \left(\dfrac{6}{18} \cdot \dfrac{3}{17} + \dfrac{3}{18} \cdot \dfrac{6}{17} \right) + \left(\dfrac{4}{18} \cdot \dfrac{5}{17} + \dfrac{5}{18} \cdot \dfrac{4}{17} \right) = 2 \cdot \dfrac{1}{17} + 2 \cdot \dfrac{10}{153} = 0,1176 + 0,1307 = 0,2483$

c)

1. Lösungsweg: Kombinatorik

$P("\text{zwei gleichfarbige Paare Socken"})$

$= \dfrac{\binom{6}{2} + \binom{3}{2} + \binom{4}{2} + \binom{5}{2}}{\binom{18}{2}} = \dfrac{\dfrac{6 \cdot 5}{1 \cdot 2} + \dfrac{3 \cdot 2}{1 \cdot 2} + \dfrac{4 \cdot 3}{1 \cdot 2} + \dfrac{5 \cdot 4}{1 \cdot 2}}{\dfrac{18 \cdot 17}{1 \cdot 2}} = \dfrac{15 + 3 + 6 + 10}{153} = \dfrac{34}{153} = 0,2222$

2. Lösungsweg: Bedingte Wahrscheinlichkeiten

$P("zwei gleichfarbige Paar Socken") = P\big[(B_1 \cap B_2) \cup (S_1 \cap S_2) \cup (R_1 \cap R_2) \cup (G_1 \cap G_2)\big]$

$= P(B_1) \cdot P(B_2 | B_1) + P(S_1) \cdot P(S_2 | S_1) + P(R_1) \cdot P(R_2 | R_1) + P(G_1) \cdot P(G_2 | G_1)$

$= \dfrac{6}{18} \cdot \dfrac{5}{17} + \dfrac{3}{18} \cdot \dfrac{2}{17} + \dfrac{4}{18} \cdot \dfrac{3}{17} + \dfrac{5}{18} \cdot \dfrac{4}{17} = \dfrac{15}{153} + \dfrac{3}{153} + \dfrac{6}{153} + \dfrac{10}{153}$

$= 0{,}0980 + 0{,}0196 + 0{,}0392 + 0{,}0654 = 0.2222$

d)

Modell: Ziehen ohne Zurücklegen

Ereignis R: blaue Socken

Zufallsvariable X: Anzahl der gestrickten blauen Socken

→ Hypergeometrische Verteilung (N=18, M=6, n=4)

- genau drei Paar

$$P(X = 3) = \frac{\binom{6}{3} \cdot \binom{12}{1}}{\binom{18}{4}} = \frac{\dfrac{6 \cdot 5 \cdot 4}{1 \cdot 2 \cdot 3} \cdot 12}{\dfrac{18 \cdot 17 \cdot 16 \cdot 15}{1 \cdot 2 \cdot 3 \cdot 4}} = \frac{240}{3060} = 0{,}0784$$

- mindestens drei Paar

$P(X \geq 3) = P(X = 3) + P(X4)$

$$= \underbrace{0{,}0784}_{\text{s. 1. Teil}} + \frac{\binom{6}{4} \cdot \binom{12}{0}}{\binom{18}{4}} = 0{,}0784 + \frac{\dfrac{6 \cdot 5 \cdot 4 \cdot 3}{1 \cdot 2 \cdot 3 \cdot 4} \cdot 1}{\underbrace{3060}_{\text{s. 1. Teil}}}$$

$$= 0{,}0784 + \frac{15}{3060} = 0{,}0784 + 0{,}0049 = 0{,}0833$$

- höchstens ein Paar

$P(X \leq 1) = P(X = 0) + P(X = 1)$

$$= \frac{\binom{6}{0} \cdot \binom{12}{4}}{\binom{18}{4}} + \frac{\binom{6}{1} \cdot \binom{12}{3}}{\binom{18}{4}} = \frac{1 \cdot \dfrac{12 \cdot 11 \cdot 10 \cdot 9}{1 \cdot 2 \cdot 3 \cdot 4}}{\underbrace{3060}_{\text{s. 1. Teil}}} + \frac{6 \cdot \dfrac{12 \cdot 11 \cdot 10}{1 \cdot 2 \cdot 3}}{\underbrace{3060}_{\text{s. 1. Teil}}}$$

$$= \frac{495}{3060} + \frac{1320}{3060} = 0{,}1618 + 0{,}4314 = 0{,}5932$$

e)

Antworten 1, 2 und 4 richtig

Aufgabe 73

a) Wahrscheinlichkeitstabelle (zweidimensionale Wahrscheinlichkeitsverteilung):

	$y_1 = 4$	$y_2 = 8$	
$x_1 = 2$	$p_{11}=0{,}10$	$p_{12}=0{,}20$	$p_{1\cdot} = 0{,}30$
$x_2 = 4$	$p_{21}=0{,}10$	$p_{22}=0{,}30$	$p_{2\cdot} = 0{,}40$
$x_3 = 6$	$p_{31}=0$	$p_{32}=0{,}30$	$p_{3\cdot} = 0{,}30$
	$p_{\cdot1} = 0{,}20$	$p_{\cdot2} = 0{,}80$	1

b)

Randwahrscheinlichkeitsfunktion von X: Randwahrscheinlichkeitsfunktion von Y:

$$f_X(x) = \begin{cases} 0{,}30 & \text{für } x = 2 \\ 0{,}40 & \text{für } x = 4 \\ 0{,}30 & \text{für } x = 6 \\ 0 & \text{sonst} \end{cases}$$

$$f_Y(y) = \begin{cases} 0{,}20 & \text{für } y = 4 \\ 0{,}80 & \text{für } y = 8 \\ 0 & \text{sonst} \end{cases}$$

Prüfung auf stochastische Unabhängigkeit:

Produkt der Randwahrscheinlichkeit   Gemeinsame Wahrscheinlichkeit

$$[f_X(2)=0{,}30] \cdot [f_Y(4)=0{,}20] \qquad \neq \qquad f(2,4)=0{,}10$$

$$\underset{=0{,}06}{\uparrow}$$

→ X und Y sind stochastisch abhängig

c)

Verteilungsfunktion von X:

$$F_X(x) = \begin{cases} 0 & \text{für } x < 2 \\ 0{,}30 & \text{für } 2 \leq x < 4 \\ 0{,}70 & \text{für } 4 \leq x < 6 \\ 1 & \text{für } x \geq 6 \end{cases}$$

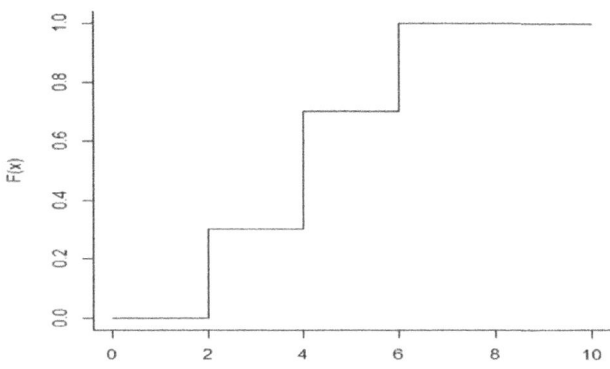

d)

• Erwartungswerte von X und Y:

$$E(X) = \sum_{j=1}^{3} x_j \cdot f_X(x_j) = 2 \cdot 0,30 + 4 \cdot 0,40 + 6 \cdot 0,30 = 0,60 + 1,60 + 1,80 = 4$$

$$E(Y) = \sum_{k=1}^{2} y_k \cdot f_Y(y_k) = 4 \cdot 0,20 + 8 \cdot 0,80 = 0,80 + 6,40 = 7,20$$

• Varianzen von X und Y:

Verschiebungssatz: $V(X) = E(X^2) - [E(X)]^2 = 18,40 - 4^2 = 2,40$

$$E(X^2) = \sum_{j=1}^{3} x_j^2 \cdot f_X(x_j) = 2^2 \cdot 0,30 + 4^2 \cdot 0,40 + 6^2 \cdot 0,30$$
$$= 4 \cdot 0,30 + 16 \cdot 0,40 + 36 \cdot 0,30 = 1,20 + 6,40 + 10,80 = 18,40$$

Verschiebungssatz: $V(Y) = E(Y^2) - [E(Y)]^2 = 54,40 - 7,20^2 = 54,40 - 51,84 = 2,56$

$$E(Y^2) = \sum_{k=1}^{2} y_k^2 \cdot f_Y(y_k) = 4^2 \cdot 0,20 + 8^2 \cdot 0,80 = 16 \cdot 0,20 + 64 \cdot 0,80 = 3,20 + 51,20 = 54,40$$

e) Kovarianz zwischen X und Y:

Verschiebungssatz für Kovarianzen:

$$Cov(X,Y) = E(XY) - E(X) \cdot E(Y) = 29,60 - 4 \cdot 7,20 = 29,60 - 28,80 = 0,80$$

$$E(XY) = \sum_{j=1}^{3} \sum_{k=1}^{2} x_j \cdot y_k \cdot f(x_j, y_k)$$
$$= 2 \cdot 4 \cdot 0,10 + 2 \cdot 8 \cdot 0,20 + 4 \cdot 4 \cdot 0,10 + 4 \cdot 8 \cdot 0,30 + 6 \cdot 4 \cdot 0 + 6 \cdot 8 \cdot 0,30$$

$$= 8 \cdot 0{,}10 + 16 \cdot 0{,}20 + 16 \cdot 0{,}10 + 32 \cdot 0{,}30 + 24 \cdot 0 + 48 \cdot 0{,}30$$

$$= 0{,}8 + 3{,}20 + 1{,}6 + 9{,}60 + 0 + 14{,}4 = 29{,}60$$

Korrelationskoeffizient:

$$\text{Corr}(XY) = \rho = \frac{\text{Cov}(X,Y)}{\sqrt{V(X) \cdot V(Y)}} = \frac{0{,}80}{\sqrt{2{,}40 \cdot 2{,}56}} = \frac{0{,}80}{2{,}478709} = 0{,}323$$

Aufgabe 74

a) Konfidenzintervall für den Erwartungswert

1. Festlegung des Konfidenzintervalls 1-α

1-$\alpha = 0{,}95$

2. Wahl eines (1-α)-Konfidenzintervalls

- Varianz σ^2 unbekannt
- kleiner Stichprobenumfang (n_A=12 < 30)

$\rightarrow$ t-verteiltes Konfidenzintervall

$$P\left(\overline{X} - t_{n_A-1;0{,}975} \cdot \frac{S_A}{\sqrt{n_A}} \le \mu \le \overline{X} + t_{n_A-1;0{,}9752} \cdot \frac{S_A}{\sqrt{n_A}} \right) = 0{,}95$$

3. Ermittlung des (1-α/2)-Quantils

1-α/2 = 1-0,05/2 = 0,975

$t_{n_A-1;0{,}975} = t_{11;\,0{,}975} = 2{,}20$

4. Bestimmung des konkreten 95%-Konfidenzintervalls

Arithmetisches Mittel $\overline{x}_A$:

mit $n_A = 12$: $\overline{x}_A = \dfrac{1}{n_A} \sum\limits_{i=1}^{n_A} x_{Ai}$

$$= \frac{1}{12} \cdot (82 + 102 + 50 + 66 + 61 + 89 + 79 + 94 + 58 + 70 + 66 + 83) = \frac{1}{12} \cdot 900 = 75$$

Stichprobenvarianz s_A^2 und Standardabweichung s_A :

$$s_A{}^2 = \frac{1}{n_A - 1} \sum\limits_{i=1}^{n_A} x_{Ai}{}^2 - \frac{n_A}{n_A - 1} \overline{x}_A{}^2$$

$$= \frac{1}{11}(82^2 + 102^2 + 50^2 + 66^2 + 61^2 + 89^2 + 79^2 + 94^2 + 58^2 + 70^2 + 66^2 + 83^2) - \frac{12}{11}75^2$$

$= 70212/11 - \dfrac{12}{11} 5625 = 6382.909 - 6136.364 = 246{,}5455 \qquad \rightarrow s_A = 15{,}7018$

Konkretes 95%-Konfidenzintervall:

$$[\ \overline{x}_A - t_{n_A-1;0,975} \cdot \dfrac{s}{\sqrt{n_A}}\ ;\ \overline{x}_A + t_{n_A-1;0,975} \cdot \dfrac{s}{\sqrt{n_A}}\ ]$$

$$= [\ 75 - 2{,}20 \cdot \dfrac{15.7018}{\sqrt{12}}\ ;\ 75 + 2{,}20 \cdot \dfrac{15.7018}{\sqrt{12}}\ ]$$

$$= [\ 75 - 2{,}20 \cdot 4{,}5327;\ 75 + 2{,}20 \cdot 4{,}5327\ ]$$

$$= [\ 75 - 9{,}9719;\ 75 + 9{,}9719\ ] = [\ 65{,}0281;\ 84{,}9719\ ]$$

b) Notwendiger Stichprobenumfang

- Sicherheitswahrscheinlichkeit: $1-\alpha = 0{,}95 \rightarrow z^2_{1-\alpha/2} = z^2_{0,975} = 1{,}96^2$

- Vorabinformation über die Varianz: $\sigma*^2 = s_A^2 = 246{,}5455$

- Stichprobenfehler (halbe Länge des Konfidenzintervalls): $e = \dfrac{1}{2} \cdot L = \dfrac{1}{2} \cdot 10 = 5$

$$n = \dfrac{z^2_{1-\alpha/2} \cdot \sigma*^2}{e^2} = \dfrac{1{,}96^2 \cdot 246{,}5455}{5^2} = \dfrac{947{,}1292}{25} = 37{,}88517 \ \rightarrow\ 38$$

c) F-Test auf Gleichheit von Varianzen

1. Hypothesenformulierung:

Nullhypothese H_0: $\sigma_A^2 = \sigma_B^2$
Alternativhypothese H_1: $\sigma_A^2 \neq \sigma_B^2$
$\rightarrow$ zweiseitiger Test

2. Festlegung des Signifikanzniveaus:

$\alpha = 0{,}10$

3. Wahl und Berechnung der Prüfgröße (Teststatistik)

- Grundgesamtheit normalverteilt
- Mittelwerte μ_1 und μ_2 unbekannt

$\rightarrow$ F-Test auf Gleichheit von Varianzen

Prüfgröße: $F = \dfrac{S_A^2}{S_B^2} \sim F_{n_A-1, n_B-1}$ mit $s_A^2 > s_B^2$

$n_A = 12$, $n_B = 12$

$s_A^2 = 246,5455$ (s. Teil a)), $s_B^2 = 238,7273$ (gegeben)

realisierte Prüfgröße:

$$F = \frac{s_A^2}{s_B^2} = \frac{246,5455}{238,7273} = 1,0327$$

4. Kritischer Wert

$$F_{n_A-1,n_B-1;1-\alpha/2} = F_{11;11;0.95} = 2,84$$

Interpolation:
$$F_{10;10;0.95} = 2,98$$
$$F_{12;12;0.95} = 2,69$$

Differenz 29 Einheiten: $29 \cdot \frac{2}{4} = 14,5- > 15$

$$F_{11;11;0.95} = F_{12;12;0.95} + 0,15 = 2,69 + 0,15 = 2,84$$

5. Testentscheidung:

$$F = 1,0327 \; < \; F_{11;11;0.95} = 2,84 \; \rightarrow \; \text{Nullhypothese beibehalten}$$
$$\text{(Gleichheit der Varianzen)}$$

d) Zwei-Stichproben-Test über die Differenz von Mittelwerten

1. Hypothesenformulierung:

Nullhypothese H_0: $\mu_A = \mu_B$
Alternativhypothese H_1: $\mu_A > \mu_B$
$\rightarrow$ rechtsseitiger Test

2. Festlegung des Signifikanzniveaus:

$\alpha = 0,01$

3. Wahl und Berechnung der Prüfgröße (Teststatistik)

- Grundgesamtheit normalverteilt
- Varianzen σ_1^2 und σ_2^2 unbekannt mit $\sigma_1^2 = \sigma_2^2$
- kleine Stichproben ($n_A = 12 < 30$ und $n_B = 12 < 30$)

$\rightarrow$ Doppelter t-Test

$$\text{Prüfgröße: } T_0 = \frac{\overline{X}_A - \overline{X}_B}{S \cdot \sqrt{1/n_A + 1/n_B}} \sim t_{n_A + n_B - 2}$$

$$\text{mit} \quad S^2 = \frac{(n_A - 1) \cdot S_A^2 + (n_B - 1) \cdot S_B^2}{n_A + n_B - 2}$$

Berechnung der gepoolten Varianz:

$$s^2 = \frac{(n_A - 1) \cdot s_A{}^2 + (n_B - 1) \cdot s_B{}^2}{n_A + n_B - 2} = \frac{11 \cdot 246{,}5455 + 11 \cdot 238{,}7273}{12 + 12 - 2}$$

$$= \frac{11 \cdot 246{,}5455 + 11 \cdot 238{,}7273}{12 + 12 - 2} = \frac{5338{,}001}{22} = 242{,}6364$$

$$\rightarrow s = 15{,}5768$$

Berechnung der Prüfgröße:

$$t_0 = \frac{\overline{x}_A - \overline{x}_B}{s \cdot \sqrt{1/n_A + 1/n_B}} = \frac{75 - 70}{15{,}5768 \cdot \sqrt{1/12 + 1/12}} = \frac{5}{6{,}3592} = 0{,}7863$$

4. Kritischer Wert

$$t_{n_A + n_B - 2; 1 - \alpha} = t_{22; 0.99} = 2{,}51$$

5. Testentscheidung:

$t_0 = 0{,}7863 \ < \ t_{22; 0.99} = 2{,}51 \ \rightarrow$ Nullhypothese beibehalten (kein Qualitätsunterschied, d.h. unterschiedlicher Verschleiß zwischen den Reifentypen A und B)

e)

Fehler 1. Art (α-Fehler):
Davon auszugehen, dass der Reifentyp A eine schlechtere Qualität, d.h. einen höheren Verschleiß, als der Reifentyp B hat, obwohl beide Reifen von gleicher Qualität (gleicher Verschleiß) sind

Fehler 2. Art (β-Fehler):
Davon auszugehen, dass der Reifentyp A keine schlechtere Qualität, d.h. keinen größeren Verschleiß als der Reifentyp B hat, obwohl dies tatsächlich doch der Fall ist

Aufgabe 75

a)

• Erwartungstreuer Schätzer für μ: $\overline{X}$

$$\overline{x} = \frac{1}{14} \sum_{i=1}^{14} x_i = \frac{1}{14} \left(\sum_{i=1}^{6} x_{1i} + \sum_{i=1}^{8} x_{2i} \right) = \frac{1}{14} (690 + 1080) = \frac{1}{14} 1770 = 126{,}429$$

• Erwartungstreuer Schätzer für σ^2: S^2

$$s^2 = \frac{1}{13}\left(\sum_{i=1}^{14} x_i^2 - 14 \cdot \overline{x}^2\right) = \frac{1}{13}\left(\sum_{i=1}^{6} x_{1i}^2 + \sum_{i=1}^{8} x_{2i}^2 - 14 \cdot \overline{x}^2\right)$$

$$= \frac{1}{13}(79.512 + 146.148 - 14 \cdot 126,429^2) = \frac{1}{13}(225.660 - 223.780,089)$$

$$= \frac{1}{13} 1.879,911 = 144,609$$

• Schätzwert für den Bias von $S*^2$:

Bias:

mit $E(S*^2) = \frac{n-1}{n}\sigma^2$ und $E(S^2) = \sigma^2$

$$E(S*^2) - E(S^2) = E(S*^2) - \sigma^2 = \frac{n-1}{n}\sigma^2 - \sigma^2 = \frac{(n-1)-n}{n}\sigma^2 = -\frac{1}{n}\sigma^2$$

Geschätzter Bias von $s*^2$:
- mit $s^2 = 144,609$ für σ^2:

$$-\frac{1}{n}s^2 = -\frac{1}{14} \cdot 144,609 = -10,329$$

<u>oder</u>

- mit $s^2 = 144,609$ für σ^2 und $s*^2 = \frac{n-1}{n} \cdot s^2 = \frac{13}{14} \cdot 144,609 = 134,280$ für $E(S*^2)$

$$s*^2 - s^2 = 134,280 - 144,609 = -10,329$$

b) Konfidenzintervall für den Erwartungswert:

1. Festlegung des Konfidenzniveaus:

$$1-\alpha = 0,99$$

2. Wahl eines 99%-Konfidenzintervalls

- Varianz σ^2 unbekannt,
- kleiner Stichprobenumfang ($n=14 < 30$)

$\rightarrow$ t-verteiltes 99%-Konfidenzintervall für μ

mit $1-\alpha = 0,99$ und $n=14$:

$$P\left(\overline{X} - t_{13;0,995} \cdot \frac{S}{\sqrt{n}} \leq \mu \leq \overline{X} + t_{13;0,995} \cdot \frac{S}{\sqrt{n}}\right) = 0,99$$

3. Ermittlung des 99,5%-Quantils $t_{13;\,0.995}$:

$$t_{13;\,0.995} = 3,01$$

4. Bestimmung des konkreten 99%-Konfidenzintervalls für μ:

$n=14$, $\overline{x} = 126,429$ (s. Teil a)). $s^2 = 144,609$ (s. Teil a))

$$\rightarrow s = \sqrt{s^2} = \sqrt{144,609} = 12,025$$

$$\left[\overline{x} - t_{13;0,995} \cdot \frac{s}{\sqrt{n}}; \overline{x} + t_{13;0,995} \cdot \frac{s}{\sqrt{n}}\right]$$

$$= \left[126,429 - 3,01 \cdot \frac{12,025}{\sqrt{14}}; 126,429 + 3,01 \cdot \frac{12,025}{\sqrt{14}}\right]$$

$$= \left[126,429 - 3,01 \cdot 3,214; 126,429 + 3,01 \cdot 3,214\right]$$

$$= \left[126,429 - 9,674; 126,429 + 9,674\right] = \left[116,755; 136,103\right]$$

Interpretation:

Eine Vereinbarkeit des Erwartungswerts mit dem optimalen oberen Blutdruckwert von 120 ist gegeben, da das konkrete 99%-Konfidenzintervall diesen Wert überdeckt, so dass die ermittelten Abweichungen noch im Rahmen des Stichprobenfehlers liegen.

c) F-Test auf Gleichheit von Varianzen

ZV X_1: morgendlicher systolischer Blutdruck
ZV X_2: abendlicher systolischer Blutdruck

1. Hypothesenaufstellung

Nullhypothese H_0: $\sigma_1^2 = \sigma_2^2$
Alternativhypothese H_1: $\sigma_1^2 \neq \sigma_2^2$ (zweiseitiger Test)

2. Festlegung eines Signifikanzniveaus

$$\alpha = 0,10$$

3. Wahl und Berechnung der Prüfgröße

- normalverteilte Grundgesamtheit angenommen
- Mittelwerte μ_1 und μ_2 unbekannt
- $\rightarrow$ Varianzen auf Gleichheit zu testen mit F-Test

$$\bar{x}_1 = \frac{1}{6} \sum_{i=1}^{6} x_{1i} = \frac{1}{6} \, 690 = 115$$

$$\bar{x}_2 = \frac{1}{8} \sum_{i=1}^{8} x_{1i} = \frac{1}{8} \, 1080 = 135$$

$$s_1^2 = \frac{1}{5} \left(\sum_{i=1}^{6} x_{1i}^2 - n_1 \cdot \bar{x}_1^2 \right) = \frac{1}{5} \left(79.512 - 6 \cdot 115^2 \right) = \frac{1}{5} 162 = 32,4$$

$$s_2^2 = \frac{1}{7} \left(\sum_{i=1}^{8} x_{2i}^2 - n_2 \cdot \bar{x}_2^2 \right) = \frac{1}{7} \left(146.148 - 8 \cdot 135^2 \right) = \frac{1}{7} 348 = 49,7$$

Prüfgröße:

$$F_0 = \frac{s_2^{\ 2}}{s_1^{\ 2}} = \frac{49,7}{32,4} = 1,534$$

4. Ermittlung des kritischen Werts

$$F_{n_1-1,n_2-1,1-\alpha/2} = F_{5;7;0,95} = 3,97$$

5. Testentscheidung

$(F_0 = 1,534) < (F_{5;7;0,95} = 3,97) \quad \Rightarrow \quad H_0 \text{ annehmen}$

(Varianzgleichheit in Grundgesamtheit)

d) Zwei-Stichproben-Test über die Differenz von Mittelwerten

1. Hypothesenaufstellung

Nullhypothese H_0: $\mu_1 = \mu_2$
Alternativhypothese H_1: $\mu_1 < \mu_2$ (linksseitiger Test)

2. Festlegung eines Signifikanzniveaus

$\alpha = 0,01$

3. Wahl und Berechnung der Prüfgröße

- normalverteilte Grundgesamtheit angenommen
- Varianzen σ_1^2 und σ_2^2 unbekannt, jedoch $\sigma_1^2 = \sigma_2^2$
- $n_1 = 6 \leq 30$ und $n_2 = 8 \leq 30$ (kleine Stichproben)
$\rightarrow$ Doppelter t-Test

Gepoolte Varianz:

$$s^2 = \frac{(n_1 - 1) \cdot s_1^{\ 2} + (n_2 - 1) \cdot s_2^{\ 2}}{n_1 + n_2 - 2} = \frac{5 \cdot 32,4 + 7 \cdot 49,7}{12} = \frac{509,9}{12} = 42,492$$

$$\rightarrow s = \sqrt{42,492} = 6,519$$

Prüfgröße:

$$t_0 = \frac{\overline{x}_1 - \overline{x}_2}{s \cdot \sqrt{1/n_1 + 1/n_2}} = \frac{115 - 135}{6,519 \cdot \sqrt{1/6 + 1/8}} = \frac{-20}{6,519 \cdot 0,540} = -\frac{20}{3,520} = -5,682$$

4. Ermittlung des kritischen Werts

$$t_{n_1 + n_2 - 2, 1 - \alpha} = t_{12; 0,99} = 2,68$$

$$\rightarrow t_{12;; 0,01} = -2,68$$

5. Testentscheidung

$$(t_0 = -5,682) < (t_{12; 0,01} = -2,68) \quad \Rightarrow \quad H_0 \text{ ablehnen}$$

e)

Fehler 1. Art: Davon auszugehen, dass der Erwartungswert der morgendlichen systolischen Blutdruckwerte kleiner ist als der Erwartungswert der abendlichen systolischen Blutdruckwerte obwohl die beiden Parameter in Wirklichkeit gleich sind.

Fehler 2. Art: Davon auszugehen, dass die Erwartungswerte der morgendlichen und abendlichen systolischen Blutdruckwerte gleich sind obwohl ersterer in Wirklichkeit kleiner als letzterer ist.

Anhang: Tabellen zu Wahrscheinlichkeitsverteilungen

Tabelle 1: Standardnormalverteilung

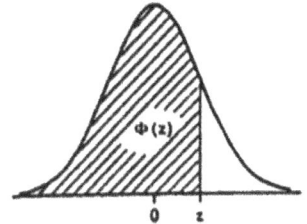

$\Phi(z)$: Verteilungsfunktion der Standardnormalverteilung

z	0.00	0.01	0.02	0.03	0.04	0.05	0.06	0.07	0.08	0.09
0.0	0.5000	0.5040	0.5080	0.5120	0.5160	0.5199	0.5239	0.5279	0.5319	0.5359
0.1	0.5398	0.5438	0.5478	0.5517	0.5557	0.5596	0.5636	0.5675	0.5714	0.5753
0.2	0.5793	0.5832	0.5871	0.5910	0.5948	0.5987	0.6026	0.6064	0.6103	0.6141
0.3	0.6179	0.6217	0.6255	0.6293	0.6331	0.6368	0.6406	0.6443	0.6480	0.6517
0.4	0.6554	0.6591	0.6628	0.6664	0.6700	0.6736	0.6772	0.6808	0.6844	0.6879
0.5	0.6915	0.6950	0.6985	0.7019	0.7054	0.7088	0.7123	0.7157	0.7190	0.7224
0.6	0.7257	0.7291	0.7324	0.7357	0.7389	0.7422	0.7454	0.7486	0.7517	0.7549
0.7	0.7580	0.7611	0.7642	0.7673	0.7704	0.7734	0.7764	0.7794	0.7823	0.7852
0.8	0.7881	0.7910	0.7939	0.7967	0.7995	0.8023	0.8051	0.8078	0.8106	0.8133
0.9	0.8159	0.8186	0.8212	0.8238	0.8264	0.8289	0.8315	0.8340	0.8365	0.8389
1.0	0.8413	0.8438	0.8461	0.8485	0.8508	0.8531	0.8554	0.8577	0.8599	0.8621
1.1	0.8643	0.8665	0.8686	0.8708	0.8729	0.8749	0.8770	0.8790	0.8810	0.8830
1.2	0.8849	0.8869	0.8888	0.8907	0.8925	0.8944	0.8962	0.8980	0.8997	0.9015
1.3	0.9032	0.9049	0.9066	0.9082	0.9099	0.9115	0.9131	0.9147	0.9162	0.9177
1.4	0.9192	0.9207	0.9222	0.9236	0.9251	0.9265	0.9279	0.9292	0.9306	0.9319
1.5	0.9332	0.9345	0.9357	0.9370	0.9382	0.9394	0.9406	0.9418	0.9429	0.9441
1.6	0.9452	0.9463	0.9474	0.9484	0.9495	0.9505	0.9515	0.9525	0.9535	0.9545
1.7	0.9554	0.9564	0.9573	0.9582	0.9591	0.9599	0.9608	0.9616	0.9625	0.9633
1.8	0.9641	0.9649	0.9656	0.9664	0.9671	0.9678	0.9686	0.9693	0.9699	0.9706
1.9	0.9713	0.9719	0.9726	0.9732	0.9738	0.9744	0.9750	0.9756	0.9761	0.9767
2.0	0.9772	0.9778	0.9783	0.9788	0.9793	0.9798	0.9803	0.9808	0.9812	0.9817
2.1	0.9821	0.9826	0.9830	0.9834	0.9838	0.9842	0.9846	0.9850	0.9854	0.9857
2.2	0.9861	0.9864	0.9868	0.9871	0.9875	0.9878	0.9881	0.9884	0.9887	0.9890
2.3	0.9893	0.9896	0.9898	0.9901	0.9904	0.9906	0.9909	0.9911	0.9913	0.9916
2.4	0.9918	0.9920	0.9922	0.9925	0.9927	0.9929	0.9931	0.9932	0.9934	0.9936
2.5	0.9938	0.9940	0.9941	0.9943	0.9945	0.9946	0.9948	0.9949	0.9951	0.9952
2.6	0.9953	0.9955	0.9956	0.9957	0.9959	0.9960	0.9961	0.9962	0.9963	0.9964
2.7	0.9965	0.9966	0.9967	0.9968	0.9969	0.9970	0.9971	0.9972	0.9973	0.9974
2.8	0.9974	0.9975	0.9976	0.9977	0.9977	0.9978	0.9979	0.9979	0.9980	0.9981
2.9	0.9981	0.9982	0.9982	0.9983	0.9984	0.9984	0.9985	0.9985	0.9986	0.9986
3.0	0.9987	0.9987	0.9987	0.9988	0.9988	0.9989	0.9989	0.9989	0.9990	0.9990
3.1	0.9990	0.9991	0.9991	0.9991	0.9992	0.9992	0.9992	0.9992	0.9993	0.9993
3.2	0.9993	0.9993	0.9994	0.9994	0.9994	0.9994	0.9994	0.9995	0.9995	0.9995
3.3	0.9995	0.9995	0.9995	0.9996	0.9996	0.9996	0.9996	0.9996	0.9996	0.9997
3.4	0.9997	0.9997	0.9997	0.9997	0.9997	0.9997	0.9997	0.9997	0.9997	0.9998
3.5	0.9998	0.9998	0.9998	0.9998	0.9998	0.9998	0.9998	0.9998	0.9998	0.9998

© Springer Fachmedien Wiesbaden 2018
R. Kosfeld, *Klausurtraining Deskriptive und Induktive Statistik*,
https://doi.org/10.1007/978-3-658-20455-6

Tabelle 2: t-Verteilung

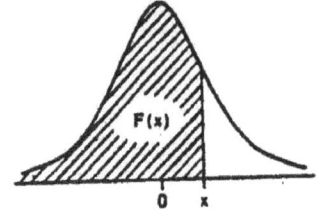

F(x): Verteilungsfunktion der t-Verteilung mit k Freiheitsgraden

k \ F(x)	0.995	0.99	0.975	0.95	0.90
1	63.66	31.82	12.71	6.31	3.08
2	9.92	6.96	4.30	2.92	1.89
3	5.84	4.54	3.18	2.35	1.64
4	4.60	3.75	2.78	2.13	1.53
5	4.03	3.36	2.57	2.02	1.48
6	3.71	3.14	2.45	1.94	1.44
7	3.50	3.00	2.36	1.90	1.42
8	3.36	2.90	2.31	1.86	1.40
9	3.25	2.82	2.26	1.83	1.38
10	3.17	2.76	2.23	1.81	1.37
11	3.11	2.72	2.20	1.80	1.36
12	3.06	2.68	2.18	1.78	1.36
13	3.01	2.65	2.16	1.77	1.35
14	2.98	2.62	2.14	1.76	1.34
15	2.95	2.60	2.13	1.75	1.34
16	2.92	2.58	2.12	1.75	1.34
17	2.90	2.57	2.11	1.74	1.33
18	2.88	2.55	2.10	1.73	1.33
19	2.86	2.54	2.09	1.73	1.33
20	2.84	2.53	2.09	1.72	1.32
21	2.83	2.52	2.08	1.72	1.32
22	2.82	2.51	2.07	1.72	1.32
23	2.81	2.50	2.07	1.71	1.32
24	2.80	2.49	2.06	1.71	1.32
25	2.79	2.48	2.06	1.71	1.32
26	2.78	2.48	2.06	1.71	1.32
27	2.77	2.47	2.05	1.70	1.31
28	2.76	2.47	2.05	1.70	1.31
29	2.76	2.46	2.04	1.70	1.31
30	2.75	2.46	2.04	1.70	1.31
40	2.70	2.42	2.02	1.68	1.30
60	2.66	2.39	2.00	1.67	1.30
120	2.62	2.36	1.98	1.66	1.29
∞	2.58	2.33	1.96	1.645	1.28

Tabelle 3: χ^2-Verteilung

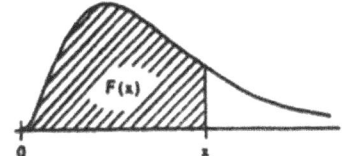

F(x): Verteilungsfunktion der χ^2-Verteilung mit k Freiheitsgraden

k \ F(x)	0.005	0.01	0.025	0.05	0.95	0.975	0.99	0.995
1	0.0000	0.0002	0.0010	0.0039	3.84	5.02	6.63	7.88
2	0.0100	0.0201	0.0506	0.103	5.99	7.38	9.21	10.6
3	0.072	0.115	0.216	0.352	7.81	9.35	11.3	12.8
4	0.207	0.297	0.484	0.711	9.49	11.1	13.3	14.9
5	0.412	0.554	0.831	1.15	11.1	12.8	15.1	16.7
6	0.676	0.872	1.24	1.64	12.6	14.4	16.8	18.5
7	0.989	1.24	1.69	2.17	14.1	16.0	18.5	20.3
8	1.34	1.65	2.18	2.73	15.5	17.5	20.1	22.0
9	1.73	2.09	2.70	3.33	16.9	19.0	21.7	23.6
10	2.16	2.56	3.25	3.94	18.3	20.5	23.2	25.2
11	2.60	3.05	3.82	4.57	19.7	21.9	24.7	26.8
12	3.07	3.57	4.40	5.23	21.0	23.3	26.2	28.3
13	3.57	4.11	5.01	5.89	22.4	24.7	27.7	29.8
14	4.07	4.66	5.63	6.57	23.7	26.1	29.1	31.3
15	4.60	5.23	6.26	7.26	25.0	27.5	30.6	32.8
16	5.14	5.81	6.91	7.96	26.3	28.8	32.0	34.3
17	5.70	6.41	7.56	8.67	27.6	30.2	33.4	35.7
18	6.26	7.01	8.23	9.39	28.9	31.5	34.8	37.2
19	6.84	7.63	8.91	10.1	30.1	32.9	36.2	38.6
20	7.43	8.26	9.59	10.9	31.4	34.2	37.6	40.0
21	8.03	8.90	10.3	11.6	32.7	35.5	38.9	41.4
22	8.64	9.54	11.0	12.3	33.9	36.8	40.3	42.8
23	9.26	10.2	11.7	13.1	35.2	38.1	41.6	44.2
24	9.89	10.9	12.4	13.8	36.4	39.4	43.0	45.6
25	10.5	11.5	13.1	14.6	37.7	40.6	44.3	46.9
26	11.2	12.2	13.8	15.4	38.9	41.9	45.6	48.3
27	11.8	12.9	14.6	16.2	40.1	43.2	47.0	49.6
28	12.5	13.6	15.3	16.9	41.3	44.5	48.3	51.0
29	13.1	14.3	16.0	17.7	42.6	45.7	49.6	52.3
30	13.8	15.0	16.8	18.5	43.8	47.0	50.9	53.7
40	20.7	22.2	24.4	26.5	55.8	59.3	63.7	66.8
50	28.0	29.7	32.4	34.8	67.5	71.4	76.2	79.5
60	35.5	37.5	40.5	43.2	79.1	83.3	88.4	92.0
70	43.3	45.4	48.8	51.7	90.5	95.0	100.4	104.2
80	51.2	53.5	57.2	60.4	101.9	106.6	112.3	116.3
90	59.2	61.8	65.6	69.1	113.1	118.1	124.1	128.3
100	67.3	70.1	74.2	77.9	124.3	129.6	135.8	140.2

Tabelle 4: F-Verteilung

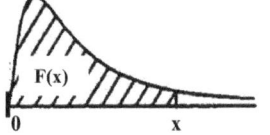

F(x): **Verteilungsfunktion der F-Verteilung mit k₁ und k₂ Freiheitsgraden**

$$F(x) = 0,95 \ (k_1 = 1, 2, ..., 10)$$

k_2	k_1									
	1	2	3	4	5	6	7	8	9	10
1	162	200	216	225	230	234	237	239	241	242
2	18.5	19.0	19.2	19.2	19.3	19.3	19.4	19.4	19.4	19.4
3	10.1	9.55	9.28	9.12	9.01	8.94	8.89	8.85	8.81	8.79
4	7.71	6.94	6.59	6.39	6.26	6.16	6.09	6.04	6.00	5.96
5	6.61	5.79	5.41	5.19	5.05	4.95	4.88	4.82	4.77	4.74
6	5.99	5.14	4.76	4.53	4.39	4.28	4.21	4.15	4.10	4.06
7	5.59	4.74	4.35	4.12	3.97	3.87	3.79	3.73	3.68	3.64
8	5.32	4.46	4.07	3.84	3.69	3.58	3.50	3.44	3.39	3.35
9	5.12	4.26	3.86	3.63	3.48	3.37	3.29	3.23	3.18	3.14
10	4.96	4.10	3.71	3.48	3.33	3.22	3.14	3.07	3.02	2.98
12	4.75	3.89	3.49	3.26	3.11	3.00	2.91	2.85	2.80	2.75
15	4.54	3.68	3.29	3.06	2.90	2.79	2.71	2.64	2.59	2.54
20	4.35	3.49	3.10	2.87	2.71	2.60	2.51	2.45	2.39	2.35
25	4.24	3.39	2.99	2.76	2.60	2.49	2.40	2.34	2.28	2.24
30	4.17	3.32	2.92	2.69	2.53	2.42	2.33	2.27	2.21	2.16
50	4.03	3.18	2.79	2.56	2.40	2.29	2.20	2.13	2.07	2.03
100	3.94	3.09	2.70	2.46	2.31	2.19	2.10	2.03	1.97	1.93
120	3.92	3.07	2.68	2.45	2.29	2.18	2.09	2.02	1.96	1.91
∞	3.84	3.00	2.60	2.37	2.21	2.10	2.01	1.94	1.88	1.83

$F(x) = 0{,}95$ ($k_1 = 12, 15, 20, 25, 30, 50, 100, 120,\quad, \infty$)

k_2	k_1								
	12	15	20	25	30	50	100	120	∞
1	244	246	248	249	250	252	253	253	254
2	19.4	19.4	19.4	19.5	19.5	19.5	19.5	19.5	19.5
3	8.74	8.70	8.66	8.63	8.62	8.58	8.55	8.55	8.53
4	5.91	5.86	5.80	5.77	5.75	5.70	5.66	5.66	5.63
5	4.68	4.62	4.56	4.52	4.50	4.44	4.41	4.40	4.37
6	4.00	3.94	3.87	3.83	3.81	3.75	3.71	3.70	3.67
7	3.57	3.51	3.44	3.40	3.38	3.32	3.27	3.27	3.23
8	3.28	3.22	3.15	3.11	3.08	3.02	2.97	2.97	2.93
9	3.07	3.01	2.94	2.89	2.86	2.80	2.76	2.75	2.71
10	2.91	2.85	2.77	2.73	2.70	2.64	2.59	2.58	2.54
12	2.69	2.62	2.54	2.50	2.47	2.40	2.35	2.34	2.30
15	2.48	2.40	2.33	2.28	2.25	2.18	2.12	2.11	2.07
20	2.28	2.20	2.12	2.07	2.04	1.97	1.91	1.90	1.84
25	2.16	2.09	2.01	1.96	1.92	1.84	1.78	1.77	1.71
30	2.09	2.01	1.93	1.88	1.84	1.76	1.70	1.68	1.62
50	1.95	1.87	1.78	1.73	1.69	1.60	1.59	1.58	1.44
100	1.85	1.77	1.68	1.62	1.57	1.48	1.39	1.38	1.28
120	1.83	1.75	1.66	1.60	1.55	1.46	1.37	1.35	1.25
∞	1.75	1.67	1.57	1.51	1.46	1.35	1.24	1.22	1.00

Literaturverzeichnis

Ausgewählte Lehrbücher zur deskriptiven und induktiven Statistik

Bamberg, G., Baur, F., Krapp, M. (2017): Statistik: Eine Einführung für Wirtschafts- und Sozialwissenschaftler. 18. Aufl., De Gruyter Oldenbourg, München.

Bleymüller, J., Weißbach, R., Gehlert, G. Gülicher, H. (2015): Statistik für Wirtschaftswissenschaftler. 17. Aufl., Verlag Vahlen, München.

Eckey, H.-F., Kosfeld, R., Türck, M. (2011): Wahrscheinlichkeitsrechnung und Induktive Statistik. Grundlagen – Methoden – Beispiele, 2. Aufl., Gabler, Wiesbaden.

Fahrmeir, L., Heumann, C., Künstler, R., Pigeout, I., Tutz, G. (2016): Statistik: Der Weg zur Datenanalyse. 8. Aufl., Springer, Berlin, Heidelberg.

Faik, J. (2015): Statistik für Wirtschafts- und Sozialwissenschaftler. Wiley-VCH, Weinheim.

Hartung, J., Elpelt, B., Klösener, K.-H. (2009): Statistik: Lehr- und Handbuch der angewandten Statistik. 3. Aufl., Oldenbourg, München.

Kosfeld, R., Eckey, H.-F., Türck, M. (2016): Deskriptive Statistik. Grundlagen – Methoden – Beispiele. 6. Aufl., Springer Gabler, Wiesbaden.

Mittag, H.-J. (2017): Statistik. Eine interaktive Einführung. 5. Aufl., Springer, Berlin, Heidelberg.

Mosler, K,. Schmid, F. (2009): Beschreibende Statistik und Wirtschaftsstatistik. 4. Aufl., Verlag Springer, Berlin, Heidelberg.

Mosler, K., Schmid, F. (2010): Wahrscheinlichkeitsrechnung und schließende Statistik. 4. Aufl., Springer, Berlin, Heidelberg.

Schira, Josef (2016): Statistische Methoden der VWL und BWL. Theorie und Praxis. 5. Aufl., Pearson, München.

Schwarze, Jochen (2014): Grundlagen der Statistik, Band 1: Beschreibende Verfahren. 12. Aufl., NWB, Herne.

Schwarze, Jochen (2013): Grundlagen der Statistik, Band 2: Wahrscheinlichkeitsrechnung und induktive Statistik. 10. Aufl., Verlag Nwb, Herne.

Specht, K., Bulander, R., Gohout, W. (2014): Statistik für Wirtschaft und Technik. 2. Aufl., De Gruyter Oldenbourg, München.

© Springer Fachmedien Wiesbaden 2018
R. Kosfeld, *Klausurtraining Deskriptive und Induktive Statistik*,
https://doi.org/10.1007/978-3-658-20455-6

The manufacturer's authorised representative in the EU is Springer
Nature Customer Service Centre GmbH, Europaplatz 3, 69115 Heidelberg,
Germany. If you have any concerns regarding our products, please
contact ProductSafety@springernature.com

Printed and bound by CPI Group (UK) Ltd, Croydon, CR0 4YY
28/04/2026
02098479-0019